普通高等教育"十二五"规划教材·经济管理系列

全国行业紧缺人才、关键岗位从业人员培训推荐教材

省级重点专业群建设项目成果

网络营销教程
——基于工作过程

主　编　夏治坤

副主编　章艳华　戚　牧　李永荣　邱　琴

编　委　陶博识　王道泊

北京交通大学出版社

·北京·

内 容 简 介

本书基于网络营销相关岗位的要求,针对网络营销人才的各个专项能力,将网络营销学习与操作划分为四大类、十五个子项目。主要包括有:网络营销基础技能训练项目(网络营销入门、网络信息处理、网络市场调研、网络市场分析),基于无网站的网络营销技能训练项目(域名营销、网络社区营销、电子邮件营销、博客/微博营销、网络视频营销、网络广告营销),基于网站的网络营销技能训练项目(营销型网站设计、网站优化与推广),网络营销策划技能训练项目(网络危机公关、网络营销的策略组合、网络营销策划方案)。

本书可作为高职院校经济管理类专业教材,也可供对网络营销感兴趣的社会读者参考。

图书在版编目(CIP)数据

网络营销教程:基于工作过程/夏治坤著. —北京:北京交通大学出版社,2014.8
ISBN 978 - 7 - 5121 - 2052 - 5

Ⅰ. ①网…　Ⅱ. ①夏…　Ⅲ. ①网络营销 - 教材　Ⅳ. ①F713. 36

中国版本图书馆 CIP 数据核字(2014)第 190314 号

策划编辑:刘　辉
责任编辑:刘　辉
出版发行:北京交通大学出版社　　　　　　电话:010 - 51686414
　　　　　北京市海淀区高梁桥斜街 44 号　邮编:100044
印　刷　者:北京泽宇印刷有限公司
经　　　销:全国新华书店
开　　　本:185×260　　印张:18.5　　字数:462 千字
版　　　次:2014 年 8 月第 1 版　　2014 年 8 月第 1 次印刷
书　　　号:ISBN 978 - 7 - 5121 - 2052 - 5/F · 1403
印　　　数:1~1 500 册　　　定价:38.00 元

本书如有质量问题,请向北京交通大学出版社质监组反映。对您的意见和批评,我们表示欢迎和感谢。
投诉电话:010 - 51686043,51686008;传真:010 - 62225406;E-mail:press@ bjtu. edu. cn。

前　言

本书是网络营销课程的理论实践一体化教学用书，适合电子商务、市场营销、连锁经营管理、旅游管理等专业教学改革的创新型教材。教材充分考虑高职培养高素质技能型人才的背景，突出网络营销基本操作方法和技巧的要求，以实践操作项目作为技能培养的载体和手段，贯穿网络营销理论，既达到对理论知识的认知和了解，又注重学生动手能力的培养，使学生能够独立完成网络营销工作任务。

本书基于网络营销相关岗位的要求，针对网络营销人才的各个专项能力，将网络营销学习与操作划分为四大类、十五个子项目。主要包括有：网络营销基础技能训练项目（网络营销入门、网络信息处理、网络市场调研、网络市场分析），基于无网站的网络营销技能训练项目（域名营销、网络社区营销、电子邮件营销、博客/微博营销、网络视频营销、网络广告营销），基于网站的网络营销技能训练项目（营销型网站设计、网站优化与推广），网络营销策划技能训练项目（网络危机公关、网络营销的策略组合、网络营销策划方案）。

在考虑高职高专学习层次和技能要求的前提下，本书采用基于工作过程方式进行编写，在问题和任务的驱动下激发学生的学习兴趣，提高学习效果。让学生在工作过程中探索、交流、协作、互动、学习，强化。使网络营销理论深入浅出、突出操作能力的培养，形成独具特色的网络营销教学体系。

本书特色主要有如下。

1. 教材具备前沿营销理念，避开了简单的"营销的信息化"，在理论和技术上做了权衡。

2. 教材包含了互联网营销最新技术，包括：SEO、营销型网站推广、WAP 推广、微信营销等。

3. 教材的案例采用最新的网络营销案例，增强了学生的可接受性。

4. 教材考核方式包含有：知识目标、能力目标、素质目标，充分尊重各个环节的考核需要。

5. 教材的理念渗透最新的高职人才培养理念，注重高素质高技能的培养，符合岗位需要。

本书是在陈鸣鸣院长指导下展开编写工作的，由夏治坤担任主编，章艳华、戚牧、李永荣担、邱琴任副主编，陶博识、王道泊参编。

出版社刘辉老师和各位领导对本书的成功编写也给予了极大关注和支持，做了大量艰苦细致的工作，在此对他们表示诚挚的感谢。本书在编写过程中，参考了大量的书籍、文献、论文、网络报告资料、网络数据等，引用了许多专家学者的资料，借鉴了许多一线网络营销从业者的做法，在此对他们表示衷心的感谢。同时，在教材编写过程中，妻子刘齐萍给予了极大的支持和帮助，在此对她表示深深的感谢。

由于编写时间仓促，编者水平有限，书中难免有一些疏忽和不成熟之处，恳请读者、专家和同仁批评指正，以便进一步修改和完善。

编　著
2014 年 6 月

网络营销课程与相关课程关系图

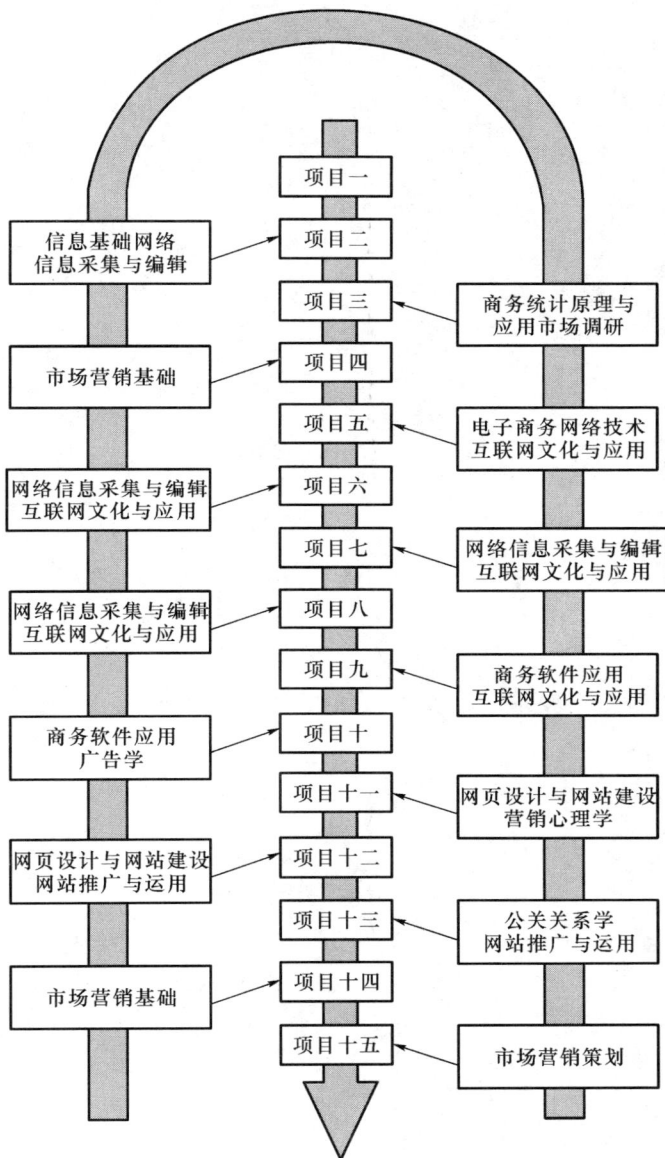

左侧相关课程	主线项目	右侧相关课程
	项目一	
信息基础网络信息采集与编辑	项目二	
	项目三	商务统计原理与应用市场调研
市场营销基础	项目四	
	项目五	电子商务网络技术互联网文化与应用
网络信息采集与编辑互联网文化与应用	项目六	
	项目七	网络信息采集与编辑互联网文化与应用
网络信息采集与编辑互联网文化与应用	项目八	
	项目九	商务软件应用互联网文化与应用
商务软件应用广告学	项目十	
	项目十一	网页设计与网站建设营销心理学
网页设计与网站建设网站推广与运用	项目十二	
	项目十三	公关关系学网站推广与运用
市场营销基础	项目十四	
	项目十五	市场营销策划

目　　录

模块一

网络营销基础技能训练项目

　　网络营销基础技能，是指根据职业活动的需要，运用各种方式和技术，收集、开发和展示信息资源的能力，是企业网络营销日常工作的必备技能。

　　主要是以互联网为平台，以文字、数据和音像等多种媒体为资料对象，收集、整理、分析互联网数据，以适应企业网络营销基础的需要和实际问题的解决为目的。

项目一　网络营销入门

案例分析

2010 年的南非世界杯，除了绿茵场上充满硝烟，众多体育知名品牌也不会放过这个四年一次的机会，通过广告来提升品牌的影响力。著名的调查公司尼尔森对博客、网络公告栏与社交网站进行了网络口碑流量分析，结果表明，运动品牌耐克被消费者认定与世界杯相关联的比例甚至高于世界杯官方合作伙伴和赞助商阿迪达斯，是成功进行隐性营销的最大赢家。到底是怎么回事？

世界杯的官方赞助商进入门槛很高，且官方赞助商在同一行业内是唯一的，在这次赞助商的竞争中，阿迪达斯成功地获得了赞助商的资格。当然那些非官方赞助商只能靠其他途径进行与世界杯相匹配的营销。作为非官方赞助商，耐克选择了隐性营销，打起了擦边球。

耐克的目标人群具有较为明确的媒介接触特征，在南非世界杯期间，他们的线上行为多集中在与体育相关内容的网站和 SNS 网站上，因而，耐克在广告活动投放媒介选择上，有针对性地选择门户体育频道、垂直体育内容网站、体育类视频网站和 SNS 网站四种类型的网络媒介，以覆盖耐克的目标人群。

思考

网络营销对于企业的意义何在？企业应该如何去处理好传统营销与网络营销之间的关系？你认为哪些网络手段属于网络营销的范畴？

学习目标

知识目标：要求学生对网络营销有系统的认识，从网络营销的概念、发展历史、网络营销的优缺点、网络营销的职能，到与网络营销相关的学科，对整个学科有系统的认识。同时，结合学生的专业，了解《网络营销》课程在整个专业学习中的地位。

能力目标：要求学生了解本门课程学习的整体目标，即能通过网络营销的操作和策划，实现企业的整体网络营销效果。

素质目标：课程开展以学习小组为基础，帮助学生互相熟识、交流；确立小组的行动项目；确定各个成员在小组之中的具体行动分工。小组成员对学习项目进行讨论交流，确立具体的网络营销项目方案。组织各项目团队讨论项目完成的可行性，并最终向教师提交方案，确立是否通过。项目通过后，小组成员交流各自的特长和优势，确立每位成员在小组中的具体分工。并要求学生实际联系企业，作为网络营销各项能力锻炼的背景，并结合网络营销各项技能训练，达到理论联系实际，学生真正得到锻炼的目的。

学习关键词

网络营销概念、网络营销优劣势、网络营销职能、网络营销分类、网络营销人员基本素质、网络营销人员能力要求、网络营销岗位

任务一　网络营销的基本概念

一、网络营销的含义

网络营销产生于 20 世纪 90 年代，发展于 20 世纪末至今。网络营销是目前最有代表性的一种低成本、高效率的全新商业形式。是以互联网为核心平台，以网络用户为中心，以市场需求和认知为导向，利用各种网络应用手段去实现企业营销目标的一系列活动集合。虽然网络营销以互联网为核心平台，但也可以整合其他的资源形成整合营销，比如销售渠道促销、传统媒体广告等。互联网拥有其他任何媒体都不具备的综合营销能力，网络营销可进行从品牌推广到销售、服务、市调等一系列的工作，包括电子商务、企业展示、企业公关、品牌推广、产品推广、产品促销、活动推广、挖掘细分市场等方面。

网络营销是以互联网络为媒体，以新的方式、方法和理念，通过一系列魅力网络营销策划，制定和实施营销活动，更有效的促成个人和组织交易活动实现的新型营销模式。它是企业整体营销战略的一个组成部分，是为实现企业总体或者部分经营目标所进行的，以互联网为基本手段，营造网上经营环境的各种活动总和。

中国现在有了一个生命力旺盛、迅速发展的网络。网络营销产生和发展的背景主要有三个方面，即网络信息技术发展、消费者价值观改变、激烈的商业竞争。

网络营销的技术基础主要是以计算机网络技术为代表的信息技术。计算机网络是现代通信技术与计算机技术相结合的产物，它把分布在不同地理区域的计算机与专门的外部设备用通信线路互连成一个规模大、功能强的网络，从而使众多的计算机可以方便地互相传递信息，共享硬件、软件、数据信息等资源。与网络营销密切相关的计算机网络主要有三种：互联网、外联网及内联网。

网络社会消费者消费观念正发生巨大的变化。当今企业正面临前所未有的激烈竞争，市场正从卖方向买方演变，消费者主导的营销时代已经来临。互联网还有利于更加自由和开放的交流，促进向上流动、信息透明、迅速传播及个性发展。越来越多的商品都被搬到互联网上，网购商品类别的变化，说明网购已经改变了很多人的生活状态，他们不再是买大宗商品，买商店里很难找的商品时才想到网络，而是"柴米油盐"全可交由网络代办，网购的外延被拓展得更为宽泛。

激烈的商战愈演愈烈。从 2010 年 9 月发生在 360 与 QQ 之间的"3Q 大战"，到 2011 年京东商城被苏宁价格围剿，再到 2012 年 10 月天猫商家的"十月围城"，以及 2013 年 4 月的互联网搜索巨头百度和 360 公司之间的"3 百大战"等，暴露出互联网行业竞争日趋白热化。不管是经营传统的企业，还是从事网络运营的 IT 企业，在互联网上，已经展开不同形式和不同程度的商战。

二、网络营销的优势与弊端

（一）网络营销的优势

1. 利于取得未来的竞争优势

中国的许多家庭购买电脑都为了供孩子学习，使他们能跟上时代的脚步，而好奇心极强的孩子们大都对电脑甚为着迷，如果能抓住他们的心，十几年以后，当他们成长为消费者时，早先为他们所熟知的产品无疑会成为他们的首选，也就是说，抓住了现在的孩子，也就抓住了未来的消费主力，也就能顺利地占领未来的市场。从长远来看，网络营销能带给商家长期的利益，在不知不觉中培养一批忠实顾客。

2. 决策的便利性、自主性

现在的人们生活在信息充斥的社会中，无论是报纸、杂志、广播，还是电视，无不充满着广告，而最让人痛恨的莫过于精彩的电视剧中也被见缝插针地安进了广告，让人们躲都躲不开，不得不被动地接受各种信息，在这种情况下，广告的到达率和记忆率之低也就可想而知了。于是，商家感慨广告难做，消费者抱怨广告无处不在，而好广告则太少。网络营销则全然不同，人们不必面对广告的轰炸，人们只需根据自己的喜欢或需要去选择相应的信息，如厂家、产品等，然后加以比较，作出购买的决定。这种轻松自在的选择，不必受时间、地点的限制，二十四小时皆可，浏览的信息可以是国内外任何上网的信息，不用一家家商场跑来跑去比较质量、价格，更不必面对售货员的"热情推销"，完全由自己做主，只需操作鼠标而已，这样的灵活、快捷与方便，是商场购物所无法比拟的，尤其受到许多没有时间或不喜欢逛商场人士的喜爱。

3. 成本优势

在网上发布信息，代价有限，将产品直接向消费者推销，可缩短分销环节，发布的信息谁都可以自由地索取，可拓宽销售范围，这样可以节省促销费用，从而降低成本，使产品具有价格竞争力。前来访问的大多是对此类产品感兴趣的顾客，受众准确，避免了许多无用的信息传递，也可节省费用。还可根据订货情况来调整库存量，降低库存费用。例如，网上书店，其书目可按通常的分类，分为社科类、文学类、外文类、计算机类、电子类等，还可按出版社、作者、国别等来进行索引，以方便读者的查找，还可以辟出专栏介绍新书及内容简介，而信息的更新也很及时、方便，以较低的场地费、库存费提供更多、更新的图书，来争取客源。

4. 良好的沟通

可以制作调查表来收集顾客的意见，让顾客参与产品的设计、开发、生产，使生产真正做到以顾客为中心，从各方面满足顾客的需要，避免不必要的浪费。而顾客对参与设计的产品会倍加喜爱，如同是自己生产的一样。商家可设立专人解答疑问，帮助消费者了解有关产品的信息，使沟通人性化、个别化。比如汽车生产，厂家可提供各式各样的发动机、方向盘、车身颜色等供顾客挑选，然后在电脑上试安装，使顾客能看到成型的汽车，并加以调整，从而汽车也可大量定制，商家也可由此得知顾客的兴趣、爱好，进行新产品的开发。

5. 优化服务

人们最怕遇到两种售货员，一种是"冷若冰霜"，让人不敢买；另一种是"热情似火"，让人不得不买，虽推销成功，顾客却心中留怨。网络营销的一对一服务，却留给顾客更多自由考虑的空间，避免冲动购物，可以更多地比较后再作决定。网上服务可以是24小时的服务，而且更加快捷。例如，一个人买了惠普公司的打印机，总是出现问题，通过咨询得知是打印程序的问题，于是找到惠普公司的站点，下载了打印程序，问题便解决了，非常快捷与方便，惠普公司也因此节省了一笔费用。不仅是售后服务，在顾客咨询和购买的过程中，商家便可及时地提供服务，帮助顾客完成购买行为。通常售后服务的费用占开发费用的67%。提供网络服务可降低此项费用。

6. 多媒体效果

网络广告既具有平面媒体的信息承载量大的特点，又具有电波媒体的视、听觉效果，可谓图文并茂、声像俱全。而且，广告发布不需印刷，节省纸张，不受时间、版面限制，顾客只要需要就可随时索取。

7. 长尾效应显著

网络营销的"长尾效应"通俗的说就是"许许多多的小市场聚合成一个大市场"，让所有商品都能通过网络营销，成为一部分人选择的需求所在。原则上，只要存储和流通的渠道足够强大，需求不旺或者销量不佳的产品共同占据的市场份额就可以和那些品种不多的热卖品所占据的市场份额相匹敌，甚至更大。

（二）网络营销的弊端

1. 缺乏信任感

人们仍然信奉眼见为实的观念，买东西还是要亲眼瞧瞧，亲手摸摸才放心。这也难怪，许多商家信誉不好，虽是承诺多多，却说一套、做一套，让消费者不得不货比三家，只怕买回家的和介绍的不同，虽是麻烦一点，总比退、换货时看人脸色要强。还有那一句"本活动之解释权在本公司"，更让人不得不三思而后行。网上购物，人们看不到实物，没有质感，万一上当怎么办？打官司，费时又费钱，赢了也多是得不偿失，不如买的时候费点事也值得。网上购物要发展，保证质量是一个重要的方面。

2. 缺乏生趣

网上购物，面对的是冷冰冰、没有感情的机器，它没有商场里优雅舒适的环境氛围，缺乏三五成群逛街的乐趣，也没有精美的商品可供欣赏。有时候，逛街的目的不一定非得是购物，它可以是一种休闲和娱乐，还是享受。网上购物还存在着试用不便，消费者没有实地的感受，也没法从推销者的表情上来判断真假，实物总是比图像来得真实和生动。所以，对许多人来说，网上购物缺乏足够的吸引力。

3. 技术与安全性问题

与发达国家相比，我国网络发展水平不高，覆盖率低，即便是北京、上海这样的大城市，也不过才达到65%，其他城市就可想而知了。硬件环境的低下，人员水平的不足，以及信息管理与分析能力的缺乏，从很大程度上制约了网络发展。如果通过电子银行或信用卡付款，一旦密码被人截获，消费者损失将会很大，这也是网络购物发展所必须解决的大难题。

4. 价格问题

网上信息的充分，使消费者不必再走东窜西的比较价格，只需浏览一下商家的站点即可货比三家，而对商家而言，则易引发价格战，使行业的利润率降低，或是导致两败俱伤。对一些价格存在一定灵活性的产品，如有批量折扣的，在网上不便于讨价还价，可能贻误商机。

5. 广告效果不佳

虽然网络广告具有多媒体的效果，但由于网页上可选择的广告位及计算机屏幕等因素的限制，其色彩效果不如杂志和电视，声音效果不如电视和广播，创意有很大的局限。

6. 被动性

网上的信息只有等待顾客上门索取，不能主动出击，实现的只是点对点的传播，而且它不具有强制收视的效果，主动权掌握在消费者的手中，他们可以选择看与不看，商家无异于在守株待兔。

作为一种全新的营销和沟通的方式，网络营销还有待于完善和发展，相信随着网络技术的发展和 Internet 的普及，网络已经成为除报纸、杂志、广播、电视四大媒体之外的第五大媒体，成为商家做广告的选择之一。

三、网络营销的职能

网络营销可以在八个方面发挥作用：网络品牌、网址推广、信息发布、销售促进、销售渠道、顾客服务、顾客关系、网上调研。这八种作用也就是网络营销的八大职能，网络营销策略的制订和各种网络营销手段的实施也以发挥这些职能为目的。

网络品牌。网络营销的重要任务之一就是在互联网上建立并推广企业的品牌，知名企业的网下品牌可以在网上得以延伸，一般企业则可以通过互联网快速树立品牌形象，并提升企业整体形象。网络品牌建设是以企业网站建设为基础，通过一系列的推广措施，达到顾客和公众对企业的认知和认可。在一定程度上，网络品牌的价值甚至高于通过网络获得的直接收益。

网址推广。这是网络营销最基本的职能之一，在几年前，甚至认为网络营销就是网址推广。相对于其他功能来说，网址推广显得更为迫切和重要，网站所有功能的发挥都要一定的访问量为基础，所以，网址推广是网络营销的核心工作。

信息发布。网站是一种信息载体，通过网站发布信息是网络营销的主要方法之一，同时，信息发布也是网络营销的基本职能，所以也可以这样理解，无论哪种网络营销方式，结果都是将一定的信息传递给目标人群，包括顾客、潜在顾客、媒体、合作伙伴、竞争者，等等。

销售促进。营销的基本目的是为增加销售提供帮助，网络营销也不例外，大部分网络营销方法都与直接或间接促进销售有关，但促进销售并不限于促进网上销售，事实上，网络营销在很多情况下对于促进网下销售十分有价值。

销售渠道。一个具备网上交易功能的企业网站本身就是一个网上交易场所，网上销售是企业销售渠道在网上的延伸，网上销售渠道建设也不限于网站本身，还包括建立在综合电子商务平台上的网上商店，以及与其他电子商务网站不同形式的合作等。

顾客服务。互联网提供了更加方便的在线顾客服务手段，从形式最简单的 FAQ（常见问题解答），到邮件列表，以及 BBS、聊天室等各种即时信息服务，顾客服务质量对于网络营销效果具有重要影响。

顾客关系。良好的顾客关系是网络营销取得成效的必要条件，通过网站的交互性、顾客参与等方式在开展顾客服务的同时，也增进了顾客关系。

网上调研。通过在线调查表或者电子邮件等方式，可以完成网上市场调研，相对传统市场调研，网上调研具有高效率、低成本的特点，因此，网上调研成为网络营销的主要职能之一。

开展网络营销的意义就在于充分发挥各种职能，让网上经营的整体效益最大化，因此，仅仅由于某些方面效果欠佳就否认网络营销的作用是不合适的。网络营销的职能是通过各种网络营销方法来实现的，网络营销的各个职能之间并非相互独立的，同一个职能可能需要多种网络营销方法的共同作用，而同一种网络营销方法也可能适用于多个网络营销职能。

四、网络营销与电子商务区别与联系

电子商务与网络营销是一对紧密相关又具有明显区别的概念，对于初次涉足网络营销领域者对两个概念很容易造成混淆。比如企业建一个普通网站就认为是开展电子商务，或者将网上销售商品称为网络营销等，这些都是不确切的说法，这主要是基于以下两个方面的考虑。

（一）网络营销与电子商务研究的范围不同。电子商务的内涵很广，其核心是电子化交易，电子商务强调的是交易方式和交易过程的各个环节，而网络营销注重的是以互联网为主要手段的营销活动。网络营销和电子商务的这种关系也表明，发生在电子交易过程中的网上支付和交易之后的商品配送等问题并不是网络营销所能包含的内容，同样，电子商务体系中所涉及的安全、法律等问题也不适宜全部包括在网络营销中。

（二）网络营销与电子商务的关注重点不同。网络营销的重点在交易前阶段的宣传和推广，电子商务的标志之一则是实现了电子化交易。网络营销的定义已经表明，网络营销是企业整体营销战略的一个组成部分，可见无论传统企业还是基于互联网开展业务的企业、也无论是否具有电子化交易的发生，都需要网络营销，但网络营销本身并不是一个完整的商业交易过程，而是为了促成交易而提供支持，因此是电子商务中的一个重要环节，尤其在交易发生之前，网络营销发挥着主要的信息传递作用。从这种意义上说，电子商务可以被看作网络营销的高级阶段，一个企业在没有完全开展电子商务之前，同样可以开展不同层次的网络营销活动。

以上两个方面表明了电子商务与网络营销的关系：网络营销与电子商务研究的范围不同网络营销与电子商务的关注重点不同。不过，电子商务与网络营销是密切相关的，网络营销是电子商务的组成部分，开展网络营销并不等于一定实现了电子商务，但实现电子商务一定是以开展网络营销为前提，因为网上销售被认为是网络营销的职能之一。

五、制约我国网络营销发展的因素

（一）商家与消费者的观念问题

网络营销是种新型的营销方式，不但需要经营者，而且需要消费者观念上的认同。

从目前我国企业的经营体制来看，经营者更多考虑的是短期利益和自身利益。开展网络营销活动，需要企业经营者资金、技术和人才的投入，而在经营初期，只会是低利润甚至是亏损的经营，短期利益不佳，这会令一部分经营者望而却步。

从消费者来看，不规范市场行为带来的负面效应使人们对网络购物产生疑惑；同时，网上购物只能看、不能摸的特点，使消费者对购物产品的质量产生怀疑，也会制约网络营

销的发展。

（二）网络建设与发展用户数量的问题

我国的通信业虽经历连续十余年的大发展，尤其是通信网的建设，为我国国民经济信息化奠定了网络基础，但还未实现全面的网络覆盖。网络的建设是网络营销开展的一个必要条件。互联网是全球通用的信息基础设施，但由于我国地广、人多，各地区经济、科技、文化、人文素质均有差异。所以，要使互联网在短期内覆盖所有地区及每个人，是一件不太可能的事。

（三）网络基础设施不够完备

网络营销的发展，要求网络传输有极快的响应速度和畅通的道路。由于经济实力和技术方面的原因，我国网络的基础设施建设还比较缓慢和落后，已建成的网络，其质量离网络营销的要求相距甚远。同时，互联网用户的快速膨胀使带宽拥挤，速度太慢，距开展全方位网络营销尚有一定差距。

（四）社会化信用体系不健全

我国的市场经济体系还不够健全、不够规范，假冒伪劣商品屡禁不止，坑蒙欺诈行为时有发生，市场行为缺乏必要的自律和严厉的社会监督。因此，要发展网络营销，必须加速培育市场，创造比较成熟和规范的社会信用环境。

（五）商业支付体系不完善

目前，我国网络支付的技术手段和支付观念虽然有了长足的发展，但网络支付安全问题层出不穷，对商业支付体系的完善产生了相当大的影响。

（六）法律、法规不健全

网络营销这种崭新的商务活动方式，不可避免地会带来一系列的法律问题，例如，电子合同、数字签名的法律效力问题，网上交易的经济纠纷问题，计算机犯罪问题，等等。在我国，网上交易本身缺乏法律的认可和保护。目前我国的《经济合同法》不承认网上交易合同，当然更谈不上保护，网上交易需要新的立法来对消费者权益和经营者权益进行保护。在立法方面，应吸收和借鉴国际上比较成熟的经验，立法先行，防患于未然。

（七）人才方面的问题

人力资源是企业最重要的无形资产。企业开展网络营销，需要各方面的人才，尤其是具备全新信息观念和新型知识结构的复合型人才，他们是实施网络营销的中坚力量。国内企业在技术人才、管理人才以及复合型人才等方面，与国际企业相比都极其匮乏，也很难与国际企业抗衡。从根本上讲，是国内企业内部缺乏有效的激励机制，除了在物质方面，由于现有资源的限制导致国内企业缺乏吸引力外，很重要的一个因素就是大多数企业只会用人，而没有培养人的观念。外资企业的培训系统完善，而且与企业发展、企业文化的实际密切相关。由于将员工视为最宝贵的人力资本，外资企业的培训投入也产生了较高的收益。

（八）物流配送问题

网络营销对企业的物流水平与能力提出了更高的要求，而目前，拥有全国物流能力的企业寥寥无几，特别是广大中小企业，物流能力不强，效率不高，不能及时与网络用户实物交割，已成为阻碍其网络营销发展的主要因素。另外，目前网络营销配送需求尚没有达到物流企业所需的最低规模化运作要求，加之互联网的无边性特点导致了网络营销客户区域的分散与不确定，少量的供给和过于分散的配送网络使物流企业无法分摊较高的固定成本而难以降低服务的价格。

任务二　网络营销的构成

一、网络营销的理论基础

网络营销的理论基础主要是网络直复营销理论、网络关系营销理论、网络软营销理论和网络整合营销理论。

（一）网络直复营销理论

网络营销作为一种有效的直复营销策略，说明网络营销的可测试性、可度量性、可评价性和可控制性。因此，利用网络营销这一特性，可以大大改进营销决策的效率和营销执行的效用。

直复营销理论是 20 世纪 80 年代引人注目的一个概念。美国直复营销协会对其所下的定义是："一种为了在任何地方产生可度量的反应和（或）达成交易所使用的一种或多种广告媒体的相互作用的市场营销体系。"直复营销理论的关键在于它说明网络营销是可测试的、可度量的、可评价的，这就从根本上解决了传统营销效果评价的困难性，为更科学的营销决策提供了可能。

（二）网络关系营销理论

关系营销理论是 1990 年以来受到重视的营销理论，它主要包括两个基本点：首先，在宏观上认识到市场营销会对范围很广的一系列领域产生影响，包括顾客市场、劳动力市场、供应市场、内部市场、相关者市场，以及影响者市场（政府、金融市场）；在微观上，认识到企业与顾客的关系不断变化，市场营销的核心应从过去的、简单的、一次性的交易关系转变注重保持长期的关系上来。企业是社会经济大系统中的一个子系统，企业的营销目标要受到众多外在因素的影响，企业的营销活动是一个与消费者、竞争者、供应商、分销商、政府机构和社会组织发生相互作用的过程，正确理解这些个人与组织的关系是企业营销的核心，也是企业成败的关键。

关系营销的核心是为顾客提供高度满意的产品和服务价值，通过加强与顾客的联系，提供有效的顾客服务，保持与顾客的长期关系。并在与顾客保持长期的关系的基础上开展营销活动，实现企业的营销目标。实施关系营销并不是以损伤企业利益为代价的，根据研究，争取一个新顾客的营销费用是老顾客营销费用的五倍，因此加强与顾客关系并建立顾客的忠诚度，是可以为企业带来长远的利益的，它提倡的是企业与顾客双赢策略。互联网作为一种有效的双向沟通渠道，企业与顾客之间可以实现低费用成本的沟通和交流，它为企业与顾客建立长期关系提供有效的保障。同时，通过互联网企业还可以实现与企业相关的企业和组织建立关系，实现双赢发展。互联网作为最廉价的沟通渠道，它能以低廉成本帮助企业与供应商、分销商等建立协作伙伴关系。例如，联想电脑公司通过建立电子商务系统和管理信息系统实现与分销商的信息共享，降低库存成本和交易费用，同时密切双方的合作关系。有关网络关系理论的应用将在后面网络营销服务策略中进行详细介绍。

（三）网络软营销理论

软营销理论是针对工业经济时代的以大规模生产为主要特征的"强式营销"提出的新理论，该理论认为顾客在购买产品时，不仅满足基本的生理需要，还满足高层的精神和心理需求。因此，软营销的一个主要特征是对网络礼仪的遵循，通过对网络礼仪的巧妙运用获得希望的营销效果。它强调企业进行市场营销活动的同时必须尊重消费者的感受和体念，让消费者能舒服的主动接收企业的营销活动。传统营销活动中最能体现强势营销特征的是两种促销手段：传统广告和人员推销。在传统广告中，消费者常常是被动的接收广告信息的"轰炸"，它的目标是通过不断的信息灌输方式在消费者心中留下深刻的印象，至于消费者是否愿意接收，需要不需要则不考虑；在人员推销中，推销人员根本不考虑被推销对象是否愿意和需要，只是根据推销人员自己的判断强行展开推销活动。

在互联网上，由于信息交流是自由、平等、开放和交互的，强调的是相互尊重和沟通，网上使用者比较注重个人体验和隐私保护。因此，企业采用传统的强势营销手段在互联网上展开营销活动势必适得其反，如美国著名 AOL 公司曾经对其用户强行发送 E-mail 广告，结果招致用户的一致反对，许多用户约定同时给 AOL 公司服务器发送 E-mail 进行报复，结果使得 AOL 的 E-mail 邮件服务器处于瘫痪状态，最后不得不道歉平息众怒。网络软营销恰好是从消费者的体验和需求出发，采取拉式策略吸引消费者关注企业来达到营销效果。在互联网上开展网络营销活动，特别是促销活动一定要遵循一定的网络虚拟社区形成规则，有的也称为"网络礼仪（Netiquette）"。网络软营销就是在遵循网络礼仪规则的基础上巧妙运用达到一种微妙的营销效果。有关网络软营销理论的应用将在网络营销促销策略中进行具体详细介绍。

（四）网络整合营销

在当前后工业化社会中，第三产业中服务业的发展是经济主要增长点，传统的以制造为主的企业正向服务型发展，新型的服务业如金融、通信、交通等产业如日中天。后工业社会要求企业的发展必须以服务为主，必须以顾客为中心，为顾客提供适时、适地、适情的服务，最大程度上满足顾客需求。互联网络作为跨时空传输的"超导体"媒体，可以在顾客所在地提供及时的服务，同时互联网络的交互性可以了解顾客需求并提供针对性的响应，因此互联网络可以说是消费者时代中最具魅力的营销工具。

网络整合营销理论主要包括以下几个关键点。

（1）网络营销首先要求把消费者整合到整个营销过程中来，从他们的需求出发开始整个营销过程。

（2）网络营销要求企业的分销体系及各利益相关者要更紧密地整合在一起。

（3）把企业利益和顾客利益整合到一起。

二、网络营销的分类

（一）按服务的对象不同分类

1. 个人网络营销

个人可以通过网络的方式进行营销，目前这种方式已经广泛地被广大网民使用，典型的应用如"淘宝卖家""芙蓉姐姐""凤姐"之类通过网络的方式出名的网络炒家。

2. 企业网络营销

网络的商用价值应该成为互联网营销的主流，目前大量的企业通过网络营销的方式拓展自己的业务。

（二）按应用范围划分

1. 广义的网络营销

笼统地说，网络营销就是以互联网为主要手段（包括 Intranet 企业内部网、EDI 行业系统专线网及 Internet 国际互联网）开展的营销活动。

2. 狭义的网络营销

狭义的网络营销是指组织或个人基于开放便捷的互联网络，对产品、服务所做的一系列经营活动，从而达到满足组织或个人需求的全过程。

3. 整合网络营销

2002 年资深网络营销实践者敖春华提出整合网络营销概念：网络营销是企业整体营销战略的一个组成部分，是为实现企业总体经营目标所进行的，以互联网为基本手段营造网上经营环境的各种活动。这个定义的核心是经营网上环境，这个环境可以理解为整合营销所提出的一个创造品牌价值的过程，整合各种有效的网络营销手段制造更好的营销环境。

（三）按具体推广方式分类

口碑营销、网络广告、媒体营销、事件营销、搜索引擎营销（SEM）、E-mail 营销、数据库营销、短信营销、电子杂志营销、病毒式营销、问答营销、QQ 群营销、博客营销、论坛营销、社会化媒体营销、针对 B2B 商务网站的产品信息发布及平台营销等。

（四）按有无企业网站分类

1. 无站点网络营销

无站点网络营销是指企业没有建立自己的网站，而是利用互联网上的资源（如电子邮件、邮件列表和新闻组等），开展初步的网络营销活动，属于初级的网络营销。

开展网络营销活动。对于一个技术水平较低、规模较小、实力较弱，对互联网缺乏深入认识与投资信心的企业来说，借助现有的网络资源，或与其他网站合作，开展网络营销活动，不失为一种稳妥的经营之道。通过对互联网作用、优势的逐步深入了解，企业才可能逐步走上建立自己网站的网络营销活动之路。对于大多数传统企业来说，网络营销活动中，经历这个阶段还是有必要的。

首先，一般的电子商务类网站都有免费区域，初上网站的会员可以通过第三方的电子商务交易平台发布或搜寻供求信息。其次，企业在没有自己网站的情况下，也可以在互联网上开展市场调查、公共关系、网上广告等各种类型的营销活动。最后，企业也可以直接利用第三方的交易平台建立企业主页。

2. 基于网站的网络营销

基于网站的网络营销是指企业建设专门的营销网站，并通过该网站实现主要营销业务的营销方式。这种方式是较为完备的意义上的网络营销，是企业网络营销的高级阶段，也是大多数网络营销的基准形式。

基于网站的网络营销主要围绕两个方面来进行：第一个方面是营销网站规划、建设、推广和维护，这些都是一些老生常谈的话题了。例如，域名申请、网站规划、网页设计、网站发布、网站推广及网站的管理和维护等，其中网站规划和网站推广对营销影响较大，网站是网络营销的基础，各种营销活动都离不开网站功能的支持，网站的专业水平和运行状况直接影响着网络营销的效果；第二个方面是在网站上开展的营销活动。例如，网上的信息收集和传播、产品销售、顾客服务等，其核心是针对特定产品的信息沟通和交易。

任务三 网络营销团队

一、网络营销人员的基本素质

（一）愿意接受并遵守团队决定

作为一个团队人的首要特质，就是相信团队所作出的决议有其优点及必要性。也许个人不是完全满意每一次的团队决议，甚至有时还可能觉得自身的权益受损，但是优质的团队人深知，在团体中并不是每一次都能找到完美的解决方案。

（二）主动表达高度合作意愿

合作，是团队运作的基础。身为一个优质的团队成员，必定有着与人合作的高度诚意，即使有些时候，自己一个人做事似乎远比跟大伙儿一起做来得有效率，但为了团体长远的利益，优秀团队成员仍会极乐意跟大家分享专业知识："这是我对这件事的想法"，并耐心询问每个人是否有其他的看法。

（三）重视其他成员的利益

一个好的团队人之所以能受到大家的喜欢，是因为他拥有良好的同理心。换句话说，他有能力了解并重视每个人的想法及感受。

（四）肯定其他成员的成就

团队动力是需要相互激发的，因此请别忘了对团队中其他成员的杰出表现，给予真诚大方的赞美。不过在这里需要提醒的是，"大方"是"不吝啬"的意思，并不是"夸大"的同义词，千万别用力过了头，开始谄媚奉承起来。

（五）提出建设性的批评

在团体中一不小心，就很可能会因为相互的批评，而扼杀了好不容易建立起来的革命情感。所以在提出不同意见时，应当发挥超高的 EQ 技巧，给予对方建设性的批评。

实际的做法，则是要批评对方的做法，而不是对方本身，也就是所谓的"对事不对人"。因此"你忘了把报告中这两项资料互调了"换成"这两项数据在报告中的顺序颠倒了！"会更好。此外，与其直接指出对方的错误，有一个更好的技巧可以在此派上用场，那就是提问法。例如，可以微笑地说："如果把这两项数据顺序互调，你觉得效果会不会有所不同？"

这样一来，对方就有机会把这个建议变为自己的决定，而不只是听命行事了："我想互调后应该更顺畅些，我这就去改。"另外，不论多会给善意的批评，都要做个"赞美比批评多"的团队人。

（六）主动承担问题解决的责任

真正的团队成员绝对不是光说不练的意见发表者，而是一个脚踏实地的实际行动者。有问题，大家坐下来讨论该如何处理，一旦有了结论，优质的团队人就会衡量状况，主动承担责任。例如，"有道理，我们的确该检讨客服的流程，如果大家同意的话，我很乐意先拟个修正方案，然后在下星期开会时提出来作为讨论的参考。如何？"

（七）帮助其他成员完成工作

在工作进行当中，别忘了关心一下其他成员的工作状况，如果有任何帮得上忙的地方，赶快主动地表示你愿意出力相助，并且说到做到。人人都喜欢乐于助人的同事，更何况在一个团体中，帮助小组成员成功，就是等于帮助自己成功，何乐而不为呢？

二、网络营销人员能力要求

（一）文字表达能力

把问题说清楚，这是作为网络营销人员的基本能力，如果真正做到把问题说清楚，那已经很了不起了。不妨看看一些公司的产品说明书，看看一些网站的产品介绍，仔细分析一下他们有没有把问题说清楚。很多网站对用户希望了解的问题其实都是没有说清楚的。

（二）资料收集能力

收集资料主要有两个方面的价值：一是保存重要的历史资料；二是尽量做到某个重要领域资料的齐全。如果能在自己的工作相关领域收集了大量有价值的资料，那么对于自己卓有成效的工作将是一笔巨大的财富。

（三）用户体验能力

我们需要更多的实践体验，这样才能更深入地理解网络营销。网络营销学习最好的实践方式之一是建设一个个人网站。因为通过个人网站的建设和维护，会对网站建设、网站推广、网站效果评估等方面的知识有更深刻的认识，而且这是一项可以自行控制的网络营销实验。

（四）自己动手能力

要深入网络营销，了解其中的各种问题，仅靠一般的体验是远远不够的，还需要自己动手、亲自参与网络营销过程中的各个方面。很多时候，一些问题不是自己动手是很难有深刻体会的，有些问题也只有自己动手去操作才能发现，并且找到解决的办法。网络营销中学习过程中自己动手的地方越多，对网络营销的理解就会越深刻。

（五）代码了解能力

网络营销与网页制作、数据库应用等常用程序密不可分，网络营销人员不一定能成为编程高手，但是对于一些与网络营销直接相关的基本代码，应该有一定的了解，尤其是

HTML、ASP、JSP 等。即使不会熟练地用代码编写网页文件，也应该了解其基本含义，并且在对网页代码进行分析时可以发现其中的明显错误这样才能更好地理解和应用网络营销。

（六）网页制作能力

网页制作本身涉及很多问题，如图片处理、程序开发等，这些问题不可能都包括在网络营销专门课程中，但是一个网络营销人员对网页设计应该有初步的知识，起码对于网页设计的基本原则和方法有所了解。这些能力在进行网站策划时尤其重要，因为只有了解网页制作中的一些基本问题，才能知道策划的方案是否合理，以及是否可以实现。

（七）参与交流能力

从本质上来说，网络营销的最主要任务是利用互联网的手段促成营销信息的有效传播，而交流本身是一种有效的信息传播方式，互联网上提供了很多交流的机会，如论坛、博客、专栏文章、邮件列表等都需要直接参与。

（八）资源利用能力

无论是企业的营销活动还是学习研究，都需要一定的资源，没有任何资源也就谈不上营销了，这些资源包括资金、知识、信息、服务等。资金是最重要、最活跃的一种营销资源，可以用来购买其他重要的营销资源，如广告、市场研究、顾客服务软件等，但资金并不是营销资源的全部，而且在通常情况下，资金总是相对稀缺的资源。因此，为了了解网络营销的规律、充分发挥网络营销的作用，拥有对网络营销资源的利用能力是很重要的。

（九）思考总结能力

网络营销现在还没有形成非常完善的理论和方法体系，同时也不可能保持现有理论和方法的长期不变。目前一个很现实的问题是，网络营销的理论与实践还没有有效结合起来，已经形成基本理论的方面也并未在实践中发挥应有的指导作用。因此在网络营销实际工作中，很多时候需要依靠自己对实践中发现的问题进行思考和总结。

（十）适应变化能力

适应变化的能力，也可以称为不断学习的能力。由于互联网环境和技术的发展变化很快，如果几个月不上网，可能就已经落伍了。对于网络营销的学习和应用尤其如此。一本书写出来到读者手中已经 2 年过去了，然后从学习到毕业后的实际应用可能又需要两年甚至更长的时间，因此一些具体的应用手段会发生很大变化，但网络营销的一般思想并不会随着环境的变化而发生根本的变化。

三、网络营销团队岗位

网络营销工作是一项需要团队合作工作，而交流沟通能力在营销实践工作中是十分重要的。乐于沟通，善于表达的交流、交往能力，有助于自己迅速地容纳到团队中，建立良好的人际关系，开展有效工作。其中岗位包括以下几类。

网络营销主管（Online Marketing Lead）：部门主管，负责团队的管理，以及整体营销战略的规划和管理。

网络营销专员/助理（Online Marketing Specialist / Assistant）：负责营销战略的管理和

执行，并协助部门主管进行规划管理工作。

网络分析主管（Analytics Lead）：制定，实施，管理和推广网络分析。

网络分析专员（Online Analyst）：执行和管理网络分析报告。

网络制作主管（Production Lead）：管理整个制作团队，包括资源管理，流程管理，项目管理和经费管理。

网络制作专员（Producer）：相当于"子站站长"或"论坛版主"，负责自己分管的子网站的制作，更新和维护。

网络制作编辑/信息架构专员（Production Editor/Information Architect）：与网络制作专员密切合作，从信息架构（Information Architecture）和内容角度协助进行网站更新和维护。

网络技术主管（Technology Lead）：管理基础架构和工具，同时负责技术革新。

网络开发专员（Developer）：负责网站制作过程中的高级编程部分，同时也维护基础架构和工具。

网络广告主管（Online Ads Lead）：负责与网络广告（On Network Advertising）相关的事务，包括媒体策划、广告监控、与广告公司合作。

四、网络营销团队的战略目标

网络营销目标与传统营销目标相同，即确定开展网络营销后达到的预期目的，以及制订相应的步骤，组织有关部门和人员参与。制订网络营销目标时，必须考虑到与企业的经营战略目标是否相一致，与企业的经营方针是否吻合，与现有的营销策略是否产生冲突。这就要求在制订目标时必须有企业战略决策层、策略管理层和业务操作层的相关人员参与讨论。

一般网络营销应考虑以下几种类型的目标。

（一）销售型网络营销目标

销售型网络营销目标是指为企业拓宽网络销售，借助网上的交互性、直接性、实时性和全球性为顾客提供方便快捷的网上售点。目前许多传统的零售店都在网上设立销售点，如北京图书大厦的网上销售站点。

（二）服务型网络营销目标

服务型网络营销目标主要为顾客提供网上联机服务。顾客通过网上服务人员可以远距离进行咨询和售后服务。目前大部分信息技术型公司都建立了此类站点。

（三）品牌型网络营销目标

品牌型网络营销目标主要在网上建立企业的品牌形象，加强与顾客的直接联系和沟通，增加顾客的品牌忠诚度，配合企业现行营销目标的实现，并为企业的后续发展打下基础。目前大部分企业站点属于此类型。

（四）提升型网络营销目标

提升型网络营销目标主要通过网络营销替代传统营销手段，全面降低营销费用，提高营销效率，促进营销管理和提高企业竞争力。例如，戴尔、海尔等站点属于此类型。

（五）混合型网络营销目标

混合型网络营销目标力图同时达到上面目标中的若干种。例如，亚马逊通过设立网上书店作为其主要销售业务站点，同时创立世界著名的网站品牌，并利用新型营销方式提升企业竞争力。它既是销售型，又是品牌型，同时还属于提升型。

五、寻求进行网络营销服务的企业

（一）提供网络营销服务的企业对象

包括范围有：传统生产企业、现代服务企业、私营小企业等。

（二）根据团队成员的特点和资源，寻求进行网络营销服务的企业

先在网上进行检索，找到拟合作企业的地点，充分准备，并组织上门寻求合作。

（三）与企业签订网络营销服务合约

根据服务企业的不同，制定不同的服务条款，并在与企业进行商谈、修改之后，签订网络营销服务合约。其中，很重要的是签订课程结束后给企业网络营销的实施方案，并对企业实际的网络营销予以指导。

考核指标

考核目标	考核指标	分值（100分）
知识目标（30%）	1. 理解网络营销学习的目标	
	2. 理解网络营销的相关概念和背景知识	
	3. 理解团队合作的重要性	
	4. 进行团队成员能力定位	
能力目标（40%）	1. 团队组建	
	2. 团队服务宗旨的形成	
	3. 团队成员自身能力的定位并提出改进目标	
	4. 对后期项目任务执行，制定规划	
	5. 寻求网络营销合作企业	
素质目标（30%）	1. 团队合作与分工	
	2. 市场拓展能力	
	3. 企业服务合同的撰写	
	4. 服务宗旨及服务承诺	

参考资源

http：//www. imakecollege. com/news/jobnews/1042 – tuandui

网络营销团队如何打造？

http：//www. zgrui. com/zr/Service/2010 –0718_ 135. html

第一 SEO 团队合作服务原则

http：//sdseo. com. cn/ 山东网络营销团队

网络营销实践项目

实践项目：网络营销团队组建及协议签订		
团队名称：		**最佳成员：**
小组分工：		
实验日期：		**实验地点：**
实验要求：结合项目一的学习，针对团队情况和同学的特点，取长补短，以网络营销职业要求作为指导，组建网络营销团队。并在本市内寻找一个具有网络营销需要的企业，作为服务对象，签订简易网络营销服务合同，实施网络营销		
		经理签字：_____

项目二　网络信息处理

案例分析

　　在网上流传着这样一个帖子，名叫《股民要有这样的分析能力，早挣钱了》。具体内容如下：我们公司的头牌小美女，人特漂亮也懂事，可是爱好很古怪，家境不错，买的东西都还挺贵，但风格简直就是一混搭，今天买个新杯子，特炫耀，趁她不在偷拍两张照片秀一下。业余摄影哈，凑合看。

　　1 楼：有钱的女人，奥迪，IBM X201，iPhone，很想知道长什么样子，贴张照片呀。

　　2 楼：说实话，杯子很土！电脑也不太会吧？还用 IBM 预制的桌面，可惜一个好本儿。

　　3 楼：此照片必定拍于 2010 年 10 月 10 号以后，那本 VOGUE 是 10 月 10 号以后出的 11 月刊。看 VOGUE 的人很小资嘛！

　　5 楼：此人炒股，国信开的户，我看见国信客户端了，用 MSN、firefox、蚂蚁微股，没看见 QQ，必定白领，传说中的杜拉拉、富二代、小月月。

　　9 楼：我感觉应该是金融咨询机构，要不就是国信的。

　　10 楼：罗技的无线鼠标耶，小一百块的，真 FB。车子不是自己的，男银的，百分百小秘，杯子太地摊了，应该本人没什么品味。就一个长得还行的村儿。

　　20 楼：总结帝现身：女，25 岁以下，不然楼主不会称其小美女，家境的确不错，这个年龄开奥迪必然家庭资助（当然还有另外一些情况，你们懂），应该是奥迪 A4，符合身份，职位不高，用工位，不是单间办公室，办公桌陈设简单，工作应该比较清闲，没有座机，应该不属于客服一类，不是做技术的，这种小本子，技术做不了。可能定位是行政，秘书，销售，咨询分析等。此人炒股无疑，国信开户，刚才楼上有人说是国信的，这个就外行了，一定不是国信的，用蚂蚁微股，这个是新生股民社区，比较时尚轻松的社区，这个年龄懂的理财不多，两种可能，家里传统或者单位业务有关。看 VOGUE 并不代表很小资，现在大多数白领都看，没见到 QQ，而只有 MSN，纯白领作风，当然人家可能没有把 QQ 放在桌面。后面那个粉红 SHE 的熊，看起来应该是别人送的礼物，没有拆封，经本人查证，是个存钱罐，（很巧，我在别处看见过），送存钱罐当礼物，可见该女给人印象不是腐败女，会理财。电脑屏幕右上角和右下角分别有个图标，可惜看不清楚，这两个很重要，应该能暴露主人身份。大家请继续，我暂时就看到这么多。

22 楼：美女隔壁座位好像没人，谁能知道这是那个城市，我分析北京、上海、深圳等可能性较大。

24 楼：北京，北京，看见那个抽纸了吗？易初莲花自产的，应该就北京有吧！

27 楼：我找到了，先佩服一下自己，鄙人花了半夜的工夫，终于被我找到了，请听我一一道来：我想楼主和此女为同事，能否从楼主出发，看看有没有线索，楼主在这个论坛的昵称叫云淡，而且这个论坛是股民论坛，猜想楼主也炒股，可能也用蚂蚁微股，我试着猜想楼主在蚂蚁是否有同样昵称的号，专门注册蚂蚁上去一看，果然有，再查楼主在蚂蚁的好友，发现除了一些财经专家，关注的好友不多，有个叫小朴的女孩，再查小朴也关注楼主，小朴基本资料符合分析，立即到 51，开心，qq，人人，my space 去搜索小朴，找到若干，经逐个分析，发现 qq 空间上基本情况符合，进空间看相册，发现有相同照片，我认为 99% 是此人！

思考

网络信息处理不仅涉及信息技术的应用，对于网络营销来说，网络信息是营销在重要载体。如何利用互联网的信息，发挥营销的力量？同时，请谈谈对人肉搜索的看法，它在网络营销的地位如何？

学习目标

知识目标：要求学生全面理解"网络信息"存在的形式、网络信息对于网络营销的作用，理解搜索引擎的工作原理、分类、检索方法，掌握网络信息搜集方法，掌握网络信息收集的高效方法。

能力目标：掌握搜索引擎的检索技巧，掌握必要的特殊网络信息处理技巧，对于 Word、Excel、Pdf 等文件格式能快速检索、下载和提炼。能采取合适的方法，对特殊的网络信息进行存储和处理，避免信息获取过程少走弯路。使学生能真正学会按照营销项目的需要，快速高效的寻找互联网上的信息。

素质目标：通过本节学习，培养网络营销人员一种良好的信息分类习惯。要求学生学会网络信息发布方法，通过现有的专业网络信息平台和综合的网络信息平台，以及较知名的电子商务交易平台发布信息。对于网络平台的选择要选择和甄别，并说明选择此平台的依据。同时，培养灵敏的互联网信息嗅觉，能准确的发现营销所需信息。

网络商务信息、信息收集、搜索引擎、信息检索、关键字、网络信息类型、网络信息分类、特殊信息处理

任务一　网络商务信息的基本概念

一、网络商务信息的概念

网络商务信息是指存储于网络并在网络上传播的与商务活动有关的各种信息的集合，是各种网上商务活动之间相互联系、相互作用的描述和反映，是对用户有用的网络信息。网络是其依附载体，在商务活动中，信息通常指的是商业消息、情报、数据、密码、知识等。网络商务信息限定了商务信息传递的媒体和途径。只有通过计算机网络传递的商务信息，包括文字、数据、表格、图形、影像、声音等内容能够被人或计算机察知的符号系统，才属于网络商务信息的范畴。信息在网络空间的传递称为网络通信，在网络上停留时称为存储。

二、网络商务信息的特点

网络商务信息主要特点如下。

（一）时效性强

传统的商务信息，由于传递速度慢、传递渠道不畅，因而经常导致"信息获得了但也失效了"的局面。网络商务信息则可有效地避免这种情况。由于网络信息更新及时，传递速度快，只要信息收集者及时发现信息，就可以保证信息的时效性。

（二）准确性高

网络信息的收集，绝大部分是通过搜索引擎找到信息发布源获得的。在这个过程中，减少了信息传递的中间环节，从而减少了信息的误传和更改，有效地保证了信息的准确性。

（三）便于存储

现代经济生活的信息量非常大，如果仍然使用传统的信息载体，存储起来难度相当大，而且不易查找。网络商务信息可以方便地从互联网下载到自己的计算机上，通过计算机进行信息的管理。而且，在原有的各个网站上，也有相应的信息存储系统。自己的信息资料遗失后，还可以到原有的信息源中再次查找。

（四）检索难度大

虽然网络系统提供了许多检索方法，但全球范围的各行各业的海量信息，常常把企业营销人员淹没在信息海洋或者说信息垃圾之中。在浩瀚的网络信息资源中，迅速地找到自己所需要的信息，经过加工、筛选和整理，把反映商务活动本质的、有用的、适合本企业情况的信息提炼出来，需要相当一段时间的培训和丰富的经验。对于现代企业来说，如果把人才比作企业的支柱，信息则可看作企业的生命，是企业不可须臾离开的法宝。网络商

务信息，不仅是企业进行网络营销决策和计划的基础，而且对于企业的战略管理、市场研究及新产品开发都有着极为重要的作用。

三、网络商务信息分级

根据网络商务信息的资费标准，可分为：免费商务信息、收取较低费用的信息、收取标准信息费的信息、优质优价的信息。

免费商务信息：这些信息主要是社会公益性的信息。对社会和人们具有普遍服务意义的信息，大约只占信息库数据量的5%。这类信息主要是一些信息服务商为了扩大本身的影响，从产生的社会效益上得到回报，推出的一些方便用户的信息，如在线免费软件、实时股市信息等。

收取较低费用的信息：这些信息是属于一般性的普通类信息。由于这类信息的采集、加工、整理、更新比较容易，花费也较少，是较为大众化的信息。这类信息约占信息库数据量的10%～20%，只收取基本的服务费用，不追求利润，如一般性文章的全文检索信息。信息服务商推出这类信息一方面是体现社会普遍服务意义，另一方面是为了提高市场的竞争力和占有率。

收取标准信息费的信息：是属于知识、经济类的信息，收费采用成本加利润的资费标准。这类信息的采集、加工、整理、更新等比较复杂，要花费一定的费用。同时信息的使用价值较高，提供的服务层次较深。这类信息约占信息库数据量的60%，是信息服务商的主要服务范围。网络商务信息大部分属于这一范畴。

优质优价的信息：这类信息是有极高使用价值的专用信息，如重要的市场走向分析、网络畅销商品的情况调查、新产品新技术信息、专利技术及其他独特的专门性的信息等，是信息库中成本费用最高的一类信息，可为用户提供更深层次的服务。一条高价值的信息一旦被用户采用，将会给企业带来较高的利润，给用户带来较大的收益。

四、网络营销对商务信息提出的要求

网络营销离不开信息。有效的网络商务信息必须能够保证源源不断地提供适合于网络营销决策的信息。网络营销对网络商务信息收集的要求是：及时、准确、适度和经济。

（一）及时性

所谓及时，就是迅速、灵敏地反映销售市场各方面的最新动态。信息都是有时效性的，其价值与时间成反比。及时性要求信息流与物流尽可能同步。由于信息的识别、记录、传递、反馈都要花费一定的时间，因此，信息流与物流之间一般会存在一个时滞。尽可能地减少信息流滞后于物流的时间，提高时效性，是网络商务信息搜集的主要目标之一。

（二）准确性

所谓准确，是指信息应真实地反映客观现实，失真度小。在网络营销中，由于买卖双方不直接见面，准确的信息就显得尤为重要。准确的信息才可能导致正确的市场决策。信息失真，轻则会贻误商机，重则会造成重大损失。信息失真通常有三个方面的原因：一是信源提供的信息不完全、不准确；二是信息在编码、译码和传递过程中受到干扰；三是信宿（信箱）接收信息出现偏差。为减少网络商务信息的失真，必须在上述三个环节上提

高管理水平。

（三）适度性

适度是指提供信息要有针对性和目的性，不要无的放矢。没有信息，企业的营销活动就会完全处于一种盲目的状态；信息过多过滥也会使得营销人员无所适从。在当今的信息时代，信息量越来越大，范围越来越广，不同的管理层次又对信息提出了不同的要求。在这种情况下，网络商务信息的搜集必须目标明确，方法恰当，信息收集的范围和数量要适度。

（四）经济性

这里的"经济"是指如何以最低的费用获得必要的信息。追求经济效益是一切经济活动的中心，也是网络商务信息搜集的原则。许多人上网后，看到网上大量的可用信息，往往想把它们全部复制下来。应当明确，我们没有力量，也不可能把网上所有的信息全部收集起来，信息的及时性、准确性和适度性都要求建立在经济性基础之上。此外，提高经济性，还要注意使所获得的信息发挥最大的效用。

因此，我们在网络营销中，一定要结合网络商务信息与互联网特点，来编辑和处理信息。

任务二　网络商务信息检索

一、搜索引擎概述

（一）搜索引擎的含义

搜索引擎是指根据一定的策略、运用特定的计算机程序从互联网上搜集信息，在对信息进行组织和处理后，为用户提供检索服务，将用户检索的相关信息展示给用户的系统。搜索引擎包括全文索引、目录索引、元搜索引擎、垂直搜索引擎、集合式搜索引擎、门户搜索引擎与免费链接列表等。百度和谷歌等是搜索引擎的代表。

全文搜索引擎是名副其实的搜索引擎，国外代表有 Google，国内则有著名的百度搜索。它们从互联网提取各个网站的信息（以网页文字为主），建立起数据库，并能检索与用户查询条件相匹配的记录，按一定的排列顺序返回结果。根据搜索结果来源的不同，全文搜索引擎可分为两类，一类拥有自己的检索程序（Indexer），俗称"蜘蛛"（Spider）程序或"机器人"（Robot）程序，能自建网页数据库，搜索结果直接从自身的数据库中调用，上面提到的 Google 和百度就属于此类；另一类则是租用其他搜索引擎的数据库，并按自定的格式排列搜索结果，如 Lycos 搜索引擎。

目录索引。虽然有搜索功能，但严格意义上不能称为真正的搜索引擎，只是按目录分类的网站链接列表而已。用户完全可以按照分类目录找到所需要的信息，不依靠关键词（Keywords）进行查询。目录索引中最具代表性的莫过于大名鼎鼎的 Yahoo、新浪分类目录搜索。

元搜索引擎（META Search Engine）接受用户查询请求后，同时在多个搜索引擎上搜索，并将结果返回给用户。著名的元搜索引擎有 InfoSpace、Dogpile、Vivisimo 等，中文元搜索引擎中具代表性的是搜星搜索引擎。在搜索结果排列方面，有的直接按来源排列搜索结果，如 Dogpile；有的则按自定的规则将结果重新排列组合，如 Vivisimo。

垂直搜索引擎为 2006 年后逐步兴起的一类搜索引擎。不同于通用的网页搜索引擎，垂直搜索专注于特定的搜索领域和搜索需求（例如：机票搜索、旅游搜索、生活搜索、小说搜索、视频搜索等），在其特定的搜索领域有更好的用户体验。相比通用搜索动辄数千台检索服务器，垂直搜索需要的硬件成本低、用户需求特定、查询的方式多样。

集合式搜索引擎：该搜索引擎类似元搜索引擎，区别在于它并非同时调用多个搜索引擎进行搜索，而是由用户从提供的若干搜索引擎中选择，如 HotBot 在 2002 年底推出的搜索引擎。

门户搜索引擎：AOLSearch、MSNSearch 等虽然提供搜索服务，但自身既没有分类目录也没有网页数据库，其搜索结果完全来自其他搜索引擎。

（二）常用搜索引擎列表（见图 1 - 1）

图 1 - 1 常用搜索引擎

（三）搜索引擎工作原理

搜索引擎工作原理如图 1 - 2 所示。

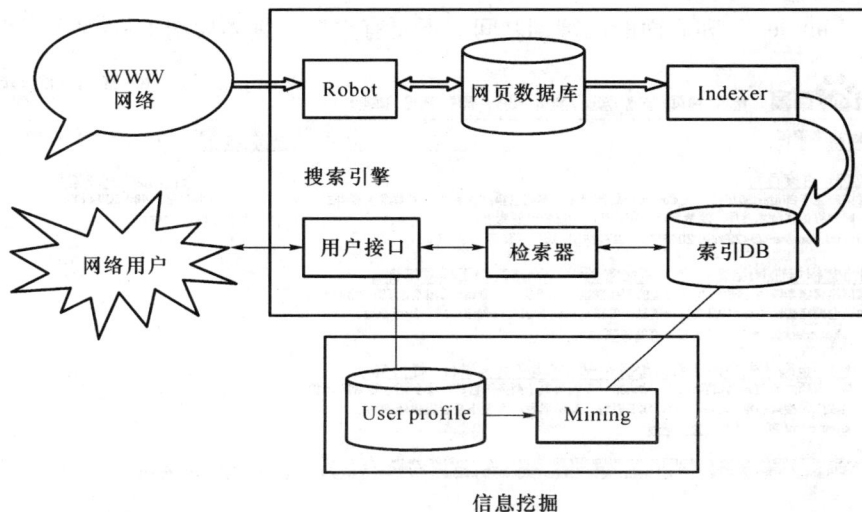

图 1 - 2 搜索引擎工作原理图

抓取网页：每个独立的搜索引擎都有自己的网页抓取程序（Spider）。Spider 顺着网页中的超链接，连续地抓取网页。被抓取的网页被称之为网页快照。由于互联网中超链接的应用很普遍，理论上，从一定范围的网页出发，就能搜集到绝大多数的网页。

处理网页：搜索引擎抓到网页后，还要做大量的预处理工作，才能提供检索服务。其中，最重要的就是提取关键词，建立索引文件。其他还包括去除重复网页、分词（中文）、判断网页类型、分析超链接、计算网页的重要度、丰富度等。

提供检索服务：用户输入关键词进行检索，搜索引擎从索引数据库中找到匹配该关键词的网页；为了用户便于判断，除了网页标题和 URL 外，还会提供一段来自网页的摘要及其他信息。

二、搜索引擎的高级使用

（一）高级搜索界面（见图 1 - 3）

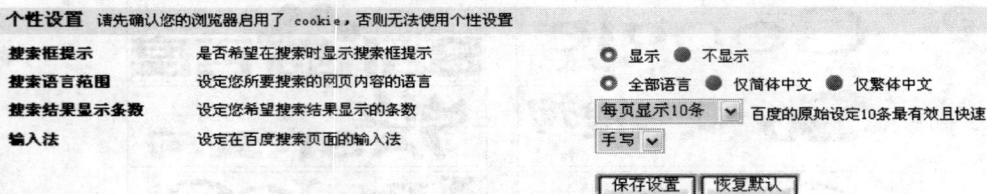

图 1 - 3　高级搜索引擎界面图

（二）关键字优化的快捷技巧

1. 把搜索范围限定在网页标题中

网页标题通常是对网页内容提纲挈领式的归纳。把查询内容范围限定在网页标题中，有时能获得良好的效果。使用的方式，是把查询内容中，特别关键的部分，用"intitle："领起来。

intitle：关键词（如，intitle：网络营销）

注意，"intitle："和后面的关键词之间，不要有空格。具体如图 1 - 4 所示。

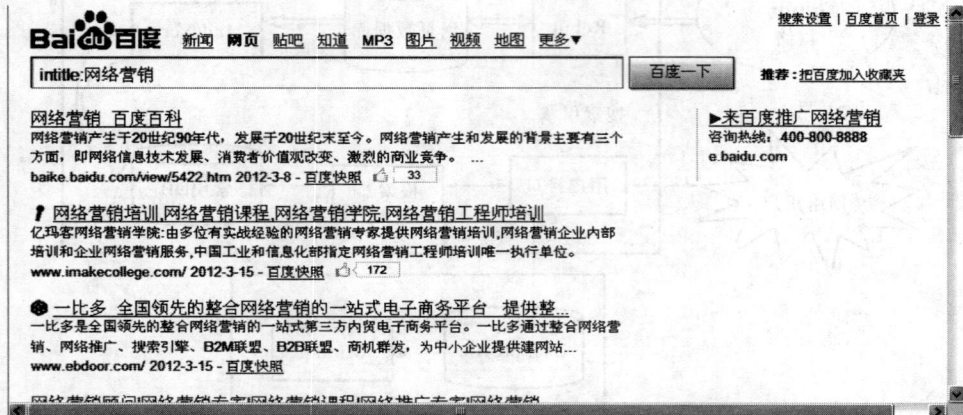

图 1 - 4　使用"intitle："搜索结果

2. 把搜索范围限定在特定站点中

有时候，您如果知道某个站点中有自己需要找的东西，就可以把搜索范围限定在这个站点中，提高查询效率。使用的方式，是在查询内容的后面，加上"site：站点域名"。

关键词 insite：网站（如，网络营销 insite：pku. edu. cn）

注意，"site："后面跟的站点域名，不要带"http：//"；另外，"site："和站点名之间，不要有空格。

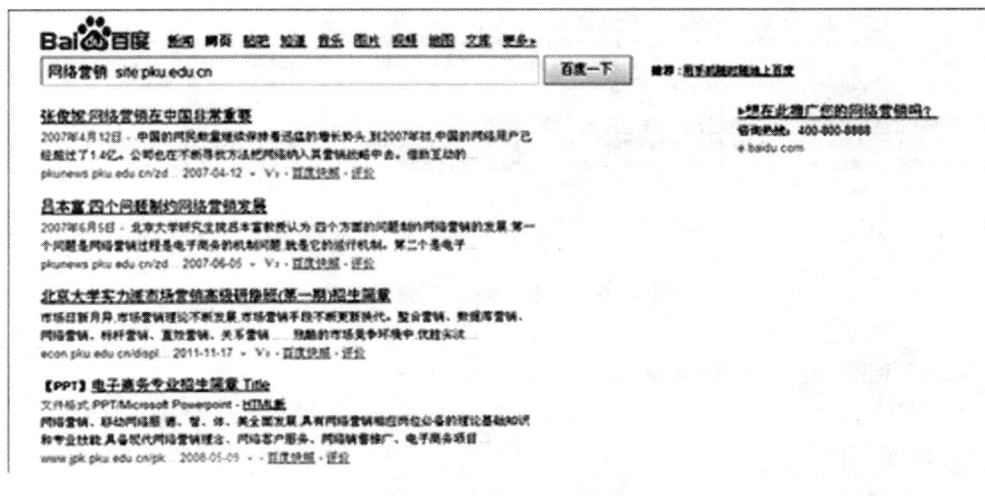

图 1-5　使用"site："搜索结果

3. 把搜索范围限定在 url 链接中

网页 url 中的某些信息，常常有某种有价值的含义。于是，您如果对搜索结果的 url 做某种限定，就可以获得良好的效果。实现的方式，是用"inurl："，后跟需要在 url 中出现的关键词。

关键词 inurl：拼音（如，网络营销 inurl：jiqiao）

上面这个查询串中的"网络营销"，是可以出现在网页的任何位置，而"jiqiao"则必须出现在网页 url 中。

注意，"inurl："语法和后面所跟的关键词，不要有空格。

4. 精确匹配——双引号和书名号

如果输入的查询词很长，百度在经过分析后，给出的搜索结果中的查询词，可能是拆分的。如果您对这种情况不满意，可以尝试让百度不拆分查询词。给查询词加上双引号，就可以达到这种效果。例如，搜索上海科技大学，如果不加双引号，搜索结果被拆分，效果不是很好，但加上双引号后，"上海科技大学"，获得的结果就全是符合要求的了。

书名号是百度独有的一个特殊查询语法。在其他搜索引擎中，书名号会被忽略，而在百度，中文书名号是可被查询的。加上书名号的查询词，有两层特殊功能，一是书名号会出现在搜索结果中；二是被书名号括起来的内容，不会被拆分。书名号在某些情况下特别有效，例如，查名字很通俗和常用的那些电影或者小说。比如，查图书《网络营销》，如果不加书名号，很多情况下出来的是关于网络营销的各种新闻等内容，而加上书名号后，结果就都是关于图书《网络营销》方面的了。具体如图 1 - 7 所示。

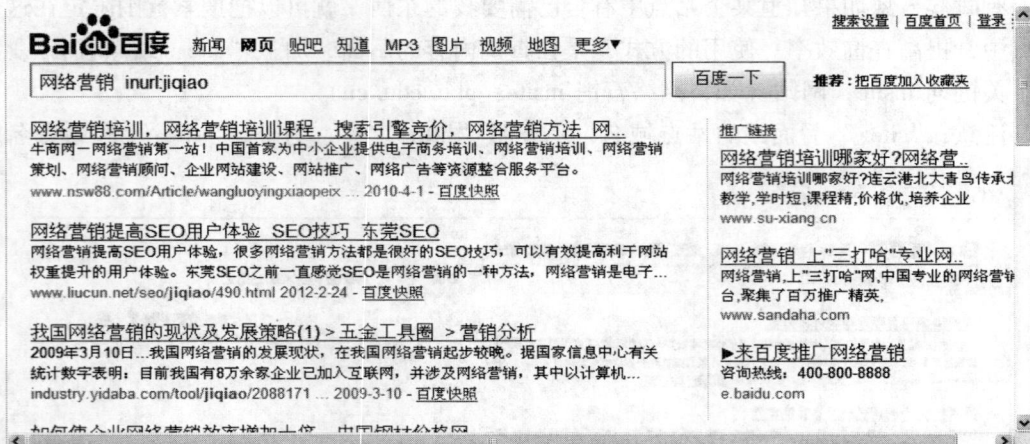

图 1 - 6　使用 "inurl:" 搜索结果

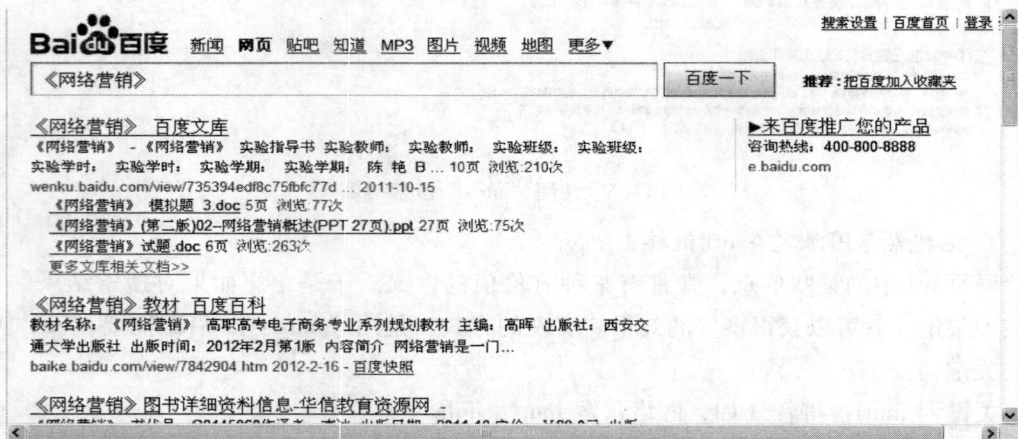

图 1 - 7　使用 "书名号" 搜索结果

5. 要求搜索结果中不含特定查询词

　　如果您发现搜索结果中，有某一类网页是您不希望看见的，而且，这些网页都包含特定的关键词，那么用减号语法，就可以去除所有这些含有特定关键词的网页。

　　例如，搜 "神雕侠侣"，希望是关于武侠小说方面的内容，却发现很多关于电视剧方面的网页。那么就可以这样查询：神雕侠侣 - 电视剧。

　　注意，前一个关键词，和减号之间必须有空格，否则，减号会被当成连字符处理，而失去减号语法功能。减号和后一个关键词之间，有无空格均可。具体如图 1 - 8 所示。

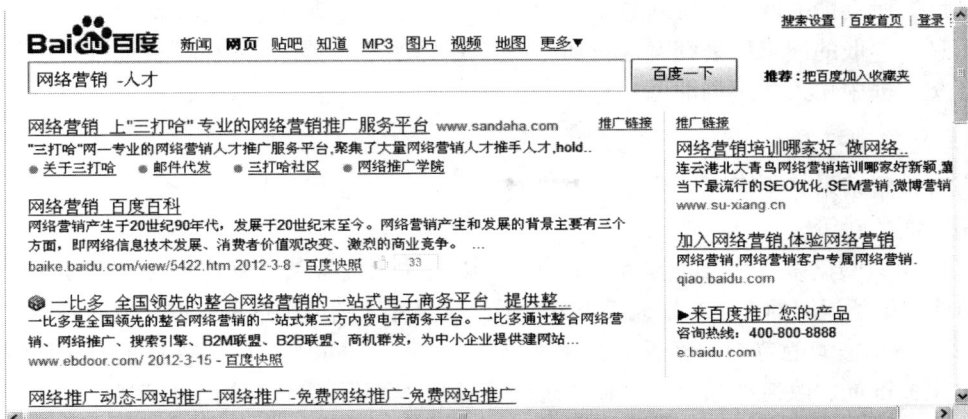

图1-8　使用"减号"语法搜索结果

三、网络信息检索步骤

（一）明确检索目标

要完成一个有效检索，首先应当确定检索的目标。检索目标是指要检索的主要内容及对检索深度和广度的要求。

检索的深度与需求的针对性有关。如果需求的针对性较强，且涉及大量的特定领域和专业词汇，就需要进行较为深入的检索。检索的广度是指信息所涉及的方面和领域。对市场一般供需状况信息的检索，在深度上不必要求太高，但是在信息的广度上应该有比较高的要求。

当检索概念较泛，尚未形成明确的检索概念时，或仅需对某一专题做泛泛浏览时，可先用主题指南的合适类目进行逐级浏览，直到发现相关的网址和关键词后再进行扩检。

（二）选择查询策略

不同目的的查询应使用不同的查询策略，这主要取决于是想得到一个问题的多方面信息还是简单的答案。搜索引擎的统计表明，很多用户只输入一个词来进行查询，这会带来很多不需要的匹配。要进行有效的搜索，最好输入与主题相关的、尽可能精确的词或词组。提供的词组越精确，检索结果就越好。同时，应通过不同词组的检索，逐渐缩小搜索范围。

（三）分步细化逐步接近查询结果

如果想查找某一类信息但又找不到合适的关键词，可以使用分类式搜索逐步深化。搜狐网站的主页上将所有的信息分为新闻、体育、财经、IT、生活、健康、理财等30余类，然后再根据各个大类分为各个小类，如在"IT"中又以细分为"互联网、通信、科学"等。

（四）使用模糊查询和精确查询

模糊查询又称为智能查询。当输入一个关键词时，搜索引擎不但反馈了包括关键词的网址，同时也发来与关键词意义相近的内容。比如，在网站上查找"网络经济"一词时，模糊查询会反馈回来包含了"网络经济论文""网络经济与社会发展""信息经济"等内容的网址。所反馈的网址的排列顺序一般是：完全符合关键词的信息在最前边，其次是相近的信息。一般的搜索引擎都有这一功能，只是模糊的程序不同。模糊查询没有特殊的方法，在文字框中输入关键词即可。

（五）检索对策

有时检索结果并不满意，要么太多，要么太少或未能找到相关信息，遇到这些问题，可试用下面的对策。

（1）可只阅读搜寻结果的前面几条信息。因为大多数搜索引擎都将最符合要求的网页列在前面，虽然返回的搜索结果成千上万，但经常是需要的网页地址就在最前面的一页。

（2）缩小搜索的范围。当返回的网页太多，而需要的网页不在最前面的几页时，可通过改变关键词、改变搜索范围、使用逻辑符 AND 及引号等方法缩小查询范围。

（3）找不到网页的对策。首先检查是否有拼写错误，接着看搜索关键词之间有没有自相矛盾的地方，如果仍不能成功地搜索，可换一种搜索引擎，也许会得到你所期望的结果。因为每个搜索工具功能虽大体相同，但检索方式和拥有资料的侧重点不同。

（4）如果用以上策略仍不能找到所需网页，也不必太失望。你可链接相近的网页，也许能找到理想目的地的链接，或直接与已搜索到的主页管理者写 E-mail 寻求帮助。

任务三　特殊信息的存储

一、网络商务信息类型

根据网络商务信息的承载形式，可分为：文本信息、图片信息、视频动画信息等。

文本信息：主要存文字信息，在操作系统中大多可以通过记事本、浏览器、MS – Office Word、PDF 软件进行阅读。

图片信息：常见的图片格式包括有：BMP，其特点是文件所占用的空间很大；GIF，其特点是可构成一种最简单的动画；JPEG，其特点是目前网络上最流行的图像格式，可以把文件压缩到最小的格式；PSD，其特点是可以支持图层、通道、蒙板和不同色彩模式的各种图像特征，可方便编辑；PNG，其特点是能够提供长度比 GIF 小 30% 的无损压缩图像文件。

视频动画信息：指将一系列静态影像以电信号方式加以捕捉，记录，处理，储存，传送，与重现的各种技术。连续的图像变化每秒超过 24 帧（frame）画面以上时，根据视觉暂留原理，人眼无法辨别单幅的静态画面；看上去是平滑连续的视觉效果，这样连续的画面叫作视频。在操作系统中通过视频播放软件进行播放，如 Windows Media、暴风影音、迅雷看看等软件。

二、特殊网络信息处理方式

（一）Word 与 PPT 文档中图片的存储

（1）打开 Word 或 PPT 文档，在菜单栏中选择另存为；

（2）选择保存类型为：网页（＊.htm；＊.html)，执行保存（如图 1 – 9 所示）；

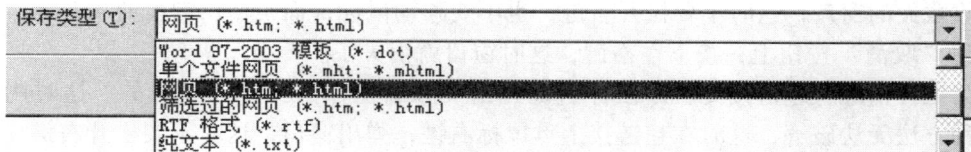

图 1-9　保存图片示意图

（3）打开与保存文件所在统一路径下的"文件名 . files"的文件夹，浏览查找图片。

（二）网页信息存储

1. 网页无法保存现象处理

在保存网页的时候，有时进度条前进速度非常缓慢，此时不如先点击"取消"按钮中断保存，稍后再重新进行。但如果是由于服务器太忙而影响到了保存进程，那可以在断线后再实施保存（此时是从 IE 缓存中提取文件，速度要快得多），不过一定要保证网页内容已经全部显示完毕（也就是 IE 任务栏里的进度条已经显示完了，看不到了）。

2. 网页窗口没有菜单栏

如图 1-10 所示，有的网页打开后没有 IE 菜单（比如全屏显示），无法使用"文件→另存为"保存网页，最典型的例子就是各种广告窗口，保存这样的网页，可以按照下面的方法。按下"Ctrl + N"组合键，弹出一个新窗口，不仅包含了该广告窗口而且 IE 菜单也全部显示出来了。

图 1-10　无菜单栏的网页窗口

3. 对鼠标右键的限制

当在某个网站看到网页上有精美图片或者精彩文字想保存时，点击鼠标右键就弹出窗口，上面写着"版权所有、禁止使用右键"之类的话，或者点击鼠标右键就出现添加到收藏夹的窗口，碰到这样的情况可采用如下方法处理。

第一种情况，出现版权信息类的。破解方法如下：在页面目标上按下鼠标右键，弹出限制窗口，这时不要松开右键，将鼠标指针移到窗口的"确定"按钮上，同时按下左键。再松开鼠标左键，限制窗口被关闭了，然后将鼠标移到目标上松开鼠标右键，操作完成。

第二种情况，出现"添加到收藏夹"。破解方法如下：在目标上点鼠标右键，出现添加到收藏夹的窗口，这时不要松开右键，也不要移动鼠标，而是使用键盘的 Tab 键，移动焦点到"取消"按钮上，按下空格键，这时窗口就消失了。

第三种情况，超链接无法用鼠标右键弹出"在新窗口中打开"菜单的。这时用上面的两种方法无法破解，这时在超链接上点鼠标右键，弹出窗口，这时不要松开右键，按键盘上的空格键，窗口消失了，松开右键，右键菜单出现，选择其中的"在新窗口中打开"就可以了。Shift + F10 组合键，也是常见的简捷处理方式。

（三）视频格式的存储

首先，下载维棠 FLV 视频下载软件后并安装运行。然后，打开 FLV 视频节目所在的页面，复制页面地址，运行 vidown. exe，从菜单中点选"任务 – 新建下载任务"即可开始分析 FLV 视频节目的真实地址并开始下载。也可以点先工具栏上的"新建"工具开始分析 FLV 视频节目的真实地址并开始下载。具体如图 1 – 11 所示。

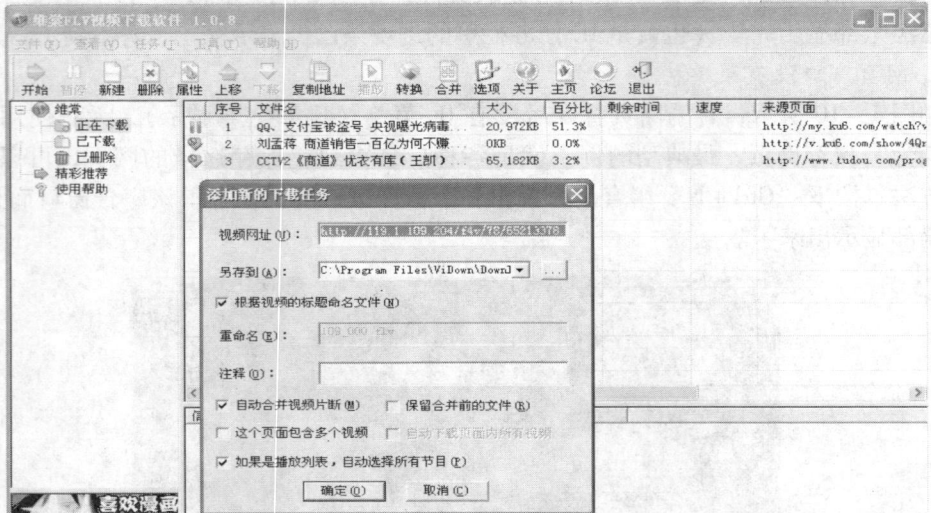

图 1 – 11　FLV 视频下载软件界面图

（四）高效率的文档下载

（1）进入百度高级搜索界面（http：//www. baidu. com/gaoji/advanced. html），具体如图 1 – 12 所示。

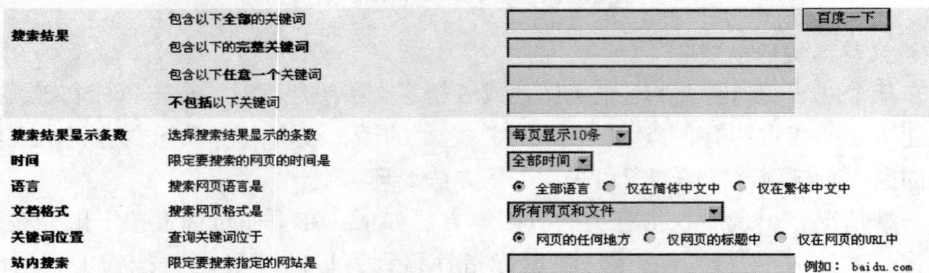

图 1 – 12　百度高级搜索界面图

（2）设置关键词"关键词　filetype：xx"（文件类型可为 pdf、doc、xls、ppt 等）。

（3）右键选择百度搜索结果列表，在右键菜单中选择"使用迅雷下载全部链接"，弹出如图1-13所示对话框，选择文件类型过滤中的PPT格式，确定下载。

图1-13 下载全部链接对话框

（五）网络信息采集器收集

运用搜索引擎，搜索"网站信息采集器"，下载软件并安装。以下以"网站信息采集器2.6"为例进行操作演示。

（1）点击新建任务这个按钮，点击后会出现如图1-14所示界面，在任务名称中输入"新浪财经新闻"，在任务起始地址中输入要采集就是新闻列表的网址。

（2）切换到"采集对象网址标识"选项卡，设置标识，如图1-15所示。采集对象所在网页网址标识：就是新闻内容的链接与该网页上其他链接的区别，可以看到新闻链接的网址里都有"/200"这个字符串，其他网址里没有，因此此项就填写"/200"，点击"添加标识"。

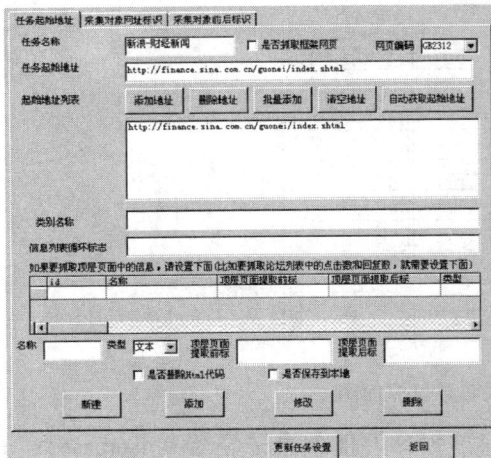

图1-14 新建任务界面图

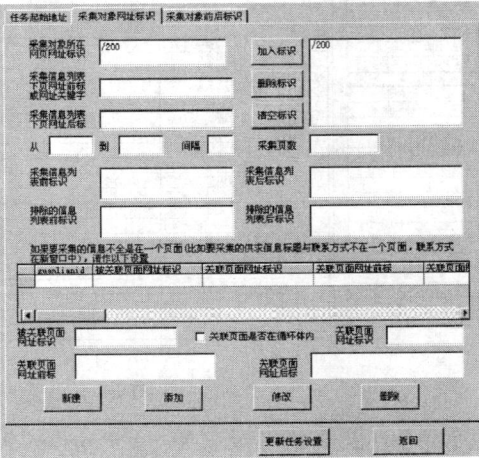

图1-15 "采集对象网址标识"界面图

（3）切换到"采集对象前后标识"选项卡（见图 1 - 16）。

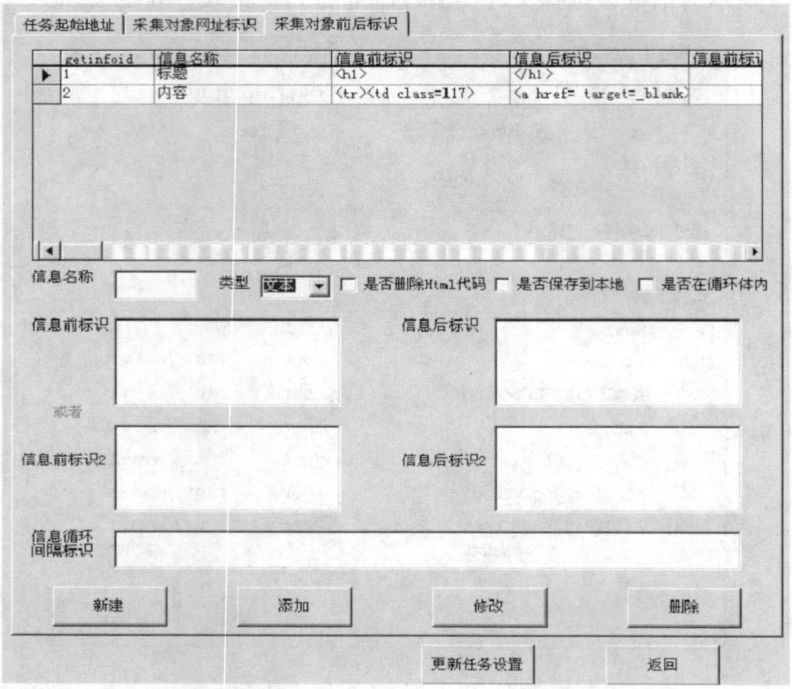

图 1 - 16 "采集对象前后标识"界面图

信息名称：设置一个有意义的可以区分其他信息的名字，如：第一个要抓的是新闻标题，因此就叫"标题"。

（4）设置好任务，回到软件首页，点击"开始"按钮，执行数据采集。具体如图 1 - 17所示。

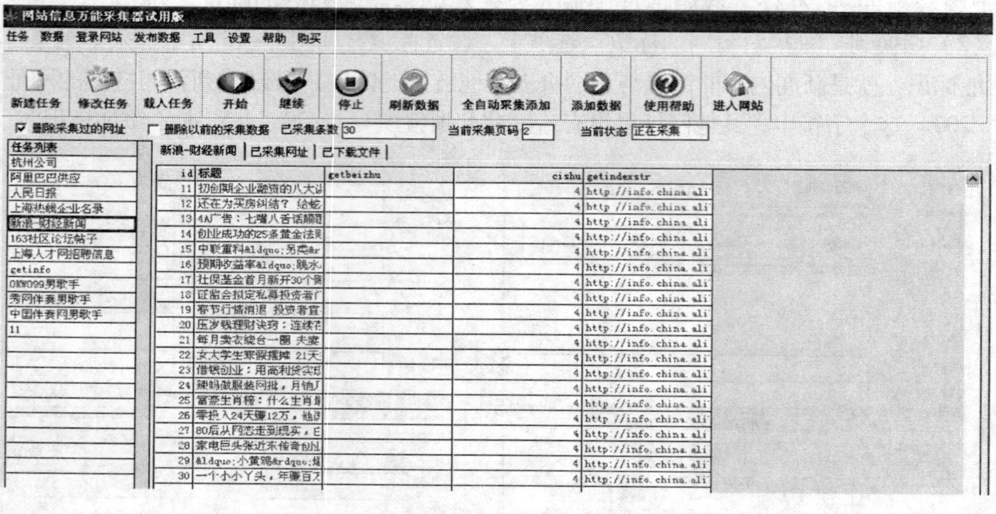

图 1 - 17 数据采集首页界面图

（5）进入到安装目录（X：\ Program Files \ 网站万能信息采集器 \ database），查看" * . mdb"数据库文件，获得网络信息。

任务四   网络商务信息分类处理

一、网络商务信息收集方法

（一）利用网络收集市场需求信息

1. 专题讨论

专题讨论方式是借用新闻组（Newsgroup）、邮件列表（Mailing Lists）和网上论坛（或称电子公告牌，BBS）的形式进行的。

网络新闻组是一些有着共同爱好的互联网用户为了相互交换信息而组成的用户交流网。

图 1-18   网络新闻组界面图

邮件列表也叫 Mailing list，用于各种群体之间的信息交流和信息发布，是在线用户自愿加入形成的一个社团，实际表现为一组成员的 E-mail 地址列表。邮件列表的类型分为公开、封闭、管制三种。

2. 问卷调查

使用 E-mail 向若干相关的讨论组分送问卷和在网站上刊登等多种形式。为了要设计得完美、有效，需要注意三个方面的问题：问卷的结构设计；问卷内容的设计（问卷内容的设计应面向普通上网用户，避免使用艰深的专业术语或有歧义的语言）；问卷上的所有问题都应设计得能够得到精确答案，便于统计，以提高填写问卷的参与度和完成率。

3. 综合性搜索引擎

搜索引擎（Search Engine）使用自动索引帮助用户在互联网浩瀚的信息海洋里迅速发现、收集所需信息。几乎所有的搜索引擎都会提供检索说明，为不熟悉检索服务的用户提供帮助。

4. 国内部分涉及宏观市场信息的网站

企业在网络营销中需要了解本国、贸易伙伴国及有关国际组织的贸易政策、金融政策、自然条件、社会风俗及相关的法律和法规。这类信息一般可在各类政府网站或国家主办的为促进贸易而设的网站上查询。

5. 国内可以提供调研服务的网站

国内一些调研协会的网站上提供市场信息的查询服务，如中国调研中心的网站（www. 8cai. com）等；零点调查网站（www. horizon – china. com）也是国内比较著名的网上调查网站。

6. 国外涉及调研服务的网站

在国际上，比较著名的调研网站有国际营销和市场研究协会的网站（www. imriresearch. com），它提供了世界各国的主要市场调研协会的联系方式。

7. 数据库

大型数据库常常包含非常丰富的市场信息，其中有的是收费的，有的免费。免费的数据库一般都是某些大学的相关专业建立起来的，其使用价值也是很高的。收费的数据库应当说其商业价值是最高的。数据网（www. dialog. com）是世界上最大的数据库检索系统，它包括了全球大多数的商用数据库资源。

（二）利用网络收集市场供应信息

企业的生产活动需要采购大量的原材料，利用互联网可以收集大量原材料供应信息，通过分析比较，可以大大降低采购成本。

（1）生产商的站点。这类站点提供的原材料的价格常常是最低的。

（2）生产商协会的站点。这类站点也可通过搜索引擎进行检索的方法查询到。通常，这些网站上都列出了该生产商协会所有会员单位的名称及联系办法，但是一般都没有列出这些会员单位自己的网站。

（3）讨论组。讨论组中的报价也大都是原材料生产企业的直接报价。

（4）Trade – Lead。许多免费的 Trade – Lead 和专业的进出口网站专门提供国际贸易的机会和投资信息，类似国内的供求信息。

二、网络商务信息收集与整理步骤

信息的整理是将获取和储存的信息条理化及有序化的工作，旨在提高信息的价值和提取效率，防止库中的信息滞留，发现所储存信息内部新的联系，为信息的加工做好准备。

收集到的和储存的信息往往是片段的、零散的，不能反映系统的全貌，甚至收集到的信息里面可能还有一些是过时的或无用的信息。通过信息的合理分类、组合、整理，就可以使片面的信息转为全面的信息。这项工作一般分为以下几个步骤。

（一）明确信息来源

下载信息时，特别要注意将确切的网址记录下来，以便日后对资料进行整理，对于重要的信息，一定要有准确的信息来源，没有下载信息来源的，一定要重新检索补上。如果在资源检索时不注意记录网址，往往会造成再次查询的困难。同时，可借助浏览器的收藏夹，将网页进行分类收藏，如图 1 – 19 所示。

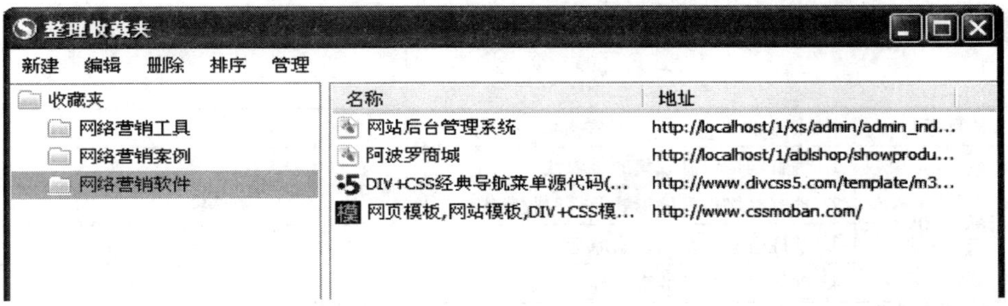

图 1 - 19　浏览器收藏夹界面图

（二）浏览信息，添加文件名

从互联网在线下载的信息，通常沿用原有网站提供的默认文件名，而这些文件多由字母和数字组成。因此有必要在文件下载后，重新将文件浏览一遍，并按内容重新为文件命名。

（三）信息分类

从网上收集到信息后，需要进行分类整理才能方便日后的查找和使用，一般采用按主题分类的方法。用不同的文件夹存放不同类别的文档，在每个分类文件夹中又可以创建子文件夹，分别存放于进一步分类的文档。这是用手工对信息进行分类的简单方法。例如，电子商务可以分为网络使用、网络营销、电子支付、物流配送四个领域，按照这四个领域，可以建立四个文件夹，叫做一级文件夹。在每个一级文件夹，如网络营销文件夹下，又设立若干个二级文件夹，包括基本理论、信息收集整理、信息发布、网络促销等。

（四）建立信息管理系统

在信息积累到一定数量的时候，使用人工的方式对信息进行分类，势必造成查找的困难和管理的混乱。这时，就需要使用数据库对信息进行有效的分类和管理，并配合以相应的查询程序，方便对信息的查询和利用。

（五）初步筛选

在浏览和分类过程中，对大量的信息有一个初步筛选的过程。完全没有用的信息应当及时将它们删去。但应当注意，有些信息，单独看起来是没有用的，但积累起来就有了价值。比如市场销售趋势必定是在数据的长期积累和一定程度的整理后才能表现出来。还有一些信息是相互矛盾的。例如，一家纸业公司的经理想了解新闻纸的市场行情，检索到的结果可能会出现两种情况，一类信息说新闻纸供大于求，而另一类则说新闻纸供不应求。这时候就要把这些信息进行分类整理，然后进入下一个加工处理环节。

（六）信息的加工处理

信息的加工处理是将各种有关信息进行比较分析，并以自己企业的目标为基本参照点，发挥人的才智，进行综合设计，形成新的信息产品，如市场调查报告、营销规划、销售决策、新的人事安排等。信息加工的目的是要进一步改变或改进企业的现实运行状况，使其向着目标状态运行。所以信息加工处理是一个信息再创造的过程，它不是停留在原有信息的水平上，而是通过智慧的参与，加工出能帮助人们了解和控制下一步计划的程序方法、模型等信息产品，并以方便检索的方式加以保存。例如，对于规范化的数据可使用关系数据库加以存储，方便今后进行加工和检索。

考核指标

考核目标	考核指标	分值（100分）
知识目标（30%）	1. 理解网络信息收集的重要性	
	2. 理解网络信息的形式及一般收集方法	
	3. 掌握搜索引擎的搜索原理	
	4. 理解信息分类的重要性	
能力目标（40%）	1. 网络信息的一般形式	
	2. 搜索引擎的一般使用	
	3. 搜索引擎的信息收集技巧	
	4. 特殊网络信息的处理	
	5. 网络信息归类的操作步骤	
	6. 网络信息的发布	
素质目标（30%）	1. 团队合作与分工	
	2. 信息收集的能力	
	3. 网络信息的敏锐嗅觉	
	4. 网络信息归类的素养形成	

参考资源

http：//www. sowang. com/　中文搜索引擎指南网（搜网）

http：//www. webmasterhome. cn/seo/addurl. asp　搜索引擎登录入口

http：//www. eryi. org/　搜索引擎周边

网络营销实践项目

实践项目：网络信息处理			
团队名称：		最佳成员：	
小组分工：			
实验日期：		实验地点：	
实验要求：结合项目二的学习，针对企业网络营销需要，分别运用多种搜索引擎，进行信息收集体验。同时，根据企业所在行业信息、企业自身产品信息、企业竞争者信息等关键词进行搜索（信息类型包括文本信息、图片信息、视频信息等），简单分析企业相关信息在网络里是否被很好推广传播，应该在哪些方面加大力度实施推广，应该如何做			
			经理签字：＿＿＿＿＿＿＿

项目三　网络市场调研

案例分析

　　2000 年，金山雷军邀请陈年创办卓越网，到 2004 年卓越网以 7 500 万美元被亚马逊收购，内心潜意识认为自己获得了成功的陈年，满有信心地创办"我有网"，却以失败告终。这段经历让陈年需要向外界再次证明自己一回。机会出现在 2007 年的一天，一个由吴彦祖代言的 PPG 的网站吸引了陈年的注意。PPG 没有门店和经销商，通过网络来销售中等价位的男士衬衫。

　　凡客诚品作为 PPG 的追随者，取得了成功，PPG 目前是面临倒闭，负债累累，现在就让我们来对比，陈年在追随 PPG 的同时做了哪些变动，致使凡客诚品能在面对 PPG 这个大竞争对手时还能取得成功，而究竟是什么原因是 PPG 经营走向失败呢？

　　作为 PPG 的追随者，凡客诚品也是采用了相同的方式，新建 B2C 电子商务平台，在网络上主打销售男士衬衫。可以看出在这点上和 PPG 是一样的，凡客诚品面对竞争对手也是采用了正面进攻的方式。都是主打卖衬衫的，而那时凡客诚品是这个行业的新进入者，而 PPG 在那时的经营已经趋向成熟，占领大部分的市场份额，是什么原因导致了现在的结局。

　　陈年开始对 PPG 做起研究来，陈年就发现了 PPG 致命的弱点：第一，它一出生就不顾实力用重金在中央台、纸媒打广告，并通过电话销售，它并非真正意义的互联网销售服装企业；第二，PPG 的客服政策全是很完美地站在企业利益角度设置的，如用户退货标签坏了就不能退，等等。陈年开始了属于凡客的服务模式。

　　在凡客购物，客户 30 天无理由退换货——只要不满意，30 天内 VANCL 立马退换货；开箱试穿——用户收到 VANCL 的衣服时，可以当面拆开试穿，觉得满意了再付款收货。图 1 - 20 是凡客诚品广告图

图 1 - 20　凡客诚品广告图

思考

凡客诚品在互联网上的出现,开创了自产自营自销的先河,凡客诚品产品的销售全部依托网络,而没有像其他传统企业那样将部分的营销和销售搬至互联网上,势必对互联网和电子商务做过思考。请问,陈年是基于怎样的考虑去创立凡客诚品的?

学习目标

知识目标:认识到网络市场调研在网络营销中的重要作用,理解网络市场调研的特点。掌握网络市场调研的一般方法、内容、策略,能区分直接调研和间接调研所适用的调研目的。

能力目标:能结合具体问题设计网络问卷和发布问卷,掌握提高网络市场调研效率的方法。掌握网络调研的流程和一般方法,并能熟练的将调研数据进行梳理和汇总。

素质目标:根据实际需要,本着准确、快捷、全面、经济的原则,选取适合的网络市场调研方法,尽可能多角度的进行网络市场调研。

学习关键词

网络调研、网络调研方法、网络调研策略、网络调研平台、网络问卷设计

任务一　网络市场调研的概念

一、网络市场调研的发展

由于传统调研样本采集困难、调研费用昂贵、调研周期过长、调研环节监控滞后等一系列问题的进一步暴露,加之随着互联网的不断发展,科技不断完善,目前中国网民数量不断递增,以及在线调查具有高效便捷的特性和质量的可控性不断增强,网络调研便呼之欲出了。

网络调研做得比较好的是日本和美国。中国起步比较晚,但近年来有了长足发展,不少网络在线调研公司特别注重理论和技术的应用研究。

在网络调查应用领域,国内方兴未艾。据统计,在2000年,国内市场研究支出中仅有10%用于网络调查,而2003年这一比例大约为23.6%,2006年基本为33%。中国市场信息协会调查分会的报告指出,2007年,使用借助互联网和相应软件技术进行调查的市场公司有28家,占了70%,越来越多的公司开始重视网络调查的应用。

从产业角度来看,网络调查以技术创新为突破口,缩短了数据采集的周期,也加快了企业应对市场变化高效决策的进程。由于网络调查大大降低了项目成本,使市场调查从数十万数百万的"奢侈品",变成了成长型企业也能买得起、用得好的科学管理工具,降低了市场调查的门槛,加速扩大了市场调研行业的规模。2003年,中国电子商务因为SARS肆虐,网络调查异军突起,成为当时最耀眼的经济亮点。2009年,甲流疫情也让更多的企业和专业人士认识到在线调查、网络调研的优势所在。而中国调查行业,也将借助网络

调研的崛起实现一次跨越式的发展。

二、网络市场调研定义

网络市场调研，是指利用互联网有目的、有计划的收集、整理和分析与企业市场营销有关的各种情报、信息和资料，为企业市场营销提供依据的信息管理活动。网络市场调研的目标是利用互联网发掘和了解顾客需要、市场机会、竞争对手、行业潮流、分销渠道及战略合作伙伴等方面的情况。多应用于企业内部管理、商品行销、广告和业务推广等商业活动中。

目前，网络调研采用的方法主要有：E-mail 法、Web 站点法、Net – meeting 法、视讯会议法、焦点团体座谈法、Internet phone 法、OICQ 网络寻呼机法或在聊天室选择网民进行调查，在 BBS 电子公告牌上发布调查信息，或采取 IRC 网络实时交谈等方式。

三、网络市场调研的优点

传统的市场调研一方面要投入大量的人力、物力，如果调研面较小，则不足以全面掌握市场信息，而调研面较大，则时间周期长，调研费用大。另一方面，在传统的市场调研中，被调查者始终处于被动地位，企业不可能针对不同的消费者提供不同的调查问卷，而针对企业的调查，消费者一般也不予以反应和回复。同时网络市场调研可以节省大量调查费用和人力，其费用主要集中在建立调查问卷网页的链接费用上。

（一）网络调研信息的及时性和共享性

由于网络的传输速度非常快，网络信息能够快速地传送到连接上网的任何网络用户，而且网上投票信息经过统计分析软件初步处理后，可以看到阶段性结果，而传统的市场调研得出结论需经过很长的一段时间。同时，网上调研是开放的，任何网民都可以参加投票和查看结果，这又保证了网络调研的共享性。

由于企业网络站点的访问者一般都是对企业产品有一定的兴趣，对企业市场调研的内容作了认真的思考之后进行回复，而不像传统的调研方式下为了抽号中奖而被动地回答，所以网络市场调研的结果是比较客观和真实的，能够反映消费者的真实要求和市场发展的趋势。

（二）网络调研方式的便捷性和经济性

在网络上进行市场调研，无论是调查者或是被调查者，只需拥有一台能上网的计算机就可以进行网络沟通交流。调研者在企业站点上发出电子调查问卷，提供相关的信息，或者及时修改、充实相关信息，被调研者只需在计算机前按照自己的意愿轻点鼠标或填写问卷，之后调研者利用计算机对访问者反馈回来的信息进行整理和分析即可，这种调研方式将是十分便捷的。

同时，网络调研非常经济，它可以节约传统调查中大量的人力、物力、财力和时间的耗费。省却了印刷调研问卷、派访问员进行访问、电话访问、留置问卷等工作；调研也不会受到天气、交通、工作时间等的影响；调查过程中最繁重、最关键的信息收集和录入工作也将分布到众多网上用户的终端上完成；信息检验和信息处理工作均由计算机自动完成。所以网络调研能够以最经济、便捷的手段完成。

（三）网络调研过程的交互性和充分性

网络的最大优势是交互性。这种交互性也充分体现在网络市场调研中。网络市场调研某种程度上具有人员面访的优点，在网上调查时，被访问者可以及时就问卷相关的问题提出自己的看法和建议，可减少因问卷设计不合理而导致的调查结论出现偏差等问题。消费者一般只能针对现有产品提出建议甚至是不满，而对尚处于概念阶段的产品则难以涉足，而在网络调研中消费者则有机会对从产品设计到定价和服务等一系列问题发表意见。这种双向互动的信息沟通方式提高了消费者的参与性和积极性，更重要的是能使企业的营销决策有的放矢，从根本上提高消费者满意度。同时，网络调研又具有留置问卷或邮寄问卷的优点，被访问者有充分的时间进行思考，可以自由地在网上发表自己的看法。把这些优点集合于一身，形成了网络调研的交互性和充分性的特点。

（四）网络调研结果的可靠性和客观性

相比传统的市场调研，网络调研的结果比较可靠和客观，主要是基于以下原因：首先企业站点的访问者一般都对企业产品有一定的兴趣，被调查者是在完全自愿的原则下参与调查，调查的针对性强。而传统的市场调研中的拦截询问法，实质上是带有一定的"强制性"的。其次，被调查者主动填写调研问卷，证明填写者一般对调查内容有一定的兴趣，回答问题就会相对认真，所以问卷填写可靠性高。此外，网络市场调研可以避免传统市场调研中人为因素干扰所导致的调查结论的偏差，因为被访问者是在完全独立思考的环境中接受调查的，能最大限度地保证调研结果的客观性。

（五）网络调研无时空和地域的限制性

传统的市场调研往往会受到区域与时间的限制，而网络市场调研可以 24 小时全天候进行，同时也不会受到区域的限制。

（六）调研信息的可检验性和可控制性

利用 Internet 进行网上调研收集信息，可以有效地对采集信息的质量实施系统的检验和控制。首先网上市场调查问卷可以附加全面规范的指标解释，有利于消除被访者因对指标理解不清或调查员解释口径不一而造成的调查偏差。其次，问卷的复核检验由计算机依据设定的检验条件和控制措施自动实施，可以有效地保证对调查问卷 100% 的复核检验，保证检验与控制的客观公正性。最后，通过对被调查者的身份验证技术可以有效地防止信息采集过程中的舞弊行为。

四、网络市场调研的缺点

网上市场调研的优点很明显，但同时也不应忽视其所存在的问题，主要表现在调查表的设计、样本的数量和质量、个人信息保护等因素的影响。

（一）在线调查表本身的问题

由于在线调查占用被访问者的上网时间，因此在设计上更应讲究技巧，应该具备简洁明了的特点，尽可能少占用填写表单的时间和上网费用，避免被访问者产生抵触情绪而拒绝填写或者敷衍了事。一个优秀的调查表至少应该做到调查目的明确、问题容易回答，尽量采用选择性的问题，与调查目的关系不大的问题没有必要出现在问卷中。

（二）样本的数量

样本数量难以保证是在线调查最大的局限之一，对于一些访问量较低的网站来说，如何吸引人参与调查是一种挑战，如果网站访问量小，为了达到一定的样本数量，就需要较长的时间。如果为了调查而加大网站推广力度，需要增加不小的推广费用，可能得不偿失。

（三）样本的质量

网上调查的局限不仅受样本数量少的影响，样本分布不均衡同样可能造成调查结果误差大。由于网上调查的对象仅限于上网的用户，即使在上网用户中，网民结构也有明显的特征，主要表现在较高的学历、年轻人和专业技术人员比重较大等，同时用户地理分布和不同网站的特定用户群体也是影响调查结果的不可忽视的原因。

（四）个人信息保护

由于人们担心个人信息被滥用，通常不愿在问卷调查中暴露准确的个人信息，往往会因为涉及过多的个人信息而退出调查，为了尽量在人们不反感的情况下获取足够的信息，在线调查应尽可能避免调查最敏感的资料，如住址、家庭电话、身份证号码等。如果十分必要，也应该在个人信息保护声明中明确告诉被调查者个人信息的应用范围和方式，以免造成不必要的误会。

（五）被调查者的因素

除了上述主要问题之外，被调查者信息的准确性也直接影响到在线调查结果的准确性。有些用户参与调查的目的可能只是为了获取奖品，甚至可能用作弊的手段来增加中奖的机会，因此，筛选无效问卷是在线调查的必要环节之一。

可见，尽管网上市场调研具有一定优越性，但也应看到，网上调查并不是万能的，调查结果有时会出现较大的误差，网上调查也不可能满足所有市场调研的要求，应根据调研的目的和要求，采取网上调研与网下调研相结合，自行调研与专业市场调查咨询公司相结合的方针，以尽可能小的代价获得尽可能可靠的市场调研结果。

任务二　网络市场调研内容与方法

一、网络市场调研的内容

网络市场调研与传统的市场调研一样，应遵循一定的方法和步骤，以保证调研过程的质量。网络市场调研的内容主要有以下4个部分：市场研究需求、网络顾客行为特征调研、可控因素调研和不可控制因素调研。

（一）市场研究需求

（1）现有市场对某种产品的需求量和销售量。

（2）市场潜在需求量有多大，也就是某种产品在市场上可能达到的最大需求量是多少。

（3）不同的市场对某种产品的需求情况，以及各个市场的饱和点及潜在的能力。

（4）本企业的产品在整个市场的占有率，以及不同市场的占有率，哪些市场对企业最有利。

（5）分析研究市场的进入策略和时间策略，从中选择和掌握最有利的市场机会。

（二）网络顾客行为特征调研

网络用户是网络营销的主要个体消费者，他们的购买行为决定了网络营销的发展趋势，要做好网络市场营销工作，就必须对网络消费者的群体特征进行分析，以便采取相应的对策。网络消费需求主要有以下七个方面的特点：个性化的消费需求、消费者需求的差异性、消费的主动性增强、消费者与商家的互动意识增强、追求方便的消费过程、消费者选择商品的理性化、价格。其中价格仍是影响消费心理的重要因素。

（三）可控因素（The Controllable Factor）调研

可控因素调研主要包括对产品、价格、销售渠道和促销方式等因素。

1. 产品调研

包括有关产品性能、特征和顾客对产品的意见和要求的调研；产品寿命周期调研，以了解产品所处的寿命期的阶段；产品的包装、名牌等给顾客的印象的调研，以了解这些形式是否与消费者或用户的习俗相适应。

2. 价格调研

包括产品价格的需求弹性调研；竞争对手价格变化情况调研；新产品价格制定或老产品价格调整所产生的效果调研；选样实施价格优惠策略的时机和实施这一策略的效果调研。

3. 销售渠道调研

它包括企业现有产品分销渠道状况；中间商在分销渠道中的作用及各自实力；用户对中间商尤其是代理商、零售商的印象等项内容的调研。

4. 促销方式调研

主要是对人员推销、广告宣传、公共关系等促销方式的实施效果进行分析、对比。

（四）不可控制因素（The Uncontrollable Factor）调研

1. 政治环境调研

它包括对企业产品的主要用户所在国家或地区的政府现行政策、法令及政治形势的稳定程度等方面的调研。

2. 经济发展状况调研

主要是调查企业所面对的市场在宏观经济发展中将产生何种变化。

3. 社会文化因素调研

调查一些对市场需求变动产生影响的社会文化因素，如：文化程度、职业、宗教信仰及民风、社会道德与审美意识等方面的调研。

4. 技术发展状况与趋势调研

主要是为了解与本企业生产有关的技术水平状况及趋势，同时还应把握社会相同产品生产企业的技术水平的提高情况。

5. 竞争对手调研

主要调查竞争对手数量、竞争对手的市场占有率及变动趋势、竞争对手已经并将要采用的营销策略、潜在竞争对手情况等方面的调研。

二、网络市场调研方法

（一）网络市场直接调研的方法

网络市场直接调研指的是为当前特定的目的在互联网上收集一手资料或原始信息的过程。直接调研的方法有四种：观察法、专题讨论法、在线问卷法和实验法。但网上使用最多的是专题讨论法和在线问卷法。

1. 网上观察法

网上观察的实施主要是利用相关软件和人员记录登录网络浏览者的活动。相关软件能够记录登录网络浏览者浏览企业网页时所点击的内容，浏览的时间；在网上喜欢看什么商品网页；看商品时，先点击的是商品的价格、服务、外形还是其他人对商品的评价；是否有就相关商品和企业进行沟通的愿望等。

2. 专题讨论法

专题讨论法可通过 Usenet 新闻组、电子公告牌（BBS）或邮件列表讨论组进行。其步骤如下。

（1）确定要调查的目标市场。

（2）识别目标市场中要加以调查的讨论组。

（3）确定可以讨论或准备讨论的具体话题。

（4）登录相应的讨论组；通过过滤系统发现有用的信息，或创建新的话题，让大家讨论，从而获得有用的信息。

具体地说，目标市场的确定可根据 Usenet 新闻组、BBS 讨论组或邮件列表讨论组的分层话题选择，也可向讨论组的参与者查询其他相关名录。还应注意查阅讨论组上的 FAQs（常见问题），以便确定能否根据名录来进行市场调查。

3. 在线问卷法

在线问卷法即请求浏览其网站的每个人参与企业的各种调查。在线问卷法可以委托专业公司进行。

在线问卷发布的主要途径有三种。

第一种是将问卷放置在自己网站上，等待访问者访问时填写问卷。

第二种是通过 E-mail 方式将问卷发送给被调查者，被调查者完成后将结果再通过 E-mail 将问卷返回。

第三种是在相应的讨论组中发布问卷信息，或者调查题目。

调查问卷的基本结构一般包括三个部分，即标题及标题说明、调查内容（问题）和结束语。须注意的问题如下。

（1）标题及标题说明是调查者向被调查者写的简短信息，主要说明调查的目的、意义、选择方法及填答说明等，一般放在问卷的开头。

（2）问卷的调查内容主要包括各类问题，问题的回答方式及其指导语，这是调查问卷的主体，也是问卷设计的主要内容。

问卷中的问答题，从形式上看，可分为开放式、封闭式和混合型三大类。封闭式问答题则既提问题，又给若干答案，被调查中只需在选中的答案中打"√"即可。开放式问答题只提问题，不给具体答案，要求被调查者根据自己的实际情况自由作答。混合型问答题，又称半封闭型问答题，是在采用封闭型问答题的同时，最后再附上一项开放式问题。

（3）至于指导语，也就是填答说明，用来指导被调查者填答问题的各种解释和说明。结束语一般放在问卷的最后面，对被调查者表示感谢，也可征询一下被调查者对问卷设计和问卷调查本身的看法和感受，要诚恳亲切。

（4）在线问卷不能过于复杂、详细，否则会使被调查者产生厌烦情绪，从而影响调查问卷所收集数据的质量。

（5）可采取一定的激励措施，如提供免费礼品、抽奖送礼，等等。

4. 网上实验法

网上实验法可以通过在网络中所投放的广告内容与形式进行实验。设计几种不同的广告内容和形式在网页或者新闻组上发布，也可以利用 E-mail 传递广告。广告的效果可以通过服务器端的访问统计软件随时监测，也可以利用查看客户的反馈信息量的大小来判断，还可借助专门的广告评估机构来评定。

（二）网络市场间接调研的方法

网络市场间接调研指的是网上二手资料的收集。二手资料的来源有很多，如政府出版物、公共图书馆、大学图书馆、贸易协会、市场调查公司、广告代理公司和媒体、专业团体、企业情报室等。其中许多单位和机构都已在互联网上建立了自己的网站，各种各样的信息都可通过访问其网站获得。再加上众多综合型 ICP（互联网内容提供商）、专业型 ICP，以及成千上万个搜索引擎网站，使得互联网上的二手资料的收集非常方便。

互联网上虽有海量的二手资料，但要找到自己需要的信息，首先，必须熟悉搜索引擎（Search Engine）的使用，其次要掌握专题型网络信息资源的分布。归纳一下，网上查找资料主要通过三种方法：利用搜索引擎；访问相关的网站，如各种专题性或综合性网站；利用相关的网上数据库。

1. 利用搜索引擎查找资料

搜索引擎使用自动索引软件来发现、收集并标引网页，建立数据库，以 Web 形式提供给用户一个检索界面，供用户以关键词、词组或短语等检索项查询与提问匹配的记录，争奇斗艳，成为 Internet 网上最突出的应用。

2. 访问相关的网站收集资料

如果知道某一专题的信息主要集中在哪些网站，可直接访问这些网站，获得所需的资料。

3. 利用相关的网上数据库查找资料

网上数据库有付费和免费两种。在国外，市场调查用的数据库一般都是付费的。我国的数据库业近十年有较大的发展，近几年也出现了几个 Web 版的数据库，但它们都是文献信息型的数据库。

三、网络市场调研策略

网络市场调研的目的是收集网上的购物者和潜在顾客的信息。充分利用网络调研的优势，加强与消费者的沟通、理解并建立友谊，改善营销并更好地服务于顾客。而要达到这一目的的前提是让更多的顾客访问你企业的站点，这样市场营销调研人员可以有针对性地制作网上调研表单，顾客可以发回反馈并参加联机，交互调查和竞赛，或者征询信息，市场营销调研人员才能掌握更多更翔实的市场信息。

为使更多的消费者访问企业站点并乐于接受企业的调研询问，善意而又真实地发回反馈信息，市场调研人员必须研究调研的策略，以充分发挥网络调研的优越性，提高网络调研的质量。网络市场调研的策略主要包括如何识别企业站点的访问者及如何有效地在企业站点上进行市场调研。

（一）识别访问者并激励其访问企业站点

传统市场调研，无论是普查、重点调查、典型调查，还是随机抽样调查、非随机抽样调查及固定样本持续调查，尽管调查的范围不同，但对调研对象，如区域、职业、民族、年龄等都有不同程度的一定针对性，即对被调查对象的大体分类有一定的预期。而网络市场调研却没有空间和地域的范围，一切都是随机的，调研人员既无法预期谁是企业站点的访问者，也无法确定调研对象样本，即使是对于在网上购买企业产品的消费者，确知其身份、职业、性别、年龄等也是一个很复杂的问题。因此，网络市场调研的关键之一是如何鉴别并吸引更多的访问者，使他们有兴趣在企业站点上进行双向的网上交流。

1. 利用电子邮件或来客登记簿获得市场信息

电子邮件和来客登记簿是互联网上企业与顾客交流的重要工具与手段

电子邮件可以附有 HTML 表单，访问者可在表单界面上点击相关主题并且填写附有收件人电子邮件地址的有关信息。然后发回给企业。来客登记簿（guest book）乃是让访问者填写并发回给企业的表单。

通过电子邮件和来客登记簿，不仅所有顾客均可以读到并了解企业的情况，而且市场营销调研人员可获得相关的市场信息。比如，在确定访问者的邮编后，就可以知道访问者所在的国家、地区、省市等地域分布范围；对访问者回复的信息进行分类统计，就可以进一步对市场进行细分，而市场细分是企业制定营销策略的重要依据之一。

2. 科学地设计调研问卷

一个成功的调查问卷应具备两个功能：一是能将所调查的问题明确地传达给访问者；二是设法取得对方的合作，使访问者能给以真实、准确地回复。但在实际的调研中，由于被调查者的情况差异很大，还有调研人员的专业知识和技术水平不同会影响调研的结果。因此，调查问卷的设计应遵循一定的原则。

（1）目的性原则。即询问的问题与调查主题密切相关，重点突出。

（2）可接受性原则。即被调查者回复哪一项，是否回复有自己的自由，故问卷设计要容易让被调查者所接受。无论在西方或是东方国家，对涉及有关个人问题时，如个人收入、家庭生活中比较敏感的问题等，访问者一般不愿意或拒绝回复。因此，关于个人隐私的问题不应出现在调查问卷中，以免引起访问者的反感。

（3）简明性原则。即询问内容要简明扼要，使访问者易读、易懂，而且回复内容也简短省时。因此，调查问卷的设计应多采用二项选择法、顺位法、对比法等技巧，对调查问卷中问题答案的选项应给访问者提供相应的信息，以方便访问者回答。

在设计调查问卷时，调研人员应在每个问题后设置两个按钮（YES，NO），让访问者直观地表达他们的观点。

（4）匹配性原则。即要使对访问者回复的问题便于检查、数据处理、统计和分析，以提高市场调研工作的效率。

3. 给访问者奖励以激发其参与调研的积极性

一般的网络访问者可能担心个人站点被侵犯而可能发回不准确的信息，为此企业可根据实际情况，给访问者一定的奖品或给访问者购买商品一定的折扣优惠，企业就可获得比较真实的访问者的姓名、住址和电子邮件地址。同时，当访问者按要求回复调查问卷、企业应对其进行公告，访问者会在个人计算机上收到证实企业收到问卷的公告牌，被公告的访问者在一定期间内还可进行抽奖。

4. 在网络上建立情感的纽带

比如 Industry Net（www. Industry. Net）是专门登载工业贸易信息的站点，这个站点提供大量免费的信息，并允许访问者下载软件，同时要求并鼓励访问者提供包括个人所在地域、单位、姓名、年龄、职业与职务及所在行业等的有关信息，这样就可掌握访问者的基本情况。企业市场调研人员同样可以采用这种策略。在企业站点上不只仅仅展示产品的图片、文字等，而且要有针对性地提供公众感兴趣的时装、音乐、电影、家庭乃至幽默等有关话题。以大量有价值的与企业产品相辅相成的信息和免费软件吸引大量的访问者，促使访问者乐于告诉你有关个人的真实情况。这样调研人员可以较方便地进入个人主页，逐步与访问者在网上建立友谊和感情的桥梁，达到网上市场调研的目的。

（二）网站站点上的市场调研

市场调研人员在企业站点上进行网络调研应注意以下问题。

1. 调整调查问卷内容组合以吸引访问者

与传统的市场调研问卷相比，网络调研的最大优势是可以极方便地随时调整、修改调查问卷上的内容，可以实现不同调研内容的组合，如产品的性能、款式、价格及网络订购的程序、如何付款、如何配送产品等。因为不同时期、不同产品，访问者对其不同因素的兴趣不同，营销调研人员应通过不同的因素组合的测试，分析判断何种因素组合对访问者是最重要、最关键的。哪些因素对访问者来说是最关心和最敏感的，进而调整调查问卷的内容，使调研主页对访问者更具吸引力。

2. 监控在线服务

因为所有企业站点的访问者都能利用互联网上的一些软件程序来跟踪在线服务。因此，企业营销调研人员则可通过监控在线服务掌握了解访问者主要浏览哪类企业、哪类产品的主页，挑选和购买何种产品等基本情况，进而经过统计分析，对顾客的地域分布、产品偏好、购买时间及行业内产品竞争态势做出初步的判断和估价。

3. 有针对性地跟踪目标顾客

（1）市场调研人员在互联网上或通过其他途径获得了顾客或潜在顾客的电子邮件网址，则可直接使用电子邮件向他们发出有关产品和服务的询问，请求他们反馈回复。也可以在电子调查表中设置让顾客自由发表意见和建议的板块，请他们发表对企业、产品、服务等各方面的见解和期望。通过这些信息，调研人员可以把握产品的市场潮流及消费者的消费心理、消费爱好、消费倾向的变化，根据这些变化来调整企业的产品结构和市场营销策略。

（2）以网页内容的差别化赢得访问者。如果企业市场调研人员跟踪到访问者浏览过其他企业的站点，或阅读过有关杂志的产品广告主页，则应及时发送适当的信息给目标访问者，以使其充分注意到本企业站点的主页，对产品作进一步的比较和选择。例如，如果访问者刚浏览过同行业竞争企业的站点，则市场调研人员应及时做出差别化宣传，在企业站点的主页上着重描述本企业产品的特殊优势和服务特色，通过经营上的特色和差别化优势吸引访问者，使其尽可能在本企业站点上实现网上购买行为。

4. 传统市场调研和电子邮件相结合

企业市场调研人员也可以在各种传播媒体上做调研。如报纸、电视或有关杂志上刊登相关的调查问卷，并公告企业的电子邮箱和网址，让消费者通过电子邮件回答所要调研的问题，以此收集市场信息。采用这种方法，调研的范围比较广，同时可以减少企业市场调研中相应的人力和物力的消耗。

5. 通过产品的网上竞卖掌握市场信息

对于企业推出的新产品，可以通过网上竞卖，了解消费者的倾向和心理，掌握市场趋势，从而制定相应的市场营销策略。比如，1999 年 7 月 1 日，我国长城集团与网易公司联手，在网易上，推出金长诚 MTV3800 奔腾三代家用电脑新品，面向全国进行为期 10 天的网上竞卖活动。这是国内首次计算机厂商在网上进行新产品发布和竞卖。

在网上发布和竞卖的金长城 MTV3800 奔腾三代电脑新品，沿袭了金长城集团"三电一体化"的设计理念，在电脑、电器、电信各方面功能上都进行了创新和完善。然而，对一个新产品来说，价格定位，产品宣传以及先期购买者的热情对产品迅速进入成长期是至关重要的因素，也是市场营销调研人员调研的重要内容。

长城集团与网易公司网上竞卖的具体做法是：竞卖总数为 100 台，底价仅为 3 800 元，有效竞标价格在 3 000 ~ 15 000 元之间，低于或高于此范围的竞价均属无效；竞卖活动持续 10 天，消费者在 10 天内均可登录网易站点参与竞价；在有效竞价范围内，当天竞价最高的前 10 名为中标者，经确认后，统一按照当天第 10 名的竞标价格成交。竞卖活动期间，网易公司每隔 5 min 公布一次最新竞价排行榜，并随时通报竞标进展状况。

通过网上竞卖，企业市场调研人员可以掌握有关的市场信息，并以此为依据对未来市场趋势做出理性的分析与判断。

任务三 网络市场调研的实施

一、网络市场调研步骤

（一）明确问题与确定调研目标

明确问题和确定调查目标对使用网上搜索的手段来说尤为重要。因特网是一个永无休止的信息流。开始搜索时，可能无法精确地找到你所需要的重要数据，不过你肯定会沿路发现一些其他有价值、抑或价值不大但很有兴趣的信息。在开始网上搜索时，头脑里要有一个清晰的目标并留心去寻找。一些可以设定的目标如下。

（1）谁有可能想在网上使用你的产品或服务？

（2）谁是最有可能要买你提供的产品或服务的客户？

（3）在你这个行业，谁已经上网？他们在干什么？

（4）你的客户对你竞争者的印象如何？

（5）在公司日常的运作中，可能要受哪些法律、法规的约束？如何规避？

（二）制订调查计划

网上市场调研的第二个步骤是制订出最为有效的信息搜索计划。具体来说，要确定资料来源、调查方法、调查手段、抽样方案和联系方法。下面就相关的问题来说明。

资料来源：确定收集的是二手资料还是一手资料（原始资料）。

调查方法：网上市场调查可以使用专题讨论法、问卷调查法和实验法。

调查手段：

（1）在线问卷，其特点是制作简单、分发迅速、回收方便。但要注意问卷的设计水平。

（2）交互式电脑辅助电话访谈系统，是利用一种软件程序在电脑辅助电话访谈系统上设计问卷结构并在网上传输。Internet 服务器直接与数据库连接，对收集到的被访者答案直接进行储存。

（3）网络调研软件系统，是专门为网络调研设计的问卷链接及传输软件。它包括整体问卷设计、网络服务器、数据库和数据传输程序。

抽样方案：要确定抽样单位、样本规模和抽样程序。

联系方法：采取网上交流的形式，如 E-mail 传输问卷、参加网上论坛等。

（三）收集信息

网络通信技术的突飞猛进使得资料收集方法迅速发展。Internet 没有时空和地域的限制，因此网上市场调查可以在全国甚至全球进行。同时，收集信息的方法也很简单，直接在网上递交或下载即可。这与传统市场调查的收集资料方式有很大的区别。

（四）信息整理和分析

收集得来的信息本身并没有太大意义，只有进行整理和分析后信息才变得有用。整理和分析信息这一步非常关键，就需要使用一些数据分析技术，如交叉列表分析技术、概况技术、综合指标分析和动态分析等。目前国际上较为通用的分析软件有 SPSS、SAS、BM-DP、MINITAB 和电子表格软件。

（五）撰写调研报告

这是整个调研活动的最后一个重要阶段。报告不能是数据和资料的简单堆积，调研人员不能把大量的数字和复杂的统计技术扔到管理人员面前。正确地做法是把与市场营销决策有关的主要调查结果报告出来，并遵循所有有关组织结构、格式和文笔流畅的写作原则。

二、网络调研需注意细节及问题

（一）网络调研需注意细节

要达到商家网络调研的目的，发挥网络调研的商业价值，还须注意网络调研的一些关键性事项。

1. 了解市场需求

把自己想成顾客，从顾客的角度来了解客户需求。因为您的调研对象往往可能是产品直接的购买者、提议者和使用者，应对他们进行具体的角色分析。

例如某种时尚品牌男装，他的目标对象应是年轻男性，但实际的客户市场却不只是这部分人群，而是包括他们的母亲、妻子、女友等女性角色。这就要求调研时，将调研市场对象进行角色细分，充分了解市场需求，使调研结果更有针对性、准确性。

2. 制定网络调研提纲

网络调研是企业网络营销全过程的第一步。一个调研项目常包含高度精练的理念，这种理念是无法触及的"虚"，而调研提纲则可以将调研具体化、条理化。调研提纲是调查者与被调查者两者结合的工具，调研项目也许会成为品牌的沟通工具。

3. 寻找竞争对手

利用各种方式搜集竞争对手信息，譬如利用导航台，锁定具体区域，设定与自己产品相同或相似的关键词来寻找竞争对手，仔细查看竞争对手的网址，注意竞争对手的网络中值得借鉴的地方，并注意竞争对手是否已做过类似的市场调研。

4. 适当的激励措施

因特网毕竟是虚拟世界，若能提供更多人性的东西，在调研中加入适当的奖品激励，调查会获得更多的参与者。如摩托罗拉和惠普在进行网络调查时，都有奖品激励参与者。某医学杂志在做调查时，提供样刊赠阅，也获得积极的反馈。

5. 数量调研与质量调研相结合

对于一般性的商业经济问题，如消费者的年龄、性别、所在地区及购买动机等问题，可采用数量统计调查方式，设立"是什么""如何做"等问题的信息。但针对有关具体产品时，则宜采用质量调研的方式，调研结果包含的多是"为什么"的问题。

（二）网络调研存在的问题

1. 网络的安全性问题

利用网络进行调查，有一个坏处——暴露网络于潜在的威胁之下。从恶名昭彰的国际网络病毒到黑客的数起案例来看，我们的确有必要注意这些问题。

2. 企业和消费者对网络调研缺乏认识和了解

我国国内企业对市场调研，特别是对于网络调研技术，还相当陌生，与西方发达国家相比较，国内在观念水平、技术运用方面存在着很大差距。消费者作为重要的调研对象，他们对市场调研和网络技术的不理解、不信任将直接影响网络调研的实际运用效果。

3. 网络调研技术有待完善、专业人员匮乏

目前，网络调研仍处于发展阶段，现有的网络调研专用技术的欠缺将导致调研流程不畅。尽管网络调研的专门研究单位和专门软件迅猛发展，但仍有不尽如人意的地方。虽然我们的企业拥有一些优秀的网络技术人员和市场调查人员，但能熟练地运用网络技术、调研实践经验强的专业网络人员还相当缺乏，给网络调研技术的实际运用带来很大难度。

4. 网络普及率不高和拒访现象的大量存在

由于我国地广人多，各地经济技术发展、文化素质方面存在的巨大差异，使 Internet 不大可能在短期内覆盖所有地区及每一个人。而网络用户的数量却是网络调研发展的必要条件，否则将限制网络调研的适用范围，严重影响调研结果的科学性和客观性。同时被调查者会出于各种原因而拒绝参加网上调研活动。拒访率的高居不下，将造成样本的流失，影响调研结果的可靠性。

5. 无限制样本令人困扰

由于网络的无限制性，使调研项目极有可能受到网虫的骚扰。如果同一个人重复填写问题的话，问题就会变得复杂。例如，INFO WORLDD（某电脑使用者杂志）于1997年决定第一次在网上进行读者意向调查。由于重复投票，调研结果极其离谱，以致整

个调研无法进行。

三、提高网络市场调研效率的方法

尽可能提高在线调查结果的质量，是开展网上市场调研过程中每个环节都要考虑的问题，应重视下列八个方面：认真设计在线调查表；吸引尽可能多的人参与调查；尽量减少无效问卷；公布保护个人信息声明；避免滥用市场调查功能；样本分布不均衡的影响；奖项设置合理；采用多种网上调研手段相结合。

（一）认真设计在线调查表

在线调查表应该主题明确、简洁明了、问题便于被调查者正确理解和回答，且便于调查结果的处理。有一位大学生曾经让寝室的同学们填了一份关于手机的调查问卷，因为内容多而杂，让人厌倦，所以在线调查表要简明。

（二）吸引尽可能多的人参与调查

参与者的数量对调查结果的可信度至关重要，问卷设计水平对此也有一定影响，"你的意见对我们很重要"诸如此类的说法会让被调查者感觉到填写调查表就好像帮助自己或所关心的人，这样往往有助于提高问卷回收率。当然，有力的宣传推广也是必不可少。

（三）尽量减少无效问卷

在线调查都利用 Javascript 等电脑程序在问卷提交时给予检查，并提醒被调查者对遗漏的项目或者明显超出正常范围的内容进行完善。

（四）公布保护个人信息声明

无论哪个国家，对个人信息都有不同程度的自我保护意识，让用户了解调研目的并确信个人信息不会被公开或者用于其他任何场合。其实，这一点不仅在市场调研中很重要，在网站推广、电子商务等各个方面都非常关键的。但好像国内的一些网上调查对此还没有足够的重视。

（五）避免滥用市场调查功能

市场调研信息也向用户透露出企业的某些动向，使得市场调查具有一定的营销功能，但应该将市场调查与营销严格区别开来，如果以市场调查为名义收集用户个人信息开展所谓的数据库营销或者个性化营销，不仅将严重损害企业在消费者（至少是被调查者）之间的声誉，同时也将损害合法的市场调查。

（六）样本分布不均衡的影响

网上调查结果不仅受样本数量少的影响，样本分布不均衡同样可能造成调查结果误差大。样本分布不均衡表现在用户的年龄、职业、教育程度、用户地理分布及不同网站的特定用户群体等方面，因此，在进行市场调研时要对网站用户结构有一定的了解，尤其样本数量不是很大的情况下。

（七）奖项设置合理

作为补偿或者刺激参与者的积极性，问卷调查机构一般都会提供一定的奖励措施，合理设置奖项有助于减少不真实的问卷。

（八）采用多种网上调研手段相结合

常用的网上调研手段除了在线调查表之外，还有电子邮件调查、对访问者的随机抽样调查、固定样本调查，等等。根据调查目的和预算采取多种网上调查手段相结合，以最小的投入取得尽可能多的有价值的信息。

四、网络问卷实施案例

（一）问卷星介绍

问卷星通过网页、邮件多种回收渠道，结合独特的合作推荐模式，从而大大延伸您的答卷数据来源范围，在短时间内收集到大量高质量的答卷。同时，通过问卷星提供的专业的问卷调查平台，您可以在线设计问卷，实时查看最新答卷并进行统计分析，真正做到一站式服务。另外，可指定性别、年龄、地区、职业、行业等多种样本属性，精确定位目标人群；还可以设置多种筛选规则、甄别页、配额控制等条件自动筛选掉无效答卷，同时支持人工排查以确保最终数据的有效性。

问卷回收渠道有：邮件邀请，通过向样本库中符合条件的目标人群发送邮件邀请其填写问卷；页面邀请，通过在问卷星网页的推荐位上进行推荐邀请受众填写问卷。

问卷星操作如下。

（1）注册新用户（见图1-21）。

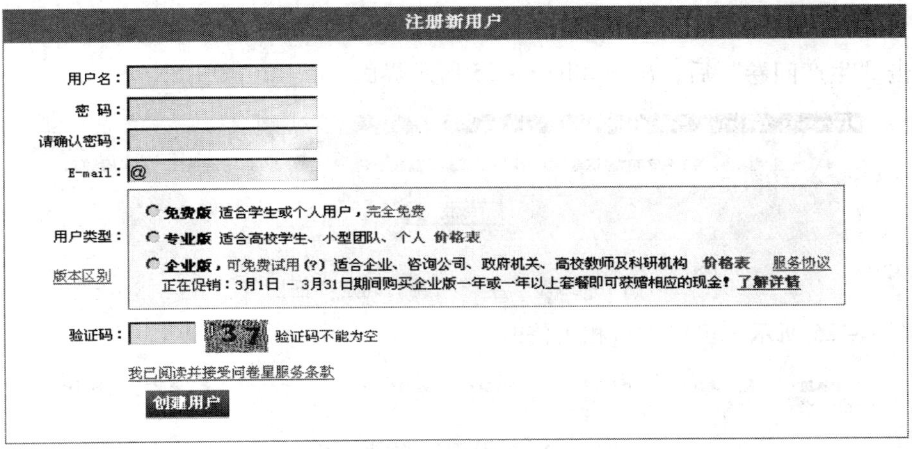

图1-21　新用户注册界面

（2）注册成功后，进入自己的电子邮箱，激活用户（见图1-22）。

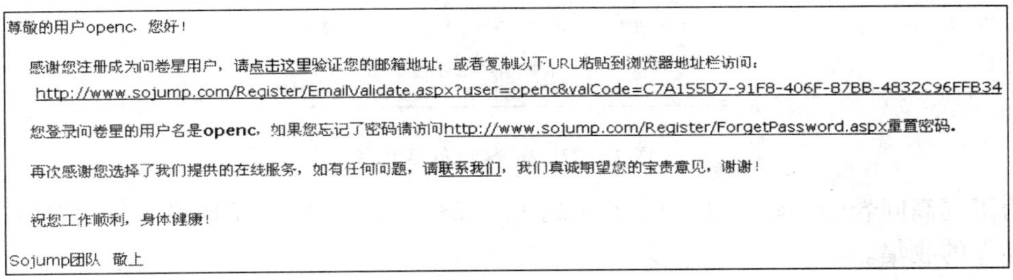

图1-22　邮箱激活提示界面

（3）用户登录后，软件使用流程（见图1-23）。

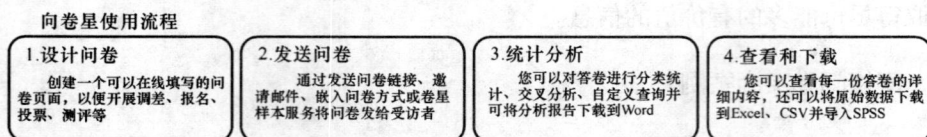

图1-23　问卷星使用流程图

（4）文本创建问卷（见图1-24）。

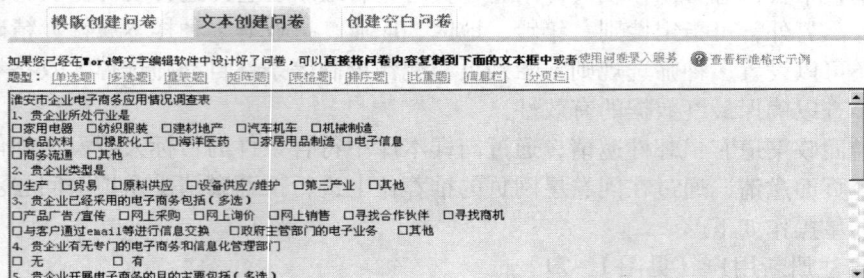

图1-24　文本创建问卷界面图

单击"生产问卷"后，出现如图1-25所示界面。

图1-25　"生产问卷"确定界面图

如图1-26所示，可以进行相关修改。

图1-26　题目属性修改界面图

单击"立即发布问卷"（见图1-27）。

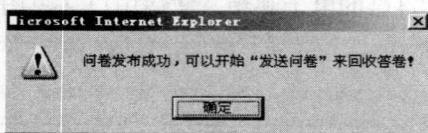

图1-27　问卷发布界面图

为了提高问卷的调研速度，可单击如图1-28所示的"发送问卷"。后续要做的就是等待问卷的收集。

（二）爱调研

爱调研网站永久免费的在线问卷系统：免费创建、激活问卷，在线使用问卷调查系统，不收取任何技术费用。同时，爱调研提供专业的网络调查系统，问卷库提供多种问卷模板，使问卷调查更快速高效。

（1）登录后，点击"我的发布"，选择"发布调研"，填写项目名称，具体如图1-29所示。

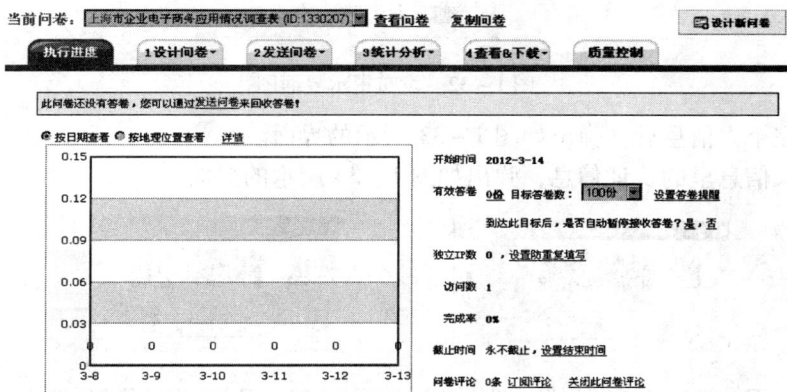

图1-28 "执行进度"界面图

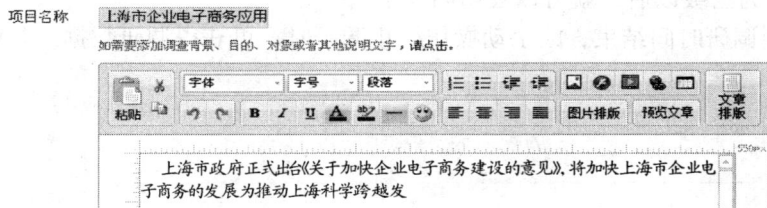

图1-29 调研项目名称填写界面图

（2）然后将已经设计好的问卷问题一一添加，如图1-30所示。

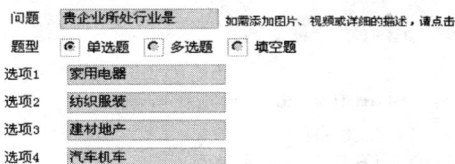

图1-30 问卷添加界面图

（3）所有问题设计结束后，点击"问题属性设置"，对问题相关进行设置，具体如图1-31所示。

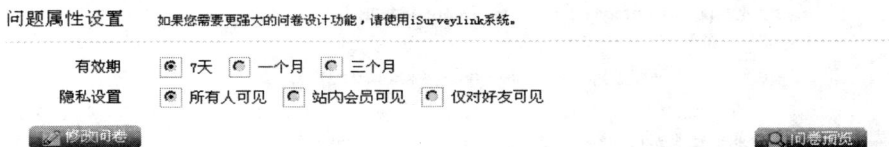

图1-31 "问题属性设置"界面图

点击发布，弹出如图1-32所示的界面。

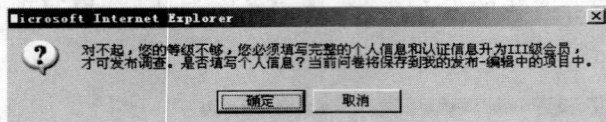

图 1 – 32　发布提示界面图

当填写完个人信息后，弹出如图 1 – 33 所示的界面。

完成个人信息里的认证信息，弹出如图 1 – 34 所示的界面。

图 1 – 33　用户级别提示界面图 Ⅰ　　图 1 – 34　用户级别提示界面图 Ⅱ

当用户升为三级以后，就可以发布问卷了。

（4）等到调研时间结束，或手动操作终止调研时，可获得调研数据。具体如图 1 – 35 所示。

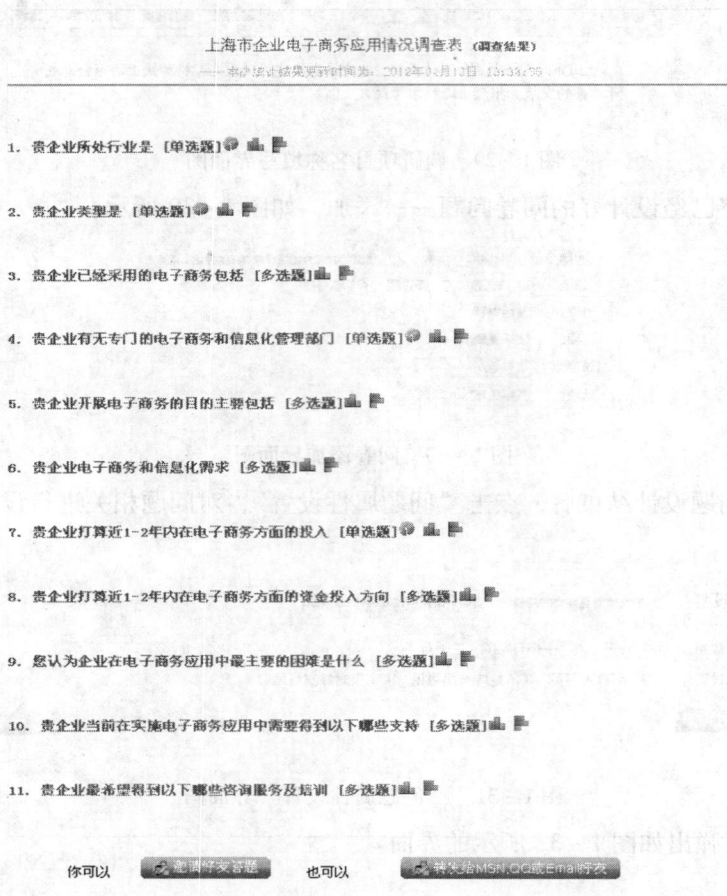

图 1 – 35　调研结果统计界面图

考核指标

考核目标	考核指标	分值（100分）
知识目标（30%）	1. 理解网络信息调研的概念和重要性	
	2. 理解网络信息的调研对象	
	3. 掌握网络信息调研的方法	
	4. 理解信息调研的操作步骤	
能力目标（40%）	1. 网络信息调研与传统调研的异同	
	2. 网络信息调研涉及的内容	
	3. 搜索引擎的信息收集技巧	
	4. 特殊网络信息的处理	
	5. 网络信息归类的操作步骤	
	6. 网络信息的发布	
素质目标（30%）	1. 团队合作与分工	
	2. 信息收集的能力	
	3. 网络信息的敏锐嗅觉	
	4. 网络信息归类的素养形成	

参考资源

http：//www. idiaoyan. com/ 爱调研

http：//netinsight. cn/ 网络调研

网络营销实践项目

实践项目：网络信息调研		
团队名称：		最佳成员：
小组分工：		
实验日期：		实验地点：
实验要求：结合项目三的学习，针对企业网络营销需要，设计一份网络问卷，并附以问题设计的相关说明。同时，选择网络问卷发布平台发布问卷，在报告上并附上账号和密码		
		经理签字：_____

项目四　网络市场分析

案例分析

1990 年, 李宁公司在广东三水起步。创立之初即与中国奥林匹克委员会携手合作, 透过体育用品事业推动中国体育发展, 并不遗余力赞助各种赛事。1995 年, 李宁公司成为中国体育用品行业的领跑者。2005 年, 李宁公司继续保持行业领先地位, 销售额创下历史新高, 向着国际一流品牌的目标冲刺。2008 年 12 月 30 日, 世界权威的品牌价值研究机构——世界品牌价值实验室举办的"2008 世界品牌价值实验室年度大奖"评选活动中, 李宁凭借良好的品牌印象和品牌活力, 荣登"中国最具竞争力品牌榜单"大奖, 赢得广大消费者普遍赞誉。李宁公司电子商务发展历程如下。

2007 年 8 月, 林砺加盟李宁公司, 李宁公司决定开始做电子商务;

2008 年 1 月, 李宁电子商务部正式成立;

2008 年 4 月, 淘宝商城李宁官网上线;

2008 年年底, 李宁公司收编了 400 多家网络加盟店, 总销售额达到 2 亿元;

2009 年, 李宁对网络商店进行统一规划, 为各网店提供专用的 CI 和 VI 系统。

一开始李宁公司并没有盲目地开通自己的 B2C 官网, 而是把自己的第一个网上商店放到了淘宝网上, 同时, 对原有的淘宝 C2C 卖家李宁公司也没有一棍子打死, 而是结合网络用户的购物习惯, 聪明地采用了"先招安, 后整治"的办法。在淘宝商城开业后两个月, 李宁 B2C 的官网才姗姗来迟。

电子商务方面, 李宁公司没有采用多数服装品牌的自建电子商城(佐丹奴、报喜鸟等)型的网络直销, 而选择将网络渠道外包, 其淘宝网旗舰店和折扣店只能算作一个展示平台。在此过程中, 在团队架构上, 李宁通过核心团队的自建和支持团队的外包相结合, 打造了一只完整的 B2C 队伍; 而物流、资金流方面, 李宁电子商务部门已经通过对内外部机制的改革, 迅速满足了电子商务高速运转的需要。现在, 李宁公司已经拥有中国最大的体育用品分销网络。

数据显示, 服装是网络消费金额最高的商品之一, 接近六成的网上购物消费者在网上买过服装, 同时, 服装占到了全部网购金额的约四分之一。庞大的交易额得益于中国网民数量的攀升及网络购物群体的增加。CNNIC 报告显示: 截至 2008 年年底, 中国网民规模达到 2.98 亿人, 网络购物的用户规模达到 7 400 万人, 占全部网民的 24.8%。而负责为李宁开拓这片新市场的林砺在 2007 年的调查也发现, 淘宝上销售李宁产品的网店有上千家, 一年的销售额超过 5 000 多万元。

李宁服装一致追求的是流行、时尚的元素, 李宁的服装产品是很多年轻人喜爱的。李宁产品主要是以运动产品为主。而运动装、鞋类恰恰是非常适合在网上销售的。李宁公司实际消费群的特征是: 在 15～45 岁等距分布的基础上, 以 24～35 岁为主, 二线城市, 中等收入，大众化而非专业运动消费。而李宁公司目标消费群的特征是：14～28岁，学生为主，大中城市，喜爱运动，崇尚新潮时尚和国际流行趋势。而这部分人也正是网民的主体，也十分有利于李宁的网络营销。

思考

李宁公司在做网络市场细分的时候，将如何结合CNNIC的调查报告，对消费者进行细分的，又分别是怎么样选择目标市场及市场定位的？

学习目标

知识目标：掌握网络宏观环境和微观环境分析方法，理解市场营销的基本理论STP在互联网环境下的应用和演变。

能力目标：要求学生以市场营销学和统计学相关理论为指导，从企业网络宏观和微观环境出发，对前期网络市场调研的信息进行分析，运用前期市场调研和信息检索，获取企业网络市场的总规模和结构信息，进行网络市场选择和网络市场定位。

素质目标：要求学生对企业所在领域，选择网络细分变量，合理进行网络市场细分，并根据企业资料、企业条件和实力，选择合理的网络目标市场。并能给出市场定位依据，进行网络市场定位。

学习关键词

网络宏观环境、网络微观环境、网络市场细分、网络市场选择、网络市场定位、网络市场分析、中国互联网报告

任务一　网络市场环境分析

一、网络市场宏观环境分析

企业网络营销的宏观环境通常指一个国家或地区的经济、社会及其发展状况，是企业不可控制的因素，包括人口、经济、自然、政治法律、科学技术和社会文化环境六大因素。

（一）网络人口环境

人口数量直接决定市场规模和潜在容量，人口的性别、年龄、民族、婚姻状况、职业、居住分布等也对市场格局产生着深刻影响，从而影响着企业的营销活动。企业应重视对人口环境的研究，密切关注人口特性及其发展动向，及时地调整营销策略以适应人口环境的变化。

例如：截至2013年12月，中国网民规模达6.18亿，全年共计新增网民5 358万人；中国手机网民规模达5亿，网民中使用手机上网的人群占比提升至81.0%；我国网民中农村人口占比28.6%，规模达1.77亿；中国网民中通过台式电脑上网和笔记本电脑上网

的比例分别为 69.7% 和 44.1%，相比 2012 年均有所下降，下降比例分别为 0.8 个百分点和 1.8 个百分点。

（二）经济环境

经济环境是指企业网络营销活动所面临的社会经济条件及其运行状况和发展趋势。

网络经济异军突起，对传统金融业产生强大冲击。传统金融机构和金融服务在此背景下发生了一系列变化，网络经济应运而生。开放性的网络经济一方面进一步降低了网上银行的交易成本与费用，给网上银行的发展带来新的契机，另一方面使得银行具有的传统信息优势发生了改变，客户、竞争对手等都能够通过网络更为方便的获取市场信息，这就对网上银行的发展带来了一定的挑战。

2013 年，中国网络购物市场交易规模达到 1.85 万亿元，增长 42.0%，与 2012 年相比，增速有所回落。根据商务部对 2013 年全年社会消费品零售总额数据的统计，2013年，网络购物交易额占社会消费品零售总额的比重达到 7.8%，比去年提高 1.6 个百分点。随着网民购物习惯的日益养成，网络购物相关规范的逐步建立及网络购物环境的日渐改善，中国网络购物市场将开始逐渐进入成熟期，未来几年，网络购物市场增速将趋稳。

（三）政治与法律环境

企业的营销活动是社会生活的组成部分，而社会生活总是要受到政治生活的影响。

政治法律环境是指一个国家或地区的政治制度、体制、政治形势、方针政策、法律法规等方面，包括国家政治体制、政治的稳定性、国家关系、法制体系等，在国家和国际政治法律体系中，相当一部分内容直接或间接地影响着经济和市场。政治因素像一只无形的手，调节着企业营销活动的方向，法律则为企业规定了商贸活动行为准则，政治与法律相互联系，共同对企业的市场营销活动发挥影响的作用。

2013 年 8 月，国务院发布《关于促进信息消费扩大内需的若干意见》，提出从以下几方面提出了促进信息消费的主要任务：一是加快信息基础设施演进升级；二是增强信息产品供给能力；三是培育信息消费需求；四是提升公共服务信息化水平；五是加强信息消费环境建设等。

（四）自然环境

自然环境是指一个国家或地区的自然资源、气候、地形和地理位置等客观因素。自然环境制约着经济活动的内容和形式，企业的营销策略和目标的确定也必然面临生产、消费、资源、生态等各方面的权衡和选择。因此，企业在营销决策中必须考虑环境成本的因素。企业在营销过程中所涉及的自然环境，主要是指企业本身的资源环境。

对网络营销影响较深的主要包括地理位置和企业资源。在经济社会发展中，互联网的应用、电子商务的发展及网络营销观念的普及，中西部存在明显差异，同一省份的发达地区和欠发达地区情况也不一样。对于企业来说，日益激烈的市场竞争，使企业不得不重新审视自身的资源，并通过有效的网络营销策略实施，争夺更多的市场。

目前在我国企业的上网率依然还比较低，多数企业还建立自己的企业网站，通过网上实现交易，获得利润的更是少之又少。上网企业的分布也较为不均衡，主要集中分布在北京、上海、广州等几个大城市。企业上网少，浏览客户就少，网络给企业创造的效益就减缓，从而形成恶性循环。

（五）科技环境

科学技术是人类在长期实践活动中积累的经验、知识和技能的总和，它是社会生产力最活跃的因素。作为营销环境的一个组成部分，科学技术环境不仅直接影响企业的生产和经营，而且还与其他环境因素相互依赖、相互作用，尤其与经济环境、文化环境的关系更为密切。互联网在经济社会中的作用主要表现在以下几方面：一是互联网产业经济规模稳步增长，成为推动中国经济发展的重要推动力；二是互联网在向各个领域渗透，推动经济结构调整升级；三是互联网提升政府行政管理与公共服务能力，促进社会事业的发展；四是互联网整体实力增强，成为文化传播的重要渠道，互联网以其技术应用的开放性、交互性、自主性等内在特点，大大改变了文化的创作、生产、传播和消费方式；五是互联网服务人民大众，成为百姓生活中不可或缺的重要组成部分。

同时，科学技术对经济社会发展的作用日益显著，科技的基础是教育，因此，在信息等高新技术产业中，教育水平的差异是影响需求和用户规模的重要因素，已被提到企业营销分析的议事日程上来。在 CNNIC 发布的《第 30 次中国互联网络发展状况统计报告》中显示，小学及以下、初中学历人群占比均有上升，其中初中学历人群升幅较为明显，显示出互联网在该人群中渗透速度较快。

三网融合和宽带化是网络技术发展的大方向。电话网、有线电视网和计算机网的三网融合是指它们在数字化的基础上，在网络技术上走向一致，在业务内容上相互覆盖。三网融合不能简单地理解为把三个网合成一个网，但它的确打破了原有的行业界限，将引起产业的重组与政策的调整。

（六）网络社会文化环境

企业存在于一定的社会环境中，同时企业又是社会成员所组成的一个小的社会团体，不可避免地受到社会环境的影响和制约。人文与社会环境的内容很丰富，在不同的国家、地区、民族之间差别非常明显。同时，网络时代给企业和消费者的生产和生活方式、价值观念、价值判断等都带来了一定的影响，他们十分乐意接受网络带给他们的个性化、便捷化服务。当然，也包括网上银行可以提供的安全、便捷的金融服务。营销企业必须重视人文与社会环境的研究。总体来说，社会文化环境就是指由价值观念、生活方式、宗教信仰、职业与教育程度、风俗习惯、社会道德风尚等因素构成的环境。

网站是网络文化的生产者和信息传播的主渠道，处于网络文化建设的最前沿，在构建舆论引导新格局中发挥着主阵地和主力军的作用。目前，网站品牌建设是新闻网站发展的新引擎和提升影响力的新抓手，集中优势资源、打造品牌栏目是新闻网站科学定位、快速发展的必由之路。近年来，我国不断加大对网站建设的管理和扶持力度，通过重点扶持与合作开办栏目、合作建设频道、鼓励打造精品栏目等多种途径致力培育"人无我有、人有我新、人新我优"的强势网络媒体品牌。

二、网络营销微观环境

网络营销微观环境由企业及其周围的活动者组成，直接影响着企业为顾客服务的能力。它包括企业内部环境、竞争者、供应者、营销中介、顾客或用户、社会公众等因素。

（一）企业内部环境分析

企业内部环境是指对企业网络营销活动产生影响而营销部门又无法直接控制或改变的各种企业内部环境因素的总称。

1. 企业网络营销人员

在内部各环境要素中，人员是企业网络营销策略的确定者与执行者，是企业最重要的资源。对一个企业来说，开展网络营销的必要条件是要有真正的网络营销人才，即集网络技术与营销技能于一身的人员。很多传统企业要开展网络营销，一方面可以直接引进人才，另一方面也可以对企业已有人员进行培训。

2. 企业内部组织结构

企业内部环境的另一个要素是企业的组织结构。这主要是指企业经营者或营销部门与企业其他部门之间在组织结构上的相互关系。营销部门在整个企业组织中的地位，影响到网络营销活动能否顺利进行。解决部门间的冲突的办法是营销部门与其他部门根据网络营销的特点，在企业实际情况的基础上制定合理协调的运作流程。达成合理机制的前提便是要保证营销部门与其他部门在组织地位上是平等的。

3. 企业技术基础

企业具备相应的网络设备和技术是开展网络营销的基础条件。硬件技术和系统软件技术是其他所有网络营销工具和方法直接依赖的具体技术项的基础。由于网络营销开展程度的差异，企业建立网络营销系统所需要的技术组成也会产生差异。不同企业网络营销的目标不同，对技术的需求和依赖也有所不同。

（二）供应商分析

在网络经济的条件的情况下，为了适应网络营销的要求，企业与供应商的关系主要表现出下述变化。

（1）企业对供应商的依赖性增强。

（2）企业与供应商的合作性增强。

供应者是指向企业及其竞争者提供生产经营所需原料、部件、能源、资金等生产资源的公司或个人。企业与供应者之间既有合作又有竞争，这种关系既受宏观环境影响，又制约着企业的营销活动，企业一定要注意与供应者搞好关系。供应者对企业的营销业务有实质性的影响。

（三）营销中介分析

营销中介是协调企业促销和分销其产品给最终购买者的公司。主要包括商人中间商，即销售商品的企业如批发商和零售商；代理中间商（经纪人）；服务商，如运输公司、仓库、金融机构等；市场营销机构，如产品代理商、市场营销咨询企业等。

由于网络技术的运用，给传统的经济体系带来巨大的冲击，流通领域的经济行为产生了分化和重构。消费者可以通过网上购物和在线销售自由地选购自己需要的商品，生产者、批发商、零售商和网上销售商都可以建立自己的网站并营销商品，所以一部分商品不再按原来的产业和行业分工进行，也不再遵循传统的商品购进、储存、运销业务的流程运转。网上销售，一方面使企业间、行业间的分工模糊化，形成"产销合一""批零合一"

的销售模式；另一方面，随着"凭订单采购""零库存运营""直接委托送货"等新业务方式的出现，服务于网络销售的各种中介机构也应运而生。一般情况下，除了拥有完整分销体系的少数大公司外，营销企业与营销中介组织还是有密切合作与联系的。因为若中介服务能力强，业务分布广泛合理，营销企业对微观环境的适用性和利用能力就强。

（四）顾客或用户分析

顾客或用户是企业产品销售的市场，是企业直接或最终的营销对象。网络技术的发展极大地消除了企业与顾客之间的地理位置的限制，创造了一个让双方更容易接近和交流信息的机制。互联网络真正实现了经济全球化、市场一体化。它不仅给企业提供了广阔的市场营销空间，同时也增强了消费者选择商品的广泛性和可比性。顾客可以通过网络，得到更多的需求信息，使他的购买行为更加理性化。虽然在营销活动中，企业不能控制顾客与用户的购买行为，但它可以通过有效的营销活动，给顾客留下良好的印象，处理好与顾客和用户的关系，促进产品的销售。因此，如何通过互联网发现顾客、吸引顾客、满足顾客需求、留住顾客并与顾客建立稳固的联系等都是网络营销活动必须认真解决的问题。

〔五〕竞争者分析

即业务与自己相同或相近的竞争对手。竞争是商品经济活动的必然规律。在开展网上营销的过程中，不可避免地要遇到业务与自己相同或相近的竞争对手；研究对手，取长补短，是克敌制胜的好方法。对竞争者的分析主要包括了解竞争者的类型、研究如何应对竞争对手等。

在虚拟空间中研究竞争对手，既可借鉴传统市场中的一些做法，但更应有自己的独特之处。首先要利用各大导航网查询竞争对手，研究网上的竞争对手主要从其主页入手，一般来说，竞争对手会将自己的服务、业务和方法等方面的信息展示在主页上。从竞争的角度考虑，应重点考察以下八个方面。

（1）站在顾客的角度浏览竞争对手网站的所有信息，研究其能否抓住顾客的心理，给浏览者留下好感。

（2）研究其网站的设计方式，体会它如何运用屏幕的有限空间展示企业的形象和业务信息。

（3）注意网站设计细节方面的东西。

（4）弄清其开展业务的地理区域，以便能从客户清单中判断其实力和业务的好坏。

（5）记录其传输速度特别是图形下载的时间，因为速度是网站能否留住客户的关键因素。

（6）察看在其站点上是否有别人的图形广告，以此来判断该企业在行业中与其他企业的合作关系。

（7）对竞争对手的整体实力进行考察，全面考察对手在导航网站、新闻组中宣传网址的力度，研究其选择的类别、使用的介绍文字，特别是图标广告的投放量等。

（8）考察竞争对手是开展网上营销需要做的工作，而定期监测对手的动态变化则是一个长期性的任务，要时时把握竞争对手的新动向，在竞争中保持主动地位。

（六）营销公众分析

营销公众是指对企业实现其营销目标的能力感兴趣或发生影响的任何团体或个人。对营销公众的分析主要是处理好同营销公众的关系，树立企业的良好形象，促进网络营销活动的顺利开展。

任务二　网络 STP 分析

在进行市场调查分析之后，首要的工作就是产品市场定位分析。没有市场定位，营销策划就没有方向，所以，进行网络营销工作必须进行市场定位分析。

一、网络市场细分

（一）网络市场细分的方法

根据细分程度的不同，市场细分有三种方法，即完全细分、按一个影响需求的因素细分和按两个以上影响需求的因素细分。

1. 完全细分

假如购买者的需求完全不同，那么每个购买者都可能是一个单独的市场，完全可以按照这个市场所包括的购买者数目进行最大限度的细分，即这个市场细分后的小市场数目也就是构成此市场的购买数目。在实际市场营销中，有少数产品确实具有适于按照这种方法细分的特性。但在大多数情况下，要把每一购买者都当作一个市场，并分别生产符合这些单个购买者需要的各种产品，从经济效益上看是不可取的，而且实际上也是行不通的。因此，大多数企业还是按照购买者对产品的要求或对市场营销手段的不同反应，将他们做概括性的分类。

2. 按一个影响需求的因素细分

对某些通用性比较大，挑选性不太强的产品，往往可按其中一个影响购买者需求最强的因素进行细分，如可按收入不同划分，或按不同年龄范围划分。

3. 按两个以上影响需求的因素细分

大多数产品的销售都受购买者多种需求因素的影响，如不同年龄范围的消费者，因生理或心理的原因对许多消费品都有不同要求；同一年龄范围的消费者，因收入情况不同，也会产生需求的差异；同一年龄范围和同一收入阶层的消费者，更会因性别、居住地区及许多情况不同而有纷繁复杂、互不相同的需求。因此，大多数产品都需按照两个或两个以上的因素细分。

（二）网络市场细分的标准

一种产品的整体市场之所以可以细分，是由于消费者或用户的需求存在差异性。在网络市场上，市场是由以满足生活消费为目的的消费者构成的，消费者的需求和购买行为等具有许多不同的特性，这些不同的需求差异性因素，便是网络市场细分的基础。由于引起消费者需求差异性的因素很多，在实际操作中，企业一般综合运用有关标准来细分市场，而不是单一采用某一标准。概括起来，细分的标准主要有四类，即地理因素、人口因素、心理因素、行为因素。

1. 按地理因素细分市场

Internet 虽然打破了常规地理区域的限制，但是不同地理区域之间的人口、文化、经济等差异将会长期存在。就目前我国区域经济的不平衡性，在上网人口的分布上明显呈现出东部沿海地区和中西部地区的不平衡性，这一特点也就构成了企业在网络市场细分过程中需要考虑的一个重要因素。地理细分是指按照消费者所处的地理位置、自然环境来细分市场，例如根据国家、地区、城市规模、气候、人口密度、地形地貌等方面的差异将整体市场分为不同的细分市场。

2. 按人口因素细分市场

按人口统计因素，如年龄、性别、家庭规模、家庭生命周期、收入、职业、教育程度、宗教、种族、国籍等为基础细分市场。消费者需求、偏好与人口统计变量有很密切的关系，例如，只有收入水平很高的消费者才可能成为高档服装、名贵化妆品、高级珠宝等商品的经常买主。人口统计变量较容易衡量，有关数据也相对较容易获取，由此构成了企业经常以它作为市场细分标准的重要原因。

除了上述方面，经常用于市场细分的人口变数还有家庭规模、民族、种族、宗教、国籍等。实际上，大多数企业通常采用两种或两种以上人口因素来细分市场。

3. 按心理因素细分市场

根据购买者所处的社会阶层、生活方式、个性特点等心理因素细分市场就叫心理细分。其中，社会阶层是指在某一社会中具有相对同质性和持久性的群体。处于同一阶层的成员具有类似的价值观、兴趣爱好和行为方式，不同阶层的成员则在上述方面存在较大的差异。生活方式指人们追求的生活方式各不相同，有的追求新潮时髦，有的追求恬静、简朴，有的追求刺激、冒险，有的追求稳定、安逸。个性是指一个人比较稳定的心理倾向与心理特征，它会导致一个人对其所处环境作出相对一致和持续不断的反应。

4. 按行为因素细分市场

根据购买者对产品的了解程度、态度、使用情况及反应等将他们划分成不同的群体，叫行为细分。许多人认为，行为变数能更直接地反映消费者的需求差异，因而成为市场细分的最佳起点。按行为因素细分市场主要包括：购买时机、追求利益、使用者状况、使用数量、品牌忠诚程度、购买的准备阶段及消费者的态度。

（三）网络市场细分的原则

每个行业都可以根据本行业和公司的不同特点进行市场细分，再个性化的营销也都有一定的原则性。

1. 可衡量性

可衡量性指表明消费者特征的有关资料的存在或获取这些资料的难易程度。亦即细分出来的市场不仅范围比较明晰，而且能够大致判定该市场的大小。各有其容易认识的组成人员，共同的特征，表现出类似的行为，并且有可能取得表明购买特性的资料。例如，以地理因素、消费者的年龄和经济状况等因素，进行市场细分时，这些消费者的特征就很容易衡量，该资料获得也比较容易，而以消费者心理因素和行为因素进行市场细分时，其特征就很难衡量。

2. 实效性

实效性是指网络营销市场细分后各子市场的需求规模及获利性值得企业进行开发的程度。也就是说，细分出来的各子市场必须大到足以使企业实现它的利润目标。一个细分市场是否大到足以实现具有经济效益的营销目标，取决于这个市场的人数和购买力。在进行市场细分时，企业必须考虑细分市场上消费者的数量、消费者的购买能力和购买数量。一个细分市场应是适合设计一套独立营销计划的最小单位，因此，市场细分并不是分得越细越好，而应该科学归类，保持足够容量，使企业有利可图。

3. 可接近性

可接近性指企业能有效地集中力量接近网络目标市场并有效地为之服务的程度。企业对所选中的网络目标市场，能有效地集中营销能力，开展营销活动。可接近性一方面指企业能够通过一定的媒体把产品信息传递到细分市场的消费者；另一方面指产品经过一定的渠道能够到达细分市场。对于企业难以接近的网络市场，进行细分就毫无意义。

4. 反应的差异性

反应的差异性指不同的细分市场对企业采用相同营销策略组合的不同反应程度。如果网络市场细分后，各细分市场对相同的营销组合策略做出类似的反应，就不需要为每个子市场制定一个单独的营销组合策略了，细分市场也就失去了意义。例如，所有的细分市场按同一方式对价格变动做出反应，也就无须为每一个市场规定不同的价格策略。

5. 相对稳定性

任何一个企业在做一项产品或服务时都想在进入市场后能够有一个长期、稳定的市场。所以一定要考虑占领后的目标市场要能保证企业在相当长的一个时期经营稳定，避免目标市场变动过快给企业带来风险和损失，保证企业取得长期稳定的利润的。网络营销市场细分的三大原则一定要追求精准可控。

值得注意的是，细分市场并不是越细越好。因为如果细分过细会导致以下后果：增加细分变数，给细分带来困难；影响规模效益；增大费用和成本。这时就应该实施"反细分化"策略。它并不是反对市场细分，而是要减少细分市场数目，即略去某些细分市场或把几个太小细分市场集合在一起。

（四）网络市场细分的程序

网络市场细分作为一个过程，一般要经过以下的程序。

1. 明确研究对象

企业首先要根据战略计划规定的任务、目标及选定的市场机会等，决定将要分析的产品市场，进而确定是将这一产品的整体市场还是从中划分出来的局部市场作为细分和考察的对象。

2. 拟定市场细分的方法、形式和具体变量

企业首先根据实际需要拟定采用哪一种市场细分的方法，而后选择市场细分的形式，即决定从哪个或哪些方面对市场行细分。最后还要确定具体的细分变量，将其作为有关的细分形式的基本分析单位。

3. 收集信息

企业对将要细分的市场进行调查，以便取得与已选细分方法、细分形式及细分变量有关的数据和必要的资料。

4. 实施细分并进行分析评价

企业运用科学的定性和定量方法分析数据，合并相关性高的变量，找出有明显差异的

细分市场，进而对各个细分市场的规模、竞争状况及变化趋势等方面加以分析、测量和评价。

5. 选择目标市场，提出营销策略

一个企业要根据市场细分结果来决定营销策略。这要区分两种情况。

如果分析细分市场后，发现市场情况不理想，企业可能放弃这一市场。如果市场营销机会多，需求和潜在利润满意，企业可根据细分结果提出不同的目标市场营销策略。

二、网络目标市场选择

（一）目标市场的内涵

目标市场是企业经过市场细分之后准备进入的最佳市场部分或子市场。所谓网络目标市场，也叫网络目标消费群体。事实上，就是企业商品和服务的销售对象。一个企业只有选择好了自己的服务对象，才能将自己的特长充分发挥出来，只有确定了自己的服务对象，才能有的放矢地制定经营服务策略。企业选择网络目标市场，即选择适当的服务对象，是在网络市场细分的基础上进行的。只有按照网络市场细分的原则与方法正确地进行网络市场细分，企业才能从中选择适合本企业为之服务的网络目标市场。一个好的网络目标市场，必须具备以下条件。

（1）该网络市场有一定购买力，能取得一定的营业额和利润。

（2）该网络市场有尚未满足的需求，有一定的发展潜力。

（3）企业有能力满足该网络市场的需求。

（4）企业有开拓该网络市场的能力，有一定的竞争优势。

（二）网络目标市场的选择程序

公司在市场细分后，常常采用产品/市场矩阵分析方法选择目标市场，即确定最有吸引力的细分市场。矩阵的"行"代表所有可能的产品（或市场需求），"列"代表细分市场（顾客或顾客群）。其步骤大致可分为四个阶段。

（1）按照本公司新开发产品的主要属性及可能使用该产品的主要购买者两个变数，在网络市场中划分出可能的全都细分市场。

（2）收集、整理各细分市场的有关信息资料，包括对公司具有吸引力的各种经济、技术及社会条件等资料。

（3）根据各种吸引力因素的最佳组合，确定最有吸引力的细分市场。

（4）根据本公司的实力，决定最适当的网络目标市场。

（三）网络市场选择的策略

公司在确定了网络目标市场范围战略之后，一般有三种可供公司选择的网络目标市场营销策略，即无差异营销策略、差异营销和集中营销策略。

1. 无差异营销策略

无差异营销策略是指公司将整个网络市场当作一个需求类似的网络目标市场，只推出一种产品并只使用一套营销组合方案。这种策略重视消费者需求的相同点，而忽视需求的差异性，将所有消费者需求看作一样的，一般不进行网络市场细分。

这种营销策略的优点是由于经营品种少批量大，可以节省细分费用，降低成本，提高利润率。但是，采用这种策略也有其缺点，一方面是引起激烈竞争，便公司可获利机会减少；另一方面公司容易忽视小的细分市场的潜在需求。

2. 差异营销策略

差异营销策略是指公司在网络市场细分的基础上，选择两个或两个以上的细分市场作为网络目标市场，针对不同细分市场上消费者的需求，设计不同产品和实行不同的营销组合方案，以满足消费者需求。

这种策略，对于小批量、多品种生产公司适用，日用消费品中绝大部分商品均可采用这种策略选择网络目标市场。在消费需求变化迅速，竞争激烈的当代，大多数公司都积极推行这种策略，其优点主要表现在：有利于满足不同消费者的需求；有利于公司开拓网络市场，扩大销售，提高市场占有率和经济效益；有利于提高市场应变能力。差异性营销在创造较高销售额的同时，也增大了营销成本，生产成本、管理成本和库存成本、产品改良成本及促销成本，使产品价格升高，失去竞争优势。因此，公司在采用此策略时，要权衡利弊，即权衡销售额扩大带来的利益大，还是增加的营销成本大，进行科学决策。

3. 集中营销策略

集中营销策略亦称密集营销策略，是指企业集中力量于某一细分市场上，实行专业化生产和经营，以获取较高的市场占有率的一种策略。

实施这种策略的公司要考虑的是，与其在整个市场拥有较低的市场占有率，不如在部分细分市场上拥有很高的市场占有率。这种策略主要适用于资源有限的小公司。因为小公司无力顾及整体市场，无力承担细分市场的费用，而在大公司的小市场上易于取得营销成功。

这种策略优点是，公司可深入了解特定细分市场的需求，提供较佳服务，有利于提高企业的地位和信誉；实行专业化经营，有利于降低成本。只要网络目标市场选择恰当，集中营销策略常为公司建立坚强的立足点，获得更多的经济效益。

但是，集中营销策略也存在不足之处，其缺点主要是公司将所有力量集中于某一细分市场，当市场消费者需求发生变化或者面临较强竞争对手时，公司的应变能力差，经营风险很大；使公司可能陷入经营困境，甚至倒闭。因此，使用这种策略时，选择网络目标市场要特别注意，以防全军覆没。

（四）影响网络市场选择的因素

这应取决于企业、产品和市场等多方面因素。

1. 企业实力

企业实力是指企业的人力、财力、物力、技术能力、竞争能力、创新能力、应变能力等。如果企业实力雄厚，可以采用差异性营销策略。如果企业实力不足，最好采用集中性的营销策略。

2. 产品性质

产品性质是指产品是否同质、能否改型变异。例如，BtoB 模式下钢铁、粮食等初级产品市场，虽然有自然品质的差异，但总体来说差别不大，客户一般并不重视或不加区别。竞争的焦点一般集中在价格和服务方面，因此这类产品适宜实行无差异性营销策略。

反之，对于那些属性具有明显差异的产品市场。例如，BtoC 模式下的服装、化妆品等产品市场，则适宜采用差异性或集中性营销策略。

3. 市场特点

市场特点是指客户需求和爱好的类似程度。如果顾客的需求、购买行为基本相同，对营销方案的反应也基本一样，就可以采用无差异性营销策略；反之，采用差异性或集中性营销策略。在网络市场中，客户的需求呈现出巨大的差异化，并且这种差异化是一个相当普遍的现象。因此，根据网络市场的特点，企业在制定目标市场营销策略时，应采取差异性或集中性营销策略。

4. 产品生命周期

一般来说，处于导入期或成长期的新产品，竞争者不多，品种比较单一，适宜采用无差异性营销策略，这样有利于产品的推广和节约成本。当产品进入成熟期或衰退期时，应采用差异性营销策略，以开拓新市场，尽可能扩大销售；或实行集中性营销策略，以维持或延长产品生命周期。

5. 市场供求趋势

如果一种产品在未来一段时期内供不应求，出现卖方市场，消费者的选择性将大为削弱，他们所关心的是能否买到商品，这时企业就可以采用无差异性营销策略；反之，则采用差异性或集中性营销策略。在网络市场环境下，消费者可以非常方便地找到自己想要的商品，属于买方市场，因此企业根据自身规模，几乎都采用差异性或集中性营销策略。

6. 竞争者的策略

在市场竞争激烈的情况下，企业采取哪种市场策略，往往视竞争者所采取的策略并权衡其他因素而定，如在网络市场环境下，竞争对手实力较强并实施差异性营销策略，则企业自身就应该实施集中性营销策略，集中自身优势在一个或几个细分市场中取得对竞争对手的领先位置。例如，亚马逊网上书店在图书销售方而采取差异性营销策略，图书品种包括所有种类，书目中有 300 多万种图书，亚马逊网上书店通过提供全面的图书商品，取得了巨大成功；国内网上书店卓越网无法与亚马逊网上书店的实力相提并论。因此，它并没有盲目采用像亚马逊网上书店一样的差异化的营销策略，而是采取了集中性营销策略，如金山卓越副总裁陈年所说："我们的策略是精品、全库存"，"我们选的全是热销产品，拿的价格也比较低"。依靠低廉的产品进价和快速的资金周转，卓越网正在网络图书销售市场中不断发展壮大。

三、网络市场定位

网络定位市场策略，就是要选定市场上竞争对手产品所处的位置，经过诸多方面的比较，结合本企业自身条件，为自己的产品创造一定的特色，树立一定的市场形象，以求目标顾客通过网络平台在心目中形成对自己产品的特殊偏爱。其实质就在于取得目标市场的竞争优势，确定产品在顾客心目中的适当位置并留下值得购买的印象，以便吸引更多的顾客。

（一）市场定位的依据

所谓企业的市场定位，就是企业在综合考虑市场需要、竞争状况、营销环境等有关因素的基础上，结合本企业的任务、目标、经营管理能力等方面的要求与条件，确定本企业与竞争者相比较而在未来市场上所处的位置。

从理论上讲，应该先进行市场定位，然后才进行产品定位。在实际商业实践中，也有先完成了产品定位，然后才来补做市场定位的，如牛仔裤的发明：市场定位在先，发明者首先发现的是淘金者需要一种耐穿耐磨的衣物，即发现目标市场在哪里，然后才想到把帆布裁下来做成牛仔裤这种真实的产品。随身听的发明也是如此。那就是索尼老板首先意识到人们需要边行走边听音乐，也就是说发现有随身听的市场，然后才冒出了创造随身听这一产品的念头，产品定位才产生。这些都是市场定位先行的经典例子。

我们要进行正确的市场定位，必须首先确定市场定位的依据，那就是产品的差异化。市场定位的根本目的，就是要在目标市场上建立自己企业产品的竞争优势，并使目标市场上的顾客明显感觉和认识这种优势，以便吸引更多的顾客。竞争的优势体现在产品的差异化，产品的差异化是实现市场定位的重要手段，也是市场定位的主要依据。

产品的差异化就是指通过设计一系列有意义的差异，使本企业的产品同竞争者的产品区别开来。产品的差异化主要包括以下几方面：

1. 产品本身的差异化

通常表现在产品的特色、性能、耐用性、易修理性、可靠性、外形款式、风格、价格及包装等很多方面。新飞集团设计节能冰箱，强生公司生产不刺激婴儿眼睛的沐浴露，这就是产品在特色上的优势；雕牌肥皂比其他肥皂洗得干净，土鸡蛋比洋鸡蛋好吃，这就是性能上的优势；小天鹅洗衣机出现故障后维修非常简单，一般只是更换标准化的零件，这就是产品在易修理上的差别优势；猎豹汽车外形特殊，消费者愿意花高价去买，这就是产品在外形款式上的差别化优势；伊利婴幼儿奶粉请台湾专家重新设计产品包装后，市场上出现火爆购买现象，这就是产品在包装上的差别化优势。产品本身可能找到的差别化优势远远不止这些，只要企业善于去发现、去创造总会找到目标市场。

2. 价格差别化

雕牌洗衣粉定位在价廉物美，广告词是："只选对的，不买贵的"，广告模特选用的多是低收入的消费者或下岗工人，这一定位为占有目标市场起到了很大的促进作用。

3. 服务差别化

企业还可以在产品的服务上区别于竞争者，以服务差别化优势来吸引顾客，如海尔集团推出的"星级服务工程"，荣事达集团推出的"红地毯服务工程"，小鸭集团推出"超值服务工程"，都是以特色服务形成自己的差别化优势的。尤其是在市场竞争非常激烈的今天，同种产品市场上有很多不同的品牌，而不同品牌的产品在价格、质量、性能等方面难以产生更大的差别，优质的、特色的服务就显得更加重要。

4. 人员差别化优势

企业还可以通过聘用、培养比竞争对手更优秀的员工来赢得差别化优势，如 IBM 公司以其人员的专业技术水平高而著称于世。武汉市中南商业大楼有十大导购明星，他们不但服务态度好，而且是所售商品的专家，这一优势成为吸引顾客的亮点。

5. 销售方式差别化

戴尔公司创造了销售方式差别化的典范。在中国，顾客可以通过在全国 258 个城市设立的 109 条免费电话，直接向戴尔公司在厦门的销售代表订购个人电脑、笔记本电脑及其他相关产品，顾客也可以直接通过互联网在戴尔的 www. dell. com 网站上购买。这种直销方式成为吸引顾客的差别化优势。

6. 形象的差别化

企业形象也会影响消费者对企业产品的选择，即使其他方面的情况都相同，但由于企业形象或产品形象不同，购买者也会做出不同的反应。例如，在家用电器价格竞争几乎达到白热化的今天，其他电器纷纷降价，有的电器价格已经降到成本的边缘，但销售量并没有多大的提高。而海尔电器却依然坚持一分不降，这使得海尔电器和其他品牌的电器之间的价格差更大，同是冰箱，海尔比别的品牌贵一二百元甚至几百元却比别的品牌卖得多、卖得快，这主要是因为企业形象和产品形象问题。影响企业形象的因素是多方的，主要有产品质量、售后服务、价格、分销渠道、广告宣传、公共关系、品牌商标等方面。

（二）市场定位策略

企业进行市场定位，就是要着力宣传那些会对其目标市场产生重大震动的差异，以确定企业在目标顾客心目中的独特位置。企业可以依据提供给目标市场的产品或服务、本身拥有的资源、目标市场的消费者、竞争对手状况等因素来进行市场定位，以在消费者心中形成明显区别于竞争对手的差异。企业最常用的市场定位策略有以下几种。

1. 属性定位

针对消费者或者用户对某种产品某一特征或属性的重视程度，强有力地塑造出本企业产品与众不同的鲜明的个性或形象，并把这种形象生动地传递给顾客，从而使该产品在市场上确定适当的位置。

2. 利益定位法

根据产品所能满足的需求或所提供的利益、解决问题的程度来定位。例如，企业每天都要和国外各分公司联络，因此使用网络电话的速度较快，能节省大量的国际电话费；牙膏有苹果的香味，闻起来很香，可以让小朋友每天都喜欢刷牙，避免牙齿被蛀；某种鞋是设计在正式场合穿的，但鞋底非常柔软富有弹性，很适合上下班步行的职员来穿。

厂商从产品设计、生产的角度、赋予商品能满足目标市场客户喜好的特性及优点，但不可否认的一个事实是每位客户都有不同的购买动机，真正影响客户购买的决定因素，绝对不是因为商品优点和特性加起来最多。商品有再多的特性和优点，若不能让客户知道或客户不认为会使用到，对客户而言都不能称为利益。反之，企业若能发掘客户的特殊需求，找出产品的特性及特点，满足客户的特殊需求，或解决客户的特殊问题，这个特点就有无穷的价值。

3. 产品使用者定位

产品使用者定位法即正确找出产品的使用者或购买者，使定位在目标市场上显得更突出。如一家网络化妆品专卖店，可以将目标市场集中在某一女性群体，并明确她们的年龄、职业、兴趣爱好、社会地位、地理区域等。

4. 竞争者定位

这种定位法是直接针对某一特定竞争者，而不是针对某一产品类别。在某些时候，企业将自己和某一知名的竞争者比较，是进入潜在顾客心中的有效方法。

挑战某一特定竞争者的定位法，虽然可以获得成功（尤其是在短期内），但是就长期而言，也有其限制条件，特别是挑战强有力的市场领袖时，更趋明显。市场领袖通常不会放松自如，他们会更努力巩固其地位。挑战市场领袖时，企业必须明确是否拥有所需的资源，是否有能力提供使用者认为具有明显差异性的产品。

5. 价格定位

价格是消费者购买商品时要考虑的最重要因素之一。网上购物之所以具有生命力，重要的原因之一是因为网上销售的商品价格普遍低廉。现在很多网上商家都推出低价策略吸引顾客，如卓越网曾谈到自己"不是网上打折的开先河者，但一定是在网上打折出售热卖商品的领跑者"。为了实现这一点，卓越网有一套独特的成本控制和灵活的经营理念。卓越的进货量大，可以拿到较低价位的货源，直接从厂家提货，减少了中间环节，降低了成本。这样通过节省成本让利于消费者。

6. 空当定位

这种定位策略是指企业把产品或网络服务定位在那些为许多顾客所重视的，但尚未被开发的市场空间。实施空当定位策略时企业必须考虑以下问题：市场空当是否还未被竞争者发现，且有一定的规模，同时自身有足够的资源和能力。

7. 多重定位

企业将市场定位在几个层次上，或者依据多重因素对产品进行定位，使产品给消费者的感觉是多种特征、多重效能。作为市场定位体现的企业和产品形象，都必须是多纬度、多侧面的立体。

（三）网上市场定位

企业要想将网上营销开展得成功，首先必须进行网上市场定位，网络市场定位是企业对网络目标消费者或者说网络目标消费市场的选择。选定网上目标市场后接下来要做的事便是对网上产品进行定位，也就是通过多种营销手段，为自己的产品在网络目标顾客心目中确定一个有利的位置，它意味着网络消费者在对本企业产品与竞争企业产品比较后心目中对本企业产品有一个清晰的位置，而这种位置有助于网络消费者购买本企业的产品，这是取胜的关键，因为定位是否恰当关系到企业的产品打入目标市场后能否在目标市场上站稳脚跟。因此，它是企业抢占网络目标市场的一个重要技巧和手段。可见，网上产品定位是企业进行网上市场定位的关键。

1. 网上产品定位

网络产品定位是在完成网络市场定位的基础上，企业对用什么样的网络产品来满足网络目标消费者或目标消费市场的需求。网上营销与一般营销有较大的区别，因此其市场定位也有其独特的特点。如何准确客观地进行网上产品的市场定位，必须注意以下关键问题。

（1）产品或服务是否适合在网上进行营销。

在经典的营销组合中，开发产品或服务是以顾客的需求为前提的。由于互联网本身是一个特殊的销售渠道，因此要找出适合的产品或服务进行营销。

（2）分析网上竞争对手。

网上的竞争对手往往与现实中的竞争对手一致，网络只是市场营销的一个新的战场。对竞争对手的分析不可拘泥于网上，必须确定其在各个领域的策略，营销手法等。在网上，要访问竞争对手的网页，往往对手的最新动作包括市场活动会及时反映在其网页上；

而且要注意本企业站点的建设，以吸引更多的消费者光顾，更多的竞争对手分析可在现实中实现。

（3）目标市场客户应用互联网的比率。

网上营销并非万能，它的本质是一种新的高效的营销方式。目标市场客户应用互联网的比率，无疑是一个非常重要的参数，假若目标市场的客户基本不使用电子商务，那么在Internet 上营销显然是不值得的，如面对这样的情形，则可以通过 Internet 完成传统营销方式的一部分功能，如广告宣传等。

（4）确定具体的营销目标。

与传统营销一样，网上营销也应有相应的营销目标，须避免盲目。有了目标，还需进行相应的控制。网上营销的目标总体上应与现实中营销目标一致，但由于网络面对的市场客户有其独到之处，且网络的应用不同于一般营销所采用的各种手段与媒体，因此具体的网上市场目标确定应稍有不同。在当前，网上营销刚刚起步发展之时，目标就不应定得过高，重点应在于如何使客户接受这种新颖的营销手段。

（5）准确的市场定位决定着营销方式。

定位是整个网上营销的基础，由此决定网页的内容和营销形式，进行营销的产品、服务通过网页实现，而网页建设的质量则直接影响营销方式的成功与否。

2. 网上公司定位

实施网络营销，建立网站是开展网上营销的基础工作。但公司的营销目标不同，网站建设的要求也有所差异。一个网站可以用来改善形象、宣传产品或服务、收集客户名单、接待客户咨询或投诉、提供客户服务，以及利用网上交易或传统付款方式产生直接订货，等等。传统公司并非一定要把网站建成销售渠道。显然，如果要把网站建为一个网上百货商店，那么，不妨把主页设计成琳琅满目的超市货架；如果网站的目的在于提升公司的形象，那么主页的风格应该引人入胜，富有个性。如果把网站建设成一个国际性的宣传渠道或销售渠道，那么，多种文字的版本是不可缺少的。

3. 网上品牌定位

网上产品定位之后进入营销组合阶段。如果公司的产品定位于"优质高档"，企业就必须制造出高质量的产品，实行高价策略，进行精致的包装，通过较高档次的商店销售，广告内容也必须以"优质高档"为主题，这样做才符合公司的产品定位。公司定位决定于其产品在顾客心目中的位置，如果公司生产的产品从质量、价格、包装到分销和促销等方面长期定位在"高档"层次上，那么，时间久了公司自然就成了"高档"产品的代名词了。公司一旦建立起理想的市场定位，就必须保持其稳定性和持续性，不要轻易更改。为品牌进行市场定位，并通过多方努力形成品牌的市场形象和市场地位是很重要的。例如，当人们见到"索尼"牌产品时就知道这是高品位产品，这是由于"索尼"这一品牌已经相对独立在形成了市场声誉和市场地位，因而能够相对独立地标明所代表的产品的特殊品质。

（四）网络市场定位的步骤

企业的市场定位工作一般应包括三个步骤。

第一步：调查研究影响定位的因素。

竞争者的定位状况。要了解竞争者正在提供何种产品，在顾客心目中的形象如何，并估测其产品成本和经营情况。

目标顾客对产品的评价标准。即要了解购买者对其所要购产品的最大偏好和愿望及他们对产品优劣的评价标准是什么，以作为定位决策的依据。

目标市场潜在的竞争优势。企业要确认目标市场的潜在竞争优势是什么，然后才能准确地选择竞争优势。

第二步：选择竞争优势和定位战略。

企业通过与竞争者在产品、促销、成本、服务等方面的对比分析，了解自己的长处和短处，从而认定自己的竞争优势，进行恰当的市场定位。

第三步：准确地传播企业的定位观念。

企业在作出市场定位决策后，还必须大力开展广告宣传，把企业的定位观念准确地传播给潜在购买者。

（五）网络营销的对象定位

1. 男性和女性消费者市场

据调查，男性在网络上一般会关注汽车、房屋等大件产品，是网络营销应主要关注的对象，但是我们也千万不能忽视一个非常重要的群体——女性。她们已经成为支撑网络购物增长的重要力量。

"荷包掌握在她手中"，这个源于 20 世纪 60 年代发达国家的家庭经济模式已经延续到了 21 世纪的中国，并且大有要发展为社会经济新模式的趋势。究其原因主要在于，随着经济地位的上升，女性消费空间的快速拓展。女性实际上掌握了三个消费空间，第一个是自我空间，即买我所爱；第二是家庭决策空间，女性在很多家庭决策面前会积极发表意见，从而影响家庭的消费决策；第三个是消费执行空间，女性在很多家庭消费中往往承担着"采购者"的角色，实际承担着执行消费决策的任务。

一项调查显示，已有超过六成的都市女性尝试过网上购物，特别是在 C2C 网上交易最主要的服装、化妆品买卖中，女性买家和卖家的数量远胜于男性。在网上购物日益盛行的今天，传统产业和 IT 产业的珠联璧合成为必然的趋势。对互联网上的众多商家来说，如何讨好女性消费者，将是他们大展拳脚的机遇。据相关统计显示，目前我国女性每年化妆品消费额达 80 亿元。正是看到了其中巨大的商机，卖女性化妆品成为许多网店的首选。网友"小魔女"最近在淘宝上开了一家卖化妆品的店铺，"《女人我最大》（蓝心媚）里明星推荐的化妆品和减肥瘦身产品，都是年轻女性疯狂购买的热品，因为销量实在是太好了，所以常常脱销、断货。"

2. 中青年消费者市场

中青年消费者，尤其是青年消费者在上网者中占有绝对的比重。这批人一般都崇尚创新、自由等特质，很容易被新事物所影响，而且接受新观念、新知识快。他们也很愿意在网络上购物，因此青年人所喜欢的电脑、服装、游戏软件、体育用品等都是网上的畅销商品。这类市场是商家最为看好的一个市场。

3. 具有较高文化水准的职业层市场

Internet 要求其使用者熟悉计算机及网络操作及快速阅读的能力。因此，文化水准较高的人士，如教师、学生、科技人员和政府公务人员的上网比例较高。另外，从职业和个人兴趣方面来看，上网者多为相关电脑职业者或爱好者，他们因工作或兴趣的需要而接触到网络，正是由于这些原因，计算机软硬件的销售十分看好，网上书店的生意也非常红火。计算机软件销售商 Sausage Software，从事 Web 页面制作软件的销售，其目标市场明确界定为编辑和出版商。著名的 Amazon 网上书店的成功更是这方面的典型实例。

4. 不愿意面对售货员的顾客市场

有这样一部分顾客不喜欢面对面的从售货员那里买东西，她们厌恶售货员的过分热情，有的也许是因为不想逛街，浪费时间等。

不难发现，男性、女性和年轻人、老人及不同收入的网民在购买服装时的意向、考虑因素等方面都存在差异，因此服装企业在进行品牌推广时，应根据品牌定位和目标受众的不同，制定不同的营销策略和沟通方案，以覆盖更多的目标受众，最终实现品牌提升和销量增长的双赢目的。

一方面，针对不同性别的互联网用户，可制定不同的营销策略。女性品牌的推广可配合以优惠券的发放以刺激女性用户去店内与品牌进行深层互动；男性品牌的推广则应以提升品牌认知度和偏好度为主。另外，一些高端男装品牌可尝试在女性关注的媒体渠道上投放广告。

另一方面，针对不同年龄的互联网消费者，服装企业在进行营销时，对于年轻人服饰的宣传应着重于宣扬其品牌；而对于定位稍年长的服装品牌，则应偏向于宣传其材质、剪裁等功能诉求。

与此同时，中低端的服装品牌应该着重体现该品牌的价格优势，而高端品牌则应着重彰显其高端的品牌形象、精致的做工剪裁和优良的材质。针对高端品牌的消费者，服装企业可以多采用商家 E-mail 的形式进行沟通。

任务三　网络市场应用分析

截至 2013 年 12 月，中国开展在线销售、在线采购的比例分别为 23.5% 和 26.8%，利用互联网开展营销推广活动的比例为 20.9%。总体来说，中国互联网发展呈现以下特点。

一、中国网民规模增长空间有限，手机上网依然是网民规模增长的主要动力

截至 2013 年 12 月，我国网民规模达 6.18 亿，全年共计新增网民 5 358 万人。互联网普及率为 45.8%，较 2012 年底提升了 3.7 个百分点，普及率增长幅度与 2012 年情况基本一致，整体网民规模增速持续放缓。与此同时，手机网民继续保持良好的增长态势，规模达到 5 亿，年增长率为 19.1%，手机继续保持第一大上网终端的地位。而新网民较高的手机上网比例也说明了手机在网民增长中的促进作用。2013 年中国新增网民中使用手机上网的比例高达 73.3%，远高于其他设备上网的网民比例，手机依然是中国网民增长的主要驱动力。

二、中国互联网发展正在从"数量"转换到"质量"

2013 年 12 月，中国互联网普及率为 45.8%，较 2012 年底提升了 3.7 个百分点，普及率增长幅度延续自 2011 年来的放缓趋势。总体而言，中国互联网的发展主题已经从"普及率提升"转换到"使用程度加深"，而近几年的政策和环境变化也对使用深度提供有力支持：首先，国家政策支持，2013 年国务发布《国务院关于促进信息消费扩大内需的若干意见》，说明了互联网在整体经济社会的地位；其次，互联网与传统经济结合愈加紧密，如购物、物流、支付乃至金融等方面均有良好应用；最后，互联网应用逐步改变人们生活形态，对人们日常生活中的衣食住行均有较大改变。

三、高流量手机应用的发展较快

2013 年，手机端视频、音乐等对流量要求较大的服务增长迅速，其中手机视频用户规模增长明显。截至 2013 年 12 月，我国手机端在线收看或下载视频的用户数为 2.47 亿，与 2012 年底相比增长了 1.12 亿人，增长率高达 83.8%。手机视频跃升至移动互联网第五大应用。手机端高流量应用的使用率增长主要由三方面原因促进，首先是用户上网设备向手机端的转移，整体网民对于电脑的使用率持续走低；其次，使用基础环境的完善，如智能手机和无线网络的发展吸引更多用户使用手机上网；最后是上网成本的下降，如上网资费降低、视频运营商和网络运营商的包月合作等措施降低了手机视频的使用门槛。

四、以社交为基础的综合平台类应用发展迅速

2013 年，微博、社交网站及论坛等互联网应用使用率均下降，而类似即时通信等以社交元素为基础的平台应用发展稳定。从具体数字分析，2013 年微博用户规模下降 2 783 万人，使用率降低 9.2 个百分点。而整体即时通信用户规模在移动端的推动下提升至 5.32 亿，较 2012 年底增长 6 440 万，使用率高达 86.2%，继续保持第一的地位。移动即时通信发展迅速的原因一方面由于即时通信与手机通信的契合度较大，另一方面是由于在社交关系的基础之上，增加了信息分享、交流沟通、支付、金融等应用，极大限度的提升了用户黏性。

五、网络游戏用户增长乏力，手机网络游戏迅猛增长

2013 年中国网络游戏用户增长明显放缓。网民使用率从 2012 年的 59.5% 降至 54.7%。网络游戏用户规模为 3.38 亿，网络游戏用户规模增长仅为 234 万。与整体网络游戏用户规模趋势不同，手机端网络游戏用户增长迅速。截至 2013 年 12 月，我国手机网络游戏用户数为 2.15 亿，较 2012 年底增长了 7 594 万，年增长率达到 54.5%。整体行业用户的增长乏力以及手机端游戏的高速增长意味着游戏行业内用户从电脑端向手机端转换加大，手机网络游戏对于 PC 端网络游戏的冲击开始显现。

六、网络购物用户规模持续增长，团购成为增长亮点

商务类应用继续保持较高的发展速度，其中网络购物以及相类似的团购尤为明显。

2013 年，中国网络购物用户规模达 3.02 亿人，使用率达到 48.9%，相比 2012 年增长 6.0 个百分点。团购用户规模达 1.41 亿人，团购的使用率为 22.8%，相比 2012 年增长 8.0 个百分点，用户规模年增长 68.9%，是增长最快的商务类应用。商务类应用的高速发展与支付、物流的完善及整体环境的推动有密切关系，而团购出现"逆转"增长，意味着在经历了野蛮增长后的洗牌，团购已经进入理性发展时期。

七、中小企业互联网基础应用稳步推进，电子商务应用有待进一步提升

总体来看，我国企业使用计算机、互联网信息化状况较好，但微型企业需重点加强；东、西部地区企业的互联网基础应用水平差距有所缩小，但中部地区与其他地区间存在的差距较大。我国使用网络营销推广的企业比例仍然不高，利用即时聊天工具、搜索引擎、电子商务平台推广保持在前三位。即时聊天工具庞大的用户基数、较强的用户黏性和丰富的管理工具，已成为企业营销的重要工具；从消费者行为模式来看，搜索行为直接指向购买，电子商务平台正是购买行为的发生场所，并且由于营销推广成本有限，因此中小企业更倾向于选择投入可控、性价比较高的方式。

参考资源

http：//www.iresearch.cn/　艾瑞网

http：//www.eguan.cn/　易观网

http：//www.cnnic.net.cn/hlwfzyj/中国互联网络信息中心

考核指标

考核目标	考核指标	分值（100分）
知识目标（30%）	1. 了解一般网络市场规模和结构特征	
	2. 掌握网络消费需求特征	
	3. 掌握网络目标市场细分变量的选择依据和方法	
	4. 掌握网络市场定位的依据	
能力目标（40%）	1. 学会分析网络市场规模	
	2. 能借鉴网络数据和方法分析企业网络市场	
	3. 能分析网络消费者的需求	
	4. 能选择细分变量，对网络市场进行细分	
	5. 制定网络市场定位的依据	
	6. 对企业进行网络市场定位	
素质目标（30%）	1. 团队合作与分工	
	2. 网络数据分析的能力	
	3. 网络市场的敏锐观察能力	
	4. 网络市场预测能力	

网络营销实践项目

实践项目：网络市场分析			
团队名称：		最佳成员：	
小组分工：			
实验日期：		实验地点：	

实验要求：结合项目四的学习，针对企业网络营销需要，对网络市场进行分析（含相关数据），并制定相关细分变量，选择网络目标市场

经理签字：_____

基于无网站的网络营销技能训练项目

网络营销通过 Internet 营销替代了传统的报刊、邮件、电话、电视等中介媒体，利用 Internet 对产品的售前、售中、售后各环节进行跟踪服务，自始至终贯穿在企业经营全过程，寻找新客户、服务老客户，最大限度地满足客户需求，以达到开拓市场、增加盈利为目标的经营过程。它是直接市场营销的最新形式。

网络营销是企业整体营销战略的一个组成部分，是为实现企业总体经营目标所进行的，以互联网为基本手段营造网上经营环境的各种活动。因此，网络营销活动不可能脱离一般营销环境而独立存在；网络营销的开展需要借助互联网上的各种工具，来开展企业品牌、产品、客户等相关的营销工作。网络营销信息传递的一般原则为：网络营销有效的基础是提供详尽的信息源，建立有效的信息传播渠道，为促成信息的双向传递创造条件。

项目五　域名营销

案例分析

2011 年初，赶集网（ganji.com）进行大规模广告投放，在这个广告中，姚晨骑着一头驴子的形象，给网友留下深刻印象，赶集网的口号则是"赶集网，啥都有"。随后，百姓网抢先注册了拼音域名的赶驴网（ganlvwang.com），并放出口号"赶驴网，啥没有？"。

2011 年 4 月，百姓网在过去几个月建立的赶驴网，今天正式关闭，赶驴网域名（ganlvwang.com）将自动跳转到百姓网。而在近两个月的时间内，百姓网所花费的成本很少。百姓网是这样描述的，200 元钱的域名注册费。百度上花了 2 000 多元钱投放了几天，Techweb 的兄弟很帮忙发了几篇稿子。其他的都是自发传播了，比如开复的微博，后来大量的媒体报道，都是大家觉得这题目有意思。

根据百度指数，赶驴网由于产品体验缺失，没有黏性，指数已经迅速下降过半。赶集网却因为多数媒体的持续跟进报道，暴增千万级的流量，比起此前高出百姓网的两倍差距，经过"驴之役"，现在两者差距已达到三倍。

思考

在整个事件当中，不管是赶集网还是百姓网，都受到了互联网用户的关注，能为分类信息门户网站起到一定的宣传和造势。虽然在百姓网由于运营不善，最后关闭了赶驴网，但给我们的启示是，在目前域名规则下，"山寨"域名可以作为一种尝试。同时，可以看到域名营销并不单一的仅仅依赖于域名，对其他网络工具也要紧密结合。你认为在此次域名营销当中，赶集网和赶驴网各自成功之处分别在哪里？

学习目标

知识目标：要求学生掌握域名的基本概念、特点，了解域名形成的背景，了解域名对现代企业的作用。

能力目标：要求学生掌握域名的注册和备案程序，以及操作过程中的注意问题。并通过网上真实的域名申请过程，掌握域名申请的流程。同时，也了解域名相关的保护程序。

素质目标：要求学生根据企业自身信息和所在行业，以域名命名规则为指导，对企业进行域名设计。能制定系列的域名维护和管理方案。对已有的域名，能分析域名的价值所在。

学习关键词

域名、域名营销、域名注册、网站备案、域名管理机构、域名维护、二级域名、中文域名

任务一　域名的基本概念

一、域名的基本概念

（一）域名的概念

网络是基于 TCP/IP 协议进行通信和连接的，每一台主机都有一个唯一的标识固定的 IP 地址，以区别在网络上成千上万个用户和计算机。网络在区分所有与之相连的网络和主机时，均采用了一种唯一、通用的地址格式，即每一个与网络相连接的计算机和服务器都被指派了一个独一无二的地址。为了保证网络上每台计算机的 IP 地址的唯一性，用户必须向特定机构申请注册，该机构根据用户单位的网络规模和近期发展计划，分配 IP 地址。网络中的地址方案分为两套：IP 地址系统和域名地址系统。这两套地址系统其实是一一对应的关系。IP 地址用二进制数来表示，每个 IP 地址长 32 比特，由 4 个小于 256 的数字组成，数字之间用点间隔，如 100.10.0.1 表示一个 IP 地址。由于 IP 地址是数字标识，使用时难以记忆和书写，因此在 IP 地址的基础上又发展出一种符号化的地址方案，来代替数字型的 IP 地址。每一个符号化的地址都与特定的 IP 地址对应，这样网络上的资源访问起来就容易得多了。这个与网络上的数字型 IP 地址相对应的字符型地址，就被称为域名。

域名是互联网上人们熟悉、易记的计算机名字。它们相当于一串谓之为 IP 地址的数字，IP 地址负责在互联网上路由地址，方便人们查找相关信息。

在互联网历史上，"域名经济"困扰着不少企业和互联网管理机构。如 WallStreet. com 是互联网上令人垂涎的域名。www. WallStreet. com 域名所有者是美国亚利桑那州的一家小 ISP（ACES Research）。1994 年 9 月，他替一个前股票经纪人 Eric Wade 注册该域名，其目的是开设便于记忆的电子邮件地址。该域名花费的注册总额仅为 220 美元，但被在线卡西诺诺赌博网站出价 103 万美元购买。

（二）域名特点

域名与商标都具有典型的标识功能。同时，与商标相比，域名有自己独具的特点。

1. 构成方式的简单性

每个域名仅仅由文字、字母、数字、连接符等字符组成，字符总数也有限制。域名对于人们的感官几乎没有任何直接意义，只是在字面上可以使人产生联想。在拼写正确的情况下，域名本身可以被毫无差别地再现。这是一种彻底的数字化特性，是与网络的特点密切相关的。

商标不仅能由文字、数字等组成，还能由平面图形、立体图形组成，甚至还可以由音响、气味组成。如果说，域名是一个一维的概念，并且这一维的区间还很有限的话，那么，商标不仅可以是一维的，更可以是二维、三维的，并且在每个维度上的大小似乎都没有受到法律上的限制。一个好的商标，除了表示某种含义之外，会带给人们一种视觉上，甚至听觉上、嗅觉上的刺激，令人产生无尽的联想。这样看来，比起商标，域名是过于简单了。然而，正如区分"0、1"两个数字即造就了多姿多彩的网络世界（甚至可能是整个真实的世界）一样，域名的生命力恰恰就在于其简单易用性。

2. 应用领域的广泛性

域名不只可以指向一个商业网站，用于商业活动，还可以指向一个非商业网站，用于政府、军事、教育、非营利组织等活动。例如，域名"WHITEHOU. GOV"，即指向美国联邦政府的官方网站。而任何商标都必定涉足商品或服务领域，无不带有商业色彩。

3. 注册制度的宽松性

商标的登记注册机关一般是官方机构，注册程序颇为严格，不仅需要进行形式审查，更需要进行实质审查。对于域名来说，无论是国际域名还是国内域名，也无论是顶级域名还是二级域名，其注册机构几乎全部通过民间机构或半官方机构进行。同时，按照国际上的惯例，对于申请注册的域名，注册机构一般只进行形式审查，甚至根本不做审查。另外，商标不经过注册也可以使用，只是不受法律保护而已；域名则只有在注册后方可使用。

4. 使用地域的无差别性

这体现在两个方面：第一，域名一旦注册，即可在全球任何国家使用，并在网络上受到保护；第二，对于目前数量最多，使用最广的英文国际域名来说，由于适用同一规则，在不同国家的使用和保护没有差别。任何域名一旦注册，只要其指向的网站有效开通，则在全球任何一个网络畅通的地点都可以被检索和浏览。当然，这种全球性的特征是由一系列的技术和法律规则作为保障的。商标则不同，任何一个商标，即便享誉世界，也无一例外地带有地域性特点，只有在注册国才会受到保护。而且，由于各国法律制度的差别，对同一商标的保护力度也各不相同。

5. 全球的唯一性

在网络上，出于技术的需要，每台接受访问的主机，IP 地址都必须是唯一的。与此类似，每一个域名，不论在何时、何地注册，也不论是国际域名还是国内域名、中文域名还是英文域名，都不可能与别的域名完全相同。一个人可以同时拥有多个域名，但却没有多个人同时共享同一域名的情况。在特定的时间里，人们在自己的电脑上输入某一个域名时，指向的 IP 地址只能是一个。在网络这个虚拟的世界里，域名天然地具有一种排他性。正因为域名具有这种与生俱来的特性，人们可以假冒商标，却不能假冒域名。这也使得域名日益成为一种不可替代的资源。

对于商标来说，情况就完全不同了。没有注册的商标不受法律的保护，非权利人不仅可以使用，甚至可以堂而皇之地公然使用而不用承担侵权责任。非但如此，对于两个相同的普通注册商标，不同性质的经营者均可以合法地拥有，彼此相安无事。在特殊情况下，即便是受法律特别保护的著名商标，也不能排斥在先使用者的某些权利。

（三）域名商标的商业价值

1. 互联网域名的商业作用

互联网上的商业应用将传统的以物质交换为基础的交易带入以信息交换替代物质交换的虚拟交易世界，实施媒体由原来的具体物理层次上的物质交换上升为基于数据通信的逻辑层次上信息交换。这种基于信息交换的网上虚拟市场同样需要交易双方进行协商和参与，同样需要双方选择交易对方，因此网上市场虚拟交易主体双方选择和协商等行为依然存在，只是实施的媒体发生变化，减少了双方选择和协商的交易成本而已。随着互联网上的商业增长，交易双方识别和选择范围增大，交易概率随之减少，因此互联网上同样存在一个如何提高被识别和选择概率的问题，以及如何提高选择者忠诚度的问题。

　　传统的解决问题的办法是借助各种媒体树立企业形象，提高品牌知名度，通过在消费者中树立企业形象来促使消费者购买企业产品，企业的品牌就是顾客识别和选择的对象。企业上互联网后进行商业活动，同样存在被识别和选择的问题，由于域名是企业站点联系地址，是企业被识别和选择的对象，因此提高域名的知名度，就是提高企业站点知名度，也就是提高企业被识别和选择的概率，域名在互联网上可以说是企业形象化身，是在虚拟网上市场环境中商业活动的标识。所以，必须将域名作为一种商业资源来管理和使用。

　　2. 商标的界定与域名商标

　　根据美国市场营销协会（AMA）定义，商标是一名字、术语、标志、符号、设计或者它们的组合体，用来识别某一销售者或组织所营销的产品或服务，以区别于其他竞争者。商标从本质上说是用来识别销售者或生产者的一个标识，依据商标法，商标拥有者享有独占权，单独承担使用商标的权利和义务。另外商标还携带一些附加属性，它可以给消费者传递使用该商标的产品所具有的品质，是企业形象在消费者心理定位的具体依据，可以说商标是企业形象的化身，是企业品质的保证和承诺。

　　标定义内涵与域名的商标特性。对比商标的定义，域名则是由个人、企业或组织申请的独占使用的互联网上标识，并对提供的服务或产品的品质进行承诺和提供信息交换或交易的虚拟地址。

　　域名命名与企业名称和商标的相关性。目前许多商业机构纷纷上网，虽然大多数企业还未能从中获取商业利润，但作为未来的重要商业模式和具有战略意义，这些企业审时度势依然投资上网，并对上网注册尤其重视，考虑企业现在的发展和未来的机遇。微软公司、IBM 公司、可口可乐等，根据对互联网域名数据库网上信息中心的 288873 个商业域名进行分析，有直接对应关系的占 58%。

　　3. 域名商标的商业价值

　　互联网上的明星企业网景公司（Netscape）和雅虎公司（Yahoo），由于其提供的 WWW 浏览工具和检索工具享有极高的市场占有率和市场影响力，公司成为网上用户访问最多的站点之一，使其域名成为网上最著名域名之一，由于域名和公司名称的一致性，公司的形象在用户中的定位和知名度是水到渠成，甚至超过公司的专门形象策略和计划。因此，域名的知名度和访问率就是公司形象在互联网商业环境中的具体体现，公司商标的知名度和域名知名度在互联网上是统一和一致的，域名从作为计算机网上通信的识别提升为从商业角度考虑的企业的商标资源，与企业商标一样它的商业价值是不言而喻的。1995年微软公司为宣传其品牌 Win95 曾投入巨大资金达 50 亿美元之多，使其成为世界上家喻户晓品牌；而同时期刚刚起步的网景公司借助互联网以放弃收费为代价使其 Netscape 浏览器不费吹灰之力就占领市场达 70%，由于公司品牌的知名度和潜在价值，公司股票上市当天就从 28 美元狂升到 75 美元，四个月后达到 171 美元，公司的创始人也在短短时间内成为名义的亿万富翁。

　　4. 域名抢注问题

　　在互联网上日益深化的商业化过程中，域名作为企业组织的标识作用日显突出，虽然目前还不能从中获取商业利润，但越来越多企业纷纷注册上网，据统计目前在顶级域名 .com 下注册的占注册总数 65.2% 之多，可见域名的商业作用和识别功能已引起注重战略发展企业的重视。

互联网域名管理机构没有赋予域名以法律上的意义，域名与任何公司名、商标名没有直接关系，但由于域名的唯一性，因此任何一家公司注册在先，其他公司就无法再注册同样的域名，因此域名已具有商标、名称类似意义。美国著名打火机公司域名为：lighter.com。正因域名的潜在商业价值，许多不法之徒抢先注册一些著名域名，用一些著名公司的商标或名称作为自己的域名注册，并向这些公司索取高额转让费。另外，域名不仅是互联网交换信息的唯一标识，还是企业在网上市场中进行交易时被交易方识别的标识，企业必须将其纳入企业商标资源进行定位设计和管理使用。

二、域名的组成

（一）域名命名规则

1. 域名字符的要求

（1）26 个英文字母；

（2）"0，1，2，3，4，5，6，7，8，9"十个数字；

（3）"－"（英文中的连词号）；

（4）国际域名长度不能超过 63 个字符；

（5）在域名中，不区分英文字母的大小写；

2. CN 域名命名的规则

（1）遵照域名命名的全部共同规则；

（2）只能注册三级域名，三级域名用字母（A－Z，a－z，大小写等价）、数字（0－9）和"－"（英文中的连词号）组成，各级域名之间用实点（.）连接，三级域名长度不得超过 20 个字符；

（3）不得使用，或限制使用以下名称：

① 注册含有 "CHINA""CHINESE""CN""NATIONAL" 等经国家有关部门（指部级以上单位）正式批准；

② 公众知晓的其他国家或者地区名称、外国地名、国际组织名称不得使用；

③ 县级以上（含县级）行政区划名称的全称或者缩写相关县级以上（含县级）人民政府正式批准；

④ 行业名称或者商品的通用名称不得使用；

⑤ 他人已在中国注册过的企业名称或者商标名称不得使用；

⑥ 对国家、社会或者公共利益有损害的名称不得使用；

经国家有关部门（指部级以上单位）正式批准和相关县级以上（含县级）人民政府正式批准是指，相关机构要出具书面文件表示同意××××单位注册×××域名。如：要申请 beijing.com.cn 域名，则要提供北京市人民政府的批文。

3. 注册 CN 域名时需要提供的材料

（二）域名后缀

域名后缀是指一个域名最后面的字母。例如：.com，.cn，.org，.info，.net 等。不同后缀的域名有不同的含义，现在最通俗的域名类别可分为国际域名、国内域名（包括中文和英文）、国别域名三类。常用的国际域名如下。

com：Commercial organizations 商业组织公司

gov：Governmental entities 政府部门

net：Network operations and service centers 网络服务商

org：Other organizations 非营利组织

edu：Educational institutions 教研机构

int：International organizations 国际组织

mil：Military（US）美国军部

cc：Communication company 国际顶级域名商业公司

biz：Business 代表商业

asia：Asia 非营利性机构 DotAsia 专责营运

任务二　域名的注册与管理

一、域名的注册

（一）域名申请的准备工作

无论是个人、公司、还是其他单位，若要进行域名申请，在申请前都要仔细考虑以下项目，为域名的申请和注册做好准备。

（1）域名注册的目的。

（2）域名涉及的业务范畴。

（3）企业的名称、性质、行业、商标、产品等方面的信息。

（4）建立网站的目标。

（5）中英文域名的选择。

（6）域名数量的确定。

（7）域名的所有者。

（8）域名的设计。

（二）域名注册流程

第一步：搜索域名。在搜索框里键入你想要注册的域名（域名只能由英文、数字和英文连词号"－"组成，最短 2 个字符，最长 20 个字符），然后点击"注册"进入注册系统。

第二步：确认域名可以注册。如果你搜索的域名尚未被别人注册，系统会提示您可以注册。如果您需要立即注册，请点击"继续"按钮。如果您的域名已被别人注册，系统会提示您重新选择其他域名。

第三步：注册用户。请填写用户名及密码。

第四步：填写注册申请表，请用英文（或汉语拼音）填写用户注册表，您所填的信息对您的申请和今后管理域名十分有用，请认真填写每一项内容。在您填完注册信息后，就进入付款流程。

第五步：选择付款方式。一般有以下四种支付方式：银行电汇、邮局汇款、网上支付、上门收款。

第六步：订单确认。在您选择了付款方式后，域名注册系统将针对您的注册操作生成一个订单号，请务必记住此订单号，并在向我们发的传真、邮件中注明此订单号。同时，域名注册系统会即刻向您的邮箱发出一封"订单确认信"，通知您我们已收到您的注册信息，同时会提醒您尽快办理支付手续。

第七步：付款。请尽快请您选择的付款方式办理支付手续，并完成相关的手续（如发传真等）。

第八步：开通域名。系统在收到您的款项（或款项的传真）并核对无误后，会在2个工作日内正式为您办理国际域名的注册手续。域名注册成功后，域名系统会发一份《国际域名开通通知》到您的邮箱，请注意查收。

（三）域名备案流程

域名备案的大致流程如下。

1. 注册用户名

进入"工业和信息化部 ICP/IP 地址/域名信息备案管理系统"，http：//www. miibeian. gov. cn，点击"新网站主办者用户请注册"，如图 2 – 1 所示。

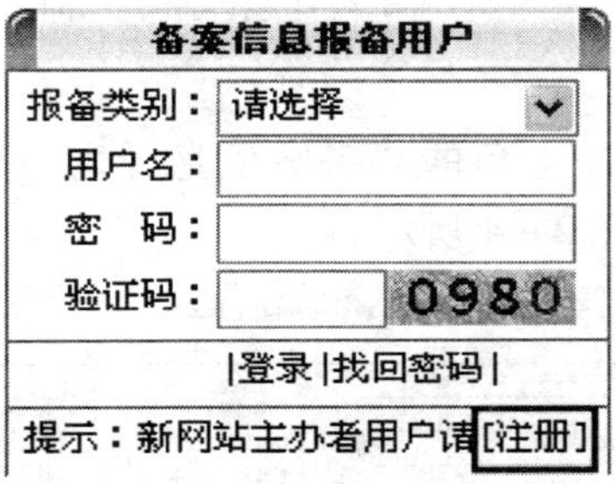

图 2 – 1 域名注册界面

在出现的画面上点击"接受"，直到进入"网站主办者用户注册"页面。填写您客户的信息。填完资料后，点页面最下方的"注册"，具体如图 2 – 2 所示。

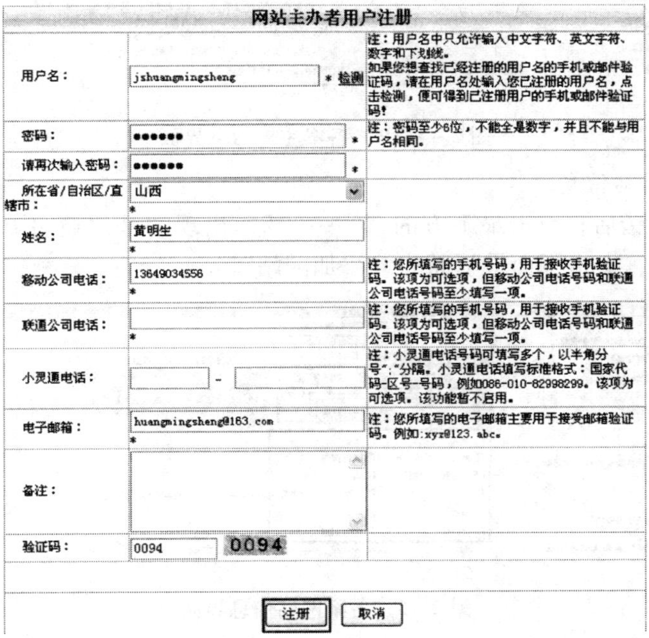

图 2 – 2 网络主办者用户注册界面

2. 登录网站

返回备案网站首页，进行登录，报备类别：ICP 报备（网站主办者），填上用户名、密码，然后点击"登录"。

第一次登录，会出现如图 2 - 3 所示的页面。输入你刚才记下的手机验证码和邮件验证码。然后点击"提交"。注意：手机验证码和邮件验证码是一样的。如果你忘记了刚才的验证码，可以去你的邮箱里查收一下。

请填写手机和邮件验证码

手机验证码：	3221133
邮件验证码：	3221133

提 交　　返 回

图 2 - 3　手机和邮件验证界面

3. 填写备案主体信息

进入备案系统内部，点击左上角的"备案信息录入"里的"信息录入"，开始填写"填写 ICP 备案主体信息"如图 2 - 4 所示。

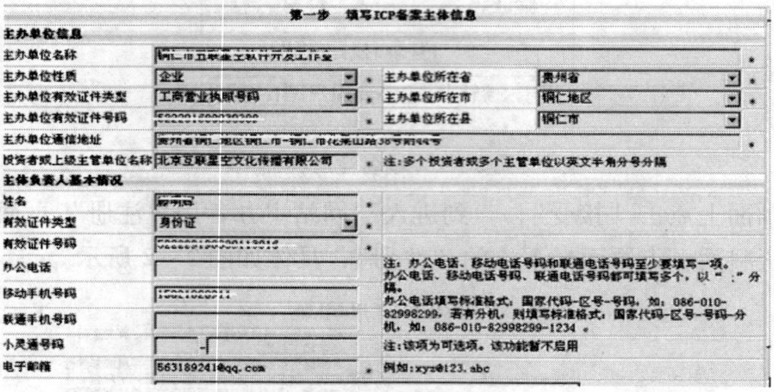

图 2 - 4　ICP 备案主体信息界面

4. 填写备案网站信息

检查确认没有错后，点击最下方的"下一步"。出现的是"填写 ICP 备案网站信息"页面（见图 2 - 5），点击页面最下面的"添加网站"。

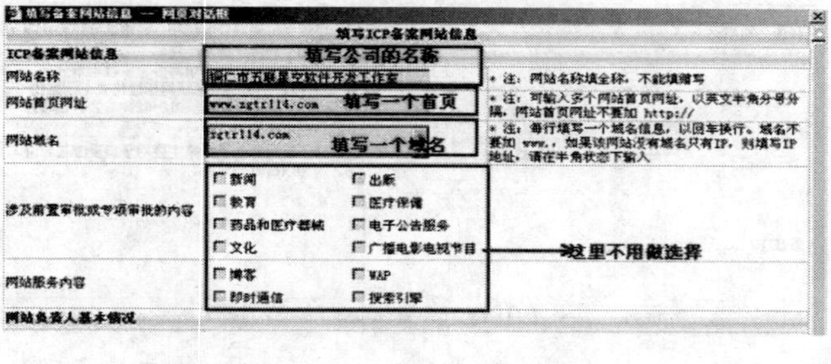

图 2 - 5　备案网站信息界面

应注意以下几点。

（1）网站名称：网站名称里不能带中国、中华、华夏、论坛、社区、公会、博客等字样；尽量用公司的营业执照上的公司名称。备案主体是个人的，网站名称这里不可以是公司名称。

（2）网站首页网址：只填写一个就可以了。

（3）网站域名：只填写一个就可以了，不要加 www。这里的域名在备案之前要取消之前做的解析和转发才可以备案，网站首页网址和网站域名必须填写同一个顶级域名。

（4）涉及前置审批或专项审批的内容：一个都不要选，选了就无法通过。

（5）网站服务内容：一个都不要选择，选了就通过不了。

5. 填写接入商信息

在的页面中点击"添加接入"，进入接入信息录入页面，如图 2－6 所示。

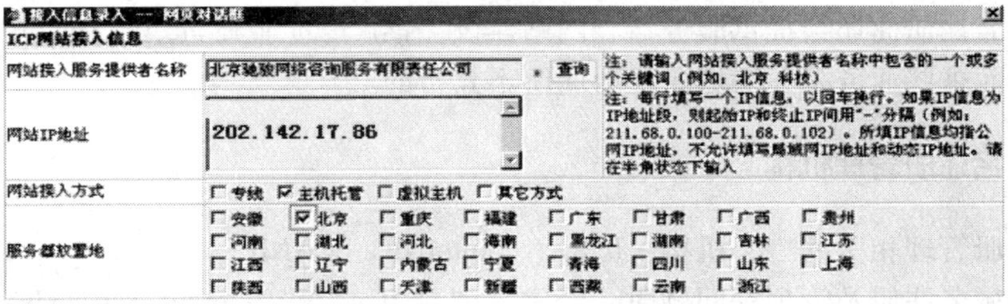

图 2－6 接入信息录入界面

接入商信息都已经录入完毕后，就完成所有备案信息的录入了。点击页面底部的"继续"，"下一步"，"完成"。信息添加完整后提交备案信息，服务器接入商会看到您提交的信息，然后审核后提交到信息产业部，审核通过后，提交到各省通信管理局继续审核，最后审核成功，备案成功后会发邮件到您填写的邮箱。

二、域名注册商选择

注册域名哪个网站比较好？这种问题是建设网站和申请域名之前必定要思考的问题，主要参考原则如下。

（一）信誉和技术是用户放心选择的保障

关心的最多的是域名注册商的信誉，而技术相对次之。域名解析的功能就那么几种，能够用到的功能目前还不是太多。在域名注册商那儿注册了一个域名，但如果域名得不到保护，一切都是空谈。在注册域名时一定要看域名注册商的信誉问题。但是像万网和新网这样的超级域名注册商也会有很多负面信息，有些是竞争者故意抹黑，有些是用户发泄情绪，在查看时须注意甄别。技术之于域名服务不是那么重要，但也不容忽视，至少你注册的域名一旦出现问题会有技术人员帮你解答，域名也不会经常连接不到。

（二）优惠和合理的价格是吸引注册域名的源泉

在关心域名注册商是否强大的同时，肯定也在关心价格问题，有时候优惠的价格会令一些站长变得盲目起来，以至于不顾域名注册商的良莠而冲动注册，最后人财两空。由于过高的域名价格会提高建站成本，所以也不建议用户去选。某顶级域名注册商曾经将 com 域名的价格上调到普通域名注册商 com 域名价格的两倍之多。虽然他拥有强悍的实力，但也没有多少人购买。那么注册什么价位的域名才合适呢？有两点可以作参照。一是域名价格定价要合理，主流域名的价格不应高于普通域名注册商价格的 20%。二就是经常做域名优惠活动，要知道一家亏损的企业是不敢搞大酬宾的。

（三）品牌和企业实力是一家域名注册商的基础

好的域名注册商必须具备知名度高和企业实力突出两大特性。要知道，国内域名注册市场鱼龙混杂，域名提供商的资质差距很大，稍有不慎就会上当。那怎样才能算得上是品牌和实力都很突出呢？首先，能成为顶级域名注册商的企业必须获得国家域名管理局 CNNIC 和国际域名管理中心 ICANN 认证资格。由于这两大机构是官方机构，他们审核过的企业肯定不会错。再次就是看域名注册网站下方的标识，看是否有备案信息和经营许可信息。最后，看注册域名的官网提供的业务数量，这是确定其企业实力最明显的方法，一般大型的域名注册商还会提供服务器、网站建设、推广、企业邮局、电话、短信等一系列建站业务。而这些业务是一般域名注册商所不具备的。

三、域名注册管理机构

域名注册管理相关的三个机构：ICAAN、interNIC、CNNIC。

在涉及域名注册及管理等问题时，经常会遇到 ICAAN、interNIC、CNNIC 这些机构的名称缩写，他们所代表的意义及其职能如下。

（一）ICANN

ICANN 是"国际互联网名称和地址分配组织"（the Internet Corporation for Assigned Names and Numbers）的缩写。ICANN 成立于 1998 年 10 月，是一个集合了全球互联网商业、非商业、技术及学术领域的专家经营管理的非盈利性公司，主要负责全球互联网的根域名服务器和域名体系、IP 地址及互联网其他码号资源的分配管理和政策制订。ICANN 也负责域名注册商的授权工作，但是并不负责互联网上的金融交易、内容控制、垃圾邮件、网络赌博、数据保护以及个人隐私政策等。ICANN 的最高管理机构——理事会是由来自世界各国的 18 名代表组成，负责决定一些重大事项。

（二）interNIC

为了保证国际互联网络的正常运行和向全体互联网络用户提供服务，国际上设立了国际互联网络信息中心（InterNIC）。为所有互联网络用户服务。interNIC 网站目前由 ICANN 负责维护，提供互联网域名登记服务的公开信息。

（三）CNNIC

CNNIC 是"中国互联网络信息中心"（China Internet Network Information Center）的简称，是经国务院主管部门批准授权，于 1997 年 6 月 3 日组建的非营利性的管理和服务机构，行使国家互联网络信息中心的职责。CNNIC 在业务上接受信息产业部领导，在行政上接受中国科学院领导。中国科学院计算机网络信息中心承担 CNNIC 的运行和管理工作。由国内知名专家、各大互联网络单位代表组成的 CNNIC 工作委员会，对 CNNIC 的建设、运行和管理进行监督和评定。

CNNIC 承担的主要职责：互联网地址资源注册管理、互联网调查与相关信息服务、目录数据库服务、互联网寻址技术研发、国际交流与政策调研、承担中国互联网协会政策与资源工作委员会秘书处的工作。

任务三　域名营销

一、域名营销

（一）域名设计技巧

网络营销师域名设计总的原则可根据易记、易推广、符合品牌形象的要求设计。

1. 域名与企业名称或者商标相一致

选择和企业名称、商标一致的域名，便于企业品牌的宣传推广。像海尔（Haier）、TCL 是较成功的案例。现在越来越多的企业注重 CI 设计，可以把企业域名也规划到 CI 形象系统中。当然，有些企业没有合适的英文名称，建议选择以拼音命名。如果企业的名称比较冗长、复杂，可选择英文名称的缩略语。

2. 尽量的简短易记，以 2~8 个英文字符为宜

当你已经设想好了域名，但长度太长，你可以将其进行"减肥"。如：中国钢铁厂设想的网址是 chinasteelworks. com。由于太复杂，不便于记忆，我们可以把"China Steel Works"三个单词的第一个字母组合起来，成为 csw. com，这样的减肥法既可以缩短域名长度，又不失域名的意义。www. bn. com 是美国最大的传统连锁书店 Barnes & Noble 开设的网上书店，早期使用的域名为 barnesandnoble. com，自从改为 bn. com 后，访问量和销售量有了很大的增长。因此，域名要短。

3. 逻辑性字母组合便于记忆

为了便于记忆和传播，设计域名一般应选用逻辑字母组合，主要分为英文单词组合（如：asiafriendfinder. com）、汉语拼音组合和其他逻辑性字母组合三种（如：纯数字组合 8848. com，字母＋数字组合 tao123. com，英文＋拼音的组合 chinaren. com，逻辑意义组合 e－plastic. cn 等）。如网易早期品牌宣传上使用的域名是 nease. com 和 netease. com，后来改用 163. com，后者容易书写。因此，域名注册要容易记忆。

4. 字母＋数字组合

选择有意义的词或词组做域名，容易记忆和推广。例如，国内有两家资源站点，都叫"我爱 E 书"，一家的域名是 www. 52ebook. com，另外一家是 www. 5iebook. com。有些用户输入网址喜欢边读边输入，这就要求域名应发音清晰准确，避免同音异字。像英语中的 wr，w 有时发音有时不发音，容易造成拼写错误。还有中文中的平卷舌 zh 和 z、sh 和 s、ch 和 c 也需要注意。中国物流网域名采用 www. 56. com. cn，利用数字谐音，很容易推广。

5. 慎用"－"和"＿"

这两个字符一般用于逻辑字母组合，但由于在书写时容易混淆，而且不便于病毒式的推广，因此除非有特殊逻辑含义，一般也不建议使用。

6. 谨慎选择域名后缀

在域名类型后缀选择上，一般来说尽可能采用国际顶级域名 . com，规范易记。它是最常见的域名，而且很大程度上已经抢占了网民的首要意念，多半人在记不清某域名后缀的时候都会先试用 . com。如果必须选择其他后缀的话，也建议选择如 . net、. org、. com、. cn 等比较常见的域名。

7. 域名与企业业务相关

有些企业为了更好地抢占网络市场，从长远战略眼光，不惜重金重新设计企业名称与域名，打造品牌形象。例如，www. Drugstore. com 是一家网上药店，他的域名与商业活动有直接关系。因此，域名要同你的商业有直接的关系。联想集团用 lenovo 代替 Legend，注册了 www. lenovo. net 及 www. lenovo. com 新域名。

（二）域名营销的方式

（1）使用与自己商号、商标完全一致的域名，使用户在记忆和输入上都毫无困扰，直达网站。

（2）使用行业和产品关键词域名，引导用户直达自己感兴趣的产品和服务页面。

（3）在大型促销活动开展的同时启用活动相关域名。

（4）使用著名网站的山寨域名，使用户在错误输入的时候到达指定页面。

（5）使用曾经做过网站的域名，把原来网站的流量引导到指定页面。

（6）特殊情况下，通过高价的域名交易、域名官司等进行事件炒作，达到营销的目的。

（三）域名营销中的域名选择

百度优化指南中曾明确提出"使用何种形式的域名后缀对百度搜索结果没有影响，但是域名后缀要便于用户记忆"，但不同形式的域名在搜索引擎获得的权重是不一样的，而且影响网站的后期发展。因此，一个成功的网站从好的域名开始。

1. com 域名

目前互联网使用率最高的一种域名，是所有域名中性价比最高和最有优势的一种，便于记忆更符合访客的习惯和提高用户体验，而且分配的权重也不低，这种域名可以胜任大型或长远发展的网站。

2. cn 域名

如今 cn 域名无论从身价还是权重方面来讲都是非常高的，对于中文搜索引擎百度，其分配权重已经高过 com 和 net，有条件注册 cn 域名的可以优先选用。

3. net 域名

这种形式的域名权重分配和 com 不相上下，但是没有 com 的性价比高，在网民的访问习惯和记忆方面稍有缺欠，如果比较抢手的 com 域名被注册了，可以考虑使用 net。

4. info 域名

info 因为价格低廉成为许多新手或者短期盈利站点的首选。同样的 SEO 手法和营销，可以看出 info 由于泛滥导致此类域名权重很低，而且会出现新站考察期延长、误判为垃圾站、搜索排名低于其他域名等风险。

5. 其他形式的域名

另外还有 edu、org、gov、tk、asia、biz、cc 等形式的域名，有的是适用于某些特殊机构的，其中一些搜索引擎分配权重高于 com，但个人网站没必要使用这些形式的，因为我们面向的大众是普通的网民。许多朋友为了注册到短域名用使用这些形式的，缺点也是显而易见的，用这样形式的域名感觉怪异增加网民的记忆难度导致流量流失，甚至会让网民对你的网站产生猜疑和不信任的后果。

以上比较主流的几种域名的认识，如果仅仅从网络营销角度来看，可能用任何一种形式的域名都能发挥出强大的威力，缩减权重的差异。但是对于大众站长和站在长远发展角度来看，使用用户体验好、便于记忆的域名形式更有意义。

（四）新域名被快速收录技巧

1. 域名要从注册说起

因为搜索引擎完全可以判断出域名的购买日期和到期日期。建议购买域名的年限在3～5年以上。这样搜索引擎会认为这些域名会长期去经营，而不是建个垃圾站被 K 后扔掉。

2. 域名启用先做 301

刚注册的域名启用后，建议先把网站的 301 跳转到一个 pr2 的网站 10～15 天。与其启用后一直收录不良，倒不如耐点心来做个 301。

3. 网站建设要完全并优化

网站建设起来后，一定要给网站填充一些原创性质，或者搜索引擎收录不到的文章。这样搜索引擎会认为你这个站的内容权重很高。建议多放一些文章后再去提交网站。

4. 网站名称要选好即关键词优化

网站建设好后，一定要给自己的网站起一个漂亮的名称，最好与众不同一点。如：SEO 的博客，里面太多是 SEO 爱好者，SEO + 名称之类的名称。

5. 经常搜索自己的网站名称

相信大家都有一个搜索经验，就比方说你输个"刘德花"，它会出来"您要找的是不是：刘德华"。因为搜索的多的话，第一，搜索引擎会自动提取这个关键字进入搜索引擎词库；第二，搜索量大的话，搜索引擎会显示出相关的搜索，便于收录。

6. 把自己加入收藏/订阅 rss 营销

把自己的网站收藏到收藏夹，尤其是那些带搜索引擎工具条的收藏夹里面。进入的话不妨点击收藏进入。鼓励网友订阅自己的新域名网站，添加到各个 feed 订阅。

以上这些小技巧对于一个新网站不论是个人站还是公司站，都很有价值。新的域名权重根本就不够，要想被搜索引擎收录需要一段时间，中小企业在做推广的时候可以用得上。

二、二级域名营销

在网络营销中，因为搜索引擎会把二级域名当作一个独立的站点来看待，也就是说：www. xxx. com 和 news. xxx. com 是两个互相独立的网站。前者的主题内容可能是广泛的，而后者的主题内容是集中于某一个点上，如新闻。这些二级域名是相互独立的，每个级域名的网站推广话题自然也不同。

（一）二级域名和主域名是两个完全不同的网站

二级域名和主域名是两个完全不同的网站，因此，如果有二级域名，你需要认识到你推广的是两个网站，所有的网络营销工作都要多做一遍，网站 PR 值、信任度都会被这两个独立的网站推广所分散，但二级域名和主域名之间还是有关联的，这点需要我们认识到。

二级域名的使用会使网站变多，但同时使网站变小，分目录会使一个网站越做越大。以前提过网络营销搜索引擎优化很重要的一点就是网站内容和网站自身的质量和强度，网站的大小就是其中很重要的一个指标。网站越大，包含的内容自然就越多，对用户的帮助就越大，它所累积的信任度就更高。

（二）网站应尽量使用子目录，提高整个网站主题是紧密性

当然这只是就网络营销搜索引擎排名而言。在很多时候出于其他考虑，也不得不使用二级域名。例如用户习惯了 bbs. xxx. com，而如果你采用 www. xxx. com/bbs 会造成用户不容易记忆与接受，再比如说公司的产品线比较多，而且产品线之间的差异性比较大，那么不同的产品系列可以用不同的二级域名（就像上面谈到的网站涉及娱乐、IT、体育等多个层次多个方面）。

对于开展国际性业务或者分地区义务的公司，其网站可能会在不同的国家使用不同的二级域名，比如中国分公司就使用 cn. xxx. com，新加坡分公司就使用 sg. xxx. com，北京的子站就使用 bj. xxx. com，上海的子站就使用 sh. xxx. com。

三、中文域名营销

现在中文域名炒的火热，很多企业都注册属于自己的中文域名，同样也有一些企业收购被别人抢注走的中文域名。考虑到得中文域名各方面条件都太差，不建议使用。但企业如果非常注重网络的影响力，应在中文域名营销时注意以下几点。

（一）通用性

由于中文域名是以汉字为元素，这就导致大部分国外的用户无法通过中文域名访问网站。他们不通晓每一个汉字的意思，这也就意味着不会使用中文的互联网用户将会被挡在门外。英文域名可以在任何国家、任何时间使用，由于电脑键盘是以拉丁语系为设计蓝本，所以完全不存在使用障碍。中文域名显然做不到这点。有跨国业务的大都不敢把中文域名作为公司的主域名。他们无法确定中文域名未来的发展潜力，注册中文域名更多是出于一种战略姿态。

（二）输入快捷性

对于英文域名，可直接输入域名单词组合。但是中文域名呢？看似很方便，其实由于汉字并不是即时呈现，加上汉字的组成、拼音等都是很多种。所以在输入的时候会出现翻页进行选词的情况，输入过程比英文国际域名要复杂得多。再加上汉字的同音字，这无疑会给企业品牌保护增加难度和成本。他们几乎需要把所有的同音字中文域名给保护起来。

（三）价格

国内中文域名注册价格为大多 300 元/年，而英文国际域名的注册价格仅 100 元/年，CN 域名的价格甚至更便宜。高昂到让人发指的价格，却拥有如此多的使用缺陷，中文域名实在很难让人亲近。

四、域名保护策略

域名的后缀是越来越多了，加上没有后缀的通用网址，使很多企业在挑选的时候无所适从。有的企业注册了很多，但管理分散，容易丢失；有的企业自己的企业名称或产品品牌被别人注册而不得不退而求其次，不知道如何讨回公道；有的企业拥有销路和声誉都上乘的产品，但感觉目前尚没有到利用网络来营销的时候，于是坐视自己的域名被投机者抢注，等等。

对于企业来说，域名就是企业在互联网的通行证，企业在互联网里往往遇到不同的域名问题。以下分别介绍国内大企业、中小型企业、跨国公司和个人等的域名保护策略。

（一）国内大企业

大企业的品牌价值往往是经营理念、服务理念的凝练，是客户和合作伙伴的信心保证，是数以亿计的市场投入的结晶。一个知名大企业的价值很大的一部分是其品牌价值。网络时代来临以后，大企业面临着将网上和网下的品牌无缝融合的紧迫任务。与大企业的品牌相同或相关的是竞争对手、个人投机者梦寐以求的争抢对象。20世纪90年代中期，中国有70%以上的知名大企业的品牌都曾被个人恶意抢注。对于恶意抢注，ICANN（国际上所有的最高管理机构）是这样定义的：注册者对该没有正当的权利，并且注册以后明显表现向合理拥有者高价出售或租用的企图。为了让知名企业就范，抢注者有时候将知名品牌的指向一个与该品牌不相干的、甚至黄色的站点。

为了避免这种窘境的出现，知名企业应该尽早把自己的所有品牌及其相关组合（如myhaier、haiergroup等）的中英文注册成各个后缀的。并且，一个新域（如info、biz等）开启注册的时候，往往提供知名品牌先行的权利。企业更应该抓住这难得的机会，按照要求提交国际、国内商标登记证书，让抢注者没有机会。虽然如此，先来先得的注册惯例意味着抢注现象会经常发生。幸运的是，ICANN早在1999年就颁布了UDRP仲裁机制，使知名品牌可以通过仲裁在很短的时间内（一般在两个月内）夺回自己的。UDRP仲裁适用以com、net、org、biz、info结尾的中英文。该仲裁机制明显倾向知名品牌，甚至认定连字符连接的、包含知名品牌的组合也应该享受保护。仲裁机构已经成功地帮助海尔集团、红豆集团、白沙集团和口子集团等企业利用UDRP仲裁夺回域名。国内方面，因为注册者为清一色的企业或事业单位，抢注现象和纠纷少了很多。

（二）中小型企业

中小型企业与大企业相比，品牌被抢注的概率要小一些，但不利的一面是受ICANN的仲裁机制保护的力度也同样小多了。中型企业应该视自己的财力和预算，注册部分域下的中英文。除非迫不得已，保护性的多组合注册对于中型企业是可以考虑放弃的。小型企业一般接触比较迟，在com下谋求一个容易记忆的很不容易，一般都选择自己公司的英文名称的首字母的缩写。新域名info、biz等相继投入使用，对小企业是一个机会。虽然抢注知名品牌多是徒劳的，但如能妙手偶得一个域名的中性、好记的，对小企业开展网上营销不无裨益。

（三）进入中国的跨国公司

进入中国的跨国公司都有了理想的英文域名，但是这些英文域名无论在西方人眼里是多么熟悉，对大多数中国人来说往往是不相干字母的组合。这种情况下，注册国际、国内中文和通用网址就成为必需。

企业用户在注册国际的时候，往往面临一个非常大的陷阱，受委托去注册的企业员工通常将自己的个人信箱留作的管理联系人。而系统在做注册人变更和转移注册商的时候，都以管理联系人电子邮件确认为准。如果这个员工离职后想劫持这个，他完全有可能将这个企业的转移至自己个人名下。大企业在这方面的问题尤为严重，他们可能有很多是在不同的时间、由不同的部门、委托不同的员工通过不同的注册商注册的。这种情况下，不但存在上述劫持情况，还因为分散管理、注册时间和年限各不相同，大大增加了忘记续费而丢失的可能性。这里，建议各个企业指定一个部门来集中管理所有，把这些的管理联系人信箱设置成一个部门信箱如：domainname@ company. com. cn。

（四）个人用户

个人注册者一直占用户的很大比例。他们中不乏严肃的用户，有着自己的网站，从事自己的追求。也有一部分的爱好者像集邮一样，凭借自己的聪明智慧、捷足先登地拥有了一些朗朗上口的域名，然后拿来出售，这是无可厚非的。他们对行业的关注是行业发展的重要推动力。然而，此类用户切忌投机心理过重。如果在 1995 年的时候预测到 B2B（商家对商家模式）和 WAP（无线应用协议）在 10 年后将家喻户晓，立即将它们注册，从而在若干年后以高价出售而获利，这应该是合理的。美国科罗拉多州的一个普通的软件公司在 1995 年的时候注册了 xp. com，比尔·盖茨现在要是觊觎这个的话，也只能破费一点了。

五、域名营销注意事项

（一）域名年龄

正所谓姜还是老的辣，域名注册越早，对排名越有利，这一点是可以肯定的。正因为如此购买老域名是 SEO 行业的常见做法。它不仅仅能够有利于排名，并且能够快速增加权重和 PR 值。

（二）域名后缀

首先第一点需要谈到域名的后缀，SEO 行业曾经流行这样一种观点 . edu 和 . gov 等不能随便注册的域名天生有更高的权重。. edu 只有美国大学等教育机构才能注册，. gov 只有政府部门才能注册。这些域名并没有先天性的优势，只是这些域名的网站相对来说有质量上的优势，因为此类网站不存在垃圾或者质量差的文章，并且声誉以及各方面给予的评价都是相对高的。因此，这样的网站推广在后期的综合水平上要占上风。

（三）域名第一次被收录的时间

除了域名注册时间外，域名上的内容第一次被搜索引擎收录的时间也很重要。有的老域名购买之后没有解析，搜索引擎不会收录任何内容，这样的话就比不上很早就被收录的域名，只要域名被收录搜索引擎就有记录，那么以后再重新注册搜索引擎将会以老域名的身份对待它，并且给予更多权重。

（四）域名续费时间

搜索引擎判断网站是否用心在做，一般黑帽 SEO 通常注册域名仅一年的时间，因为他们知道黑帽行为常常招来杀身之祸，所以续费太长对自己没有好处。对搜索引擎来说，如果注册时间短会遭到网站推广搜索引擎质疑，不仅仅是对网站观察时间长，更能影响搜索引擎注意，也不会给予过多的好评。

（五）域名连词符使用

由于有的域名早就被注册了，那么有些 SEO 就转而注册连词符把关键词分开的域名。

这种连词符虽然问题不大，但是有两点不可取之处，第一，连词符给用户的印象不好，让人引起怀疑，任何大公司正规公司很少会选择连词符注册域名。第二，虽然问题不大，但是会引起搜索引擎怀疑，因为搜索引擎对此类域名比较敏感。

（六）域名包含关键词

URL 中包含关键词对排名非常有利，需要提示一点的是 URL 中包含网络营销关键词主要适用于英文站，因为 URL 中不易出现中文不利于搜索引擎检索。

（七）域名购买历史

域名注册以后是否曾经转手？域名主人是否跟垃圾网站推广有关联？这对域名权重有一定影响。所以在买二手域名时，应该注意查看一下域名曾经转手多少次，主人是谁，搜索引擎数据库中都记录了的内容是什么，有没有与敏感内容相关联。如：赌博、减肥，等等。

（八）域名长短

域名中包含目标网络营销关键词，往往就会导致域名过长。长域名用户体验差，分散权重，另外现在很多平台发外链都限制个性签名长度。短域名易记、易写、易传播，由此带来的好处往往会超过域名中含有关键词的好处。如果既包含短关键词，就更好了。

（九）匿名注册

为了逃避搜索引擎检查域名注册人信息、转手历史，有的人使用匿名注册信息。这样没有丝毫好处，不仅会引起搜索引擎怀疑而且不能备案，不能备案就只能用香港或者海外空间，服务器不稳定因素就不多说了。

（十）品牌优先

用品牌词作域名，这样让人容易记，并且易传播，对于网站推广有很大帮助，所以我们会看到很多公司会使用公司名称作为网站域名从而提高品牌效应。

参考资源

http：//www.yumingpai.com/　域名派

http：//www.wm23.com/resource/R02_domain.htm　域名管理基础知识

考核指标

考核目标	考核指标	分值（100分）
知识目标（30%）	1. 理解域名在企业网络营销中的地位	
	2. 理解域名营销的价值	
	3. 掌握域名设计的命名规则	
	4. 掌握域名注册的流程	
	5. 掌握域名后期维护的工作事项	

续表

考核目标	考核指标	分值（100 分）
能力目标（40%）	1. 域名设计的思路和原则	
	2. 域名注册前的准备工作	
	3. 域名的注册流程	
	4. 域名的管理机构	
	5. 域名的维护和交易	
	6. 域名营销的方法	
素质目标（30%）	1. 团队合作与分工	
	2. 域名设计理念	
	3. 域名营销的发起及宣传	
	4. 灵活运用网络事件进行域名营销	

网络营销实践项目

实践项目：域名营销		
团队名称：		最佳成员：
小组分工：		
实验日期：		实验地点：
实验要求：结合项目五的学习，针对企业网络营销需要，设计一个公司域名，记录域名申请的过程。阐述域名包含的意义，域名注册商选择的理由。并完成一份域名策划方案		
		经理签字：_____

项目六　网络社区营销

案例分析

　　正当世界杯如火如荼之际，一组由 eface 视觉娱乐出品的网络图片剧《给老婆的世界杯家规》在网络各大论坛上掀起波澜。这组图片一经上传，便在网络上疯狂传播开来。

作品由一个美女加一个大胡子男生组合拍摄，有趣的台词与到位的表情，让人忍俊不禁。

此"家规"号称是亿万球迷高呼支持的家庭准则，老公理直气壮地对老婆说：世界杯来了，对于只知道贝克汉姆和齐达内的你来说，的确应该恶补一下足球知识；只有一台电视、一张沙发，是我的，不要跟我说你想要看韩剧、想要看快男，因为现在只有一个节目，那就叫足球……切记，在我喜欢的球队落后时，千万别来惹我，出去打酱油、遛狗干什么都随你。

如果你仔细观察这组图片，发现策划组在其中安插了少量的广告内容。

喜欢的球队比分落后，更让人上火，所以要多给我沏口炎清颗粒，以免我口腔溃疡、牙龈肿痛、扁桃体发炎。

在出门前最好给我沏一杯口炎清颗粒，以防我着急上火。

但在如此搞笑的25张图里，网友却对这两句广告台词有着极大的包容。

案例分析

2011年9月5日小米手机正式开放网络预订，从5日13时到6日晚上23：40两天内预订超30万台，小米网站便立刻宣布停止预订并关闭了购买通道。1999的价格和这样的配置确实是很高的性价比，随后先是开放工程机测试，然后又是网上预订，等到12月18日正式发售的时候已经拖延了4个月左右。然而等到大多数人在18日购买的时候，小米官网居然又放出3小时内购买完的消息。

小米手机凭借雷军自身的名声号召力，取得了如此大的轰动和阶段性成效，与其营销策略密不可分，可以说为其品牌的推广打开了很好的知名度。未来能否超越苹果，拭目以待。

思考

论坛营销如何能保证帖子长期存在于论坛上，并且能起到营销效果？

学习目标

知识目标：使学生理解论坛的概念、发展历史、特点，以及论坛在整个互联网发展过程中有着重要意义，理解论坛的本质是信息和经验的分享。

能力目标：能准确的选择适合企业的推广论坛，分清论坛的性质和类别。掌握论坛营销的基本步骤，学会处理论坛上出现的各种突发情况，能引导论坛帖子朝着有利于企业的方向发展。

素质目标：学生在掌握论坛设计一般技巧的前提下，针对企业的需要，策划与企业相关的帖子，并且通过维护和回帖，来保证帖子的营销效果。

学习关键词

论坛、论坛营销、热帖、论坛维护

任务一　论坛营销的基本概念

一、论坛的概念

论坛又名网络论坛 BBS，全称为 Bulletin Board System（电子公告板）。是 Internet 上的一种电子信息服务系统。它提供一块公共电子白板，每个用户都可以在上面书写，可发布信息或提出看法。它是一种交互性强，内容丰富而及时的 Internet 电子信息服务系统。用户在 BBS 站点上可以获得各种信息服务，发布信息，进行讨论，聊天，等等。

BBS 多用于大型公司或中小型企业，开放给客户交流的平台，对于初识网络的新人来讲，BBS 就是用于在网络上交流的地方，可以发表一个主题，让大家一起来探讨，也可以提出一个问题，大家一起来解决等，是知识共享的平台，具有实时性、互动性。

二、论坛的分类

（一）论坛就其专业性可划分

1. 综合类论坛

综合类的论坛包含的信息比较丰富和广泛，能够吸引几乎全部的网民来到论坛，但是由于广便难于精，所以这类的论坛往往存在着弊端即不能全部做到精细和面面俱到。通常大型的门户网站有足够的人气和凝聚力及强大的后盾支持能够把门户类网站做到很强大，但是对于小型规模的网络公司，或个人简历的论坛站，就倾向于选择专题性的论坛。

2. 专题类论坛

专题论坛是相对于综合类论坛而言，专题类的论坛，能够吸引真正志同道合的人一起来交流探讨，有利于信息的分类整合和搜集，专题性论坛对学术科研教学都起到重要的作用，例如军事类论坛、情感倾诉类论坛、电脑爱好者论坛、动漫论坛，这样的专题性论坛能够在单独的一个领域里进行版块的划分设置，但是有的论坛，把专题性直接做到最细化，这样往往能够取得更好的效果，如养猫人论坛、吉他论坛、90 后创业论坛等。

（二）按照论坛的功能性来划分

1. 教学型论坛

这类论坛通常如同一些教学类的博客。或者是教学网站，中心放在对一种知识的传授和学习，在计算机软件等技术类的行业，这样的论坛发挥着重要的作用，通过在论坛里浏览帖子，发布帖子能迅速的与很多人在网上进行技术性的沟通和学习。

2. 推广型论坛

这类论坛通常不是很受网民的欢迎，因其生来就注定是要作为广告的形式，为某一个企业，或某一种产品进行宣传服务，从 2005 年起，这样形式的论坛很快的成立起来，但是往往这样的论坛，很难具有吸引人的性质，单就其宣传推广的性质，很难有大作为，所以这样的论坛寿命经常很短，论坛中的会员也几乎是由受雇用的人员非自愿的组成。

3. 地方性论坛

地方性论坛是论坛中娱乐性与互动性最强的论坛之一。不论是大型论坛中的地方站，还是专业的地方论坛，都有很热烈的网民反向，比如：北京贴吧、清华大学论坛等，地方性论坛能够更大距离的拉近人与人的沟通。另外由于是地方性的论坛，所以对其中的网民也有了一定行的局域限制，论坛中的人或多或少都来自于相同的地方，这样既有那么一点点的真实的安全感，也少不了网络特有的朦胧感，所以这样的论坛常常受到网民的欢迎。

4. 交流性论坛

交流性的论坛又是一个广泛的大类，这样的论坛重点在于论坛会员之间的交流和互动，所以内容也较丰富多样，有供求信息，交友信息，线上线下活动信息，新闻等，这样的论坛是将来论坛发展的大趋势。

三、热门论坛介绍

猫扑网（http：//www. mop. com/）于 1997 年 10 月建立，2004 年被千橡互动集团并购。目前，它已发展成为集猫扑大杂烩、猫扑论坛、猫扑 Hi、猫扑游戏等产品为一体的综合性富媒体娱乐互动平台。猫扑网主要活跃人群在 18～35 岁之间，主要分布在消费力比较高的经济发达地区，他们激情新锐，思维灵活新颖，乐观积极，张扬个性，追求自我，是新一代娱乐互动的核心人群。凭着创造、快乐、张扬的个性，始终引领中国互联网的文化时尚潮流，影响中国年青一代，成为众多网民的流行风向标。

天涯网（http：//www. tianya. cn/）天涯社区自 1999 年 3 月创立以来，以其开放、包容、充满人文关怀的特色受到了全球华人网民的推崇，已经成为以论坛、博客、微博为基础交流方式，综合提供个人空间、企业空间、购物街、无线客户端、分类信息、来吧、问答等一系列功能服务，并以人文情感为特色的综合性虚拟社区和大型网络社交平台。目前，天涯社区每月覆盖品质用户超过 1.8 亿，注册用户超过 7 500 万，拥有上千万高忠诚度、高质量用户群所产生的超强人气、人文体验和互动原创内容。

西祠胡同（http：//www. xici. net/）始建于 1998 年，并非传统意义的社区网站，自创立初期，西祠即首创"自由开版、自主管理"的开放式运营模式，即站方管理和维护社区平台及分类目录，用户自行创建讨论版、自行管理、自行发展，自由发表信息、沟通交流。至今西祠用户已自建讨论版超过 80 万个，注册用户 3 000 万，西祠已成为华语地区最大的社区群。用户群横跨学生、都市白领、记者、编辑、作家、艺术家、教师、自由职业者、商人、党政机关工作人员、公司高层人士、退休老人等。

另外，国内知名信息门户上的论坛也均有较高的访问量，如：新浪论坛、搜狐论坛、网易论坛、百度贴吧、TOM 论坛、腾讯社区、淘宝社区等。

四、论坛营销的概念

论坛营销就是企业利用论坛这种网络交流的平台，通过文字、图片、视频等方式发布企业的产品和服务的信息，从而影响到目标客户的一系列营销活动的组合。

论坛营销可以成为支持整个网站推广的主要渠道，尤其是在网站刚开始的时候，是个很好的推广方法。利用论坛的超高人气，可以有效为企业提供营销传播服务。而由于论坛话题的开放性，几乎企业所有的营销诉求都可以通过论坛传播得到有效的实现。论坛营销是以论坛为媒介，参与论坛讨论，建立自己的知名度和权威度，并顺带着推广一下自己的产品或服务。

论坛营销的主旨，无疑是讨论营销之道，论坛营销应在多样化的基础上，逐渐培养和形成自己的主流文化或文风。如，设一些专栏，聘请或培养自己的专栏作家和专栏评论家，就网友广泛关心的话题发言。不是为了说服别人或强行灌输什么，而是引导论坛逐渐形成自己的主流风格。海纳百川，有容乃大。营销论坛，包容多样化的观点，多样化的文风，是营销人强烈自信心的表现。

五、论坛营销的特点

论坛营销是经过周密而复杂的策划，为了达到某种营销目的而进行的一系列行为，往往需要团队协作才能够完成。现在的论坛营销基本是非常常见的一种营销手段，不论你是专业的网络营销公司，还是各企业，都是非常常用的一种手段。下面介绍一下论坛营销的特点。

（一）论坛营销的针对性较强

论坛是互联网上最早期的一些产物，据不完全的统计，互联网上至少要有几十万个大大小小的论坛，这些论坛的种类也比较丰富，什么类型的都有，非常细化。细化的程度越高，就意味着其用户群也非常集中和精准，就意味着我们可以通过这些平台进行非常有针对性的营销，所以说论坛营销针对性较强，用户比较精准。

（二）论坛营销的氛围好

论坛是属于一种互动的社区，通过论坛可以与用户亲密地接触，并且能够与目标用户近距离地互动，交流的氛围非常的浓厚，用户之间的交流深度与感情也会很深，这也是我们可以充分利用的一种营销手段，就是互动；在这种氛围中宣传产品，能够达到很好的效果，并且持续性很强。

（三）口碑宣传比较高

论坛只是一个平台，论坛内的所有内容都是由用户的言论产生的，如果传递的信息和产品能够成功激起用户的讨论，大家就可以口口相传下去，形成一连串的病毒营销效益，口碑也就慢慢形成了。

（四）低成本见效快

论坛的低成本是毋庸置疑的，而且论坛具有即时发布信息的特点，可以立即发送，立即见效；所以说论坛营销的周期性是很短暂的，但是可以长期的去做此种营销手段。

（五）充分掌握用户的需求

当你在论坛上发布一条信息的时候，引起了你的目标用户的关注，并且给了你相应的意见回复，这样我们就可以充分的把握用户的心理，第一时间了解到用户的真正需求，这个优势是其他普通网络营销方法所不具备的，这也是论坛的独一无二之处。

任务二 论坛营销的实施

一、论坛营销的前期准备

（一）寻找合适的论坛（见图2-7）

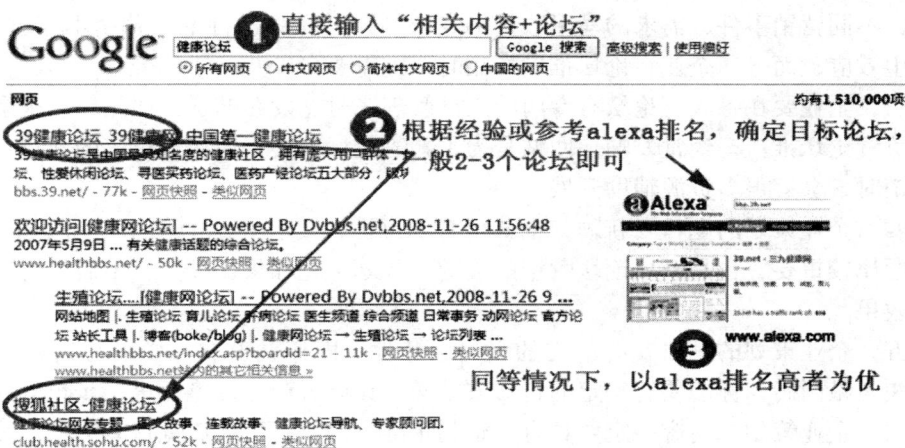

图2-7 论坛搜索界面

（1）运用搜索引擎搜索相关关键词，输入"相关内容＋论坛"。通过关键词的输入，确保能搜索到相关论坛。

（2）根据经验或参考ALEXA.COM的排名，确定目标论坛，一般2～3个论坛即可。alexa.com是一家专门发布网站世界排名的网站。以搜索引擎起家的Alexa创建于1996年4月（美国），目的是让互联网网友在分享虚拟世界资源的同时，更多地参与互联网资源的组织。Alexa每天在网上搜集超过1 000 GB的信息，不仅给出多达几十亿的网址链接，而且为其中的每一个网站进行了排名。可以说，Alexa是当前拥有URL数量最庞大，排名信息发布最详尽的网站。

（3）根据ALEXA.COM的排名，选择靠前的论坛作为营销的论坛。如果需要针对大量网上论坛进行营销推广，选择在Alexa排名靠前的若干论坛网站。

（二）论坛数据库的建立

定位好了自己的营销方向之后就要选择所要发布信息的论坛了，论坛数据库的建立是论坛营销的基础和前提，数据库建立的质量高低直接关系到论坛营销能否顺利开展。如果做专业的论坛推广，不可能注册一个论坛发一个帖子，一方面这样会降低工作的效率，另一方面许多论坛为了防灌水、防广告，对论坛注册及发帖设置了重重限制。比如说注册时间少于1小时、2小时或者24小时不得发帖，注册用户的积分累计不到100不得发帖，注册必须进行邮箱验证，等等。

所以建立论坛数据库是很必要的，一般而言数据库中的论坛所使用的用户名、密码及注册时使用的邮箱需要保持一致，这也是为了方便后期的营销和推广，论坛数据库所需要的信息包括论坛的名称、论坛的地址、论坛的分类、论坛的核心版块列表、论坛的活跃指数，这些信息都整理到一起之后进行营销推广才能顺心顺手。

二、论坛营销的流程

第一，企业首先要有在全国各大知名专业性网站的注册账号即马甲。根据企业不同产品注册相关论坛账号，更加利于产品的推广营销。

第二，企业马甲（账号）每个论坛要不低于 10 个，这个是保证前期炒作的条件。不同产品、不同营销事件，需求的马甲数量不定；如知名品牌进行论坛营销不需过多马甲，即可产生效应；而普通企业在论坛推广产品时，则需要多一些马甲配合。

第三，企业要在各大型论坛有专门的人员管理账号、发布帖子，回帖等。很多企业都有专人负责论坛推广，经常发帖，回帖是为了融入论坛核心，而积累更多的威望，在进行论坛营销时，会有很多资源辅助开展。

第四，企业策划的题目要新颖，也就是有创意性，要有一定的创意性才会吸引读者。营销主题比较重要，也是开展论坛营销的关键；策划主题如果比较好，不需费力即可达到预期的效果。

第五，企业策划的题目要有一定的吸引眼球性，即标题要有一定的号召性、吸引读者。标题是敲门砖，标题要有一定的含义或歧义，让读者产生疑惑而进一步想得到答案。

第六，企业策划的内容一定要具有一定的水准，网友看了之后觉得有话要说才行。论坛营销现阶段已经很热，网友也深知论坛营销的目的。

第七，企业人员要积极参加回复、鼓励其他网友回复，也可以用自己的马甲回复。网友的参与是论坛营销的关键环节，如果策划成功，网友的参与度会大大提升。通常企业在论坛做营销活动时，可利用一些公司产品或礼品激励网友参与。

第八，企业人员要正确地引导网友的回帖，不要让事件朝相反方向发展。具体情况具体分析，有时在论坛产生争论也未必是件坏事，特别是不知名企业，通过论坛途径演变成大范围病毒式营销，知名度会有很大提升。

第九，企业要仔细监测其带来的效果。同时注意改进。这点相当于一个细致的数据分析和用户群体分析；通过一次营销，会总结出很多问题，下次策划时可以借鉴；不同领域用户群体习惯不同，方式方法并不通用。

第十，企业要及时和论坛管理员沟通交流，熟悉各大论坛的管理员和版本有助于论坛营销的开展。经常发帖回帖会与这个圈子近距离接触，和管理员，版主有很好的沟通机会，有资源辅助，论坛营销会开展的更顺利。

三、论坛账号信息的维护

注册了这个论坛的会员并不是说发完广告就再也不来了，这样会对资源造成极大的浪费。要定期地去维护你的论坛账号，除了发广告之外要尽量的去论坛活动，进入论坛的核心会员之中或者有可能的话申请成为论坛的"斑竹"，这样对于论坛推广可谓再方便不过了，因为可以大胆地发帖、可以对自己的帖子进行加精置顶等操作。但是要做到这一点比较难，除了在论坛活动之外，还可以与其他的论坛会员沟通，加入论坛的官方 QQ 群，加强交流与合作。

需要注意的一点是，对于注册的论坛账号一定要完善自己的个人信息，例如年龄、昵称、个性头像、个性签名等。因为完善的个人信息使人觉得有亲近感，论坛管理会觉得你是个忠实的会员，即使偶尔发布一个软广告也会宽容你的。同时在个性签名里你完全可以以简短的文字发布自己的产品或者企业信息，这个绝对可以保证不会被删掉，也是广告发布的一个很好的方式。值得一提的是，你可以顺便把自己网站或者论坛的网址放在个性签名里边，这样搜索引擎在搜索这个论坛或者你发的这个帖子的时候会顺便把你个性签名里的网址搜索到，对于你网站的 SEO 优化有很好的帮助作用。

四、热帖的技巧

（一）捕风捉影

自然规律告诉我们，自然界风和影子是普遍存在的，所以，别担心捕不到风捉不到影，将捕捉到的风和影拼命放大。

（二）虚张声势

将帖子的题目起得越耸人听闻越好，让大家都以为这是一篇惊天地、泣鬼神之作，鼠标不自觉地就会点击。当然你的内容也不能太对不起大众，起码要让人看了之后不那么失望。

（三）请君入瓮

指明某某请进来瞧瞧，大家来讨论个事儿。中国人大多好奇心强，路上有个什么小情况，也非得围个里三层外三层不可。论坛里有热闹瞧，肯定是不瞧白不瞧。

（四）狐假虎威

借名人的势儿，掐准某位大家极为熟悉之人物大捧特捧之，诉说自己的敬仰如滔滔江水连绵不绝。

（五）不耻下问

其实写的内容很清楚，但仍要谦虚地向大家提出问题，通过问题的回答来提高点击率。

（六）论资排辈

"我最喜欢的十位美女作家！"一见这个题目就非得打开来看看的人绝不在少数。因此，大可反复炒之，不知多少人贴过金庸笔下十大高手吧？所以，在论坛里证明了真理也有谬误的时候：一只脚是可以踩进同一条河里的。

（七）谈笑风生

因此可以拿名著啊、名片啊开涮，改编成搞笑版以招徕点击，例如"王村之大话西游版"之类，肯定掀起点击一片。

当然，写帖的最高境界就是将以上几条综合运用，定可成就点击不败之身。一旦写出点击率和回复率高的帖子，论坛推广也就很容易见效了。

五、论坛营销注意事项

2009 年百度贴吧一个神贴"贾君鹏，你妈妈叫你回家吃饭"成了论坛式营销的复活夜，2010 年国庆节的小长假小月月成了我们谈资的全部，还有混搭范十足的犀利哥、凤姐、天仙妹妹，还有九寨沟小萝莉，等等，当然我们只看到了这些论坛事件的华丽，却无法洞晓它们的共性。以下是论坛营销需要把握的几点。

（一）标题

一个标题价值百万，这一条毫不夸张，天涯走红犀利哥、小月月所带来的商业价值不止100万，而在其商业价值没有被挖掘出来以前呈献给网民大众的就是一个帖子的标题，当这个标题被上千万的人点击以后，随后就产生了价值。好的论坛营销自然是从一个能够让人点开的标题开始。当然标题党是另一码事，点开和把人留住是两码数，小月月的神贴两者都做到了。

（二）图片

大部分走红帖子离不开图文并茂，天仙妹妹如此芙蓉姐姐如此，凡客体也如此，因为高手出民间英雄出少年，"文采帝""ps帝""逻辑帝""真理帝""八卦帝""真相帝"的参与让整个事件走上风口浪尖。当然如今微时代更是可以将一张图片推向转发最高榜。但是依然不如论坛来的有血有肉。

（三）爆点

没有爆点的帖子都是狗咬人，有爆点的帖子才是人咬狗。于是小月月成极品中的极品，而大多数企业在论坛营销的过程中却找不到一个爆点，而只是单纯的将广告信息一股脑的倾倒给搜索引擎。人是一种神奇的动物，如果你的营销点没有调触到他的某根神经，就成了网海中的一抹灰。

（四）讲故事

每一个产品背后都有一个不可告人的密码，所以好奇才会害死猫。在百度推出贾君鹏回家吃饭，网易推出"美女收废品"，淘宝推出"三十个夜晚换宝马一周使用权"，新浪微博名人团团转的潮流下，天涯就开始讲故事了，好吧！一个故事成就了"拜月传奇"。为什么就那么一个普普通通的天涯帖子标题，第一天就获得了首页推荐呢？原因就是主动为之。

（五）设局

看点来了，围观的受众多了，广告效应立马就起来了。天空飞过一只鸟不惊奇，但是100个人突然望着天空发呆，就立马有劲了。这就是一个局，不明真相的人、围观的人越多，导火索就被点燃了，于是越离奇越不靠谱的事情就越有嚼头了。

（六）创意

既然是营销，必然要谈及产品广告的植入，就要合理而微妙的植入，让受众有一种看结局的紧迫感。即使是一种营销，不但达不到营销目的，反而最后谁家的广告都不记得，但是一旦里面糅合了小创意，就让网友惊奇了！"凡客体""将爱体""眼睛渴了体"瞬间让受众满血满状态原地复活了。

（七）互动

雪球就喜欢越滚越大，羊群效应、马太效应、蝴蝶效应终于可以瞬间在论坛爆棚了，一场惊心设置的多米诺骨牌展开了。

（八）诱媒

对于媒体来说社会性事件、公益性事件、情感励志各种有益于媒体收获利益的事件必然会诱导媒体参与。赢一定要是多方面的，才能推动各种群体的参与，所以论坛事件发展成一起社会性事件，必然要考虑媒体的胃口。

论坛营销更像是一场电视剧，要有好的创意去设局，然后解谜大结局，等到置身其中的人恍然大悟，才明白步步惊心，却已然发现在这一场游戏里，每个人都是棋子，只是有的人是马，有的人是车，有的人是卒，只有背后收获利益的才是将和帅。通过论坛营销，就是要充分动员网民的力量，使其为营销目标所用，当然更要让网民娱乐其中，这样才会产生持续的效果。

六、论坛营销文案的写作形式

论坛文案，是指发布在一些像天涯、猫扑、搜狐、网易、新浪等整合性论坛上的文字。论坛营销文案，主要目的也是推销产品。一篇论坛帖子或文章由文字＋图片组成，当然也会有视频、音频、Flash 之类的元素。由于网络人群的特殊环境，首先，论坛文字不要多华丽，最主要的是讲出真实感受或者语言清楚描述即可。图片需要用心去拍摄挑选，但不需要特别商业化，接近生活即可。下面，我为大家总结介绍几种最常见的论坛营销文案的写作形式，供大家借鉴和交流。

（一）事件式

事件式是指利用社会热点和网络热点来吸引人眼球，从而赚取高点击和转载率。如：欧洲足球锦标赛举行期间，球迷们熬夜看比赛然后顶着黑眼圈上班都是常见的事情，可见欧洲杯的让人狂热程度。因此，可以利用这个事件为引子，引出人们在看欧洲杯时发生的某些事情，同时隐形地插入联系紧密的产品信息，这便是事件式的论坛营销文案了。如标题：悲催！昨晚看球把舍友的手机给摔了，纠结中……

具体内容为：昨晚的葡萄牙对荷兰，C 罗梅开二度的比赛都看了吧？学校晚上 11 点就断网，可怜我们宿舍几哥们，只能挤在一块用舍友爱疯通过 3 G 网络看直播！看到精彩的时候，哥虎躯一震，把爱疯给摔到地上去了……当时就黑屏开不了机了，质量真差!? 还好舍友是高富帅，也没说什么，而且还在保修期，不过我这心里就纠结啊。今天舍友把手机送维修点去查了下，说要返厂维修，至少 1 个礼拜!! 今晚我们就没球看了！急需一个大屏 3G 手机看球，否则我晚上准得让他们弄死，买个啥合适？预算 1 000，二手的也成，我就一屌丝啊！

（二）亲历式

利用第三者的身份，讲述身边朋友真实的生活故事和体验效果的文章。如标题：我朋友今年 32 岁，江西人，患有白癜风一年了。

具体内容：我朋友武先生今年刚刚 32 岁了，这几年靠做生意为生，日子过的平淡却很幸福，但上天就是这样的不公平，让灾难垂怜这个平淡的家庭里。由于在一年前武先生出去进货，不小心出现了事故，手部受了严重的重伤，后来伤口痊愈后留下了伤疤。可没过多久伤口的疤痕处长了几个小白斑，白斑有黄豆大小，又不疼不痒的，再加上生意的繁忙，所以武先生就没有在意。可一个月以后，武先生发现手上的白斑不但没有下去，反而有扩散了许多，他就随即到附近的医院检查，谁知被诊断为白癜风。于是武先生开始踏上了治疗手部白癜风的征程，到过很多大医院，也用过不少药物，病情就是不见好转，武先生心里很着急。后来在和客户聊天时，得知××医院治疗白癜风效果不错，而且还有很多白癜风康复案例，于是武先生就来到××医院接受治疗。

这就是亲历式论坛营销例子，虽然这种说法是明显的广告，但是赚取点击率也不少。所谓周瑜打黄盖，一个愿打一个愿挨。只要有需要，人们肯定会点击浏览。这也是广大策划人员常用的表现形式之一。

（三）解密式

以专业的态度或者个人独特的见解，对产品进行客观解剖分析，能够满足网友的片面性观点，能让受众从多个角度认识以往接触的信息。例如：一个试管婴儿网的论坛营销文案。标题：试管婴儿跟常人所想是否一样？

具体内容：主要是介绍普通人所理解的试管婴儿的误区，再讲述真实的试管婴儿知识。

剩下的是小号的提问，楼主耐心回答。这类营销文案就像是产品说明文案，可是又多了一些口语化，能真正的帮助需要的人获取有用的信息，让人有种信服感。感兴趣的人就会点击宣传的网页，来获取更多信息。

（四）求助式

阐述事情经历，直接提出问题，需求大家帮助，内容中自然过渡的移植入产品名称。如天涯上的一个做性用品的营销文案。标题：科大穷男友和大龄有钱男，我应该选择哪个？

具体内容：感情问题困扰着我，我觉得自己都快不能呼吸了，心里好乱，一个是曾经爱过的男人，一个是在工作和生活上能带给我无忧生活的男人，究竟选谁？我有一个男朋友，从科大毕业到现在，谈恋爱接近3年了。但是现在，我觉得对他最多的就是舍不得。那些刚刚开始认识时候的开心都随着时间慢慢淡去了，校园里面的他显得那么高大，社会里的他显得那么渺小。三年了，他的事业一点进步都没有，都说财富这个事情是可以慢慢积累的，但是我到现在还没看到一点希望。所以，这三年来，我变得越来越强势，他变得越来越弱势，我知道这样不好但又无力去改变……

不知不觉就引入讨论一些生活的话题，可以慢慢引出产品。同时，这也是一个社会热点的问题。屌丝与高富帅，该选择谁？在这个总是让人心理失衡的择偶年代，只要谈到钱，个个都敏感。新闻点多了，点击率就高，软文就达到宣传的效果。

（五）分享式

以快乐分享为主，分享体验效果。能够给网友一定的信息价值。如标题：有没有人用过××啊，真是超给力的！

具体内容：前几天在网上买了××，寄到了，真是好用啊！有谁用过吗？我不是做广告哦，纯粹无私分享。

这个方法在美容化妆服装上用的比较多，女性人群比较喜欢去从别人的分享中获得更多信息，虽然有些明显是广告，但总比没有分享产品的信息靠谱，如果文案写得好，更多人会有一种想尝试的心理。

（六）幽默式

以轻松、搞笑、有趣的方式表达，能够给网友带来会心一笑。最具代表性的还是病毒营销事件"杜甫很忙"（见图2-8），让网友在参与改图的过程中获得乐趣，也让围观的网友记忆深刻。

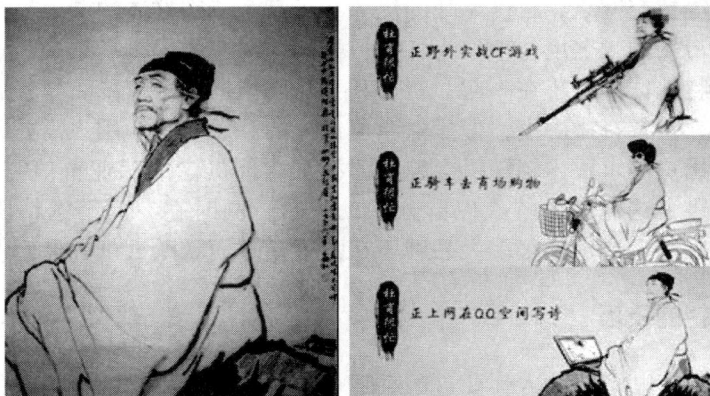

图 2-8 "杜甫很忙"图

论坛营销文案的创意在于你要写什么内容，内容新鲜则帖子新鲜，点击看的人就越多的道理。一个产品，由于消费者的层次不一样，网络语言接受方式也不同，因此，要从不同的角度和方向去推广。所谓，条条大路通罗马，各人有各的走法。所以我们需要独辟蹊径，从大家平时没注意到的细节、但又确实是独特的角度，发表自己的独到见解，才能吸引眼球达到营销目的。

任务三 贴吧营销

一、贴吧的概念

贴吧是百度旗下独立品牌，全球最大中文社区。贴吧的创意来自于百度首席执行官李彦宏。结合搜索引擎建立一个在线的交流平台，让那些对同一个话题感兴趣的人们聚集在一起，方便地展开交流和互相帮助。贴吧是一种基于关键词的主题交流社区，它与搜索紧密结合，准确把握用户需求。百度贴吧历经 9 年沉淀，拥有 6 亿注册用户，450 万贴吧，日均话题总量近亿，月活跃用户数有 2 亿，占中国网民总数的 39%。在贴吧里，每天都在诞生神贴，贴吧是当今网络新文化的发源地之一。

二、贴吧营销的重要性

在新的社交网络涌现不穷的时候，也许有人开始怀疑贴吧是否依然流行。然而，刘翔退赛后，36 小时内贴吧网友送出了超过 1 亿次的祝福，由此可见，贴吧在事件的快速引爆、话题病毒式传播方面的表现，依然体现了巨大的能量。从一些数据中我们可以看到贴吧在 9 年依然长存不衰的原因：月活跃用户 2 亿，月发帖量超 18 亿，一半以上的用户都有自己固定访问的互联网社交平台。然而在这些数据表象下，对于品牌来说更有价值的是，这是一个积攒了大批高质量用户群的社区。因兴趣主题聚合的贴吧用户创造出大量的中国网络流行词汇，"贾君鹏""屌丝"等互联网热点事件也是在贴吧的推动下散布开。

同样，这个社区也将为品牌带去优良的传播环境。

相较于微博等社交网络，百度贴吧的优势在于某个特殊群体的深度交互性。它利用了自己在搜索引擎市场的知名度与地位为各种目标群体快速的提供一个聚集点，这是别人无可比拟的。某个特殊群体聚集在一起，将有利于品牌把握细分市场。尽管微博、微信等社交媒体生机勃勃，且各有撒手锏，但显然商业价值的开发一定从用户需要开始，兴趣点是关键之一，谁对用户需求跟得越深机会越大。社交媒体的深度商业价值需要兴趣化细分，而百度贴吧就提供了这样一个"人以群分"的平台，同时它专而精的特质，让用户保持高度活跃和高度黏性，这也是很多大品牌正在瞄准贴吧而跃跃欲试的原因所在。

三、贴吧营销的技巧

（1）先登录百度贴吧，输入你要进的贴吧名字进入你的贴吧，在贴吧的最下面，有一个发帖框，在发帖框上方的标题栏中输入你要发帖的标题，之后在发帖框中输入你要发帖的内容，点击下面的"发帖"按钮，就可以了。百度是中文论坛中排行第二，每天有数以亿计的流量，百度贴吧的推广，每天可以给你带来丰富的流量，还可以引导蜘蛛更新网站。

（2）避免顶旧帖，所谓"旧帖"，是指15天以前的帖子。顶旧帖要被百度扣分。对帖吧排名很不利。每个主题的回帖至少要超过十一帖（发帖子的当天必须够十一帖，当天未满十一帖的帖子就白发了），而且点击率和回帖率要在一定的范围之内。

（3）现在贴吧的排名不是按累积的帖子数和主题数算，而是按天算。所以要保证每天的发帖和跟帖数量。

（4）回帖一定要满15个汉字。标点和英文不算，否则等于没回帖。最好能带图。如果帖子带图，不满15字的帖子也可以算分，如果满15字且带图就是两个帖子的分。

（5）别光顾着拼命发主题。其实一个主题的分跟一个回帖的分是一样的，不如认真回帖。

（6）要坚决杜绝不登录发帖。一个这样的帖子扣10个帖子的分，10个帖子都白发了。

（7）要多回精品帖，回精品帖的分比回普通帖的要高。吧主可以用自己的ID多发帖回帖，那就是5倍于普通ID的分。发帖得30分，回帖10分，顶精品帖20分。

（8）最重要的一点，就是关于外交帖的问题。去别的帖吧的外交帖一定要顶着不能沉。来的人多了，独立IP的浏览量才会上去。而这是排名最重要的因素。

（9）不用一直换马甲发帖。无论怎么换马甲，只要没换电脑，IP值就是一样的。只算一个ID的分。无须浪费时间。

（10）百度识别能力很强：比如，一个人一天发了200个帖子，应得到200个帖子积分，但有150个帖子内容一样，百度可能就给它们算成是一个帖子积分，实际得到的是51个帖子的积分。

（11）千万不要刷屏。刷屏就是用同一句话复制多次来回帖，这样会被扣分的。复制也可以，就要多加上几个字，以示区别。因为以百度的识别能力，相同一段话，不论是同一人在不同帖里留下的，还是不同人在相同帖子里留下的，百度都只算成一个帖子的人气。

（12）百度贴吧由于其人气旺，发帖简单，网页翻开速度快，所以一直以来都是宣传的最佳所在，然而帖吧的治理越来越严，删帖速度快，只需一提醒你发的是告白帖，那么一删就是一大片，而且用户名也被封了。

总之，在百度贴吧上积分越高，越被百度关注，其帖子越容易发挥营销作用。

四、贴吧发帖注意事项

（一）发在哪

发在哪这个问题是比较关键的，不管发什么内容，如果发的地方不对，很快就会被删除，所以最好的办法就是选好相应的贴吧，这里建议大家不要追大贴吧，有些人以为去热门的贴吧发一发，反正蹭在一堆帖子中间别人也发现不了，可是忘记了网民眼睛是雪亮的，总有人去投诉你一下，只需要成功一次，账号一封以前的内容都无效了，所以最好的办法是发相关性和冷门的贴吧，冷门的贴吧主要是指那种没有管理员的贴吧，冷门的贴吧重点关注一下，主要是发主题帖，合适的方案是热门的只发回复帖，冷门的发主题帖，这样会尽量减少被删概率。

（二）怎么发

发帖不仅仅是我发一个内容就算完事了，这其中还有很多玄机，要点是发完主题帖以后，要换 IP 用自己的马甲顶一顶，这样的好处是很容易被百度迅速抓取，根据我自己观察发现没有回复的主题帖，在被百度收录后一段时间内很容易被清除，而有回复的就好很多，所以发主题一定要消灭零回复，在热门和相关的贴吧，细心写一篇内容翔实的软文，然后用马甲号抢占沙发，发个外链，之后没事就拿各种小号上去顶一下，这个工作看似多余，其实价值很大，百度贴吧最重要的好处就是自然导入效果很好，有很多人都愿意点一点进去看看你的网站。

（三）抓细节

有些站长可能发现了一个现象，不管你的帖子写得多好，也不管你的内容组织得如何有效，但结果是只要带了外链就消失，其实百度的内部有个链接收集系统，如果你没事就大量堆砌链接的话，那么这个链接很快就会被加入垃圾池，你以后就再也发不了了，这里分享一个方案，使用的是第三方短域名跳转，然后用软件批量在热门贴吧群发链接，因为链接是短域名跳转，所以没事就换，加入垃圾池也无所谓，所以方法有很多，最忌讳的就是一成不变的方法。

任务四　QQ 群营销

一、QQ 群营销的优势

属于 IM 营销范畴，就是利用各种即时聊天软件中的群功能展开营销，这些群有：QQ群、msn 群、旺旺群、新浪聊天吧群、有啊群。本文主要介绍 QQ 群营销，以下是 QQ 群营销的优势。

（一）即时效果

因为 QQ 群总是有一批用户时时在线，营销广告像聊天信息一样发布出来后，用户立即可以看到，可以即时将营销信息让用户了解，门户广告能够达到这样的效果，但是搜索引擎营销、论坛营销基本上都达不到这个效果。

（二）互动性强

论坛营销也有这样的互动性，但互动速度略显慢，搜索引擎营销和 banner 广告的互动性都较差，QQ 群营销因为依赖于群，所以当信息发布后，可以紧密与用户互动，收集用户对产品的建议，或者一步步引导用户了解产品。

（三）效果可追踪

QQ 群营销中可以附带网页链接，如果在链接中以登录页中加入用户行为跟踪程序，就可以精确计算出用户互动的最终效果，CPL/CPS 都是没有问题的。

（四）精确定位

物以类聚，人以群分，QQ 群营销是典型的按用户习性特点自然分群的，所以 QQ 群营销可以实现精确定位。例如推广 Chivas 酒可以去夜生活一族群，推广化妆品可以去时尚白领类的群。

（五）形式多样

在第三点说过 QQ 群营销可与链接结合，利用网页进行二次营销，另外 QQ 群营销还包括群内的邮件营销、群内论坛营销，QQ 群营销的模式既可以是文字，也可以是图片。

二、QQ 群营销方法

QQ 群营销方法分以下四个步骤：寻找目标 QQ 群；加入目标 QQ 群；套近乎，做潜伏；发清洁广告。

（一）寻找目标 QQ 群

在 QQ 群搜索与你产品相关的"目标群"，这个要结合自己产品的定位和主要功能来进行。如要推广一个"我就是好玩"网站，主要介绍好玩和创意的内容，去 QQ 上搜索群，在分类中找所谓的"目标群"，就是这些群里的人会对"我就是好玩"网站的内容感兴趣，如：游戏群，设计群，广告群，创意群等，这样就能保证你以后推广的那些目标群体都是有接受你推广的内容的可能的，而不白费唇舌。

（二）加入目标 QQ 群

申请加入"目标 QQ 群"，申请时候最好多看一下群的名字或群的一些资料，写的入群申请最好和群名有关。要让群主一看，第一印象不会认为是来发垃圾广告的，容易得到批准，当然发广告也是有技巧的。

（三）套近乎，做潜伏

运用上述申请方法，申请得到批准，顺利加入目标 QQ 群。入群了先莫激动，切记不要进来就大发广告，留下链接，这样做只有一个后果，那就是辛苦加入了，才发了一句言，就被踢出去了。应该是按以下几步来做，先要有好的铺垫。先来个"新人报到"，然后和群主侃上几句，说以后会多发言。当日看情况，最好不发广告，和群里人有一搭没一搭的说话，别人不说话你可以发起话题，让群主觉得你还可以有活跃气氛的作用，就比较喜欢你了。第二日继续，瞎聊，争取和群主多说几句话，让群主感觉你很爱侃，也好像是没什么目的。第三日开始沉寂，潜水不发言。沉寂 2 ~ 3 天后出现。

（四）发清洁广告

看到群里人最多的时候，现在这个时候可以开始发广告了，因为群里人对你有了一定的印象了，而且群主也觉得你不是个来做广告的人，之前的委曲求全只为了现在能发不被讨厌的广告，结合就是"我就是好玩"网站。

连续发了几张非常不错的有创意的图片后，得到了群里人的认可，觉得确实有意思。这些图片都是来自一个什么地方的，留下链接，大家可以自己去看啊。今天就发到这里，不要再发了，可以休息下，等几个小时后再找几张图片出来。

以后差不多过几日都可以上来发发图，留下链接，群里其他人的话题你也加入进去，这样你就在这个群站住脚了，以后就可以发这些隐性的广告了。

依照上述方法，加入几十个上百个群，设定好周一到周日，每天在哪几个群发广告，就去发，这样每天都能发。一百个群的话，按平均 100 人来算，就有一万人能知道你的网站了。如果让 10 个人来用这种方式发广告，很快就会有十万人知道你的网站了。

三、QQ 群营销的方式

在网络时代中，QQ 成了日常交流的主要工具，而这也成为企业营销的主要战场，那么，企业如何利用 QQ 群才能取得良好的营销效果？在 QQ 群里，赤裸裸的广告轰炸，并不能获得好的营销效果，QQ 群营销更需要一种曲径通幽的方式。

（一）"守株待兔"式

"守株待兔"式其实就是直接把自己的群名片改成广告信息，例如，在站长群很常见的"快速代备案""免备案空间""承接网页制作""招 SEO 主管"，等等，由于他们的广告只是群名片的名称，并没有直接发广告。这些群名片直接就让人知道了他们的广告信息，由于大家处于同一个行业，有买也有卖，这种群名片广告的做法有时候会让群主默许。

这种广告方式要注意的是，应该精简群名片字数如"招 SEO 主管"就没有"5 千招 SEO 主管"来得更直接。

（二）"QQ 表情"式

QQ 表情是大家经常使用的，这可是一个 QQ 群营销利器。不是每一个 QQ 表情都可以做营销，要是一个 QQ 表情别人看了觉得没什么意义，他就不会收藏、转发你的表情。所以，一个 QQ 表情确实很有趣，很有意思才能拿来营销。

（三）"交朋友"式

顾名思义，"交朋友"式就是和对方交朋友，仅仅在群里面聊，难以成为好友，聊得开的话，直接加对方为自己的好友，然后，进一步交流，成为朋友。当成为朋友的时候，推广产品就显得相对简单。

（四）"助人为乐"式

"助人为乐"式是指平时在群里积极地回答别人的问题，尽可能地帮助别人。坚持一段时间下来，相信不仅会让对方记住了你，还会对你产生好感，信任你这个人。当信任产生，很多事情就变得简单。

（五）"揭秘"式

这种方式，可能是以文字的形式出现，也可以是以图片的形式传播，其内容都是揭示一些内幕性的内容，很吸引人眼球，达到打击竞争对手、正面宣传自己的目的。由于它的内容能让人警醒，会让人情不自禁地帮它转发。

任务五　SNS 社区营销

一、SNS 的概念

SNS，全称 Social Networking Services，即社会性网络服务，专指旨在帮助人们建立社会性网络的互联网应用服务。也指社会现有已成熟普及的信息载体，如短信 SMS 服务。SNS 的另一种常用解释：全称 Social Network Site，即"社交网站"或"社交网"。社会性网络（Social Networking）是指个人之间的关系网络，这种基于社会网络关系系统思想的网站就是社会性网络网站（SNS 网站）。SNS 也指 Social Network Software，社会性网络软件，是一个采用分布式技术，通俗地说是采用 P2P 技术，构建的下一代基于个人的网络基础软件。

1967 年，哈佛大学的心理学教授 Stanley Milgram（1933—1984 年）创立了六度分割理论，简单地说："你和任何一个陌生人之间所间隔的人不会超过六个，也就是说，最多通过六个人你就能够认识任何一个陌生人。"按照六度分割理论，每个个体的社交圈都不断放大，最后成为一个大型网络。这是社会性网络（Social Networking）的早期理解。后来有人根据这种理论，创立了面向社会性网络的互联网服务，通过"熟人的熟人"来进行网络社交拓展，比如 ArtComb，Friendster，Wallop，adoreme 等。

但"熟人的熟人"，只是社交拓展的一种方式，而并非社交拓展的全部。因此，现在一般所谓的 SNS，则其含义还远不止"熟人的熟人"这个层面。比如根据相同话题进行凝聚（如贴吧）、根据爱好进行凝聚（如 Fexion 网）、根据学习经历进行凝聚（如 Facebook，人人网）、根据周末出游的相同地点进行凝聚等，都被纳入"SNS"的范畴。

二、SNS 社区营销的阶段过程

（一）T（Touch）接触消费者

在满足用户情感交流、SNS 互动、APP 娱乐、垂直社区、同好人群等需求方面提供了多种服务和产品，这些产品为广告主接触用户创造了大量的机会。通过精准定向广告直接定位目标消费者。

（二）I（Interest）消费者产生兴趣

精准定向的 Banner 广告创意与用户群的契合会带来用户更高的关注度，同时来自好友关系链的 Feeds 信息、与品牌结合娱乐化的 APP 更容易引起用户的兴趣，这些兴趣可能是用户的潜在消费欲望，也有可能是受广告创意的吸引。

（三）I（Interactive）消费者与品牌互动

通过参与活动得到互动的愉悦与满足感。也可以通过 APP 植入与消费者进行互动，APP 植入广告在不影响用户操作体验的情况下传递品牌信息。

（四）A（Action）促成行动

通过消费者与品牌的互动，在娱乐过程中消费者潜移默化地受到品牌信息的暗示和影响，提升了消费者对品牌的认知度、偏好度及忠诚度，从而对用户的线上及线下的购买行为和选择产生影响。

（五）S（Share）分享与口碑传播

用户与品牌互动及购买行为，可以通过自己的博客进行分享，而这些基于好友间信任关系链的传播又会带来更高的关注度，从而品牌在用户口碑传播中产生更大的影响。

三、SNS 社区营销策略

SNS 社区有很好的传播性和用户黏度，社区化的营销也成为营销者非常值得做的一个营销方式，这个营销方式操作起来应该说非常的简单，无非就是分享话题，传播品牌。要想让社区营销能带来相当的效果，还是需要去用心操作的，须注意以下几点。

（一）了解每个社区的特性

每个社区都会有自己的特点，包括风格、氛围等。要在某个社区做营销，你一定要先去了解这个社区他的特性是怎么样的，明白什么样的话题会在社区当中能被很好的传播，用户对什么信息反感，等等。当对这些社区的特性有了足够的了解之后，你才可以做针对性的分享，也才能保证你的分享能够得到比较好的传播。

（二）账户的名称要与你传播的品牌相呼应

你的账户名称就是你在这个社区里面的名片，你在社区当中进行分享、参与的时候也正是你的名片被传播的过程，所以你的账户名称一定是要能够代表你的品牌，这样你的品牌才能够伴随着被传播。

（三）创建属于你的品牌群组

很多 sns 社区都是提供了群组的版块的，比如说豆瓣、蘑菇街，等等，这里也建议大家在选择 sns 社区进行营销的时候最好选择具有群组模块的社区，因为小组是可以累积到同兴趣的用户的，也会有很多意见领袖的存在，小组会是营销的很好资源。

需要去培养属于自己的品牌群组，通过活动的形式为站添加小组的人气，有了属于自己的品牌群组之后，这个小组的组员都会是你传播品牌最好的渠道。同时，随着你的品牌小组人气的不断上升，你的品牌在整个社区当中的影响力就会得到展现，从而会有更多的人了解到你的品牌，这是一个非常好的良性循环。

（四）多接触所谓的超级用户

任何社区里面都会有一些非常受到关注的用户，称为超级用户，这些用户是必须去接触的，如果能够得到他们的一些帮助，品牌传播会非常的迅速。

接触他们的方式要先了解他们的兴趣点，通过同一兴趣话题来吸引他们的注意力，最好是经常更新他们所关注领域的最新资讯，他们会很愿意去转载给他们的粉丝，这样与他们的关系就会变得非常的紧密。之后你再对他们进行营销，成功率会高出很多。

（五）创新营销思路

由于现在做 sns 社区营销的很多，作为社区的普通用户来说，对于很多的营销、广告都有了相当的判断力，所以大众化的营销手段是很难取得效果的，需要进行创新，需要多思考更新营销思路。

在社区化营销当中，群组的培养是非常重要的一个工作，它会是很有价值的营销资源，也会帮助累积到很多的口碑领袖。

四、社区群组的维护

培养自己的群组，有几个点很重要：首先是要累积组员，其次是要让群组的气氛活跃起来，还有就是要培养出小组的品牌文化，为之后的营销做铺垫，针对这三个问题，下面介绍详细的操作说明。

（一）关于如何寻找组员加入的方法，可以从平台本身和外部渠道去做

在平台本身的操作，最重要的是需要去了解平台本身的规则。比如说平台提供了搜索的功能，群组的话题是可以被展现的，那只需要在群组当中更新一些当下用户高度关注的话题，群组就可以会被更多的用户所看到；再比如有些平台会在首页展示一些特殊的群组，那想办法让自己成为这些特殊群组当中的一员即可。

而外部的渠道，则很简单，只需要去目标用户多的地方去展示自己的群组即可，例如百度知道，百度贴吧都可以。

（二）如何活跃群组的气氛

活跃群组气氛应该从 2 个角度去操作，一个是品牌的角度，就是群组的核心内容，比如说你做了个时尚衣服的群组，那用户最关心的话题自然是与时尚和服装有关的东西。就必须要经常的更新这块的内容，从而引起组员的频繁参与，达到活跃气氛的目的。第二个是要从其他兴趣角度去活跃气氛，如果一个群组里面都是一个类型的信息，这会让群组显得很死板，时间长了，组员也会觉得腻味。为了减去用户的视觉疲劳，可以不定量的发一些其他用户所关注的话题，比如说实时新闻、美女图片、冷笑话，等等，这些东西是大多数用户都会喜欢的。偶尔的发一发，可以让群组的内容更丰富，而且这些信息会让一些很少发言的用户浮现出来。

（三）群组文化的培养

硬性的植入品牌的概念，会让群组广告味很浓，用户的黏度会变差。最好的品牌植入的方式，是让用户自主的提出问题，然后出于专业的角度给以解答，这样的一个方式会很自然，用户对品牌的记忆力也会更深刻。而且通过这样的方式，时间长了之后用户会主动的去向其他的组员宣传品牌。

考核指标

考核目标	考核指标	分值（100分）
知识目标（30%）	1. 理解论坛的概念和特点	
	2. 掌握论坛营销的价值	
	3. 掌握论坛营销的流程	
	4. 掌握论坛帖子的设计原则和技巧	
能力目标（40%）	1. 论坛营销中的论坛选择方法	
	2. 论坛账号申请和账号的维护	
	3. 论坛营销的流程	
	4. 能明辨好的帖子和坏的帖子	
	5. 帖子中的签名档设计	
	6. 论坛中帖子的维护	
素质目标（30%）	1. 团队合作与分工	
	2. 帖子设计理念	
	3. 论坛关系的维护与发展	
	4. 结合当前热点问题进行论坛营销	

参考资源

http：//bbs.28tui.com/　28推论坛

http：//www.tui18.com/yingxiao/shequyingxiao/　推一把论坛营销

http：//www.youku.com/playlist_ show/id_ 3222727.html　论坛营销全攻略

网络营销实践项目

实践项目：论坛营销		
团队名称：		最佳成员：
小组分工：		
实验日期：		实验地点：
实验要求：结合项目六的学习，针对企业网络营销需要，选择一至两个知名论坛或行业论坛，针对企业自身情况，设计一个帖子，并运用团队合作精神对帖子进行维护，保证论坛帖子不被删掉，并能获得浏览量和回帖，对最后帖子进行截图，提交帖子维护心得		
		经理签字：_____

项目七　电子邮件营销

案例分析

中国特奥会为中国在身体和心智上有障碍的人带来了参赛的机会。在来中国时，阿诺德·施瓦星格为特奥会做了线下宣传，他离开后，进一步的宣传活动需要开展，现在网利用它近7年的电子邮件市场经验为特奥会的中国市场做了很多工作。

特奥会希望建立自己的邮件数据库。他们最初只有300个赞助商和志愿者的 E-mail 地址，这对于他们将来的工作是微乎其微的。特奥会有两方面的需求，即他们需要中国当地的志愿者帮助他们扩大规模，同时他们需要来自各大企业和政府的赞助，以在国内发展他们这个非营利组织。

对于第一类人群，"现在网"利用 opt – in（可选性电子邮件）数据库里运动、保健和体育栏目里的 284 458 个用户，在特奥会的帮助下，设计了6个问答题并连接到了特奥会及其相关的网站里。然而，特奥会并不想人们只是加入他们的行列，他们希望吸引那些真心关注的人们并为这项慈善事业做贡献。因此，他们限制只有回答问题的正确性在半数以上的参与者才可以进入他们的数据库。"现在网"设计了国际知名网球明星休伊特亲笔签名的网球球拍和 T 恤衫和帽子作为优胜者的礼品来提高参与者的积极性。

对于第二组人群，"现在网"创立了一个无声拍卖活动和英文的 opt – in，发送到了107191 个在华各大国际企业的外国人和职业人士的手里，此拍卖目标为在上海的 2002 网球大师杯赛的价值 1 800 人民币的门票。回复者可以参与此门票的竞标并选择是否进入特奥会的数据库参加以后的活动。

对于中文用户，"现在网"采用了等级递进的方式运作提问测试。首先，10 000 个用户收到了信息，记录他们的回复和开启。其中 4 377 个邮件被打开，2852 个回复了至少其中四个问题。在这些数据基础上，改变标题和邮件内容，把其中比较难的三个问题修改成容易一些的。这次的 10 000 个用户收到信息后有 6 370 个开启，4 229 个回答了四个或四个以上的问题，并有 379 个用户把信息转交给了朋友，这其中有 77% 的人（294 个）打开了 E-mail，268 个回答了四个或四个以上的问题。而后，"现在网"在保持此标题的基础上变换了其中一个问题，把邮件发送给了其余的 264 458 个用户。最后 58%（153 385 个）用户开启了邮件，其中 61%（93 566 个）用户回答了四个或四个以上的问题，在这 9 万多个回复者中，53 883 个选择了加入以后特奥会的活动。

对于英文版的无声拍卖，最初的测试比较困难，因为比赛是进行中的。首先，"现在网"设计了一个好的标题"住在中国，帮助中国"（"since were in china now, we might as well help!"），这些英文邮件使用者可以使用邮件里的 html 格式参与竞标。78% 的用户打开了邮件，其中 21% 参与了竞标。总之，得到了 18 395 个竞标参与者，最后门票以 3 500 元的价格定标。

一些幸运优胜者获得了休伊顿的亲笔签名服装，特奥会获得了一笔资金，重要的是，特奥会的数据库从 300 多个增至 75 000 以上。通过 E-mail 工作的迅速性和低成本是很多人都知道的，然而有节奏而又有创造性地成功运用一个数据库并非像人们想象中那么容易。

思考

通过专业服务商的邮件列表开展 E-mail 营销活动的费用，由于不同的服务商和不同的方式会有很大的差别。但通过邮件列表会比发送垃圾邮件的费用高出很多，你是如何看待邮件列表营销和邮件营销的？

学习目标

知识目标：通过本节学习，使学生深刻认识到电子邮件在网络营销中的重要作用。在了解电子邮件的应用、基本原理及形式的基础上，掌握电子邮件营销的基本概念、分类和应用技巧。掌握网络营销的不同阶段，可以通过电子邮件完成不同的营销功能。注意电子邮件营销的禁忌，避免电子邮件沦落成垃圾电子邮件，产生诸多的负面影响。

能力目标：掌握电子邮件的设计，掌握邮件群发软件的设置与使用。包括邮件地址的收集，邮件地址的整理，邮件的发送，及利用系列邮件进行邮件营销。

素质目标：了解 E-mail 营销的评价指标、影响 E-mail 营销效果的内在因素和外在因素。了解邮件营销评估对于整个电子邮件营销的指导作用，并对已经做出的邮件营销做出改进。实现企业和客户一对一的直接联系，拉近企业与客户之间的关系。

学习关键词

电子邮件、电子邮件营销、垃圾邮件、邮件设计、群发软件、邮件订阅、效果监测

任务一　电子邮件的概念

一、电子邮件发展历史

据电子邮件的发明人雷·汤姆林森（Ray Tomlinson）回忆道，电子邮件的诞生是在 1971 年秋季，当时已经有一种可传输文件的电脑程序及一种原始的信息程序。发明电子邮件时，汤姆林森是马萨诸塞州剑桥的博尔特·贝拉尼克·纽曼研究公司的重要工程师，当时，这家企业受聘于美国军方，参与 Arpanet 网络（互联网的前身）的建设和维护工作。汤姆林森对已有的传输文件程序及信息程序进行研究，研制出一套新程序，它可通过电脑网络发送和接收信息，再也没有了以前的种种限制。为了让人们都拥有易识别的电子邮箱地址，汤姆林森决定采用@符号，符号前面加用户名，后面加用户邮箱所在的地址。

虽然电子邮件是在 20 世纪 70 年代发明的，它却是在 80 年代才得以兴起。受网络速度的限制，那时的用户只能发送些简短的信息，根本别想象现在那样发送大量照片；到 80 年代中期，个人电脑兴起，电子邮件开始在电脑迷及大学生中广泛传播开来；到 90 年代中期，互联网浏览器诞生，全球网民人数激增，电子邮件被广为使用。

二、电子邮件的工作原理

电子邮件的工作过程遵循客户－服务器（C/S）模式。每份电子邮件的发送都要涉及发送方与接收方，发送方式构成客户端，而接收方构成服务器，服务器含有众多用户的电子信箱。发送方通过邮件客户程序，将编辑好的电子邮件向邮局服务器（SMTP 服务器）发送。邮局服务器识别接收者的地址，并向管理该地址的邮件服务器（POP3 服务器）发送消息。邮件服务器将消息存放在接收者的电子信箱内，并告知接收者有新邮件到来。接收者通过邮件客户程序连接到服务器后，就会看到服务器的通知，进而打开自己的电子信箱来查收邮件。

通常 Internet 上的个人用户不能直接接收电子邮件，而是通过申请 ISP 主机的一个电子信箱，由 ISP 主机负责电子邮件的接收。一旦有用户的电子邮件到来，ISP 主机就将邮件移到用户的电子信箱内，并通知用户有新邮件。因此，当发送一条电子邮件给另一个客户时，电子邮件首先从用户计算机发送到 ISP 主机，再到 Internet，再到收件人的 ISP 主机，最后到收件人的个人计算机。

ISP 主机起着"邮局"的作用，管理着众多用户的电子信箱。每个用户的电子信箱实际上就是用户所申请的账号。每个用户的电子邮件信箱都要占用 ISP 主机一定容量的硬盘空间，由于这一空间是有限的，因此用户要定期查收和阅读电子信箱中的邮件，以便腾出空间来接收新的邮件。

三、电子邮件签名档

相当于传统邮件的信头，包含结尾、联系方式、业务范围等，以 6~8 行为限。

四、电子邮件礼仪

（1）保持简洁，避免冗长空洞的语言。

（2）参加新闻组的讨论时要防止离题，要提供对主题有帮助的信息，自己的产品和服务可以附带提及，不分场合的宣扬自己的网址是不礼貌的。

（3）签名档要控制在 4~6 行。

（4）在转发信件时，要删除掉无关的信息。

（5）在回复信件时，要保留原先的相关内容作为上下文。

（6）在可能引起误解的场合，可以使用表情标志对你的语气加以限定，如"：)"。

（7）只使用通用的简称或者缩略语。

（8）避免传播没有根据的消息，包括自己弄不懂的信息。

（9）尽可能使用文本格式编写邮件。

（10）避免过长而没有标点的句子。

（11）使用空行来分隔段落，使用空格来分隔句子，但是首行缩进是没有必要的。

（12）使用附件时要注意附件文件的大小，发送较大的附件前要征得收件人的同意。

（13）文如其人，所以写电子邮件时要注意文法和拼写，否则可能会破坏形象。

（14）要使用有实际内容的主题行，避免使用"你好"一类的字样。

（15）避免用一个词或者一个问题来回复邮件，如"什么?"。

（16）不要参与连锁信。

任务二　电子邮件营销的基本内容

一、电子邮件营销目标

（一）电子邮件销售

利用电子邮箱巨大的用户资源来销售软件、音像制品、电子图书等数字产品。这些产品不需要利用传统的物流渠道进行配送，可以使商品销售和相关费用大大降低。用户付款后销售商就可以把数字产品资料发送到用户的邮箱里。

（二）电子邮件广告

利用电子邮件发布广告信息具有比传统广告更大的优势。主要表现在有更强的针对性和更高的反馈率，并且更容易管理和控制，使得电子邮件广告得到更明显的收益。

（三）客户意见反馈

电子邮件是吸引回头客的有力工具，而回头客又是电子商务获得成功的关键所在。电子邮件在网络营销中最经常的应用就是建立客户意见反馈的渠道。实现企业和客户一对一的直接联系，拉近企业与客户之间的关系。但必须及时处理客户的邮件，否则无法实现促进营销的目的。

二、电子邮件营销的优点

（一）E-mail 营销无须额外的投入，成本相对较低

用户和企业只要在 Internet 上申请一个电子邮箱就可以发送电子邮件了，因此电子邮件营销是任何企业均能使用的通信方式，无论是资产雄厚的大型企业，还是资产微薄的中小企业，只要能接入 Internet 就可以开展电子邮件营销业务。另外，电子邮件促销成本与传统的通信（电话、传真、邮寄、快递等）相比其成本非常低廉，对于企业只需付一些网络费用。

（二）无时空限制性

传统媒体的传播通常具有一定的地域限制，即便是国家级电视、报纸媒体也仅仅只能覆盖一个国家的大部分地区，更不用说地方性的电视、报纸、杂志等媒体了。同时传统媒体广告具有一定的时效性，只能在某一时间段才能进行。而电子邮件则不同，它不受时间和空间的限制，可通过 Internet 每年 365 天，每天 24 小时不间断地把广告传送给目标用户。只要具有上网条件的目标用户就可在任何时间、任何地点随时阅读。

（三）非强迫性

传统广告媒体（广播、电视）是直接传播，这种直接传播显然带有强迫性，致使受众处于被动地位，甚至产生极强的抵触情绪而招来反感。由于这种强制性，使受众处于一种被动和被迫的地位。而营销电子邮件则不然，它属于按需营销形式，只有你需要才会有营销邮件出现在你的邮箱之中，而且这些邮件也不会像电视广告、广播广告那样强迫你去

阅读它们，你可根据你自己的需求在任何时间以任何方式进行阅读。

（四）针对性强

传统大众营销媒体的信息传递是一种撒网捕鱼的方法。受众的针对性含糊不清，载体发送的目的与受众接受的目的不能及时达成一致，造成发送与接受的错位。而电子邮件营销却克服了这种局限性。电子邮件营销的针对性体现在恰当的时间，将恰当的信息发送给恰当人群。而且电子邮件营销系统还可以通过数据挖掘对目标客户进行细分，使企业能真正意义上进行精细化营销。例如：当你感兴趣主题的书出版时，亚马逊会用电子邮件通知你。通过这种针对性的营销，提高顾客的忠诚度，降低公司的营销费用。

（五）连续推销的机会

作为网站运营者，拿到潜在客户的电子邮件地址，也就拿到后续沟通，不断提醒潜在用户你的存在。用户通过你发给他的电子书，以及电子杂志中的小窍门，行业新闻，节日问候等更加信任你和你的企业。并且由于这些重复的提醒，潜在客户记住了你的产品。当他决定要买这个商品时，你的产品就在他的备选产品的最前面。

（六）有利于形成客户忠诚度

许可式电子邮件营销的对象是最精准、最有可能转化为付费客户的一群人。其他网络营销手法获得的用户大多是以随意浏览的心态进入你的网站，并不是非常主动的。而许可式电子邮件则不同，凡进入邮件数据库的都是主动填写表格，主动要求你发送相关信息给他们的一群人。在经过几封邮件的联系后，只要你发送的信息对用户有帮助，他们将变成一群忠诚的订阅者。

电子邮件营销还使网站营销人员能长期与订户保持联系。订阅者连续几年看同一份电子杂志是很常见的。互联网上信息令人眼花缭乱，多不胜数。能数年保持与同一个订户的固定联系，在当今的互联网上是十分难能可贵的财富。以这种方式建立的强烈信任和品牌价值是很少有其他网络营销方式能够达到的。企业有任何新产品，或有打折促销活动，都能及时传达给这批长期订户，销售转化率也比普通用户高得多。

三、电子邮件营销的缺点

（一）市场环境不成熟

由于人们对网络真实性的看法等原因，当企业制订营销计划时，通常不会将 E-mail 营销作为唯一的或者主要营销手段。在中国，很多客户还是比较偏好于面对面的进行交流商议。

（二）邮件传输限制

由于受到网络传输速度、用户电子邮箱空间容量等因素的限制，并不是什么信息都可以通过 E-mail 来传递，这就在一定程度上限制了 E-mail 营销的应用范围。

（三）营销效果的限制

E-mail 营销的效果受到信息可信性、广告内容、风格、邮件格式等多种因素的影响，并非所有的电子邮件都能取得很好的营销效果。特别是对于定位程度比较低的情形，营销效果将远远低于正常水平，而对于未经许可的"E-mail 营销"，不仅招人讨厌，可能根本不会取得实际效果。

（四）垃圾邮件的影响

由于垃圾邮件泛滥，有价值的信息往往被大量无用信息淹没，也很容易造成有价值信息的丢失，垃圾邮件也影响用户对于电子邮件信息的可信度。

（五）掌握用户信息有限

在很多情况下，用户在网上登记的资料往往不完整或不真实，通常只有一个邮件地址，当用户电子邮箱变更，或者兴趣发生转移，原有的资料可能就已经失效了，除非用户主动更换邮件地址，否则很难跟踪这种变化。如果可以掌握更多用户信息，如包含了公司/用户名称、地址、行业和产品等，可以大大提高营销效果。

（六）专业化程度低

由于缺乏专业的网络营销人员，并且由于专业 E-mail 营销服务商的经营水平等方面的限制，E-mail 营销的效力实际上要大打折扣，有时甚至效果并不明显。

（七）价格优势是相对的

E-mail 营销价格低廉是在发送数量比较大的条件下才可以充分表现出来，如果发送邮件数量比较少，其价格优势也就不很明显了，因为无论发送多少封邮件，都要经历邮件内容设计制作发送、跟踪、控制等流程，发送数量越多，每封邮件的边际成本也越低，这种情形在企业利用内部列表自行开展 E-mail 营销时更为明显，维护一份邮件列表的内容，无论发行数量为 1 000 还是 10 000，所投入的资源基本上都是一样的。

（八）邮件阅读率降低

接收者的兴趣在不断变化，而用户注册资料之后很难及时更新，当他对原来订阅的信息不再感兴趣时，即使不退订，也不会去认真阅读。

（九）E-mail 营销的回应率逐年在降低

如同其他网络广告形式一样，E-mail 广告的点击率也不断降低，这将从整体上影响E-mail 营销的效果。根据专业网络广告公司 DoubleClick 的调查结果，2002 年第二季度E-mail营销的平均点击率已经从 2001 年同期的 6.8% 下降到 4.9%。尽管如此，这个回应率仍然高于其他网络广告形式。造成这种状况的原因是多方面的，并且可能会保持持续下降趋势，因此，对 E-mail 营销抱有过高的期望是不现实的，也正因为如此，才有必要深入研究 E-mail 营销的规律。

四、电子邮件营销的基本原则

（一）及时回复

在收到 E-mail 的时候，要养成顺手回复的习惯，即使是"谢谢，来信已经收到"也会起到良好的沟通效果，通常 E-mail 应该在一个工作日之内回复客户，如果碰到比较复杂的问题，要一段时间才能准确答复客户，也要简单回复一下，说明情况。实在没有时间回复，可以采用自动回复 E-mail 的方式。

（二）避免无目标投递

不采用群发的形式向大量陌生 E-mail 地址投递广告，不但收效甚微，而且变为垃圾邮件，损害公司形象。

（三）尊重客户

不要向同一个 E-mail 地址发送多封同样内容的信件，当对方直接或者间接的拒绝接受 E-mail 的时候，绝对不可以再向对方发送广告信件，要尊重对方。

（四）内容要言简意赅

客户时间宝贵，在看 E-mail 的时候多是走马观花，所以信件要言简意赅，充分吸引客户的兴趣，长篇累牍会使客户放弃阅读你的 E-mail。在发送前一定要仔细检查 E-mail 内容，语句通顺，没有错别字。

（五）附上联系方式

信件一定要有签名并附上电话号码，以免消费者需要找人协助时，不知如何联络。

（六）尊重隐私权

征得客户首肯前，不得转发或出售发信人名单与客户背景。

（七）坦承错误

若未能立即回复客户的询问或寄错信件，要主动坦承错误，并致谦。不能以没有收到 E-mail 做借口，弄巧成拙，不但无法吸引客户上门，反而把客户拒之门外。

五、避免垃圾邮件的原则

（一）滥发邮件

使用电子邮件营销工具，你只能发给那些事先经过许可的人（关于如何取得收件人的许可，有许多方法，如会员制、邮件列表、新闻邮件等）。

（二）邮件没有主题或主题不明确

电子邮件的主题是收件人最早可以看到的信息，邮件内容是否能引人注意，主题起到相当重要的作用。邮件主题应言简意赅，以便收件人决定是否继续阅读邮件内容。有的人自作聪明地认为，别出心裁的主题更能引人注意，采用和内容毫不相干的主题，甚至故弄玄虚。

（三）隐藏发件人姓名

这种邮件给人的感觉是发件人在做什么见不得人的事情，否则，正常的商务活动为什么害怕漏出自己的真面目呢？开展网上营销活动，还是以诚信为本。

（四）邮件内容繁杂

电子邮件宣传不同于报纸、杂志等印刷品广告，篇幅越大越能显示出企业的实力和气魄。电子邮件应力求内容简洁，用最简单的内容表达出你的诉求点，如果必要，可以给出一个关于详细内容的链接（URL），收件人如果有兴趣，会主动点击你链接的内容，否则，内容再多也没有价值，只能引起收件人的反感。而且，对于那些免费邮箱的使用者来说，因为有空间容量限制，太大的邮件肯定是被删除的首选对象。

（五）邮件内容采用附件形式

有些发件人为图省事，将一个甚至多个不同格式的文件作为附件插入邮件内容，自己省事了，却给收件人带来很大麻烦。由于每人所用的操作系统、应用软件会有所不同，附件内容未必可以被收件人打开。所以，最好采用纯文本格式的文档，把内容尽量安排在邮件的正文部分，除非插入图片、声音等资料，请不要使用附件。

（六）发送频率过于频繁

研究表明，同样内容的邮件，每个月发送 2～3 次为宜。不要错误地认为，发送频率越高，收件人的印象就越深。过于频繁的邮件"轰炸"，只会让人厌烦，如果一周重复发送几封同样的邮件，你肯定会被列入"黑名单"，这样，你便永远失去了那些潜在客户。

（七）没有目标定位

也许你的邮件地址是从网上收集的，或者是根据某种"规律"推断出来的，总之，得到这些"资源"后，也不管是不是自己的目标受众，只管不加区分地发送垃圾邮件，这样的"营销"效果非常差。

（八）邮件格式混乱

虽然说电子邮件没有统一的格式，但作为一封商业函件，至少应该参考普通商务信件的格式，包括对收件人的称呼、邮件正文、发件人签名等因素。我们时常可以见到这样的电子邮件：我公司是生产×××的企业，质量上乘，价格优惠，欢迎选购。这样的邮件，至少可以理解为对收件人不够尊重。

（九）不及时回复邮件

评价 E-mail 营销成效的标志之一是顾客反应率，有客户回应，当然是件好事，理应及时回复发件人。然而并非每个公司都能做到这一点。可以想象，一个潜在客户给你发出了一封关于产品的询问，一定在急切地等待回音，如果等了两天还没有结果，他一定不会再有耐心等待下去，说不定早就成了你的竞争对手的客户。

（十）对主动来信的顾客抬高价格

打开收件箱，发现有一封顾客主动发来的订购函，如果你认为顾客是选定了你的产品，可以对其索要高价，那你就大错特错了！因为在互联网这个开放的大市场里，同类产品的供应者总是很多，一般来说，顾客会同时向多个厂家发出同样的询问信件，他会对比各家产品的性能和价格，如果你的报价偏高，你绝对争取不到这个客户！相对于面对面报价，通过 E-mail 报价相当被动，发出的邮件无法改变，又无法探听到竞争者的价格状况，你更不可能看顾客的反应灵活报价。所以，为顾客提供最优质的产品、最低廉的价格才是取得成功的唯一法宝。

任务三　电子邮件营销的实施

一、电子邮件营销的基本步骤

电子邮件营销（E-mail marketing）是一种简单、有效、成本低廉的方式。也备受国外电子邮件营销的大师的推崇。尽管商业垃圾邮件的滥用给电子邮件营销带来了许多的负面影响，但这并不能抹杀正确的电子邮件营销在外贸标准化营销中的价值。实施电子邮件营销主要有以下 6 个方法步骤。

（一）客户许可

要得到营销信息受众或者说是客户的许可，这是开展许可式电子邮件营销的首要任务和前提条件。许可式电子邮件营销的对象是最精准、最有可能转化为付费客户的一群人。其他网络营销手法获得的用户浏览网络信息具有随意性，并不是非常主动的。而许可式电子邮件则不同，凡进入邮件数据库的都是主动填写表格，主动要求你发送相关信息给他们的一群人。在经过几封邮件的联系后，只要你发送的信息对用户有帮助，他们将变成一群忠诚的订阅者。

（二）电子邮件客户细分

企业应该锁定自己的营销目标，针对自己的客户群建立邮件列表。没有目标定位也许你的邮件地址是从网上收集的，也许是从他人手中买来的，或者是根据某种"规律"推断出来的。设计的邮件越具有针对性，其效果就越好。关键是客户的细分——根据订阅用户的某些共性进行分组。例如，你可以把那种每个月来消费固定金额的用户分为一组，或者把会点开每一封邮件中的每一个产品的用户分为一组。不同的商业模式和不同的行业中，可能细分用户的结果各不相同。但是试过不同的目标客户的细分之后，你的邮件内容会变得更加有趣，相关性更高。

（三）制定适当的发送方案

很多人看到有广告性质的邮件都不会去打开，直接删除，所以邮件标题的吸引程度，是邮件营销继续下去的关键点。一般对于产品促销方面的邮件，加上"免费""大奖""打折"等字样，绝对抢眼，用户即使不打开邮件，也知道你要传递的信息。而对于一些包含欺骗性质的邮件主题，最好不要用，像"最近好吗？""业务咨询"等，虽然这些邮件的打开率会很高，但是却会影响到产品甚至企业在用户心中的信誉度，产生受骗的情绪。

（四）使用正确的电子邮件格式

营销电子邮件的主题很重要，要清楚明了，使客户在看到主题的时候就能决定是否继续阅读，而且内容要简明扼要，对所宣传产品的描述要直接切入主题，让客户能够在最短的时间内发现产品或服务的价值。邮件没有主题或主题不明确电子邮件的主题是收件人最早可以看到的信息，邮件内容是否能引人注意，主题起到相当重要的作用。邮件主题应言简意赅，以便收件人决定是否继续阅读邮件内容。

（五）注重收集反馈信息，及时回复

因为跟踪客户、掌握客户对产品的态度，对产品升级或下一次成功的营销都是至关重要的。比如，通过邮件用户会进行相关的会员注册，在线表单提交，产品购买等。关注这些动作可以让我们更好的对用户列表进行分类和调整邮件内容追求更好的营销效果。

（六）适时更新电子邮件列表

去除那些取消电子邮件订阅的客户，以免使自己的营销邮件沦为垃圾邮件，同时也要添加新增订阅客户的电子邮件地址。找一些朋友的电子邮件地址构成所谓的种子邮件列表，加入到您的客户邮件地址列表中去。这样做的目的是保证您和您的同事可以收到测试版本的邮件以进行检查，同时也能够收到正式的营销邮件。

（七）对电子邮件营销的效果进行评估

评价营销方案成功与否的主要标志之一是营销效果。打开率、点击率、用户订单量和发送邮件数量不仅十分重要，而且是确定用户邮件地址列表健康程度的重要指标。除了这些指标外，还应该加入用户退订率、垃圾邮件投诉率、新用户注册率及发送失败率这些能够直接反映用户邮件地址列表的质量和表现的指数。最后我们将这些指标综合在一起，这样就可以更清晰的衡量电子邮件营销（E-mail marketing）的效果程度。

二、电子邮件营销最需要注意的技巧

电子邮件营销是一个长期的过程，从而达到相关度效果。邮件营销的难度有很多方面，一般来说 E-mail 营销通常都做到了广告直达的这一条最基本的效用。以下是的一些电子邮件营销的技巧。

（一）增加对邮件相关数据的统计分析

没有对电子邮件营销效果进行分析、改良，电子邮件营销活动也就失去了意义。要进行相关数据统计，为邮件活动策划提供数据支持，使邮件营销更加专业科学。需要统计的数据包括：邮件到达率、邮件阅读率、链接点击率、转化率。

（二）提醒加入白名单

在订阅页面或者账号激活页面或者某个用户能看到的页面，要提醒用户将我们的邮件地址设置到白名单，这样有利于我们的邮件地址在对方邮件运营商那里建立信誉，同时也可保证我们日后的邮件畅通无阻。

（三）邮件内包含退订链接

在邮件内应该有明显的退定链接或按钮，这样一来，如果真的被用户所反感，也可以轻松退定，而不是选择加入黑名单或者是投诉给服务商，如果被加入黑名单或被投诉给服务商则对我们的不良影响更大，更容易被封杀。

（四）订阅成功后要有感谢

在用户收到的第一封确认邮件中要表示感谢。

（五）明确告知收件的频率，使用户建立心理预期

这样可以在一定程度上打消用户心理上的反感，树立我们负责任的形象，这样用户在心理上更容易接受我们。

（六）在用户注册我站后，要向用户发送网站教程

建议在获取到用户的 E-mail 地址后，在短时间内向用户发送我们网站各频道栏目介绍、包括社区的使用教程、技巧等，增强用户对我们网站的了解，以及帮助用户尽快上手，因为用户注册初期，往往是用户对我们网站最感兴趣的一段时间，也是我们向他们灌输内容思想的黄金时间，如果在这段时间内，用户能对我们的产品产生深入了解，则以后长期使用可能性要大很多。

（七）关于防屏蔽技巧

经常检测邮件 IP 地址是否进入黑名单、避免邮件内出现垃圾词汇、减少夸张色和感叹号的使用、控制文字与图片的比例（图片数量不宜过多）、提醒用户点击的不是垃圾邮件。

（八）三封连发策略

权威统计表明，三封邮件连续发送的话，被用户浏览的概率是最大的。所以我们应该

同一封邮件在一日之内向用户发送三次。这样可以极大提高邮件浏览率。

（九）吸引用户打开邮件

现在很多邮箱都带有邮件预览功能，如果用户预览时就认为你这个邮件太广告，那么肯定是不会打开的，所以我们一定要保证预览信息要对用户产生足够的吸引，至少不要引起用户的反感。

（十）严格执行定期发送策略

成熟的电子邮件营销计划必须严格按照预先的频率定期发送，不能出现发完间隔几个月没音讯的情况。这样更容易使用户对我们建立信任，对留住用户十分重要，否则很可能因为用户连续几个月没有收到邮件已经忘记了我们，当我们几个月后再次发送的时候，而误使用户认为这是一封垃圾邮件。

（十一）允许用户对收件内容进行自定义

由用户自己决定接收哪类电子邮件，这样可以显得我们更加专业。允许用户对收件内容进行自定义，对用户更加尊重。

（十二）每月发送不多于 11 封邮件

这个数字包含日常服务邮件。比如加为好友、回复等社区事件，建议采取打包的形式，将所有的触发事件打包发送给用户，模仿 Google 资讯订阅的形式，这样可以尽最大限度，降低用户的反感，如果用户很活跃的话，当登录邮箱时，发现收件箱里充满了加为好友、回复主题这样的邮件，对用户的体验肯定不好。11 条这个数字没有经过科学的分析，但是腾讯对会员的提示是每个月发送不多于 11 条的短信，相信腾讯肯定是对这个数字进行过研究的，所以选取了 11 条这个数字。

（十三）邮件列表中包含公司员工的邮件地址

这样做是为了检测邮件是否正常及不同邮件服务商的反应，以便及时了解哪个邮件商对我们进行了屏蔽或者其他不利于用户顺利接收邮件的问题。

三、邮件群发软件的使用

（一）启动软件进行设置（首次使用要设置基本信息，见 2 - 9）

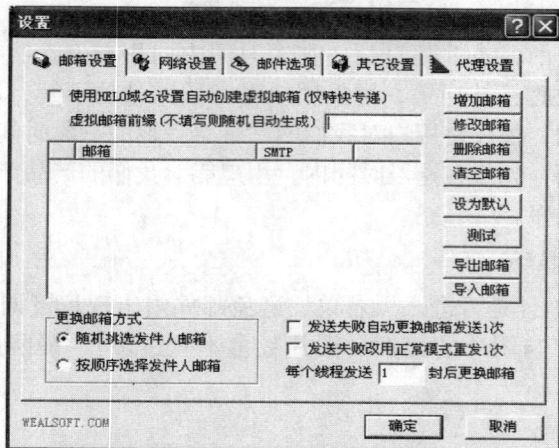

图 2 - 9　邮件群发软件设置界面图

首先，请选择使用正常模式发送，必须添加至少一个自己的提供 SMTP 服务的邮箱。其中，SMTP 服务器必须填写。并填写好邮箱的用户名、密码。选中"服务器需要身份验证"。(SMTP 服务器是邮件服务商提供的可以在客户端发送邮件所要连接的服务器，如：163. com 的 SMTP 服务器为：smtp. 163. com。

其次，要设置 DNS 服务器。DNS 服务器一般情况下，选中"启动时自动获得"即可以自动获得。如果两个服务器地址都没有自动获得正确地址。可以去掉"自动获得"，填写正确的 DNS 地址。(如果使用自动获得，你在打开软件之前，必须已经连接到 Internet 网络。否则不能获得正确的 DNS 服务器，造成发送失败)

最后，要在"邮件选项"中设置发件人姓名，请选择"自定义"，并填写要显示的发件人姓名。

（二）添加邮件地址，开始发送

选择菜单中的"导入"，然后选择"从文件导入"，然后在对话框中选择已经搜集好的邮件地址，邮件地址保存格式一般为 XLS 格式。

（三）邮件编写

选择菜单中的"新邮件"，然后选择"宏定义邮件"，然后编辑邮件，如图 2 – 10 所示。

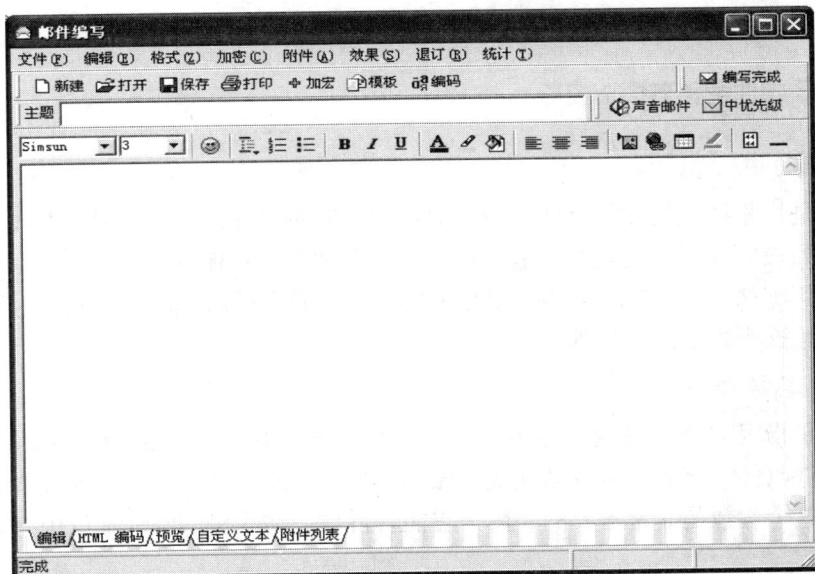

图 2 – 10　邮件编辑界面图

（四）邮件发送

如图 2 – 11 所示，按"发送"按钮，开始发送邮件。"停止"可以停止发送。"恢复"用来恢复到没有发送的状态（可以是选择的地址，也可以是全部地址）。"信息"用来打开和隐藏发送信息栏。

图 2 - 11　邮件群发界面图

任务四　电子邮件营销的效果监测

一、电子邮件营销效果监控

（一）退订率

退订率是指收件人从你的收件人列表中自行退出的能力，其中有两种方式：完全退订和针对某一列表的退订。完全退订是指收件人要求退出你所有的收件人列表，不再收到由你发出的任何邮件；针对某一列表的退订是指收件人要求退出你的某一收件人列表，不再收到由你发给这个列表的任何邮件。

（二）退信数

退信数是指因"无法送达"而退还给你的邮件数。造成退信的原因有：邮件地址拼写错误，邮件收件箱已满，以及其他很多原因。如果你的收件人列表是通过购买、租借得到的，那么这个参数是非常重要的，因为它能告诉你，你购买的邮件地址中有多少个是无效的。

（三）HTML 格式/纯文本

这是电子邮件的两种格式。HTML 格式的邮件可以包含色彩、表格和图片；而纯文本格式的邮件只能包含文字。事实上，两种格式的邮件你都要发送，因为并不是所有邮件客户端都支持 HTML 格式的邮件。不过，要经过反复测试才能知道哪一种格式的邮件更适合你。

（四）CAN - SPAM

CAN - SPAM 是美国 2003 年通过的一部联邦法律。CAN - SPAM 法规规定群发的电子邮件须包括用户能回复的电子邮件地址、发送该邮件的公司的真实地址、有用户可以退订的机制及显示相关的邮件主题。它规定了发送邮件时必须遵守的一系列条款，违反了这些条款，你就会被纳入垃圾邮件发送者的行列，并面临罚款的潜在处罚。

（五）列表清理/列表优化

列表清理/列表优化能使你的收件人列表保持"优质"，这非常重要。列表中无效的电子邮件地址（拼写错误、邮件提供商停止服务、邮件账户已经被删除、过期账户、发件服务器到收件服务器之间出现的网络问题、收件人拒收等）越多，被标记为潜在垃圾邮件的概率就越大。同时，你的数据报告也不能真实地反映出邮件发送的效果。

（六）送达率

以发送邮件总数减去接收到的退还邮件数目，就是送达的邮件数。以送达邮件数除以发送总数，就得到送达率。送达率显示邮件已进入用户邮箱的比例。不过进入邮箱却不一定意味着用户能看到这封邮件。在实践中，邮件打开率或者叫阅读率，比送达率更有意义。

（七）打开率

邮件阅读率显示的是用户真正打开邮件的比例。

测量方法是在邮件的 HTML 版本中，嵌入一个像素 1×1 的跟踪图片文件。每封邮件的跟踪图片文件名都不同，当用户打开邮件，邮件客户端就会调用位于网站服务器上的这个跟踪图片文件。从服务器日志中记录的这个图片文件被调用的次数就可以知道相应邮件的被阅读次数。

和网站访问一样，这个文件调用还可以分为独立 IP 调用次数及总调用次数。每一个独立 IP 代表一个用户，独立 IP 调用次数除以发送邮件总数，就是比较准确的邮件阅读率。追踪图片文件总调阅次数往往会更多，因为同一个用户可能多次打开这个邮件。

这要求您有权限去读取 IIS 服务器或者 Apache 服务器的日志信息，这些日志信息会详细记录每个文件每天被读取的次数，只要你的图片文件是邮件群发时候专用的，不被其他网页或者在自己的网站引用，那么统计出来的结果是接近于真实数据的。

（八）点击率

点击率是指点击数除以邮件打开数（注意不是发信总数）得到的百分比。这个参数非常重要，因为邮件营销的全部目的就是吸引客户访问你的着陆页或网站。

在邮件的链接中增加一个特定的跟踪代码。这样就可以知道，对方是更喜欢点击邮件头部导航的链接，还是更喜欢点击正文中的推荐链接，还是邮件结尾处的号召链接。有了这些统计数字，再查看邮件的布局、内容，就可以了解用户的目光通常会被吸引在什么地方。

电子邮件点击率是更为精准的测量电子邮件营销效果的指标，表明用户不但看了你的邮件，对你所推广的产品还产生了兴趣。

（九）邮件列表注册转化率

也就是完成注册人数与访问网站的独立 IP 人数之比。测量方式是参考网站流量统计中的独立 IP 人数，提交电子杂志注册表格后所显示的确认网页次数，以及电子杂志数据库中最终完成双重选择加入的总人数。

以确认页面显示次数除以独立 IP 数，就得出注册转化率，但还不是最终完成注册的转化率。以电子杂志数据库中的总人数除以独立 IP 数，才是最终电子杂志转化率。计算都是以某段时间为标准，如按日，周或月得出的转化率。

通常电子商务网站销售转化率在 1% 左右属于正常。邮件列表或电子杂志的转化率应该更高，达到 5% ~20% 都属正常。

与转化率功能相似的另外一个监测指标是订户总数，这也是站长们看着最欣慰的数字。一般网站不可能一下达到几万电子杂志订户，每天增加十几二十个都很正常，持之以恒一年就可以达到几千个订户。几年下来，你就有上万订阅者。

订户人数增长率也应该给予重视。在网站流量保持平稳的情况下，如果增长率明显变化，站长就应该检查一下是否有技术问题？给予的订阅礼物是否已经过时，不再有吸引力？必要时在网站上做一个用户调查，看看是什么原因造成订户增长率下降。

二、EDM 效果监测

准备工具：百度统计账户、51la 统计账户、EDM 页面、加上百度统计代码的网站页面。

（一）解决邮件打开率

使用 51la 统计，其他统计貌似不可以。注册了 51la 用户后，在"获取统计代码"中有"特殊用途代码"，其中有 <img 方式代码，如图 2 – 12 所示。其实代码中唯一起到统计作用的是：http：//img. users. 51. la/7025187. asp

我将这段统计代码加入到的 EDM 邮件中，代码如下（注意样式中，将边框及显示设置为 none，这样有利于用户体验，不会显示小红叉）：

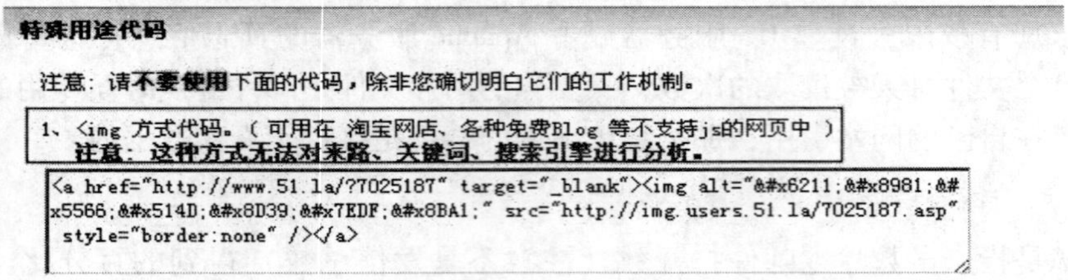

图 2 – 12　特殊用途代码

< img src = " http：//img. users. 51. la/7025187. asp" style = " border：none；display：none；" / >

这样 EDM 打开率完美解决，只要用户打开邮件，都会加载这段代码，51la 统计就会记录下访客的 IP、地区、访问时间等。

（二）解决邮件点击率

首先还是讲下思路，得提提百度统计的"指定广告跟踪功能"，这个功能 GA 应该也有。你设置指定广告链接后，在用户点击链接后，统计系统会统计出具体的来源。咱们这里的关键是指定广告链接不是直接跳转到营销页面，而是我们自己的页面（加了百度统计代码的页面），这个页面光加统计系统代码不行，还要加段 JS 的跳转代码，而跳转的目的地址就是营销页面。

（1）如图2-13所示，打开百度统计，在"指定广告跟踪功能"中添加指定广告跟踪，在目标 URL 填写自己网站的链接，媒介平台根据邮件的链接进行填写，最后点击确定并生成。（注意：如果邮件中有多个链接地址，可以设置多个指定广告跟踪，这样能捕捉到用户的点击习惯，也可以考察你的 EDM 邮件内容设计）

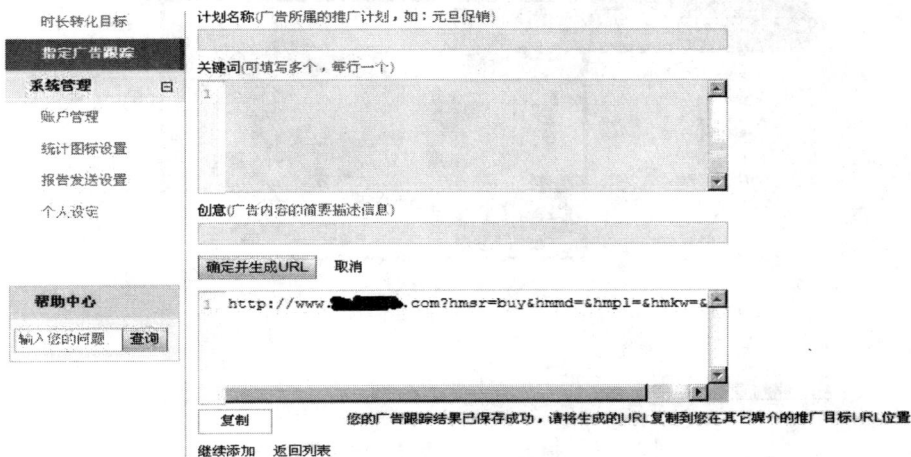

图2-13　"指定广告跟踪功能"

（2）将生成的指定广告跟踪代码，加入到 EDM 的邮件内容中，这个得具体问题具体分析，例如：

< td > < a title = " 抢购" style = " width：96px；height：39px；display：block；overflow：hidden；" target = " _ blank" href = " http：//www. XXXX. com？ hmsr = buy&hmmd = &hmpl = &hmkw = &hmci = " > </a > </td >

（3）自己网站跳转页面代码的设置，首先需要将百度统计代码加入页面，个人建议最好加入到 < head > </head > 中，因为如果你加入 < body > 中后，距离跳转代码太近的话，会抓取不到用户的点击。

JS 跳转代码要加入 < body > 中：

< script language = " javascript" >

< ! - -

location. replace （" http：//www. xxx. com" ）；

- - >

</ script >

（4）接下来开始测试。如图2-14所示，加框处的链接就是我预先设置的指定广告链接跳转代码。

点击测试，得出百度统计后台与51la 的统计结果，具体如图2-15所示。

51la 抓取的是邮件打开率。

百度统计抓取的是用户点击率，如图2-16所示。

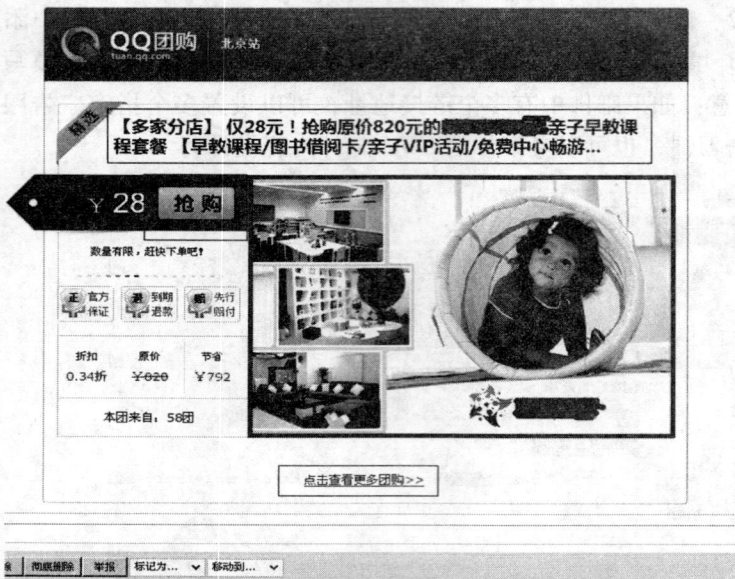

图 2 – 14　指定广告链接跳转代码界面图

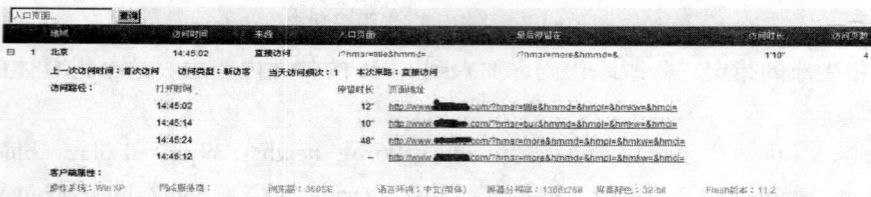

图 2 – 15　51la 统计结果界面

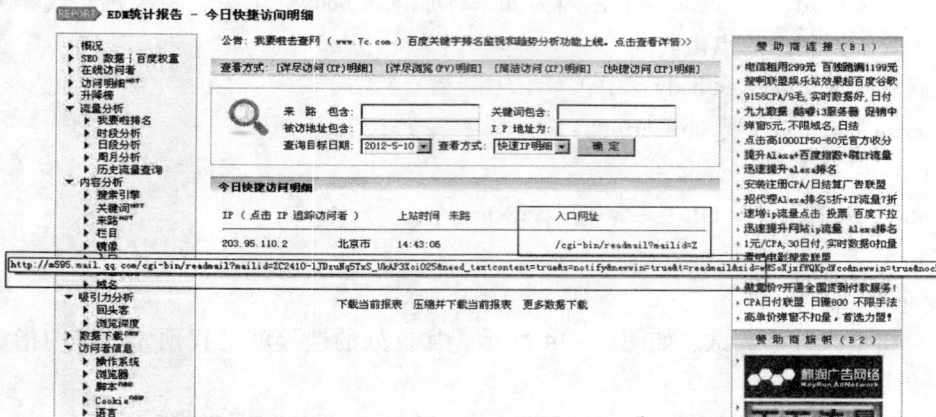

图 2 – 16　百度统计结果界面

　　至此网站统计系统监测 EDM 效果完全搞定，这个不仅仅适用于在最终页面第三方平台的情况，如果监测自己的网站时，就不用再加跳转页面了。

任务五 邮件订阅营销

大部分邮件列表是免费的群发邮件服务。通过它，可以在网站上加入订阅入口，来获取您的订户。用户可以在 E-mail 里就能收到高质量的免费报纸、杂志、声像等咨询内容，而且更安全、更方便、更快捷、覆盖面更广，如图 2 - 17 所示。

图 2 - 17 邮件订阅界面图

一、邮件订阅的目的

（一）数亿用户的曝光量

QQ 邮箱数亿活跃用户数，日均几千万登录人数，数亿级 QQ 邮件订阅注册用户数。所有 QQ 邮箱用户只要一打开 QQ 邮箱就能看到您的 logo（可以设置成头像或您的著作封面），是难得提高知名度的渠道。

（二）轻松获取的粉丝团

QQ 邮件订阅已有博客的平均每日新增订阅用户数达到几千以上，短期内即可聚集几十万乃至几百万粉丝。而且 QQ 邮箱定期推送您的营销内容，督促粉丝们一直关注您的动态。

（三）与粉丝大量的互动

用户可以进行：① 给博客打分；② 给任意博客或文章进行评论；③ 转发到微博能聆听到所有的用户评论、打分，并能与用户畅通无阻的交流，便于栏目的定性分析与优化。

（四）迅速递增的网站流量

所有订阅用户阅读栏目内容时，可通过"阅读原文"或其他附带链接跳转到您的营销界面，轻松获取流量。

（五）技术门槛极低

所有技术实现的过程，只需提供一个 RSS（或 SPS）FEED 形式的输出。比做一个网页还简单。注意，腾讯空间/新浪博主可直接输入博客地址，享受零技术成本的优厚待遇。

二、邮件列表营销应用

邮件列表体现了"站长/企业构建邮件内容，读者主动订阅邮件，QQ 邮箱提供发信服务"的三方关系。统计页面能及时获取到达率、阅读率、点击率等效果反馈，对评估推广效果，及时修改推广策略，确实颇有裨益。通过它，企业可以在网站上添加订阅入口获取用户订阅。用户订阅后，就能定期给订阅用户群发邮件，发布站点最新文章、消息等信息，特别适合博客、网站、论坛、网店这类需要及时发布更新信息的个人或企业，维护、二次发掘已有的客户关系，开拓更多数量的潜在客户。

（1）便于博客推广，它能自动将最新的博客文章发给读者。

（2）便于网店推广，可以用它批量通知顾客店铺的最新优惠。

（3）便于组织内部信息通告，能快速向组织成员发布公告。如图 2－18 所示。

图 2－18　邮件列表内部信息通告示意图

通过邮件列表，网络营销人员能让邮件发得更多、更快、更准的发送出去。

考核指标

考核目标	考核指标	分值（100 分）
知识目标（30%）	1. 理解电子邮件营销的价值和意义	
	2. 掌握电子邮件营销的步骤	
	3. 掌握电子邮件营销的原则	
	4. 掌握邮件地址收集器和邮件群发软件的工作原理	
能力目标（40%）	1. 电子邮件营销的操作步骤	
	2. 邮件设计原则和思路	
	3. 电子邮件营销的评价指标确定及评价	
	4. 避免成为垃圾邮件的操作	
	5. 邮件礼仪的运用	
	6. 电子邮件营销的长期维护	
素质目标（30%）	1. 团队合作与分工	
	2. 邮件设计理念	
	3. 电子邮件客户关系的维护	
	4. 电子邮件沟通技巧的学习	

参考资源

http：//www. easeye. com. cn/Default. aspx 电子邮件营销

http：//www. 21cnnet. com/电子邮件营销

http：//www. wangqi. com/html/2011 - 01/13215. htm 电子邮件营销的模板制作规范

网络营销实践项目

实践项目：电子邮件营销			
团队名称：		最佳成员：	
小组分工：			
实验日期：		实验地点：	
实验要求：结合项目七的学习，针对企业网络营销需要，搜索到相关的电子邮件地址，并对邮件进行归类。针对企业自身情况，设计一封电子邮件，要求遵循课程中所学的避免形成垃圾电子邮件的原则。将设计的电子邮件有针对性的发送，并监督电子邮件的发送效果			
		经理签字：_____	

项目八　博客/微博营销

案例分析

徐静蕾博客营销

在 Web 2.0 时代，博客的力量正在被越来越多的企业所关注。2006 年 6 月，全球著名的微处理器厂商 AMD 公司正式宣布签约国内著名演员徐静蕾，并在其博客投放广告。

具有"中华第一博"美誉的徐静蕾，正式成为 AMD 公司大中华区移动计算技术品牌的形象代言人。看中徐静蕾的，除了其作为演员的知名度之外，还包括其在博客上的超高人气。徐静蕾每天超过 1 000 万的博客点击率，已经使得徐静蕾成为个人化媒体中最引人瞩目的明星，同时也拥有一大批忠诚的网络读者。这些读者素质较高，具有一定"小资"气质，这正是 AMD 所需要影响的目标消费群。

从某种意义上说，企业博客营销是站在"巨人"肩膀上进行的营销。因为博客一般都是建在新浪、搜狐、网易、TOM、腾讯等大型门户网站的平台上或博客网、中国博客网等专业的博客平台上。首先，这些平台本身就增加了网民对企业博客的信赖感。其次，一旦企业博客的内容被推荐到网站首页或博客频道的首页，企业就会被更多的网民所关注。

博客作为一种新的营销平台，其核心是互动、身份识别和精准。与传统意义上"广泛传播"相区别的是，博客强调的是"小众传播"。因此，基于博客平台的博客营销与其他网络营销方式相比，具有其鲜明的特点。

Google 黑板报的启示

我们注意到，2006 年 2 月 14 日，Google 中国开通了博客网站"Google 黑板报"，这可以理解为 Google 中国的博客营销方式。刚开始对 Google 博客还很感兴趣，经常会去看看有关内容，了解 Google 的一些内部事情，但是时间长了发现（其实本文写作时 Google 黑板报发布才不过 1 个月时间），Google 黑板报的文章竟然是千篇一律的模式，几乎都是 Google 的公关文章，甚至每天什么时候发布博客文章似乎都有严格的规定，而且 Google 根本不提供与用户交流的机会，实际上只是向读者推自己的企业文化，这哪里还叫博客。

杜蕾斯的微博营销

6 月，北京的一场大雨，让杜蕾斯官方微博着实火了一把。内容团队的同事说："老金，我们想了好玩的东西，下来看一眼。"下楼，看到打开的两只杜蕾斯，以及杠子脚上套着东西："杜蕾斯套鞋防止被淋湿。"我联想起小时候出门用塑料袋套鞋，避孕套有弹性更适合，何况我们用的还是凸点的，增加了防滑功能。

从这里开始，一发不可收拾。网上开始风传杜蕾斯的消息，微博粉丝目前已经达到二十八万。所以营销无处不在啊。

京东刘强东亲自送货：微博营销

很普通的红色防风外套，灰不溜秋的电动车，背后是一个没什么范儿的黑色大包和黑色的储物箱，再加上一张有点儿大众化的憨厚的笑脸……这就是史上最大腕的"快递员"刘强东。2011 年 12 月 1 日，京东商城 CEO 刘强东在微博上表示，他将亲自驾驶电动车为用户送货上门。如果消费者能够当场认出他来，当场可以减免商品价格 50%，最高限额为 800 元。

公关事件＋领袖包装，不得不说此广告创意不错！因为刘强东是第一个亲自送货的，用活体给京东做免费广告，扩大影响力。虽然他不可能常送，但对京东商城是一个很好的宣传。

思考

博客营销作为一种典型的互动营销，如何要想发挥效果？
微博作为信息时代的新鲜产物，如何应用好？

学习目标

知识目标：让学生认识运用博客营销的重要性。根据博客既不是个人日记，也不等同于个人网站，有着自身明显的特征出发，定位博客营销在整个网络营销中的地位。制定合理、灵活的网络博客发布机制，以积聚人气。同时，由于博客管理上的空缺，使得博客在为人们传播信息、交流沟通的同时也出现了一些不良的现象，这就要求博主有着良好的博客管理意识。

能力目标：使学生掌握依企业实际情况量身打造博文的技能。根据企业产品、所提供的服务、服务对象、企业自身特点，以及相应的网络特征，精心设计网络博文。对于博文的写作，不仅要求有较高的写作能力，而且要求学生能合理的把握博文与营销的关系，避免过于明显和夸大的博文会使浏览者对博文。

素质目标：使学生明确博客营销的起始阶段，需要建立庞大的博客关系。对于博客营销来说，网络关系同样重要，要想获取高点击和高回复，必须维系好博客关系，即：前期需要经常浏览和回复别人的博客。

学习关键词

博客、博客营销、博客写手、博客流量、博客营销原则与策略、微博、微博营销、目标客户寻找

任务一　博客营销的概念

一、博客营销的概念

博客最初的名称是 Weblog，由 web 和 blog 两个单词组成，按字面意思就是网络日记，后来喜欢新名词的人把这个词的发音故意改了一下，读成 we blog。由此，blog 这个词被创造出来。

博客这种网络日记的内容通常是公开的，自己可以发表自己的网络日记，也可以阅读别人的网络日记，因此博客可以理解为一种个人思想、观点、知识等在互联网上的共享。由此可见，博客具有知识性、自主性、共享性等基本特征，正是博客这种性质决定了博客营销是一种基于包括思想、体验等表现形式的个人知识资源，它通过网络形式传递信息。因此，开展博客营销的基础问题是对某个领域知识的掌握、学习和有效利用，并通过对知识的传播达到营销信息传递的目的。博客营销是利用博客这种网络应用形式开展网络营销的工具。公司、企业或者个人利用博客这种网络交互性平台，发布并更新企业、公司或个人的相关概况及信息，并且密切关注并及时回复平台上客户对于企业或个人的相关疑问及咨询，并通过较强的博客平台帮助企业或公司零成本获得搜索引擎的较前排位，以达到宣传目的的营销手段。成功博客的前提条件：博主必须对某个领域知识学习、掌握并有效利用。

利用博客营销的人必须很清楚这样一个事实：与其说博客是一种媒体的话，不如说它是互联网虚拟存在的"人"。有理由相信，从来没有任何一个品牌希望现实生活中的人在脑门上贴一块品牌的 logo 标志来做广告，所有品牌都希望现实中的人在口耳相传时多说说自己品牌的好话，多参与自己的品牌所策划的各种事件活动，从而引发媒体的报道，达到宣传效果。这就是"人"属性和"媒体"属性的差别。

二、博客营销的优点

（一）建设速度快

企业不用掌握专业的网站建设技术，只需要选择国内知名博客平台，如：百度空间、网易博客、新浪博客、搜狐博客等，申请账号，按要求填写好信息，就可拥有自己的微博了。

（二）收录快速，排名明显

大部分网络营销人员在新浪博客都有博客，这其中又有绝大部分的博客是用来推广的，因为大家都知道新浪博客权重比较高，收录快。

（三）是增加外部链接的有力手段

在做专业的网站推广时，外部链接是其中重要的一部分，博客就是增加外部链接的一种有效手段。在博客上发外链具有完全由自己掌控、数量和指向由自己来定。

（四）具有完善的自主个性化功能设置

随着博客平台的功能不断提升，用户可以对博客页面进行自主设计。

三、博客营销的价值

（一）博客可以直接带来潜在用户

博客内容发布在博客托管网站上，这些网站往往拥有大量的用户群体，有价值的博客内容会吸引大量潜在用户浏览，从而达到向潜在用户传递营销信息的目的，用这种方式开展网络营销，是博客营销的基本形式，也是博客营销最直接的价值表现。

（二）博客营销的价值体现在降低网站推广费用方面

网站推广是企业网络营销工作的基本内容，大量的企业网站建成之后都缺乏有效的推广措施，因而网站访问量过低，降低了网站的实际价值。通过博客的方式，在博客内容中适当加入企业网站的信息（如某项热门产品的链接、在线优惠券下载网址链接等）达到网站推广的目的，这样的"博客推广"也是极低成本的网站推广方法，降低了一般付费推广的费用，或者在不增加网站推广费用的情况下，提升了网站的访问量。

（三）博客文章内容为用户通过搜索引擎获取信息提供了机会

多渠道信息传递是网络营销取得成效的保证，通过博客文章，可以增加用户通过搜索引擎发现企业信息的机会，其主要原因在于，一般来说，访问量较大的博客网站比一般企业网站的搜索引擎友好性要好，用户可以比较方便地通过搜索引擎发现这些企业博客内容。这里所谓搜索引擎的可见性，也就是让尽可能多的网页被主要搜索引擎收录，并且当用户利用相关的关键词检索时，这些网页出现的位置和摘要信息更容易引起用户的注意，从而达到利用搜索引擎推广网站的目的。

（四）博客文章可以方便地增加企业网站的链接数量

获得其他相关网站的链接是一种常用的网站推广方式，但是当一个企业网站知名度不高且访问量较低时，往往很难找到有价值的网站给自己链接，通过在自己的博客文章为本公司的网站做链接则是顺理成章的事情。拥有博客文章发布的资格增加了网站链接主动性和灵活性，这样不仅可能为网站带来新的访问量，也增加了网站在搜索引擎排名中的优势。

（五）实现更低的成本对读者行为进行研究

当博客内容比较受欢迎时，博客网站也成为与用户交流的场所，有什么问题可以在博客文章中提出，读者可以发表评论，从而可以了解读者对博客文章内容的看法，作者也可以回复读者的评论。当然，也可以在博客文章中设置在线调查表的链接，便于有兴趣的读者参与调查，这样扩大了网站上在线调查表的投放范围，同时还可以直接就调查中的问题与读者进行交流，使得在线调查更有交互性，其结果是提高了在线调查的效果，也就意味着降低了调查研究费用。

（六）博客是建立权威网站品牌效应的理想途径之一

作为个人博客，如果想成为某一领域的专家，最好的方法之一就是建立自己的 Blog。如果你坚持不懈的写博客，你所营造的信息资源将为你带来可观的访问量，在这些信息资源中，也包括你收集的各种有价值的文章、网站链接、实用工具等，这些资源为自己持续不断地写作更多的文章提高很好的帮助，这样形成良性循环，这种资源的积累实际上并不需要多少投入，但其回报却是可观的。对企业博客也是同样的道理，只要坚持对某一领域的深度研究，并加强与用户的多层面交流，对于获得用户的品牌认可和忠诚提供了有效的途径。

（七）博客让营销人员从被动的媒体依赖转向自主发布信息

在传统的营销模式下，企业往往需要依赖媒体来发布企业信息，不仅受到较大局限，而且费用相对较高。当营销人员拥有自己的博客园地之后，你可以随时发布所有你希望发布的信息。只要这些信息没有违反国家法律，并且信息对用户是有价值的。博客的出现，对市场人员营销观念和营销方式带来了重大转变，博客赋予每个企业、每个人合法自由发布信息的权力，如何有效地利用这一权力为企业营销战略服务，则取决于市场人员的知识背景和对博客营销的应用能力等因素。

四、博客营销的目的

（1）以营销自己为目的。这类博客，博主的目标是通过博客的写作，给自己带来人气，名气，最终能为自己带来名利。当然，这类人刚开始写博客的时候并没有目的性，只是随着时间的推移，发现了博客有这样营销自己的功能，也就有心为之了。

（2）以营销公司文化，品牌，建立沟通平台，更好的为公司管理销售服务为目的。这类博客主都是公司的老板或者高层管理人员，主要看好博客这种营销手段。这类博客营销要做好，最关键的不是博客文章，而是整体的管理策划和引导。

（3）以营销产品为目的。这类博客目的很简单，通过博客文章的写作，达到销售产品和拿到定单的目的。这类博主一般都是小型企业的老板或者销售主管，就是想通过博客营销为自己公司的电子商务服务。由于这类博主的目的简单明了，博客文章的写作对他们才是最实用的。因此，在这篇文章中我只讨论博客营销目的的第三种情况。也就是掌握博客营销文章的写作技巧，打动客户，感化客户，以及提高产品的销量。

任务二　博客营销的实施

一、博客写手分类

第一类人：企业家。《南方周末》有一篇通讯，讲"千名企业家开写博客"。企业家写博客，许多直接表现为写产品文化，是一种在高层次上推介产品的办法。这类博客，能够呈现出公司元老的最初见解，他们是真实的人，具有人化的一面，而且至少都是很成功的人。经营得当，能够成功营造出和谐与信赖感，传达公司的重要信息，对产业话题作出回应，让大家了解公司的状况。

　　第二类人：企业员工。很多企业的博客是由不同职业的员工或几个员工来当博客写手的，在博客写手中是比较有代表性的。这样的博客写手一般对公司的某一些方面比较专业，比如，软件开发人员，律师，会计师，营销专家等，所以当他们传播消息时，大家都会仔细倾听。不仅是传播知识，还会告诉大家消息的真正含义。便如，当微软还在测试新的搜索引擎以前，msn 搜索小组的博客写手便使用博客发布产品信息，坦承哪些地方还需要再改进，并告诉大家产品的开发方向，让大家对产品产生信赖感与期。

　　第三类人：企业聘用的写手。这是一家专门使用博客做营销的公司，英式剪裁公司，这是由知名营销专家博客写手帮忙打造的，它帮伦敦裁缝师托马斯·马洪掀起了一股热潮。事实上，他因为个人博客而成为萨维尔街有史以来媒体曝光率最高的裁缝，曾接受过数十家杂志与报纸的专题访问。

　　第四类人：消费者。当然企业也在后面推波助澜。如世界 500 强之一的美国宝洁公司，它的博客在全世界有 2 000 万注册客户。宝洁公司投放了大量的奖券，鼓励客户在宝洁的博客里为新产品叫好，而奖券让他们在世界各地购买宝洁产品的时候得到大折扣。

　　不管是谁写博客，最后产品和公司形象堂而皇之地传播了出去。把博客当成营销的工具，就是让大家在公开的场合呈现真实的自我，通过展示自我，从而达到营销的目的。

二、博客营销的操作步骤

（一）平台的选择

　　一般来讲，常见的博客平台有两种一种是第三方博客平台（BSP），还有一种是自建博客平台。其中，第三方博客平台又包含独立的博客网站和知名网站的博客平台；自建博客平台包括自建独立的博客和在原有网站开辟博客板块两种。第三方博客平台如果选择合理的话，可以直接利用其现有的搜索引擎权重优势，以及平台本身的人气，在平台内如果获得认可后，可能获得成员的极大关注。其中，新浪博客就是知名网站的博客平台，目前在国内互联网具有相当的影响力。而 bolgbus.com 等博客属于独立的博客网站，独立博客一旦受到搜索引擎认可，在搜索引擎上的权重会很有优势。对于自建的独立博客或在原网站开辟博客板块，可以与网站本身形成网络营销及内容上的互帮互补，但要在短时间内发挥其作用，基本是不现实的。

（二）博客定位

1. 博客主题的挑选

　　博客主题有时候让人很难抉择，比如，刚开始自己注意的可能就是它的风格和特色，哪个好看就选择哪个，但是随着自己的操作，发现很多博客都有一些缺陷，如一些主题不能创建导航的栏目、一些 logo 和主题的显示方式自己不喜欢、甚至发现一些比较流行的主题被很多人用（怕会影响到博客的优化）。同时，不要随意更改博客主题。如果经常更改主题，会让自己的博客失去收录，甚至长期进入百度的观察期，所以主题的挑选一定要前期做够准备，不要轻易的去尝试。

2. 网站合理的定位

　　不管是企业博客，还是个人博客，都需要合理的定位。最好结合企业或自己的一些优势或喜好去创建内容，这样才能显现出自己优势的一面，并且比较容易去打造相关的内容。切记不可因为当前流行什么就定位什么，因为流行的元素终究会过时，这样自己的博客也就陷入被动局面。

3. 关键词的选择

关键词的选择是必然会面临的问题。在选择和布局关键词时，往往是根据自己的思维，比如网络营销人员在北京，就会选择北京 seo 这个关键词，虽然这个关键词的日搜索量不大，但竞争性相当激烈，而且都是同行的，这样在没有一定积累和背景的情况下，就毫无优势可言。其实这时候我们可以换一种思维去选择一些相关的关键词，如我们同样是做 seo 的，我们可以选择网站优化、网站排名、seo 技术等这些关键词，总的来说就是要选择一些竞争性稍微比较低的关键词，不要盲目跟随，最好能找到搜索量高，而竞争性又低的词。

4. 栏目的合理设置

栏目的设置同样也是一个非常让人头疼的问题，如栏目的命名，虽然我们是围绕 seo 这个去打造博客的，但就是很难做出分类，其实这时候我们可以观察别人的网站或者博客的设置方法，然后再结合自身的情况去打造，另外个人觉得新建的博客栏目的创建不宜太多，应该根据权重的提升去适当的添加。

（三）博文撰写

为博客做好定位后，围绕定位展开的博文写作便成了实现目标的最好手段。开始写作的时候，首先，要从客户的角度去思考，你的客户、你的潜在客户都会想通过博客了解些什么，而好的博文就是要把这些客户需要了解的事情写成文章。同时，真正的好文章要不是连篇的专业术语，真正可以让所有人都喜欢的，是能看懂的文章，这样的博文才是最专业，最好的，也才能真正达到营销目的。不需要我们有太好的文采，也不需要太华丽太专业的词语。只要把一些很巧妙的方法融入其中，就能产生很好的效果。

（1）学会写故事。将自己的产品融入到一些生动的故事情节中，在工作生活当中多注意会发现很多这样可以反映产品性能、产品功能、售后服务等方面的故事。将这些故事真实地记录下来，让人读来真实可信，在无形中客户便会接受我们的产品。

（2）对产品的赞美情节化。单纯地只是一句赞美产品的广告语，是不会让客户因此而作出选择的。让自己的产品真正的深入人心，打动客户，要将这些有关产品赞美的情节记录下来，这样客户记住了瞬间的情节，也就记住了我们的产品。

（3）抓住行业热点。不断的提出热点，才能引起客户的关注。要想能在行业影响中得以成功，对行业的热点事情要善于观察，哪些话题可以成为企业营销的利器，抓住用户群体关心的热点才能更有利的营销。

（4）创意的写法。从不同的角度，不同的层次来展示产品。以拟人的形式进行诉说，可以无厘头，可以幽默，等等。越有创意的写法，越能让读者耳目一新。

（5）博文的连续性。博客营销不是立竿见影的电子商务营销工具，需要长时间的坚持不懈。因此，在产品的博文写作中，一定要像电视连续剧一样，让博文有连续性，不断有故事的发展，还要有高潮，这样产品的博文影响力才大。

（6）坚持博文的短小精悍。短小耐读，既要情节丰富感人至深，又要不花太多的时间。一篇博文最好不要超过 1 000 字，坚持短小精悍是博客营销的重要法则。

篇篇博文都应该有一定的信息量，有知识含量，有趣味性，有经验的分享，让客户每次来我们的博客都有所收获。这是粘住客户最好的方法。

三、博客营销的技巧

目标明确之后，下来要做的就是把你的客户和潜在客户所有想知道的问题，所有想了解的情况，还有你想让客户知道的事情都写成文章，让客户在读你的博客文章时，就对你的产品有了很深的了解，在读你的文章时，就潜移默化被你影响。当然要做到这些有一定的技巧和方法。

（一）专业而不枯燥

博客营销文章要有一定的专业水平或者行内知识。每一个销售人员都应该有的水平，很难想象一个不懂得自己产品的人，没有产品专业知识的人能做好销售工作。整体博客文章要始终不虞的为自己的目的服务。博文的知识水平要专业，让行内人士一读就能得到认可。一般人看的懂的语言写出来的专业文章才是好的博客文章，才能达到营销的目的。这也就是要增加专业的趣味，让人喜欢看看是非常重要的。追求博文的专的同时，不要让你的博文枯燥的令人昏昏欲睡，读起来人味同嚼蜡，那样的话就是失去了专的意义。

（二）巧妙的广而告之

很多博主简单的认为，博客营销就是利用博客来做广告，让更多的人来了解自己的产品，于是写些干巴巴的广告语在自己的博客里，没人看就打上门去，在别人的博客到处留下自己的广告，要是还没作用，就到论坛上去发，结果劳而无功还遭人反感。还有的人把博客营销文章写成了产品说明书，写成了产品资料，这些做法在我认为都不是博客营销文章。当然，这些人的想法并没有错，可太简单太不讲方法，自然效果很不理想了。博客营销文章的写作，虽然要达到广而告知的目的，但一定要有巧妙方法。

（三）博客文章重在给予和分享

虽然上面介绍了很多写营销博文的技巧，但博客营销文章真正能起到营销作用的灵魂在于文章能给予读者或客户什么样的有价值信息。博客营销和其他博客的最大区别就在此，其他的博客可以风花雪月，可以抒发情感，可以随心所欲，但营销博客不可以，不仅要保证每篇博文带来应有的信息量，还要有知识含量，还要有趣味性，还要有经验的分享，让客户每次来你的博客都有所收获。这是粘住客户最好的方法。这种经验的给予和分享我认为是博客营销最大的技巧，比其他的方法都重要。只要把自己所知道的信息，经验，想法拿出来分享，你就会得到博友们的认可，这样就会从认可你的人到认可你的产品。利用博客做营销，一开始就要做到定位准确，乐于给予，善于分享，这样再加上应有的技巧，那么博客营销文章的效果必将大大的增强。

（四）博客文章切磋与交流

与博客写作需要分享的观点类似，与业内人士进行切磋与交流，也是博客文章选题和写作的较好方法。不仅要自己写作和发布博客文章，也要经常关注同行和业内人士的观点，这样不仅扩大了自己的知识面，也获得了更多的博客写作素材。与读者分享与交流，也决定了企业博客文章在发布之后还需要了解用户的反馈，对于用户的咨询还有必要做出回复，因此一篇受用户欢迎的博客文章，可以在很长时间内发挥其影响，这是一般的企业新闻所不具备的优点之一。

四、博客营销原则

（一）遵循基本

写作的基本法则是一定的。你会发现许多博客文章不太遵循拼写和语法。当然博客不需要拘泥于传统的出版形式，但是如果你希望读者能够轻松阅读，最好还是遵循这些基本法则。

（二）简明扼要

博客写作虽然不需要像出版物那样考虑文章篇幅限制，但读者的时间是宝贵的。网友们通常会阅读许多内容，如果你不直接说出自己的观点，他们不会再看你的博客。

（三）新闻价值

博客需要有新闻价值、有趣、有用和幽默。一些博客没有注意这些，所以效果不理想。

（四）内容实用

有新闻价值固然重要，但"实用"是最重要的。人们喜欢滑稽的东西，但你不是专业的，他们不会订阅你的博客，仅仅因为好玩再次回来。你可能还有其他特长，比如善于讲故事，这也是一个有利因素，但不足以让人们订阅。人们订阅或者经常看你博客的主要原因是你的内容对他们的日常工作生活有实用价值。

（五）便于浏览

人们订阅了大量的博客。没有时间每天阅读一个遍。所以你得能让他们快速浏览，很快抓住文章主旨。如果你的文章里全是大段大段的文字，谁也不愿意阅读。文章便于快速浏览的最好方法是列表。人们可以扫一眼就了解了主要观点。另一个好方法是高亮你的主要观点。

（六）标题出秀

标题需要简练并且具有吸引力。没有一个好标题，你的文章不会有人去看。有太多的文章在他们的 feed 阅读器里，他们只关注吸引他们的标题。当然，你的文章内容要和标题相符。

（七）第一人称

这可能是博客写作与其他写作的最大区别。在一般的出版物中，惯例是保持作者中立。但博客不同，你就是你，带着千万个偏见。越表达出自己的观点越好。网上有上百万的博客，你很难做到很特别，除非你写出了独一无二的内容，那就是你自己。

（八）延续链接

博客虽然在网络门户里是独立并自成体系，但也是互联网的一部分，应该充分利用这个好处。让其他文章为你的大作提供知识背景，让读者通过链接继续深入阅读。尽量为他们提供优秀的链接。

（九）做好编辑

满篇错别字，排版不工整很令人厌恶。和其他写作不同，写博客需要自己校对。应该认真的逐字、逐句校对，甚至重写，因为将来出了问题，只能怪自己。

（十）关注好博

不但要关注和你话题相近的博客，还要看看另外一些优秀博客。好的博客会随着时间推移逐渐显露出来。看看他们哪些地方做的好，看看其他人错在哪里。坚持不懈地学习，不久你也会成为别人学习的楷模。

（十一）更新适度

如果想要做好博客营销，一成不变的博客很难长期吸引客户的关注目光，所以博客要定期更新。更新幅度以每周 2~5 篇为最佳。主要根据博主写作时间恒定，更新频率越高，百度对博客的搜索热情也会越高。

（十二）真实诚信

博客的内容应该以真诚为主。博客营销以企业用之最多，而主要目的是吸引经销商或代理商或客户的目光和引起共鸣。如果博客内容过于虚假、浮夸，反而会引起客户的反感。

五、如何提高博客流量

提高流量，也就是增加访问量，几乎同时意味着影响力增加，也就意味着行销效果越好。为了取得突破，应从以下几方面注意。

（一）保持适当的更新频率

更新频率不可太频繁，也不应该很久都不更新。更新频率和 blog 性质相关，如果是评论，1 天或者 2 天 1 篇是不错的频率，很多网友都喜欢每天看到新内容。

（二）搜索引擎优化（SEO）

首先，可以在文章中使用较热的关键字，这点有点像在文章中嵌入不相干词语的意思。另外，还可以增加站点内在的链接。如果是独立的 blog 服务器，那么能做的就更多了，静态化页面，优化 blog 内部的结构，都是有效的方法。

（三）广加链接

使用 blogroll 或者其他方式可以广泛的交换链接，交换链接越多，blog 就越容易被访问到。而且，因为别人到你的 blog 的链接，链接在一定程度上代表着互联网中的重要性，链接越多，站点就越重要。

（四）在 blog 中拓展其他的推广方式

这也是最重要的内容，blog 有其独特的方式，你需要进入 blog 领域，才能发现这些有别于其他站点的方式，让我们留在最后来说明。

任务三　微博营销的概念

一、微博营销的概念

微博营销，就是借助微博这一平台进行的包括品牌推广、活动策划、个人形象包装、产品宣传等一系列的营销活动。微博营销是指通过微博平台为商家、个人等创造价值而执行的一种营销方式。该营销方式注重价值的传递、内容的互动、系统的布局、准确的定位，微博的火热发展也使得其营销效果尤为显著。微博营销涉及的范围包括认证、有效粉丝、话题、名博、开放平台、整体运营等。

二、微博营销优缺点

（一）微博营销的优点

（1）操作简单，信息发布便捷。一条微博，最多140个字，只需要简单的构思，就可以完成一条信息的发布。这点就要比博客要方便的多。毕竟构思一篇好博文，需要花费很多的时间与精力。

（2）互动性强，能与粉丝即时沟通及时获得用户反馈。

（3）低成本。做微博营销的成本可比做博客营销或是做论坛营销的成本低多了。

（4）针对性强。关注企业或者产品的粉丝都是本产品的消费者或者是潜在消费者。企业可以其进行精准营销。

（5）信息量大。消费者可以对某一产品在购买前通过网友的评论来作购买决策或者是查找该产品的有关信息。

（6）覆盖面广，微博涵盖了各行各业的业内人士对一些问题的看法，便于网友交流。

（二）微博营销的缺点

（1）需要有足够的粉丝才能达到传播的效果，人气是微博营销的基础。应该说在没有任何知名度和人气的情况下去通过微博营销，很难。

（2）由于微博里新内容产生的速度太快，所以如果发布的信息粉丝没有及时关注到，那就很可能被埋没在海量的信息中。

（3）传播力有限。由于一条微博文章只有几十个字，所以其信息仅限于在信息所在平台传播，很难像博客文章那样，被大量转载。同时由于微博缺乏足够的趣味性和娱乐性，所以一条信息也很难被大量转贴。

三、微博营销分类

（一）个人微博营销

很多个人的微博营销是由个人本身的知名度来得到别人的关注和了解的，以明星成功商人或者是社会中比较成功的人士，他们运用微博往往是通过这样一个媒介来让自己的粉丝更进一步的去了解自己和喜欢自己，微博在他们手中也就是平时抒发感情，功利性并不是很明显，他们的宣传工作一般是由粉丝们跟踪转帖来达到营销效果。

（二）企业微博营销

企业一般是以盈利为目的性的，他们运用微博往往是想通过微博来增加自己的知名度，最后达到能够将自己的产品卖出去，往往企业微博营销要难上许多，因为知名度有限，短短的微博不能给消费者一个直观的理解商品，而且微博更新速度快，信息量大，企业微博营销时，应当建立起自己固定的消费群体，与粉丝多交流，多做企业宣传工作。

任务四　微博营销的实施

一、微博营销的目标用户寻找

（一）利用标签寻找

微博用户一般都是根据自己的喜好和特点来贴上标签，这些标签代表粉丝的特点。我们根据企业需要的目标用户来寻找这些标签的用户，再去关注这些用户，一般都可以成为自己的粉丝。

（二）利用话题寻找

微博上的话题是通过#话题名称#来实现的，所以我们可以通过微博搜索直接找到参与某个话题讨论的人群。如果你的企业是卖运动品牌，就可以寻找#NBA#，#足球#这些话题，这些用户都是你的潜在客户。

（三）利用微群寻找

微群是一群人由于某个共同的特点或共同的爱好而聚集到一起的一个互动交流群。如果企业是卖化妆品的，那就寻找那些和流行时尚有关主题的微群，加入这个微群，里面的群用户都是自己的潜在用户。

在寻到目标客户以后，接下来要做的是怎么去做粉丝的建设。一个微博要想拥有更多的粉丝，特别是精准的粉丝，前提必须要保证优质的内容。一定要让其他用户通过我们的微博感受到一个真实的自我，这样才能赢得用户信任。只是将微博当成信息发布平台那是完全没有意义的。光有优质的内容并不够，还要主动去关注你的目标用户，一般得到关注的用户都会回访，如果他对你的微博内容有兴趣，就会收听你的微博，只要多坚持，效果还是很明显的。

二、微博营销的技巧

企业越来越重视微博营销，这是因为它一方面可以宣传自己的产品，另一方面也可以很好提高自己的品牌，分享自己的经营理念，微博营销在企业当中是越来越受到关注。下面介绍企业微博营销的技巧。

（一）微博的数量不在多而在于精

有的人在建立微博的时候，一开始没有定位好主题，今天觉得这个网站的微博很不错，就建立了一个微博用户，明天可能会觉得这类主题的微博不错，也建立了一个。建微博就和运营网站有点类似，个人站长总是觉得这个好就换，换来换去结果一个也没做成功。我们做微博时也要讲究专注，因为一个人精力是有限的，杂乱无章的内容只会浪费时间和精力，所以我们要做精，重拳出击才会取得好的效果。

（二）个性化的名称

一个好的微博名称不仅便于用户记忆，也可以取得不错的搜索流量。当然，我们企业如果建立微博，准备在微博上进行营销，那么可以取为企业名称、产品名称或者个性名称来做为微博的用户名称。

（三）巧妙利用模板

一般的微博平台都会提供一些模板给用户，我们可能选择与行业特色相符合的风格来，这样更贴切微博的内容。当然，如果你有能力自己设计一套有自己特色的模板风格也是不错的选择。

（四）使用搜索检索，查看与自己相关内容

每个微博平台都会有自己的搜索功能，我们可以利用该功能对自己已经发布的话题进行搜索，查看一下自己内容的排名榜，与别人微博内容对比。可以看到微博的评论数量、转发次数，以及关键词的提到次数，这样可以了解微博带来的营销效果。

（五）定期更新微博信息

微博平台一般对发布信息频率不太做限制，但对于营销来说，微博的热度和关注度来自于微博的可持续话题，我们要不断制造新的话题、发布与企业相关信息，才可以吸引目标客户的关注。我们刚发的信息可能很快被后面的信息覆盖，要想长期吸引客户注意，必定要对微博定期更新，这样才能保证微博的可持续发展。当然，长期更新好、新颖的话题，还可能被网友转发或评论。

（六）善于回复粉丝们的评论

我们要积极查看并回复微博上粉丝的评论，被关注的同时也去关注粉丝的动态。既然是互动，那就得相互动起来，有来才会有往。如果你想获取更多评论，就要积极的态度去对待评论，回复评论也是对粉丝的一种尊重。

（七）#与@符号的灵活运用

微博中发布内容时，两个"#"间的文字是话题的内容，我们可以在后面加入自己的见解。如果要把某个活跃用户引入，可以使用"@"符号，意思是"向某人说"。比如："@微博用户欢迎您的参与"。在微博菜单中点击"@我的"，也能查看到提到自己的话题。

（八）学会使用私信

与微博的文字限制相比较，私信可以容纳更多的文字。只要对方是你的粉丝，你就可以通过发私信的方式将更多内容通知对方。因为私信可以保护收信人和发信人隐私，所以当活动展开时，发私信的方法会显得更尊重粉丝一些。

（九）确保信息真实与透明

我们搞一些优惠活动、促销活动时，当以企业的形式发布，要即时兑现，并公开得奖情况，获得粉丝的信任。微博上发布的信息要与网站上面一致，并且在微博上及时对活动跟踪报道。确保活动的持续开展，以吸引更多客户的加入。

（十）不能只发企业产品或广告内容

有的微博很直接，天天发布大量产品信息或广告宣传等内容，基本没有自己的特色。这种微博虽然别人知道你是做什么的，但是绝不会加以关注。微博不是单纯广告平台，微博的意义在于信息分享，没兴趣是不会产品互动的。我们要注意话题的娱乐性、趣味性、幽默感等。

（十一）控制时间，巧发微博

一篇再好的微博，如果被其他内容覆盖了，也是一个失败的内容。当然，我们不会笨到凌晨发布，但我们应更善于利用用户空闲时间发布微博内容，不但能提高每篇微博的效果，还能节省自己的时间。一般来说，发微博的最佳时间为08：00到09：00上班前、11：30到13：00午饭、17：00到18：30下班后、21：00到22：30晚上休闲时间，是人们浏览微博最多的时候。当然，要根据粉丝的地区和目标人群的日常习惯等作适当的改变。

（十二）通过微博认证

微博认证，是为避免身份混淆，引起公众误解，实行的名人、机构、企业身份认证策略。一旦你通过新浪认证将会增加公众信任感，形成较权威的形象，获取更多的粉丝，你的微博信息也可被搜索引擎收录，易于传播。

三、用户参与微博的理由

如果企业的产品本身已经有了大量的用户群，那么在微博上获取他们的关注是相对容易的。但是如果企业并不具有像 Dell、惠普那样的品牌影响力，那么在微博上获得"陌生人"的关注就需要付出更大的努力。因此我们首先要理解微博用户的社会心理需求。虽然没有具体的数据统计，但是我们可以从新浪"微博广场"的热门话题了解到大部分普通微博用户（非微博营销用户）参与微博六大理由。

（1）获取、传播时事体育等新闻信息。

（2）获取娱乐信息，参与"制造"娱乐事件。

（3）人生感悟，情绪表达。

（4）政治信息及价值观表达。

（5）关注自己感兴趣的人的动态信息。

（6）关注商业、产品等实用信息。

以上"六大理由"的排序大致是普通微博用户参与微博的"动机强度"排序。深入地了解这些心理，是创造普通用户喜闻乐见的微博内容的前提。

四、微博营销的原则

（一）真诚原则

真诚不仅是微博营销的基本原则，其实也是做任何事，做任何互动交流的基本原则。微博营销绝对是一个以年计算的长期行为。微博上的交朋友和现实中交朋友一样，好的声誉就是财富。而积累良好的声誉需要时间，而没有真诚的互动就不可能有良好的声誉。

（二）乐观开朗原则

在现实中，我们可以发现，人们更愿意和乐观开朗的人交朋友。微博上的互动交往也不例外。除了"嫉妒"你的乐观开朗外，没有人会讨厌你的幽默感，没有人会讨厌你与他分享快乐。

（三）宽容原则

宽容意味着大气和绅士风度，而苛刻意味着小气和"独裁"，没有多少人会喜欢苛刻性格的人。当然，宽容不意味着没有价值观，不意味着凡是做"和事佬""和稀泥"，相反的，你应该有鲜明的价值观，并且坚持这种价值观，不随波逐流，左右摇摆。一个好的例子是：谷歌在"不作恶"价值观上的坚持为其赢得了巨大的声誉。摇摆、随波逐流与真诚原则相抵触，势必对品牌形象带来严重的损害。

宽容原则要求微博营销从业人员在微博上广交朋友，无论朋友的政治取向，道德观，性格特征。在话题选择上，尽量避免涉及政治上的"左"和"右"、同性恋、族群关系、女权主义等敏感话题。

（四）个性魅力原则

在微博推广上做推广的企业和个人很多，微博营销因此也竞争激烈，千篇一律的营销手段将使得受众产生审美疲劳，只有那些具有个性魅力的微博账号（其实是账号后面的微博营销者）才能脱颖而出。如同现实生活中一样，个人"品牌"最有价值的核心部分是个性魅力。据美国总统选举研究，总统候选人的个人魅力是美国民众在选举投票决定时的关键因素之一。微博营销者这个角色至关重要，因为他（她）就是你的企业的网络形象大使，他（她）的个性魅力代表了企业的个性魅力。

（五）利益原则

能满足粉丝内心需求的事物都是需要我们去创造的。比如，戴尔经常通过微博发布一些打折信息和秒杀信息。

（六）趣味原则

实际上，我们发现，无论是在国外的 twitter 上，还是在国内的新浪微博、腾讯微博上，幽默的段子，恶搞的图片，滑稽的视频总是获得大众的青睐——男女老少皆宜。适度的与你的朋友分享这些好玩的东西有百利而无一害。一般情况下，包含有广告内容的营销消息，更需要以有趣的方法引起围观、号召大家参与。

网民不喜欢太官方的、枯燥无味的话题，缺乏趣味性的微博，微博粉丝将告而远之，没有粉丝关注并转发的微博将失去其真正的意义，没有转发分享的微博内容将不再有营销价值，与其自言自语分享着自己看了都要吐的话题，还不如调足粉丝的胃口，广播一些自己看了都会笑的内容。

（七）互动原则

微博有奖转发活动是一直都是微博互动的主要方式，但实质上，更多的人是在关注奖品，对企业的实际宣传内容并不关心。相较赠送奖品，微博经营者认真回复留言，用心感受粉丝的思想，更能唤起粉丝的情感认同。这就像是朋友之间的交流一样，时间久了会产生一种微妙的情感连接，而非利益连接，这种联系持久而坚固。当然，适时结合一些利益作为回馈，粉丝会更加忠诚。

（八）创新原则

微博这一新生事物在全球范围内都是刚刚商业化应用不久，加之自身非常高的扩展性，使得微博营销的模式具有很大的探索空间。抓住机会，有效创新，就可以从中轻松获益。

（九）保持热度的原则

为了让微博信息保持一定的热度，你可以有意设置一些问题让别人来答疑，甚至可以掀起一些辩论、争吵，让你的消息及其回复不断地引起波澜，产生震动。

五、微博营销的步骤

首先，要有一个好的门面，炒作数据。你平时不是看到很多微博都几十万粉，甚至上百万粉，你是不是不明白为什么这么多粉呢，其实都是找数据炒作公司，通过数据炒作炒上去的。这是每个企业微博的起步一定要做的，营造一个大型微博的门面环境，但这些只是数据好看，但粉丝都不是你的客户，对你的业务没有帮助的，但对你之后的推广和营销很有帮助，因为没有人愿意关注少粉丝的微博的。

其次，有了门面再推广。有了一个数据强大的微博后，然后就需要进行推广微博了，把这微博作为你们企业的官方通知和促销通知平台，就是说，要把你的微博跟你的业务联系起来，就是关注你的微博的人，会有什么优势或优惠，让他们长期留意你公司官方微博的新闻。

再次，给关注者带来新鲜感。完成第二步后，就开始，进行第二步的升级版，加强对关注你微博的客户的优势，制造价格或其他优势的对比，例如说，关注你微博的客户的价格比直接进货的价格每个便宜 2 元之类的，但只限于在你官方微博看到这个消息的用户，这样，就会有很多客户都关注你了。

然后，给关注者带来实惠。当你的微博已经有很多客户关注了，即是说，已经有不少的忠实粉丝了，这时，就开始真正实行微博营销了，在你的官方微博，发布多些你的客户很想看到的消息，例如说，今天哪个产品什么价，明天那个产品什么价，或促销信息，让你的客户要通过你的微博得到很多他很想得到的实惠。

最后，有创意、有新闻价值。完成前面的步骤后，最重要就是此步了。发布一条微博，写上："关注你和转发本消息后，明天下单的，哪个产品原价 30 元的，现在 1 元秒杀，每人限买 10 个，或者其他商业炒作的促销活动，但记住，最好是你的产品，因为你针对的都是你的客户，他们只对你的产品的促销信息有兴趣"，时不时搞一下这样的活动，一方面可以加强你的产品在市场的占有率；另一方面可以加强你的粉丝的忠诚度；再另一方面，通过大家的转发，把一些本来不是你的客户得知这个消息后都会成为你的客户和粉丝了。

小米手机是中国最成功的微博营销案例之一。在完成基本的微博营销后，每隔一段时间，就拿几台小米手机出来让粉丝们抢，这样就可以把粉丝的情绪带起，要求粉丝关注他和转发他的一条微博，就有机会得到一台小米手机，这样很多人都会转发的，而且通过大家的互相转发，让更多人关注你和转发你的微博，这样把这消息不断扩散起来。而且因为小米是他公司自己的产品，他只花的是成本价，而且几台小米的成本价就是几千元，但能带动起几十万人去转发和关注他，这样就是花最少的钱，做最大的推广了，这样比在广告公司做广告花的钱少几十倍，而小米正因这样的微博营销手法，从一个无名的手机品牌，迅速成为中国的 iPhone 地位了，而且小米现在根本买不到，因为只要小米一有货就马上抢光了。

六、微博营销的细节问题

（一）微博名称

微博名称是一张企业名片，微博的名称起的好，相当于成功一半，对企业来说，一般以官方名称为准，或者以人们最为熟悉的名称为准，别人看到你的名字，就会记住或者想起你的品牌或者产品，那么你就成功了一半了，如果你设置的名称绕口、难念，那想让别人记住，让别人点进去，是很难的事。如果企业可以做个认证的话，就更好了。

（二）微博资料设置

微博的个人介绍，一定要写，写你的企业公司简介或者个人阅历，让别人了解你以及你的背景，个人介绍，要么权威，要么有创意，吸引人才是王道。另外，微博里面还有个人主页，大家一定要设置，可以设置为企业的网站，或者博客等，个人主页会在别人阅览你的微博时，显示在最顶端，非常重要。

（三）微博头像设置

在推广中多次看到有许多人的微博，头像设置得很不错，包括一些媒体性质的网站，在设置头像时，都是本网站的 logo。而且，个人的基本资料没有进行详细的设置，资料尽可能的设置完善些。

（四）培养粉丝

使用微博做网络推广，需要提高粉丝的数量，粉丝越多，看到信息的人越多，推广效果越佳。如何提高在微博中的粉丝由于在微博上发的内容，我们每个粉丝都会看到，先要多关注别人，先成为别人的粉丝，在别人关注自己的微博时候，也要同时关注别人。

（五）微博营销的内容

微博营销的推广内容许多在微博中作推广，主要还是停留在发网站的相关链接，并不是所有的推广都是为了流量，在微博中尽可能来设计网友感兴趣的内容，与网友来互动起来。

（六）微博营销符号使用技巧

微博营销中的符号的使用在多个微博中两个#之间表示关键词，如#网络推广#，它的作用在微博中以超链接的形式出现，@后面跟着的是对方的昵称，是表示发送给对方。

（七）与其他通讯方式绑定

微博营销通过多手段来进行更新在有些微博中可以绑定 MSN 和手机等来进行更新，会更方便和快捷的进行相关的推广，就是没有打开微博网站，或身边没有电脑，也可以来随时进行更新和推广。

（八）标签（关键词）设置

微博营销中的直播由于微博所本身所具有即时性的特征，微博是作直播性价比最好的方式，在直播中要加统一的关键词，便于同类人群去看。

（九）微博营销的排名

微博营销中的排名算法在找人中微博的排名是按昵称的关键词来进行排序，在搜索话题中的排名，是按时间来进行排名，搜索标签的排名，是按照粉丝的数量来进行排名。如果要提高推广效果，首先从昵称的名称的选择上要注意，大量的来提粉丝，还有就是及时更新的数量。

（十）微博营销的主题

微博营销中的相关性不管做什么网络推广，首于要针对有效的推广目标，微博的主题应围绕推广的核心来进行，在关注别人或来吸引粉丝时也有针对性。其次在添加外链时，一定要做到到位，让人有点击的冲动。

考核指标

考核目标	考核指标	分值（100分）
知识目标（30%）	1. 理解博客/微博营销在网络营销中的地位	
	2. 掌握博客/微博营销的一般操作	
	3. 掌握博客/微博营销的技巧	
	4. 掌握博客/微博营销的思路	
能力目标（40%）	1. 博客/微博营销的操作	
	2. 博客/微博营销的设计	
	3. 博客/微博关系的维护	
	4. 博客/微博书写的技巧	
	5. 博客/微博营销的法则	
	6. 博客/微博营销与其他软文营销的区别	
素质目标（30%）	1. 团队合作与分工	
	2. 博文设计理念	
	3. 博客关系的维护与发展	
	4. 结合当前热点问题进行博客营销	

参考资源

http：//promote. yidaba. com/spsz/tout/20855444 - 1. shtml　南非暴风谷酒园

http：//bbs. xujinglei. org/thread - 22933 - 1 - 1. html

AMD 广告男主角刘颖博：我抢了徐静蕾的"沙发"

网络营销实践项目

实践项目：博客营销		
团队名称：		最佳成员：
小组分工：		
实验日期：		实验地点：

实验要求：结合项目八的学习，针对企业网络营销需要，开通博客，做好博客定位，选择适合的博客关键词。以自己的切身经历或企业事件为题材，发表一至两篇博文，要求博客中有视频、图片。既要避免有广告嫌疑，又要给阅读者以阅读乐趣和回复空间，并提交博文设计思路和总结。同时，开通微博，编辑微博内容，通过微博进行转发，努力实现微博传播，传播效果截图

经理签字：＿＿＿＿＿＿＿

项目九 网络视频营销

案例分析

由布什被扔鞋的事件产生创意灵感，胡戈将视频与"鞋子"设置成战争中的秘密武器（大规模杀伤性武器）。从总统被扔鞋开始，总统还击引发冲突升级，到派专门的采购员去寻找绝密武器——特大码鞋，历经的种种艰辛，最后在自裁谢罪的时刻，通过"上阿里巴巴化解难题，轻松搞定"。本创意以网民喜闻乐见的"雷人视频"为切入点，结合时下热点事件，受众被情节紧凑的剧情吸引同时，到"为什么不上阿里巴巴呢"雷到结局，由此深深记住阿里巴巴核心传播概念——阿里巴巴是全球最大商品供应基地。

阿里巴巴营销在线推广通过三个阶段。

第一阶段，做大基数，在6间房、56网、酷6进行置顶；在优酷和土豆则选择草根传播的方式；使用人人网（原名：校内网）、开心网等SNS网站进行传播；同时在QQ群、QQ空间等进行病毒种子传播。

第二阶段，发布几天以后各大论坛引爆：如猫扑，天涯等社区进行讨论；多家社区进行首页推荐；媒体主动报道（商务的信息通过娱乐新闻的方式进行了传播）；互联网意见

领袖推荐与传播。

第三阶段：巩固阶段，进行持续炒作，通过引导回复等保持网络热度。视频传达的"采购进货上阿里巴巴"的概念与线下传播整合互动，形成了从"点"到"面"的传播影响。同时因为该视频由网络红人胡戈执导，"一双鞋子引发的惨案"引起网民的高度关注，也带来很强的感召力，网友转贴视频热度不断持续。

在视频发布前 20 天，日均播放量超过 50 万次；投放前一周超过 20 万人次参与回复投票评论转载。视频总播放量在投放后 20 天内突破 1 000 万，累计超过 3 000 万；社区传播 500 万次以上，相关视频社区病毒效应明显；开心网投票人数 1 万人次以上，93% 选择"超雷选项"；同时积极回复的网民中，80% 认为这是见过的"超强的广告并表示认同"。总统的反击案例在后期未发生费用推广的前提下，取得较明显互联网影响力，正是得到了网民们的主动推动，其病毒效应可见一斑。

思考

此次网络视频营销是通过网络视频的形式，通过网络媒介，包括视频分享、社区、SNS、BLOG、RSS、微博、网络新闻等联动。该视频巧妙利用雷文化，在达到传播快乐的同时潜移默化中提升品牌在目标客户中的价值。大多数网友在被雷到同时，对阿里巴巴产生深刻印象深刻。通过这个网络视频营销，你能发现什么是互联网用户喜欢的视频题材和创作手法？

学习目标

知识目标：让学生认识到网络视频的发展到应用历程，理解网络视频的特点及未来发展趋势。同时，能对比其他网络营销手段，发现网络视频营销的优势。掌握网络视频营销的运营模式。最终明白网络视频在网络营销中的地位。

能力目标：让学生选择网络视频平台，开通网络视频网站账号，学会上传视频。能以一个主题，制作一个网络视频，设计一个完整的视频方案，并上传至网络视频网站。并在视频发布期间监督其视频相关浏览量、评论次数等相关数据，努力使其不被视频网站删掉，使其在视频网站上发挥起营销作用。

素质目标：使学生对视频制作工具有了进一步的了解，并能根据网络视频制作需要灵活的选取合适的工具。并掌握常见的网络视频发布网站，能根据这些网站上已有的流行网络视频，分析当前较受网络用户欢迎的网络视频和热门话题，学习这些网络视频的制作手法，能借鉴这些制作视频。

学习关键词

视频、网络视频、网络视频趋势、视频制作工具、视频发布平台、视频病毒营销、网络视频营销实施流程、网络视频营销策略

任务一　网络视频的基本概念

一、网络视频的定义

所谓网络视频，是指由网络视频服务商提供的、以流媒体为播放格式的、可以在线直播或点播的声像文件。网络视频一般需要独立的播放器，文件格式主要是基于 P2P 技术占用客户端资源较少的 FLV 流媒体格式，以及 WMV、RM、RMVB、FLV 以及 MOV 等视频文件格式传播的动态影像，视频类型包括各类影视节目、新闻、广告、FLASH 动画、自拍 DV、聊天视频、游戏视频、监控视频，等等。

视频与互联网的结合，改变了人们的收视习惯，在内容获取、信息消费、影音娱乐等方式上都突破了传统媒体的框架体系。网络视频刚刚出现之时，视频网站还在集中探索媒体搭载模式、视频格式、音画质量等基础技术方面的问题，2011 年视频网站间掀起了版权争夺的热潮，影视内容的单集价格由几千元飙升至百万元级别；2012 年上半年，优酷土豆合并，腾讯视频、搜狐视频、爱奇艺联合成立"视频内容合作组织（VCC）"，视频网站上演整合转型之势。

网络视频广告的形式类似于电视视频短片，平台却在互联网上。"视频"与"互联网"的结合，让这种创新营销形式具备了两者的优点：它具有电视短片的种种特征，例如感染力强、形式内容多样、肆意创意等，又具有互联网营销的优势，例如互动性、主动传播性、传播速度快、成本低廉等。可以说，网络视频营销，是将电视广告与互联网营销两者"宠爱"集于一身。

二、网络视频的特点

（一）低成本

"创意视频"需要聘请不少的演员，你让凤姐、芙蓉姐自唱独角戏显然也营销不起来，需要几位演员一起配合才能完成一部完整的创意视频。网络视频营销不需要聘请演员，三脚架当自己的助手，即使自己一人单枪匹马也完全可以胜任。

（二）低技术

如果你不想聘请演员来做好创意视频，那就需要你玩转庞大的影视后期制作软件，制造一些虚拟的人物，动画当你的演员来吸引网民的眼球。网络视频营销不需要那些庞大的影视后期制作软件，只需要一款软件，简单操作就可以制作简单的动画，精美的特效，应对你网络产品的视频营销是绰绰有余。

（三）微创意

如果你没有一个好剧本，即便是聘请明星助阵，聘请专业的影视后期制作人员，做出来的影片也令人跌眼镜。和创意视频营销比起来，网络视频营销不以吸引眼球为目标，而是以输送价值，抓住潜在顾客为主，不需要精心策划的剧本。就算精准顾客当时没有成交，利用赠品策略把他抓潜到我们的数据库中也算成功一半。

（四）流量相当精准

创意视频广告一次，一天可能会有几千上万流量涌入你的网站，这些人多数是对你产品没兴趣的人群，只为了满足好奇心，他们进入你的数据库只会加重你网站的运营成本，聘请越来越多的客服，增加越来越宽的宽带。网络视频营销大部分人都是搜索而来，他没兴趣又何必来搜索呢？所以成交率不用多谈。

（五）制作周期短

准备好资金，好演员，好技术，好剧本从拍摄完，到后期剪辑，动辄几个星期甚至几个月，制作周期长。而网络视频的制作周期要短很多。

三、网络视频的趋势

多屏交互、无缝对接、断点续播、韩国热剧等一系列动作都表明"内容运营""用户体验"等成为视频网站的战略核心，网络视频在诸多方面都呈现出崭新的趋势。

（一）生产方式转向双模式并存

土豆与优酷在成立之初就是以 UGC（用户制作内容）为自身特色，分别提出"每个人都是生活的导演"和"我爱视频，我是拍客"的理念。时至今日，在占有大量用户制作内容的基础上，许多视频网站开始购买、甚至是自己生产 PGC（专业影视内容），点击开各个视频网站或客户端，展现在眼前的更像是一个专业化的电视台，热播剧、热映电影、综艺节目、自制节目、自制剧等应有尽有。所以，目前网络视频的趋势是由 UGC 模式逐步向 PGC 模式迈进，最终实现二者共存。

需要强调的是，UGC 内容不会被代替，更不会消亡，这是视频网站起家的资本和生存的底线。相反 UGC 内容会更加规范与丰富。如土豆网每年都会举办"土豆映像节"，网络用户可以将自制视频上传至活动主页，然后由知名从业者权衡网友投票，甄选出优秀作品，并举行盛大的颁奖典礼；2011 年新浪网也成功举办"微视频大赛"和"首届微电影节"，2012 年，新浪开始挖掘"短视频"的市场价值与传播价值，将微视频作为支撑其全年运营的战略核心，这些都在很大程度上提升了用户自制内容的品质与生命力。

（二）"渠道为王"转向"内容为王"

"渠道"不仅包括信息的传输，也包括网站流量、网站理念、视频技术等诸多方面，"渠道为王"是视频网站发展的必经阶段。当互联网带宽、视频技术日趋成熟，传输高清、超高清视频成为现实之后，视频网站间的竞争则开始进入"内容为王"的时代。

但"内容为王"并不只是采购内容，牢牢把握内容版权，而且要围绕购买的内容展开一系列包装、推广、运营、用户体验的提升以及对相关资源的整合活动，这样才能满足用户的需求，让高额购进的内容资源"物有所值"。

2011 年 8 月搜狐视频围绕独播剧《永不磨灭的番号》展开一系列运营活动，包括剧集点播、独家新闻、幕后花絮、人物专题、独家镜头、网友活动等，为用户提供了全方位的收视体验。从搜狐视频指数中心的数据看出，9 月 4 日，该剧单日点播数达到峰值2 546万余次，截至 2012 年 5 月 31 日，该剧仍位于年度指数排行第一位，总点播量突破了 10亿次。

（三）"内容购买"转向"网站自制"

在抢购影视剧、电视节目版权的同时，各家视频网站也在积极探索降低市场购买成本、差异化运营的途径。一时间"腾讯出品""搜狐视频""乐视制造"的概念开始涌现。

网络自制品频繁推出，且在节目创意、制作水平等方面不亚于电视媒体，即时点播的非线性节目编排也得到大量用户的认可，种类繁多的自制娱乐节目或许会成为与"限娱令""限广令""限外令"等多重限制下的电视媒体相抗衡的一张王牌。

（四）"站内封闭"转向"平台打通"

1. 台网平台对接

电视台的节目生产制作能力以及内容储备量是任何一家视频网站所不能匹敌的，积极推动网台合作是视频网站获取内容的重要途径。同时，随着网络视频的媒体属性不断加强，基于网络技术的视频在互动性上与传统电视的高清、稳定、公信力形成优势互补，台网联动是行业发展必然趋势。台网联动模式并不是双方在内容上的你来我往，而是要在前期宣传、播出环节、互动反馈方面形成全方位互联互通，即推广联动、内容联动、播出联动、营销联动，通过二者有机的联合，既可以实现内容资源的共享，又以实现用户群的共享。继与《快乐女声》开展联动后，PPTV又与山东卫视选秀节目《天籁之声》合作，作为网络赛区之一，将选送6名选手进入突围赛。2012年夏季最火热的《中国好声音》与爱奇艺联合打造《好声音后传之酷我真声音》，这是一档由音乐导师杨坤主持，针对学员的谈话类节目，在《中国好声音》后播出，每期约10分钟，其20~30分钟完整版本及已经开始的学员全国拉票演唱会则将陆续登录爱奇艺平台。

2. 与SNS社会化平台对接

网络视频的飞速发展，除了得益于网站自身围绕内容所做的一系列合作与营销以外，社会化媒体也为视频网站带来了规模庞大的用户群体和数量巨大的流量。目前，微博、SNS网站已成为视频传播的重要渠道，用户视频分享习惯的养成和不断完善的网络共享功能，在潜移默化中为网络视频搭建了全新的传播平台。2012年，搜狐视频与搜狐微博、新浪微博和腾讯微博实现平台互通，基于任何一个平台的评论，最终都可以聚集到搜狐视频平台，有效开展平台间的评论互动和信息聚合。

（五）"粗放式经营"转向"精细化运营"

几年前的网络环境中平台资源相对较少，视频网站的运营模式比较单一，随着社区、博客、微博、SNS网站的出现，视频网站开始转向差异化与精细化运营模式的探索。2011年腾讯视频提出SEE精细化运营理念，其中S（Spread）是指腾讯的全网络产品、平台、渠道、终端对目标群体实施全方位覆盖；E（Enjoy）指从技术创新到精细化运营，为用户搭建便捷快速、海量内容的视频平台；E（Expand）指在用户接触到有趣、感兴趣、个性化的信息流时，随时伴随多平台、多终端的分享机制，使用户能够一键启动多条关系链，从而为网络视频提供最大化的传播场域。

（六）"基础技术"探索转向"用户体验"技术创新

网络带宽、视频格式、清晰度模式等网络大环境问题得以初步解决后，各家视频网站开始探索基于自身客户端的技术突破，以期不断改善和提高用户体验。"移动""社交""云"成为改变视频商业模式的三大关键词。

视频网站从无至有，在内容、技术、运营等多方面取得创新和突破，用户对网络视频的使用也从"预想好玩"逐步发展到"心理依赖"，相信不久的将来，网络视频会成为互联网用户的"个性化视听产品中心"。视频网站的整合还将不断深入，布局"移动终端"和"客厅市场"成为新趋势。

任务二　网络视频营销的基本概念

一、网络视频营销的价值

（一）快速增长的用户规模

CNNIC 统计显示，截至 2010 年 12 月，国内网络视频用户规模 2.84 亿人，在网民中的渗透率为 62.1%。与 2009 年 12 月底相比，网络视频用户人数年增长 4 354 万人，年增长率 18.1%。不断增长的受众规模，使网络视频的媒体影响范围不断扩大，广告传播渗透的范围更加广泛。

（二）用户忠诚度较高

根据 CNNIC 统计，网络视频用户中每天都观看视频的用户占到了 47.9%，用户对网络视频服务的依赖度较高。同时，有 16.4% 的网络视频用户把网络视频当作视频消费的唯一渠道，这个群体属于其他视频渠道无法覆盖的用户，具有独特的价值。企业广告投放的目标是吸引和留住消费者，抢占到用户更多的时间，就能够获得更多的注意力，那么这种服务的广告投放价值就越高。

（三）对传统电视媒体用户的有力争夺

根据 CNNIC 调查显示，36.1% 的网络视频用户平均每天观看网络视频所花费的时间在 2 小时以上；其次是 1 小时到 2 小时之间的用户，占 32%。在用户视频类消费时间有限的情况下，网络视频不可避免的将与传统视频消费形式争夺用户的时间。根据 CNNIC 的调查，有 66.8% 的网络视频用户表示与以往相比，观看电视的时间明显减少，其中，有 23.7% 的用户现在基本不使用电视收看电视台的节目。

（四）版权市场的规范化、秩序化

在经历了 2008—2009 年国内网络视频行业的清理整顿后，国内网络视频内容市场开始走向规范化、秩序化。随着正版视频成为视频内容市场的主导，视频广告营销的不确定性逐渐消除，优化后的市场环境逐步得到广告主的认同和信任，网络视频广告潜在的发展力量逐渐释放。

（五）网络视频服务能力不断提升

随着高清视频内容的逐步丰富、手机等新媒体应用的快速发展，三网融合政策的部署和实施，中国网络视频带来新的发展机遇。网络视频传输速率的提高，接入渠道的增多，使用户可以随时随地、通过各种方式选择、观看、上传和分享视频内容，广告主可以通过多种方式展现产品和服务，吸引了更多的用户和广告主使用网络视频产品。

（六）用户对网络视频广告接受度较高

视频网站提供了多种形式的广告，如视频内嵌广告、播放区周边背景广告、网页横幅广告、视频品牌广告专区等来吸引用户注意力。在网络广告蔓延，网民广告体验评价普遍较低的情况下，网络视频广告的多种形式广告投放并未引起用户强烈的抵制。

网络视频作为未来媒体发展的主流之一，无论从广告受众、广告内容表现形式和广告传播的影响力来看，都将成为企业树立品牌形象、推广产品服务的重要媒介。但是，广告主对网络视频在营销方面的价值认同度还有待提高，必须不断提高网络视频广告服务能力：一是提升网络视频推广宣传力度；二是广告主对精准投放的诉求越来越强烈，网络视频广告对目标用户的锁定需要更精准；三就是需要尽快建立科学评价网络视频广告效果的监测和评估体系。

二、网络视频营销的优势

对比企业常用营销手段，传统广告、电视广告、网络视频的特点如表 2 - 1 所示。

表 2 - 1　传统广告、电视广告、网络视频广告特点表

	网络视频营销	电视广告营销	传统广告营销
表现形式	图文声并茂	图文声并茂	只能提供静态的图文
传播广度	广，覆盖 1.2 亿网络视频用户	广，根据电视节目的收视率而定	较广，根据报刊发行量而定
精准度	精准，通过 IP 和人群喜好定位	比较精准，通过电视节目内容来定位	比较精准，通过报刊内容来定位
信息保存	便于保存，记录网址随时访问	很难保存	便于保存
再次传播	方便，可随时分发给客户	除非用录像机记录，否则难以再次传播	比较方便，可以传阅他人
交互性	强，可以即时交互	弱	弱
播放时间	7×24 小时，随时可观看	不能随时观看，长度通常为 5~15秒	随时观看
投放价格	低廉，适合大中小企业投放	高，适合大型企业投放	较高，适合大中型企业投放
效果检测	精准，可以提供完整的检测数据	不太精确，通过抽样调查获得数据	不太精确，通过抽样调查获得广告被观看的数据

然而，随着这种新的营销手段不断的被用户和企业接受，其优势也表现得更为突出。

（一）成本低廉

在国外，让许多公司开始尝试网络视频广告的一个重要原因，就是网络视频营销投入的成本与传统的广告价格差太大了。一支电视广告，投入几十万甚至上千万都是很正常的事情，而几千块钱就可以搞定一支网络视频短片。甚至，一个好创意，几个员工，就可以做一个好短片，免费放到视频网站上进行传播。

与此同时，低廉的价格却带来非常高的性价比。根据 Burst Media 公司完成的研究结果表明，56.3% 的在线视频观众可以记起视频里的广告内容。一部流传甚广的视频可以让公司以极小的成本获得极大的曝光。也正因为如此，虽然互联网视频广告的影响力越来越大，但是公司为此付出的资金却不会有多大增长。"在线视频广告的支出对于电视广告而言可以算是九牛之一毛，而且这种情况起码会持续十年。"根据 eMarketer 调研机构在去年11 月份发布的调研数据，2006 年互联网广告支出仅仅是电视广告的 0.6%，而在 2010年，这个数字有望上升到 3.3%。

毫无疑问，在这种情况下，那些准备削减广告预算的公司必定会向视频营销求援。有一个典型案例：英国饮料制造商 Britvic 公司削减了百维可（Tango）牌果味饮料的电视广告预算，转而投奔了互联网。他们设计了一个恶搞索尼公司最新液晶电视广告的视频，其中巧妙地放入了自己的产品。在投放互联网后，这个恶搞视频被大肆转载，宣传效果出人意料，Tango 饮料也成了青年们的潮流饮品。

（二）目标精准

与传统营销方式的一个最大不同，网络营销能够比较精确地找到企业想找的那群潜在消费者。作为网络营销最新兴的方式，网络视频营销则是更精准地发挥了这一特性。

在企业选择过程中，网络视频公司平台价值的测定就与传统媒体不同。在电视媒体中，更多的观众、更高的收视率意味着更多的广告收入、更多的利润，视频网站则不然，观众的数量并不一定意味着更多的广告收入，有时候小数量的观众要比数量众多的观众更有价值，因为这些小数量的观众做一些广告主更喜欢的事情（例如点击广告，购买产品，并访问其他的相关网页等）。

概而言之，衡量一家视频网站价值高低的因素比衡量一家传统媒体要丰富广泛得多，许多因素共同发挥作用来决定网络视频公司的价值高低。例如，星巴克公司向 Video Egg投资了 1 200 万美元，Video Egg 之所以获得投资者的青睐是因为观众对 Video Egg 网站上赞助商广告的高点击率。据统计，Video Egg 上广告的"点击通过"率超过了 1%，而同行业竞争对手的点击率只有千分之几。

（三）互动 + 主动

互联网营销具有互动性，这一点也被视频营销所继承。YouTube 编者和读者之间的回复便很好地证明了这一点：用户利用文字视频可新建对发布者的回复，也可以就回复进行回复，另外，观看者的回复也为该节目造势，有较高争议率的节目点击率也往往高调飙升。与此同时，网友还会把他们认为有趣的节目转贴在自己博客或者其他论坛中，让视频广告进行主动性的"病毒式传播"，让宣传片大范围传播出去，而不费企业任何推广费用和精力。这一优势是电视广告不具备的。与此同时，与其他互联网营销形式不同，视频感染力更强，因此引起网友的主动传播性也更强。

2006 年 11 月，一部叫作"如何在 YouTube 上现眼"的视频在两天内吸引到了 40 万的观看次数。视频中，顶着鸟窝头的年轻人在镜头前完成了各种各样悲剧性的演出，似乎命运在任何时候都与他作对。在看热闹心态的驱使下，网民们把这段视频"点"上了排行榜的第一名，并且传播到各大网站中。虽然这段视频看起来简单而粗糙，像极了"家庭滑稽录像"里的作品。不过，在视频结束后，观众会在页面上发现这其实是松下"不可否认的电视"（Undeniable TV）的活动广告。这个活动让人们用视频"描述某件不可否认的事情"，获胜者将会获得一台液晶电视和手持摄像机。最终，这个活动吸引到了十几万人参与其中，取得了非常好的效果。

（四）传播神速

视频营销的这个特性已经在诸多案例中显露无遗。举一个美国竞选的例子，在 2006

年 8 月，美国弗吉尼亚州的共和党参议员候选人乔治·艾伦在一次演讲中发现台下有一名印度裔的听众，结果他无意之间称呼这位听众为"非洲短尾猿"，这种说法带有很强的种族歧视色彩，这段视频被传到 YouTube 上，在非常短的时间被愤怒的网民们复制粘贴、快速传播，导致艾伦的名声在几个月的时间快速下降，最终落选。

（五）效果可测

在种种叙述在线视频营销的语句中，可以看到大量的数字："网络搜索集团评出几大视频网站—YouTube、MSN Video、YahooVideo、AOL Video、iFilm，这些网站的访问量是美国五大广播电视网网站访问量的两倍，且用户在前者的停留时间达 12 分/次，长于后者的 8 分/次。"再例如"这段视频短片，被点击 3 000 万次；转载 5 000 次并附有 2 400 条评论。"这种数字让企业视频营销的"每一笔费用都可以找出花在了哪里"。收集网友的评论，也可以总结这次视频广告的得失，大大提高效果监测率。

总之，借用优酷网 CEO 古永锵的话，"视频营销"是将"有趣、有用、有效"的"三有"原则与"快者为王"结合在一起。这正是越来越多企业选择网络视频作为自己营销手段的原因。

三、网络视频营销的策略

（一）技术高

基本上是用高人进行高超技艺表演。这由高人带来的高特技表演势必会让你高兴地观赏，并且乐意与他人分享和谈论。例如，小罗连续 4 次击中门柱的神奇视频就是 2005 年其为赞助商 NIKE 拍摄的一段广告，结果在全世界范围内引发了一场激烈的讨论。尽管耐克事后承认该视频是经过处理的，但是并不妨碍这支广告在互联网上的病毒性传播。

（二）热门

借用热点新闻吸引大家的眼球。专挑最热门的侃，专拣最火爆的说。视频这东西靠的绝对是内容。言之有物，满足人心好奇和捕猎的心理，用热门新闻冲击人性最隐层的东西，借由对视频的热度来谋求关注获得经济效益的目的。

例如，搜狐的娱乐播报就是一个很好的例子。娱乐信息最抢眼的热点新闻肯定逃不过他们的法眼。大鹏嘚吧嘚更是日益火爆，借势为搜狐博客、各种宣传活动作广告。

（三）炒作

古永锵离开搜狐进军视频领域。建立优酷网，通过某视频事件一举成名，还获得了1 200万美元的融资。后来古永锵和他的优酷网又通过与土豆网有争议的短片赚了大把的眼球和人气。仅仅预告片，已经有了几十万的浏览量，而且各种片中导演和演员的访谈不断出炉，越炒越火。

（四）情

大家熟悉的是恶搞，但是还有一种就是善搞，就是以情系人，用情动人。传递一种真情，用祝福游戏的方式快速病毒性传播。

例如，《满城尽带黄金甲》首映时，就是采用与 QQ 和 MSN 进行合作，用一群"胸"涌澎湃的宫女，配了真诚的圣诞祝福文字借由 MSN 和 QQ 大规模传播，一时间黄金甲在网络上泛滥。达到很好的宣传造势的目的。

（五）搞笑

搞笑的视频广告带给人很多欢乐，带给人欢乐的视频人们就更加愿意去传播。

有网友在几年前就曾经收到一支索尼相机的广告，是描写一个老婆为骗加班的老公回家，用数码相机制作了一个和前男友见面的画面，使得老公迅速赶回到家。据说这支广告在互联网上传播甚广。

（六）恶

使用最普遍的有三个手法：恶俗、恶心、恶搞。

（1）恶俗：因为俗所以招人鄙视，但因为恶俗所以让人关注。电视视频广告常常会出现经典的俗广告，甚至被众多观众扣上了恶俗的标签，以至于各种民方的恶俗广告评比讨论层数不穷。但对于一些产品，广告的恶俗会造成销量的增长。

例如，脑白金广告谁见谁骂，俗不可耐。但是中国就是有送礼这个国情，购买者和使用者分离，这个产品特性加上这个恶俗的广告使得其销量一直不错。否则没有效果谁会傻到一播就是这么多年。当完成历史使命时史玉柱急流勇退，可谓大智。

（2）恶心：典型例子非芙蓉姐姐莫属，这个我就不多说了，借用大话西游的一句话，相信大家都习惯了。

（3）恶搞：这个很典型，目前已经泛滥了。最经典的例子要属胡戈的"馒头"。《无极》上亿投入获得的效应，胡戈几乎没花钱就获得相同的影响力，足以让世人见证恶搞的实力。同样大鹏嘚吧嘚的恶搞歪唱也是受到关注的一个撒手锏。

四、网络视频营销的创意方法

（一）广告做成内容、而不是内容做成广告

这里的内容是可以为互联网奉献高质量、优秀的创意内容。

（二）将病毒元素对准易感人群

拜中国庞大的人口基数所赐，哪怕是放个非主流傻笑的视频，火起来也会让主流人群拿出来当社会现象讨论。

（三）病毒营销，事在人为

视频营销创意递进法则：1%的内容创造，引起10%的互动群众，再吸引89%的围观群众。按照递进法则，必须要去人为、有效地组织起来10%的造势运动，以等待4亿网民的羊群效应。

（四）有所名气总比默默无闻好

一个成功的病毒视频，应具备两点：第一，超高的点击率；第二，widget 广泛的转载。

碎片化的网络若能留住网民的注意力，就是成功的，有所名气总比默默无闻好。

（五）创意作品的 20 /80 法则

与零成本的写软文不同，视频还是稍具技术含量和创意结晶的。视频营销创意作品同样遵循 20/80 法则，好的、具备病毒营销特性的视频作品只占 20%。

（六）短小精悍

视频短片长度介于 30 秒至几分钟之间最好。互联网时代的观众没有耐心，所以，要剪就坚决的剪辑，或者分成几个小段，做一系列的，保持主题的连贯性。

（七）面面俱到不如聚焦说一个诉求点

不要奢求一个短短的视频能将上至企业文化、下至品牌内涵说的面面俱到。如果开始就打算进行产品展示，那么必须得保证你的产品像 iPhone 一样是个跨越别人很多步的产品。

（八）天真的作品征集毫无意义

不要指望网民自创策略，他们如果不停留在恶搞层面，就停留在视频制作阶段，他们可不会从品牌、产品营销的角度去考虑。

五、网络视频营销模式

目前网络视频营销主要有四种模式：视频贴片广告、视频病毒营销、UGC 模式和视频互动模式。

（一）视频贴片广告

贴片广告指的是在视频片头片尾或插片播放的广告，以及背景广告等。作为最早的网络视频营销方式，贴片广告可以算是电视广告的延伸，其背后的运营逻辑依然是媒介的二次售卖原理。现在网友们自主性更强，网友鼠标轻点就能快进快退，最可怕的是网友们可以轻松复制粘贴。贴片广告直接翻版电视营销模式，显然不能符合用户体验至上的 Web 2.0 精神，乃至使之沦为鸡肋，被网友轻松跳过。

国外的一些先驱视频网站就此方面进行了一些有益的摸索。美国视频网站 Video egg 在视频末尾提供了一个名为"指示器"（Ticker）的可点击的透明广告选择模块，当用户点击它时，正在观看的视频会暂停，而一个新的屏幕会打开，用户可观看相应的广告片。如果用户不点击这个广告，视频就会为你显示下一个视频的预览片段。这种技术可以提升 5% ~ 8% 的点击率，千人成本却仅仅是 10 美元。对比一下，传统贴片广告的千人到达成本要达到 20 ~ 50 美元。现在搜狐视频等网站都在用类似的技术或者方法。

微软凭借其视频技术的雄厚积累，研发了一种视频广告的新模式：对视频内容中出现的物体进行标注和索引，一旦用户在观看视频时，对画面中某个物体感兴趣，则可以通过点击该物体来激发相应的视频广告。这种方式从实验室走向现实后，应该会为网络视频营销带来巨大变革。YouTube 也创造了新的视频内广告：一个动画条模糊了视频框架底部的 20%，在视频开始 15 秒后启动，10 秒后将缩为一个可点击的小按钮。

（二）视频病毒营销

视频病毒营销是另一种重要的网络视频营销模式。借助好的视频广告进行无成本的互联网广泛传播，这方面的成功案例比比皆是。如何找到合适品牌诉求的"病毒"是企业和营销人需要重点思考的问题。我们需要做的以及能够做到的是在进行视频创意时尽力使广告更加"可口化""可乐化""软性化"，更好地吸引消费者眼球。

（三）UGC 模式

UGC 即用户产生内容，简而言之，这种模式就是调动民间力量参与视频的积极性，主动产生作品。最简单的形式就是以征文的形式征集与企业相关的视频作品。

美国营销者使用 UGC（用户产生内容）作为网络营销的手段比例最高，2007 年达到

57.8%。显然，UGC 模式超越了普通的单向度浏览模式，让用户与品牌高度互动，将品牌传递方式提升到用户参与创造的高度，增加了品牌黏性，深化了广告效果。很多企业都采取过这种模式，如 ViTrue 推出"品牌视频社区"的广告类型，为品牌建立广告社区，鼓励用户为他们喜欢的品牌制作视频广告。Holotof 则推出"广告创意"网络平台，用户可以提交、推销他们的创意，而客户可以从中选用最好的创意。

（四）视频互动模式

这类似于早期的 FLASH 动画游戏。借助技术，企业可以让视频短片里的主角与网友真正互动起来。用鼠标或者键盘就能控制视频内容，这种好玩有趣的方式，往往能让一个简单的创意取得巨大的传播效果。随着手机、无线网络的加入，这种互动模式还在继续开发中。

任务三　网络视频营销实施

一、网络视频网站的选择

根据互联网的网络视频网站排名，选取较具竞争力的网站进行注册。如：土豆网、优酷网等。并熟悉网络视频发布流程。

网络视频营销过程中的视频在制作的时候可能会有一定的难度，所以站长们使用的比较少，但是效果的确是很不错的。网络视频推广具体怎么做，下面具体分析一下。

（一）新浪播客视频

新浪门户网站推广效果是很好的，新浪播客中也有一项上传视频的功能，像新浪这样的门户网站，适合推广那些有娱乐性质的视频，这样的视频更容易引起别人的关注。在播客中上传视频时也有很多是大家需要注意的，视频上传完成以后，要给视频添加标题描述，标题的添加也要考虑到网站优化的知识，考虑用户体验，这样视频被大家下载和预览的次数才会多些；视频的频道也要选择好，娱乐的、科技的、新闻的都要选择不同的频道，以便视频被更大的曝光。还有就是视频的标签属性，标签属性和文字的标签属性是一样重要的，这样在相关视频的推荐中，有相同标签的视频会被官方推荐。这些细节都是在推广视频中要注意的属性。新浪视频不要发广告性质太强的视频，或者是大量的广告视频，这样容易被封杀。新浪视频优点是审核通过的速度很快，收录情况也不错。

（二）优酷视频

优酷视频做外链很稳定不容易被删除，所以要想在推广过程中有非常好的排名，这里的经验和其他网站的视频推广方法一样，除了要上传视频，还要把描述、关键词、标题写好，优酷通过率是非常高的，一般发了审核通过后几分钟就收录了，排名也会很靠前，很稳定，浏览下载的也是非常多的。同时优酷在上传视频的时候也有很多东西是要注意的，可以根据自己上传视频的属性创建不同的分类，感兴趣的用户，会去关注这些，这样对营销推广来说是很好的现象。而且现在土豆网，可以把自己新上传的视频，同步分享到新浪微博、QQ、人人网中去，这可以提高视频的传播率。优酷的优点是审核通过得快，收录也快，缺点是排名不如土豆。

（三）土豆网站视频

站长们在做完视频后，推广方法最多的估计就是推荐到土豆视频，土豆网的视频是大家看的最多的视频网站，所以在土豆推广的效果也是最好的。土豆网站支持的下载方式还是很多的，这样更方便站长们的上传。同时土豆网在上传视频的时候也有很多东西是要注意的，站长们可以根据自己上传视频的属性创建不同的豆单，对豆单感兴趣的用户，会去关注豆单，这样对网站推广来说是很好的现象。而且现在土豆网的新增功能，可以把自己新上传的视频，同步分享到新浪微博、QQ、人人网中去，这可以提高视频的传播率，不过站长们要分好视频的所属区域，找到更多的目标群体。土豆的缺点是收录不如优酷快，但只要收录排名就不错。

（四）酷6、56视频网、六间房

这几个视频网站做推广就比较麻烦了，酷六上传了很多视频但一直审核中，有的是一直转码中，能成功的是没有几个，酷6经常到优酷去采集一些视频到酷6，你在优酷上传了视频很有可能被酷6采集过去，但你自己传得话成功率很低。56视频网是审核太苛刻，一般是不会通过的，网站也经常出问题。六间房以前还不错的，上传大部分能成功，也能很好的收录，现在发现六间房已经没有上传的入口了。所以不建议大家到酷6、56网、六间房来做视频推广免得浪费时间和精力。

视频是一种最直接有效的媒介，因为它所受的关注度比较普遍，加上声音和画面，都能给人直观而生动的感受。只要在内容上做好策划，是非常有效的一种网站推广方式。

二、网络视频制作工具

（一）常用视频编辑工具

（1）Ulead会声会影：适用于家用DV视频导出转换编辑的工具，支持输出MPG，AVI，WMV，RMVB等视频格式。

（2）Adobe Premiere：用于专业数字视频编辑。

（3）Movie Maker：Windows XP自带提供的免费视频编辑工具。

（二）常用视频切割工具

（1）Easy Video Splitter：可以将大的AVI、DivX或MPEG（MPG）影片档分割成较小的影片片段，提供了影片播放的功能，您可以依照您所看到的影片位置建立分割片段，也可以使用自动分割。转换快速，而且没有失真。是最好的视频文件的分割工具。

（2）AVI/MPEG/ASF/WMV Splitter：是可以帮助你分离，切割，修整大型的AVI，MPEG，ASF或者WMV文件的视频转换工具，程序内置播放器，你可以按照时间或者将你喜欢的片断很轻松的截取下来，也可以帮助你将大型的多媒体视频文件分割为一个个小的多媒体视频文件，支持AVI，DIVX，MPEG－1，MPEG－2，MPEG－4，ASF，WMV，WMA等多种常用的视频文件格式，支持超大型视频文件，最高可以达到2GB，程序执行速度快，分割后的视频文件没有图像失真。

（3）Asf Tools：剪切合并wmv/asf文件。

（4）RealProducer Plus：新一代的制作Real Audio/Video音频，视频制作软件。由Real公司所出的Real格式文件制作工具，它可将Wav、Mov、Avi、Au、Mpeg文件压制成

Real 影音文件（ra、rm、ram...），以利网络上的传送与播放，程序中有一制作精灵，使用时只需按精灵步骤即可轻易制成，相当方便。

（三）常用视频转码工具：

（1）豪杰视频通：一款国际流行的视频转换工具软件；支持直接把 DVD 影碟转换为 VCD 格式的视频文件；支持 VOB/DAT/MPEG1/MPEG2/MPEG4/AVI/RM 常见视频格式的转换；支持将视频格式转换为 GIF。

（2）Amigo Easy Video Converter：是个容易使用功能强大的视频文件转换工具，程序可以帮助你快速的将所收藏的视频文件转换为不同的多媒体视频文件格式，支持将 AVI 转换为 DIVX，MPEG，VCD，SVCD，DVD，WMV，ASF 等文件格式，将 MPEG 转换为 AVI 或者 DIVX，或者将 MPEG 视频文件在 PAL 和 NTSC 两种文件格式中进行互相转换，另外程序还支持将 JPEG，BMP 等图片文件格式转换为 AVI 视频文件格式的操作。

（3）ConvertMovie：一款简单却智能且强大的视频转换器。使用 ConvertMovie，你可以在所以流行的视频格式之间进行简单地转换，保存用于 iPod，PSP 或者手机的视频和 DVD，将多个视频文件合并为一个视频文件，分割你的 DVD 以及从你的视频文件当中提取音轨。

（4）Video Conversion Expert：批量转换，分割，加入 AVI，RM/RMVB，MPEG 和 WMV/ASF 到各种不同的格式。

（5）Ultra Video Converter：可以在 AVI，DivX，XviD，MPEG1，MPEG2，VCD，SVCD，DVD，WMV 和 ASF 文件格式之中转换，添加和分割视频文件。

（四）常用视频合并工具

（1）Easy AVI/MPEG/RM/WMV Joiner：将琐碎影片按顺序作结合整理，这个软件可以帮助你把零散的影片文件组合成为一个大的影片文件，这个程序支持 AVI，MPEG，MPEG-4，DivX 及 RM 格式影片，它可以将不同格式的影片组合。你可以任意组合或者排列这些片段。

（2）Zealot All Video Joiner：帮助你快速高效的将多个 AVI、DivX、MPEG，或者 WMV、ASF 视频片断合并为一个完整的视频文件，你可以同时添加无限多个视频片断，和其他同类视频文件合并工具同时只能对同一类型的视频片断进行合并操作相比，此程序有自己独特的功能，它可以按照你的要求将多个不同类型的视频片断合并到一个大的视频文件中，例如，你可以将几个 AVI 视频片断，MPEG 视频片断和另外的 WMV、ASF 视频片断合并在一起，从来形成一个新的视频文件。

（五）桌面录制工具

（1）ZD Soft Game Recorder：游戏截图器＋录像机＋基准测试工具，支持几乎所有的 PC 游戏，录制速度非常快、占用资源小，对游戏本身基本无速度影响，支持压缩为多种主流的视频格式以便于传输，也可用于为游戏截图或者通过内嵌的 FPS 指示器进行简单的基准测试。

（2）Fraps：极其好用的大型 3D 游戏画面的录制工具，录制画面清晰，操作也相当的简易。号称游戏录像机。

（3）HyperCam：强大的屏幕捕捉程序，它能将桌面上的所有动作捕捉并保存为 .AVI 文件，所以可将计算机屏幕演示内容转换为 AVI 格式的录像，作为教学课件制作素材或是其他用途。

三、网络视频上传（以优酷网为例）

（1）登录优酷，点击页面右上方的蓝色箭头按钮"上传"，进入如图 2－19 所示的上传界面。

图 2－19　优酷视频上传界面图

（2）点击"上传视频"按钮，如图 2－20 所示。

图 2－20　"上传视频"按钮界面图

（3）上传中，为视频填写标题、简介、分类、标签等信息并保存，具体如图 2－21 所示。

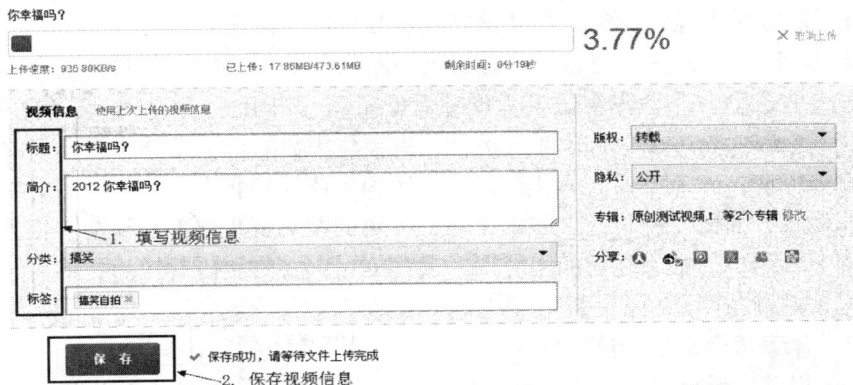

图 2－21　视频上传信息保存界面图

（4）上传中可以选择"使用上次上传的视频信息"，上传不成功或未上传完成的视频，不算入上次上传的视频信息，如图 2－22 所示。

（5）上传完毕，选择进入"我的视频"或"继续上传"或访问其他页面，如图 2－23 所示。

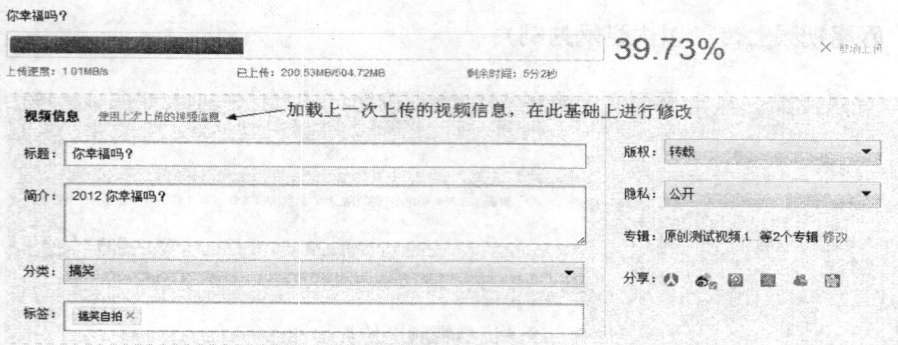

图 2－22　　"使用上次上传的视频信息"界面图

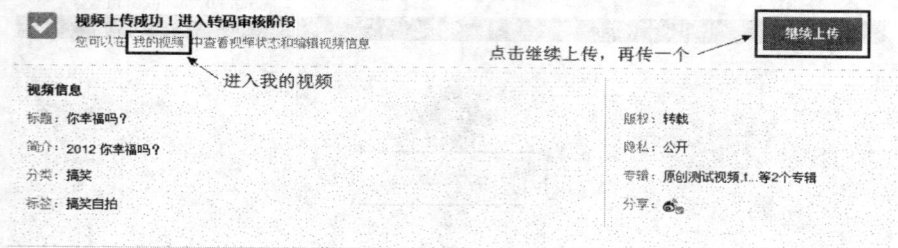

图 2－23　视频上传完毕界面图

四、优秀网络视频营销案例分享

案例 1：淘宝进军视频行业（淘花网开拓视频营销新模式）

2010 年 6 月 29 日，淘宝网与华数集团下属浙江华数传媒网络有限公司共同投资一亿元人民币，正式成立"华数淘宝数字科技有限公司"，并同时上线"华数电视淘宝商城"和"淘花网"（www. taohua. com）两大平台。淘宝与华数的合作充分体现出当前中国电子商务两大发展方向：一是渠道多元化，二是非实物类商品销售电商化。

在商业模式方面淘花网与淘宝基本无异，大致的购买流程如下：视频版权方将内容发布在淘花网上，用户选中想观看的内容后，通过支付宝支付相应费用后，即可观看所购买的视频内容，而淘花网则根据一定比例与内容提供方进行分成。

案例 2：比章鱼帝还牛的疯狂饼干！

创意：3 男 2 女看世界杯，在不知不觉中，身后的饼干竟然搭建成世界杯球场。

执行：用了 30 箱康师傅 3＋2 饼干，价值将近 3 千，前前后后十几个人，执行拍摄耗时共两天两夜。

拜世界杯之热，在开心网和新浪微博上获得了非常好的病毒转载率。

案例 3：滑轮婴儿载入吉尼斯纪录

由 BETC EuroRSCG 公司制作的溜冰婴儿病毒的广告，已被世界吉尼斯世界纪录授予为最受欢迎的在线广告。

因为横跨视频分享网站的广告不同版本的统计记录，吉尼斯世界纪录最终截至 2009 年 11 月 9 号 YouTube 上 45166109 的点击率。

视觉效果的开发是由后期制作团队在计算机先整合生成一系列专业溜冰动作表现，再复制创建 134 个婴儿的身体动作，画面进行了大量的现场镜头更换和合成。

案例 4：零下 34 度！年终巨献！

百威集团旗下哈尔滨啤酒，借助 2010FIFA 世界杯官方指定啤酒之机，加大广告营销力度，从电视、报纸、网络等媒体多个角度整合营销、传播品牌。

此则病毒性很强的视频是哈啤在 2009 年年终之际投放的，起了个巨长的标题"零下 34 度！年终巨献！冰暴你的眼球……"画面中几个人用成箱成箱的哈尔滨啤酒在地上"画"出了哈尔滨的圣·索菲亚教堂。

此则视频优酷单则视频播放 120 多万，其余视频网站估算 30 万起，这么多的围观群众足以见识国内传播资源之强大，病毒传播之疗效。

案例 5：绵羊的行为艺术 Extreme Sheep LED Art

导演人不算什么，导演牲畜才是本事。一群牧民们给他们的羊羔穿上 LED 马甲，傍晚时分将它们赶上小山坡进行文艺汇演，有名画蒙娜丽莎，模拟打乒乓球，更有烟花效果……全程"无线"操控，最后引出这种艺术项目是由三星的智能技术主导的。

案例 6：网络短剧《全优 7 笑果》

网剧时间为 6 分钟左右，集中在青春剧、都市剧、爱情剧，拥有低成本、高收益的特点。网剧的受欢迎程度和传播力，完全取决于制作的精致程度。品牌客户最看重高记忆度、品牌/产品量身定制、高传播量。网页结合 flash 的交互技术，网剧的互动形式将更多。

优酷刚推出为佳洁士量身定制的网络短剧《全优 7 笑果》融合牙医诊所的情景喜剧，不仅成本低，而且广告的记忆度非常好。

考核指标

考核目标	考核指标	分值（100 分）
知识目标（30%）	1. 理解网络视频的概念、特点	
	2. 掌握网络视频设计一般步骤	
	3. 掌握网络视频制作工具的原理	
	4. 掌握网络视频的营销思想的嵌入	
能力目标（40%）	1. 一般视频制作工具的使用	
	2. 网络视频制作的构思	
	3. 网络视频制作的方案设计	
	4. 网络视频账号的申请	
	5. 网络视频上传	
	6. 网络视频后期维护效果	
素质目标（30%）	1. 团队合作与分工	
	2. 分析、学习、解决问题的能力	
	3. 视频赏析能力	
	4. 良好的互联网视频文化营造	

参考资源

http：//v. youku. com/v_ show/id_ XMjM2MTgxNjg0. html

（视频：给力啊，衔接得太好了，这视频不火才怪）

网络营销实践项目

实践项目：网络视频营销		
团队名称：		最佳成员：
小组分工：		
实验日期：		实验地点：
实验要求：结合项目九的学习，针对企业网络营销需要，以校园、企业事件或某一主题，编辑一段视频，可以是电影电视的剪辑、广告、新闻、图片等的信息组合，能吸引网络用户观看，对网络形成一定影响，提交报告，内容包括设计思路和总结		
		经理签字：＿＿＿＿＿＿

项目十　网络广告营销

案例分析

2007 年巴黎欧莱雅在新浪首页发布了网络广告，广告采用非常清淡的颜色，设计的很干净，在新浪主页繁杂的布局下，非常引人注目，感觉非常好，取得了第一眼的成功。仔细看这个广告，一起分析下这个网络广告。整个广告主题的诉求一共通过三帧来完成。

第一帧是一个问句，引发好奇心，这是常用的方法。"防晒霜保护不够，你怎么敢出门？"第二帧是"千元旅游大奖等你拿"，没有奖励，点击的动机就没有那么强烈了。第三帧是"巴黎欧莱雅多重防护隔离露"，推出了这个广告的关联产品，解答前两帧留下的疑问。这一帧的制作上缺少一点细致，巴黎欧莱雅是品牌的名称，多重防护隔离露是产品名称，在断行处理上，将"多"字简单化地留在上面一行，使得阅读变得很费劲，用户体验受到损害。

应该说整个广告故事的文案逻辑还是很清晰，可是在整个动画的制作上还有一个问题处理得不到位。我们知道广告动画是循环播放的，而如果说一段广告讲述一个故事，它就应该有头有尾。这才符合我们的阅读和理解习惯。广告一旦发布，浏览者是靠什么来判断广告哪里是开头哪里是结尾呢。同样的道理，广告有三桢，前后逻辑都很清楚了，但是仍需要一个"Landmarker"来告诉浏览者故事的头尾，这可以是一个品牌的LOGO的定格，也可以是一个Fadeout的效果，总之，要让浏览者能够清晰分辨故事的开头和结尾。而正常情况下，广告吸引浏览者的时间是非常非常短暂的。这也是门户网站强调impression而不是click的关键所在。所谓用户体验就是把浏览者放在设计的中心，无论文案、字体大小、布局、动画以及序列都从浏览者的角度去推敲、考量。最后，整个广告还是保持了设计上的高品质，大小才16KB，产品的图片再清晰些就更好。

思考

网络广告和其他广告一样，需要一个鲜明的诉求来吸引浏览者的点击。这个诉求需要精美的设计，深思熟虑的文案，以及良好的制作。网络广告的设计其实是很有挑战的，因为展示的大小有限制，同时文件的大小也有限制。而客户常常要求在广告中放尽可能多的内容，这样就需要广告的设计者很好地和客户沟通，要强调主题鲜明的重要性，要让客户明白"有舍才有得"的道理，否则广告很难达到它应有的效果。那么，网络广告营销中，什么才是营销人员最值得注意的呢？

学习目标

知识目标：认识网络广告在网络营销中的地位和重要性，网络广告的特点、网络广告的相关术语及这些术语在网络广告中的参考依据。掌握网络广告的创意方法与定位。

能力目标：掌握网络广告的计价模式，掌握一般网络广告制作工具（不仅包含有对设计软件Flash、Photoshop等软件和其他网络工具）的操作，网络广告的发布平台及广告发布，掌握网络广告的交换和网络广告联盟的加入。

素质目标：要求学生能根据企业实际营销需求，选择合适的网络广告发布平台，并结合企业自身的经济实力，选取合适的网络广告形式，运用相关工具，制定网络广告。同时，能预估网络广告的一般费用，并对网络广告的效果进行评估。

学习目标

网络广告、计价模式、广告投放、网络广告制作、网络广告策略、网络广告发布平台、网络广告交换、网络广告效果评估、网络广告联盟

任务一　网络广告的基本概念

一、网络广告的定义

网络广告一般是指在互联网上所发布和传播的广告，它是互联网问世以来广告业务在计算机领域里的新拓展，也是互联网作为营销媒体最先被开发的营销技术。互联网在美国

问世后，就引起了嗅觉灵敏的广告人的注意，自从 1999 年 10 月 14 日，Wired 杂志开始在其网络杂志上首次发布网上广告以来，互联网就以其鲜明的特点成为广告媒体新宠，并成为与传统广告四大媒体（电视、广播、报纸、杂志）齐名的第五大媒体。

在蓬勃发展的"新经济"或"网络经济"之下，网络广告未来的发展空间远远超过了传统媒体。在这个新的网络时代下，我国企业面临的新课题将是如何开发网络资源、发展网络广告，充分挖掘其中的商业机会。

网络广告营销是配合企业整体营销战略，发挥网络互动性、及时性、多媒体、跨时空等特征优势，策划吸引客户参与的网络广告形式，选择适当网络媒体进行网络广告投放。

二、网络广告的特点

（一）传播对象面广

网络广告的对象是与互联网相连的所有计算机终端客户，通过互联网将产品、服务等信息传送到世界各地，其世界性广告覆盖范围使其他广告媒介望尘莫及。网络广告的传播范围广泛，可以通过国际互联网络把广告信息全天候、24 小时不间断地传播到世界各地，不受地域限制，也不受时间限制。

（二）表现手段丰富多彩

电子网络广告采用文字介绍、声音、影像、图像、颜色、音乐等于一体的丰富表现手段，具有报纸、电视的各种优点，更加吸引受众。网络广告制作成本低、时效长及高科技形象将使越来越多的工商企业选择网络广告作为重要国际广告媒体之一。

（三）内容种类繁多，信息面广

网络广告的内容大到飞机、小到口香糖。庞大的互联网网络广告能够容纳难以计量的内容和信息，它的广告信息面之广、量之大是报纸、电视无法比拟的。如报纸广告的信息量受到版面篇幅限制；电视广告的信息量受到频道播出时间和播出费用的限制。随着我国计算机的普及和发展，越来越多的国内工商企业和个人在国际互联网上建立站点或主页，打出广告，推销自己，推销产品，使网络广告信息量激增。

（四）多对多的传播过程

报纸广告基本是一对一的传播过程，电视传媒则是一对多的方式，而互联网上的广告则是多对多的传播过程。之所以这样，是因为在互联网上有众多的信息提供者和信息接受者，他们既在互联网上发布广告信息，也从网上获取自己所需产品和服务的广告信息。

（五）自主性

众所周知，报纸广告、杂志广告、电视广告、广播广告、户外广告等都具有强迫性，都是要千方百计吸引你的视觉和听觉，强行灌输到你的脑中。而网络广告则属于按需广告，具有报纸分类广告的性质却不需要你彻底浏览，它可让你自由查询，将你要找的资讯集中呈现给你，这样就节省了你的时间，避免无效的、被动的注意力集中。

（六）统计准确性

利用传统媒体做广告，要准确地知道有多少人接受到广告信息。以户外广告为例，虽然可以大概知道投放地域的人流量是多少，但无法准确统计看到此广告的人数，只能做一些含糊估算和推测。而网络广告则不同，无论是广告在用户眼前曝光的次数，还是用户发生兴趣后进一步点击广告，以及这些用户查阅的时间分布和地域分布，都可以进行精确的统计。从而有助于企业正确评估广告效果，审定广告投放策略。

（七）具有互动性

所谓网络广告的互动性是指工商企业或个人将广告信息内容准备好，放置于站点上，所有网络用户都可以通过上网及时查看，获取广告信息，即"人—机—人"模式。例如，一家公司通过网络广告将公司产品信息传播到世界各地的互联网计算机终端客户，当受众之一的个人收到该信息后，对该公司的产品产生了兴趣，开始在网上交互查找该产品信息，以期获得更多的有关信息。进一步而言，此人可通过电子邮件、网络电话、网络传真等向该公司询问各类有关问题，得到满意答复后，可通过电子商务手段实现商品购买。传统的销售渠道中间环节过多，既增加了广告成本，又减慢了商品信息传递的速度，难以满足飞速变化的市场需求。而利用网络广告可将产品信息几乎在生产的同时，就可同步传递给用户，等于在同一时间对无数受众做了广告宣传。如山东省的许多乡镇企业将自己农、副、土、特加工品在互联网上发布广告后，获得了国外大量订单，开拓了国际市场，为国家赢得了外汇，而这在过去几乎是不可能的。

三、网络广告形式

（一）旗帜广告（Banner）

包含 Banner、Button、通栏、竖边、巨幅等。旗帜广告是以 GIF、JPG、Flash 等格式建立的图像文件，定位在网页中，大多用来表现广告内容，同时还可使用 Java 等语言使其产生交互性，用 Shockwave 等插件工具增强表现力。

（二）按钮式广告（button）

按钮式广告是一种小面积的广告形式，这种广告形式被开发出来主要有两个原因，一方面是可以通过减小面积来降低购买成本，让小预算的广告主能够有能力进行购买。另一方面是更好的利用网页中比较小面积的零散空白位，常见的按钮式广告有 125×125，$120 \times 90, 120 \times 60, 88 \times 31$ 四种尺寸。在进行购买的时候，广告主也可以购买连续位置的几个按钮式广告组成双按钮广告，三按钮广告等，以加强宣传效果。按钮式广告一般容量比较小，常见的有 JPEG、GIF、Flash 三种格式。

（三）邮件列表广告（DirectMarketing）

通过 EDMSOFT、EDMSYS 向目标客户，定向投放对方感兴趣或者是需要的广告及促销内容，以及派发礼品、调查问卷，并及时获得目标客户的反馈信息。

（四）电子邮件广告（E-mail）

电子邮件广告具有针对性强（除非你肆意滥发）、费用低廉的特点，且广告内容不受限制。特别是针对性强的特点，它可以针对具体某一个人发送特定的广告，为其他网上广告方式所不及。

（五）墙纸式广告（Wallpaper）

把广告主所要表现的广告内容体现在墙纸上，并安排放在具有墙纸内容的网站上，以供感兴趣的人进行下载。

（六）赞助式广告（Sponsorships）

赞助式广告多种多样，比传统的网络广告给予广告主更多的选择。

（七）竞赛和推广式广告（Contests&Promotions）

广告主可以与网站一起合办他们认为感兴趣的网上竞赛或网上推广活动。

（八）插页式广告（InterstitialAds）

访客在请求登录网页时强制插入一个广告页面或弹出广告窗口。它们有点类似电视广告，都是打断正常节目的播放，强迫观看。插播式广告有各种尺寸，有全屏的也有小窗口的，而且互动的程度也不同，从静态的到全部动态的都有。浏览者可以通过关闭窗口不看广告（电视广告是无法做到的），但是它们的出现没有任何征兆，而且肯定会被浏览者看到。

（九）文字链接广告（Keyword）

文本链接广告是以一排文字作为一个广告，点击可以进入相应的广告页面。这是一种对浏览者干扰最少，但却较为有效果的网络广告形式。有时候，最简单的广告形式效果却最好。

（十）分类广告（ClassifiedAds）

网络分类广告是充分利用计算机网络的优势，对大规模的生活实用信息，按主题进行科学分类，并提供快速检索的一种广告形式。

（十一）互动游戏式广告（InteractiveGames）

在一段页面游戏开始、中间、结束的时候，广告都可随时出现。并且可以根据广告主的产品要求为之量身定做一个属于自己产品的互动游戏广告。其广告形式多样。例如：圣诞节的互动游戏贺卡，在欣赏完整个贺卡之后，广告会作为整个游戏贺卡的结束页面。

（十二）网络流媒体广告

流媒体是指采用流式传输的方式在 Internet 播放的媒体格式＜WBR＞。流媒体又叫流式媒体，它是指商家用一个视频传送服务器把节目当成＜WBR＞数据包发出，传送到网络上。＜WBR＞用户通过解压设备对这些数据进行解压后，＜WBR＞节目就会像发送前那样显示出来。通过这种新型形式的技术加载广告是现在很多商家看重的一种广告形式。2011 年，爱世博特流媒体公司推出流媒体的全新理念：以人为单位，以带有屏幕的背包为广告投放载体，通过正常的户外活动来达到广告的目的。因为人在户外具有流动性，故这种媒体形式叫做流媒体。

（十三）富媒体广告（RichMedia）

一般指使用浏览器插件或其他脚本语言、Java 语言等编写的具有复杂视觉效果和交互功能的网络广告。这些效果的使用是否有效，一方面取决于站点的服务器端设置，另一方面取决于访问者浏览器是否能查看。一般来说，RichMedia 能表现更多、更精彩的广告内容。

四、网络广告计价模式

（一）CPM

CPM（Cost PerMille，或者 CostPerThousand；CostPerImpressions）即每千人成本计价方式，指的是广告投放过程中，听到或者看到某广告的每千人平均分担到多少广告成本。CPM 取决于"印象"尺度，通常理解为一个人的眼睛在一段固定的时间内注视一个广告的次数。

比如说一个广告横幅的单价是 1 元/CPM 的话，意味着每一千个人次看到这个 Banner 的话就收 1 元，依此类推，10 000 人次访问的主页就是 10 元。至于每 CPM 的收费究竟是多少，要根据以主页的热门程度（即浏览人数）划分价格等级，采取固定费率。国际惯例是每 CPM 收费从 5 美元至 200 美元不等。

（二）CPC

（Cost PerClick，CostPerThousandClick – Through）每点击成本计价方式，以每点击一次计费。这样的方法加上点击率限制可以加强作弊的难度，而且是宣传网站站点的最优方式。但是，此类方法就有不少经营广告的网站觉得不公平，比如，虽然浏览者没有点击，但是他已经看到了广告，对于这些看到广告却没有点击的流量来说，网站成了白忙活。有很多网站不愿意做这样的广告。

（三）CPA

CPA（Cost PerAction）即每行动成本计价方式，是指按广告投放实际效果，即按回应的有效问卷或定单（包括形成一次交易、获得一个注册用户，或者对网络广告的一次点击等）来计费，而不限广告投放量。

广告主为规避广告费用风险，只有当网络用户点击旗帜广告，链接广告主网页后，才按点击次数付给广告站点费用。

计算公式为：CPA = 总成本/转化次数

但 CPA 模式在充分考虑广告主利益的同时却忽略了网站主的利益，遭到了越来越多的网站主的抵制。网站主们普遍不愿意拿优质广告位投冷门产品的 CPA 广告，因为广告被点击后是否会触发网友的消费行为或者其他后续行为（如注册账号等行为），最大的决定性因素不在于网站媒体，而在于该产品本身的众多因素（如该产品的受关注程度和性价比优势、企业的信誉程度等）及现今网友对网上消费的接受状况等因素。越来越多网站媒体在经过实践后拒绝 CPA 模式，CPA 收费广告很难找到合适的媒体。因此，CPA 广告模式对广告主来说是无风险，但在网站主中却不大受欢迎。

例如，一定时期内一个广告主投入某产品的网络广告的费用是 6 000 美元，这则网络广告的曝光次数为 600 000，点击次数为 60 000，转化数为 1 200。

那么：CPM =（6 000/600 000）×1 000 = 10 美元

CPC = 6 000/60 000 = 0.1 美元

CPA = 6 000/1 200 = 5 美元

CPM 是目前应用最广，也是使用起来最简单的指标。广告主投放网络广告的费用是一个明确的数字，而广告曝光次数是由 ISP 或 ICP 直接提供的，所以 CPM 能够很容易地计算出来。

（四）CPR

CPR（Cost PerResponse）即每回应成本计价方式，以浏览者的每一个回应计费。这种广告计费充分体现了网络广告"及时反应、直接互动、准确记录"的特点，但是，这个显然是属于辅助销售的广告模式，对于那些实际只要亮出名字就已经满足一半的品牌广告，大概所有的网站都会给予拒绝，因为得到广告费的机会比 CPC 还要渺茫。

（五）CPP

CPP（Cost PerPurchase）即每购买成本计价方式，是广告主为规避广告费用风险，只有在网络用户点击旗帜广告并进行在线交易后，才按销售笔数付给广告站点费用。

无论是 CPA 还是 CPP，广告主都要求发生目标消费者的"点击"，甚至进一步形成购买，才予付费；CPM 则只要求发生"目击"（或称"展露""印象"），就产生广告付费。

（六）包月方式

很多国内的网站是按照"一个月多少钱"这种固定收费模式来收费的，这对客户和网站都不公平，无法保障广告客户的利益。即，采用包月的形式，不管效果好坏，不管访问量有多少，一律一个价。

尽管现在很多大的站点多已采用 CPM 和 CPC 计费，但很多中小站点依然使用包月制。

（七）PFP

著名市场研究机构福莱斯特（Forrerster）研究公司最近公布的一项研究报告称，在今后，万维网将从目前的广告收费模式即根据每千次闪现（impression）收费——CPM 变为按业绩收费（pay‑for‑performance）的模式。

（八）其他计价方式

某些广告主在进行特殊营销专案时，会提出以下方法个别议价。

（1）CPL（Cost PerLeads）：以搜集潜在客户名单多少来收费。

（2）CPS（Cost PerSales）：以实际销售产品数量来换算广告刊登金额。

任务二　网络广告营销

一、企业广告投放的策略

（一）集中投放式策略

在特定区域、特定时刻及特定媒体总量的限制之下，广告投放能产生一种挤出效应。即在广告版面总量为 100 的情况下，A 企业投放 80 的广告，其他企业只能投放剩余的 20。

如果 A 企业投放总量再提高，其他企业所能投放的广告版面便相应减少。房地产是竞争非常激烈的行业，每日各种媒体上所刊登的楼盘广告信息多不胜数。A 企业在短时间内进行集中式投放，一方面既是提高自身的曝光率，另一方面也让其他楼盘没有机会打广告，让消费者只能看到 A 企业，所以其结果也是非常有效。这种集中式的广告投放并非适合所有的企业及产品的市场推广。只有产品信息相对透明、企业无须花长时间培养市场对产品的认识，同时市场上同类产品竞争激烈众声喧哗、小打小闹广告投放很难见效果的情况下，才可以考虑使用此策略。

（二）连续式投放策略

广告的投放策略应根据产品或品牌所要达到的传播效果而定。从市场推广的角度看，产品可以分为市场启动期、市场成长期、市场成熟期及市场衰退期。而从产品宣传的目的看，可以分为提升产品知名度、打造品牌美誉度、树立产品形象等不同目标。不同的产品入市时期及不同的产品宣传目标，其应采用的广告投放策略就会大相径庭。有些企业机能复杂、售价高昂、消费者对产品信息了解不够充分的新产品，在前期市场推广时就适宜采取连续式的广告投放策略，有目的、有步骤地把产品信息传达给相关客户群。而且，广告投放应该选择与产品特性相近似或者具有较高公信力、品牌知名度的媒体，利用这些媒体影响，提升产品的形象与知名度，为下一步市场推广铺平道路。

连续式的投放策略其优势就在细水长流般地将产品或者品牌渗透进消费者脑海中，使他们对产品的印象与好感持续增加。当然，这种投放策略需要企业有较长远的广告预算，同时也要预防后进的竞争对手以高强度的广告投放进行包围及拦截。这些都是在制定连续式投放策略所要考虑的。

（三）间歇式投放策略

对于一些在市场已经非常畅销，或者品牌知名度相当高的产品，许多人认为已经无投放广告的必要。在他们看来，广告的最大目的就在于传达产品信息及树立品牌形象，既然产品已经众所周知且品牌形象良好，何必再浪费额外的广告费呢？但是，广告投放除了以上两大功能外，同样承载着一个非常重要的功能，那就是消费者情感唤醒的功能，这就是我们所要讨论的间歇式投放策略。

像可口可乐、百事可乐、微软、IBM 等行业巨头，无论是公司还是其主打产品，绝大部分的消费者都耳熟能详，而且，其品牌号召力也是非常巨大。但是，除了在新产品面世时的正常广告投放外，我们不定时还能在有关媒体上见这些公司一些已有旧产品的广告信息。这种间歇式的广告投放策略其目的显然不再只是产品本身信息的传达，而更是负担着唤醒消费者与产品之间的情感沟通。从消费者的大脑记忆与情感遗忘程度曲线上看，在没有任何提醒的情况下，每隔三个星期的时间，消费者对产品与品牌的记忆度与情感度就会下降 2~5 个百分点。如果企业在此时没有进行相关的广告投放，其他品牌的产品就可能乘虚而入。

从网络推广的角度看，间歇式的投放策略适合于产品的高度成熟期，消费者对产品的记忆与好感只需间隔性的提醒，而无须密集地接触。而广告投放的间歇期的长短，则要视乎市场竞争的激烈程度而定。

二、广告投放原则

那么，是不是广告投放选择的媒介越多、投放的频次越多，广告效果就与投入的费用成正比呢？答案是未必。

要使广告组合投放的收益最佳，必须掌握以下原则。

（一）有效受众扩大原则

任何一种媒介的受众都不可能与企业产品的目标消费群完全重合，因此，企业组织投放广告应该最大程度地互补挑选媒介，即选定一个媒介后，要针对它没有包含在内的那一部分消费群，借助其他媒介来完成。这样做的目的是让广告发布覆盖最大的有效人群，即企业产品的目标消费群。

（二）巩固提高原则

消费者对广告信息产生兴趣、记忆、购买欲望，需要广告有一定频率的反复提醒和巩固。因为受众对一则广告在一个媒介上重复刊播的注意力会随时间而减少，因此需要多种媒介配合，延长受众对广告的注意时间。

（三）信息互补原则

不同的媒介有着不同的传播特性，比如电视广告对于吸引消费者的注意力有所帮助，但不能传递太大的信息量，网络报纸、杂志就可以传递较大的信息量。一般促销活动的发布信息可以由电视或报纸发布，但促销活动的详细规则可以由网络和店头海报传递。

（四）时空交叉原则

不同的媒介有不同的时间特征。比如，网络、电视、报纸发布非常及时，可以连续进行宣传，间隔较短。而杂志一般以月为单位，不宜发布即时的新闻。在媒介组合中，应该考虑时间上的配合。比如，电视、报纸做简明的新闻报道式的广告，杂志做深度的软文广告。

总之，无论采取哪种形式投放广告，都应遵循效益最大化原则，即对在各种媒介上发布的广告规格和频次进行合理的组合，以保证在达到广告效果的情况下，节省广告费用。

三、网络广告营销的创意方法

（一）感知效应——品质的冲击力

网络广告所显示的商品经常具有独特的品质或功能，让消费者真正感知到这一点，是网络广告设计最有效的手段和目的。但一般而言，网络广告由于其文件和幅面大小的限制，其表现方式有很大局限性，但如果找到合适的表现方法，则能取得事半功倍的效果。

成功案例：MOTOROLA 最新推出的 V998 手机的特点就是造型非常轻盈小巧，功能又全，其网络广告通过表现耳环的摇动，翻转变成手机来体现其主要特点。

（二）情趣效应——情节的吸引力

网络广告可以制作成动画，这样它就可以像影视广告一样，表现一定的情节。具有情节的广告与众不同，容易吸引网友的注意力和好奇心，获得认同感，达到更好的广告效果。

成功案例：APCUPS 电源的广告，通过两个人用 ICQ 谈恋爱，在关键时刻突然断电来体现 UPS 的重要性。

（三）情感效应——氛围的感染力

在网上，富有情感的广告更易激发人点击的欲望。设计师通过色彩、文字、图像、构图等手段营造出一种氛围，它使观看广告的人产生了一种情绪，正是这种情绪使人们接受并点击广告，从而接受了广告所推出的服务或产品。网络广告应该设法提高自己的情感效应，善于认识、发挥甚至赋予商品所适合的情感，营造出使网友产生共鸣的氛围，使广告被接受。

成功案例：新旅游是一个旅游杂志，网络广告用大海和沙滩很好地烘托出这个主题，五个脚印一个一个地踏出，把旅游的浪漫感觉渲染了出来。

（四）理解效应——事实的说服力

运用理解效应的基本原理就是帮助消费者找出他们购买商品的动机，并将产品与此动机直接联系起来。有时消费者并不清楚该产品会给他们带来什么好处，我们可以强调商品某方面功能的重要性。对于横幅广告来说，应注意的是选材的精练。

成功案例：中国建行的广告，它通过车轮对于汽车的重要性来体现网上银行对于电子商务的重要性。

（五）记忆效应——品牌的亲和力

网络广告只是营销战略的一小部分。广告无法真正卖掉这个产品，而只能吸引潜在购买者的兴趣，以便向他们提供更详尽的产品介绍材料。广告可以在推销这个产品时将产品背后的公司一起推销出去，即利用树立公司的威信来让消费者对产品也产生信心。

另外，从心理学效果看，知道的事物比陌生的事物更能博得人们的信任。而这正是强调品牌的原因之一。广告在不同媒体上信息传达的统一性战略，就是为了建立这种熟悉感。

利用对企业形象的突出和强调能够唤起人们对已经认可的事物的再度认可，也是一种提高广告效果的方法。但是，由于各种媒介之间的差异性，在传达同一信息时又必然各有特色。在网络广告中，对于品牌的过分宣传会降低网友的好奇心，从而影响点击率，这其中的利弊得失，需要权衡。

成功案例：微软的 PHOTODRAW 广告突出的就是 PHOTODRAW 的标志，先用作蓝色的底纹，再凸起彩色标志，然后用放大镜看的是磁盘拼起的彩色标志，最后在名称旁边呈现单纯完整的标志，特征明确，有说服力。

（六）社会效应——文化的影响力

中国是一个历史悠久的国家，几千年的古老文化传统，塑造了中国人所特有的价值观和审美观。

中国人对于家庭的观念是比较特殊的。西方人比较注重个人的满足，而中国人更注重天伦之乐。在家庭关系上，父母不仅仅生育了子女，而且几乎把自己的全部心血都倾注到子女身上。这种父母与子女的骨肉之情很容易使人们在感情上产生共鸣。因此，广告愈来愈多地把父母与子女的情感运用于其中。如果广告以潜在的买主——父母为中心，更多地考虑他们的心态，把父母对子女深情寓于其中，使消费者对产品产生亲近感，赢得他们的信任。中国人眼中的"家"是一个较完整的群体，一个由父母、兄弟、子女甚至于亲友组成的，更易表现为唯情主义。

成功案例：汉王笔输入专家的广告设计出钢笔写出亲笔信的动画，又推出"网上传真情"的广告语，整体采用民俗化的暖色调和底纹，在春节期间发布，效果很好。

（七）机会效应——利益的诱惑力

机会效应是指在网络广告中告诉网友，点击这则广告可以获得除产品信息以外的其他好处，而不点就会失去。因为点击网络广告需要网友付出时间和经济上的代价，所以给他们一种付出会有收获，而不付出就会有所丧失的感觉十分重要，通常表现为"奖""礼"，或者"免费"等。利用机会效应，提高广告的机会价值是提高广告点击率行之有效的方法。

成功案例：INTEL 网上招标的广告就利用了利益的诱惑。INTEL 广告共有 14 幅动画，突出的是"网上赢利的机会"，暗示着软件界的朋友点击这则广告有可能发财，取得了较好的效果。

（八）行为效应——点击的召唤力

根据康斯托克的心理模式，对一个行动的特定描述可能导致学习那个行动，对个人来说，这种描述愈是显著（即这一行动在个人所看到的全部广告中愈突出），就愈具有激发力。所以，网络广告可以通过对特定行为的描述来引导别人点击。

成功案例：MOTOROLA 手机的广告在其最后一幅画面模拟了人们熟悉的菜单窗口和小手，既展示了手机的主要功能，又能吸引人们去点击。

四、网络广告的定位

所谓网络广告定位，就是对网络广告宣传主题的定位，确定诉求的重点，或者说是确定商品的卖点或企业的自我推销点。

（一）抢先定位

抢先定位策略就是利用人们认知心理先入为主的特点，使网络广告所宣传的产品、服务或企业形象，率先占领消费者的心理位置，这被认为是最重要的定位策略，也是网络广告最重视的策略。

（二）比附定位

这是一种攀龙附凤的定位方法。第一品牌、领导者地位已被占领，跟进者要想正面抗争十分困难，于是聪明的网络广告或网络广告人往往委曲求全以比照攀附领导者的方法，为自己的产品得一席之地。

（三）空隙定位

根据网络广告产品自身的特点，寻找消费者心中与之相应的需求空隙定位。

（四）品牌形象定位

根据产品的个性和消费者的审美心理塑造一种产品形象，并将这个形象植入消费者心中。

（五）企业形象定位

企业公共关系网络广告，直接或间接推销的就是企业自身的形象。

任务三　网络广告营销实施

一、网络广告发布平台

网上发布广告的渠道和形式众多，各有长短，企业应根据自身情况及网络广告的目标，选择网络广告发布渠道及方式。可供选择的渠道和方式主要如下。

（一）主页

建立自己的主页，对于企业来说，是一种必然的趋势。它不但是企业形象的树立，也是宣传产品的良好工具。在互联网上做广告的很多形式都只是提供了一种快速链接公司主页的途径，所以，建立公司的 Web 主页是最根本的。从今后的发展看，公司的主页地址也会像公司的地址、名称、电话一样，是独有的，是公司的标识，将成为公司的无形资产。

（二）网络内容服务商（ICP）

如新浪、搜狐、网易等，它们提供了大量的互联网用户感兴趣并需要的免费信息服务，包括新闻、评论、生活、财经等内容，因此，这些网站的访问量非常大，是网上最引人注目的站点。目前，这样的网站是网络广告发布的主要阵地，但在这些网站上发布广告的主要形式是旗帜广告。

（三）专类销售网

这是一种专业类产品直接在互联网上进行销售的方式。走入这样的网站，消费者只要在一张表中填上自己所需商品的类型、型号、制造商、价位等信息，然后按一下搜索键，就可以得到你所需要商品的各种细节资料。

（四）企业名录

这是由一些 Internet 服务商或政府机构将一部分企业信息融入他们的主页中。如香港商业发展委员会的主页中就包括汽车代理商、汽车配件商的名录，只要用户感兴趣，就可以通过链接进入选中企业的主页。

（五）免费的 E-mail 服务

在互联网上有许多服务商提供免费的 E-mail 服务，很多上网者都喜欢使用。利用这一优势，能够帮助企业将广告主动送至使用免费 E-mail 服务的用户手中。

（六）黄页形式

在 Internet 上有一些专门用以查询检索服务的网站，如 Yahoo!、Infoseek、Excite 等。这些站点就如同电话黄页一样，按类别划分，便于用户进行站点的查询。采用这种方法的好处，一是针对性强，查询过程都以关键字区分；二是醒目，处于页面的明显处，易于被查询者注意，是用户浏览的首选。

（七）网络报纸或网络杂志

随着互联网的发展，国内外一些著名的报纸和杂志纷纷在 Internet 上建立了自己的主页；更有一些新兴的报纸或杂志，放弃了传统的"纸"的媒体，完完全全地成为一种

"网络报纸"或"网络杂志"。其影响非常大，访问的人数不断上升。对于注重广告宣传的企业来说，在这些网络报纸或杂志上做广告，也是一个较好的传播渠道。

（八）新闻组

新闻组是人人都可以订阅的一种互联网服务形式，阅读者可成为新闻组的一员。成员可以在新闻组上阅读大量的公告，也可以发表自己的公告，或者回复他人的公告。新闻组是一种很好的讨论和分享信息的方式。广告主可以选择与本企业产品相关的新闻组发布公告，这将是一种非常有效的网络广告传播渠道。

除此之外，也有新媒体技术下的，如网络广告联盟，又称联盟营销，指集合中小网络媒体资源组成联盟，通过联盟平台帮助广告主实现广告投放。越来越多的品牌广告主逐步加大在网络广告优势门户媒体上的投放费用。相对门户网站，聚合长尾的联盟广告的广告价值还未被大部分品牌广告主认可，一些品牌广告主现阶段只是尝试性的开始投放，大多品牌广告主对投放过程及效果持观望态度。目前投放联盟广告的多以互联网企业为主，且各家联盟平台的广告主资源重合率也相对较高。百度网盟推广通过分析网民的自然属性（地域、性别）、长期兴趣爱好和短期特定行为（搜索和浏览行为），借助百度特有的受众定向技术帮助企业主锁定目标人群，当目标受众浏览百度联盟站点时，以固定、贴片、悬浮等形式呈现企业的推广信息。百度网盟是百度搜索引擎营销的延伸和补充，突破了仅在网民搜索行为中实施影响的限制，在网民搜索行为后和浏览行为中全面实施影响，具体如图 2－24 示。

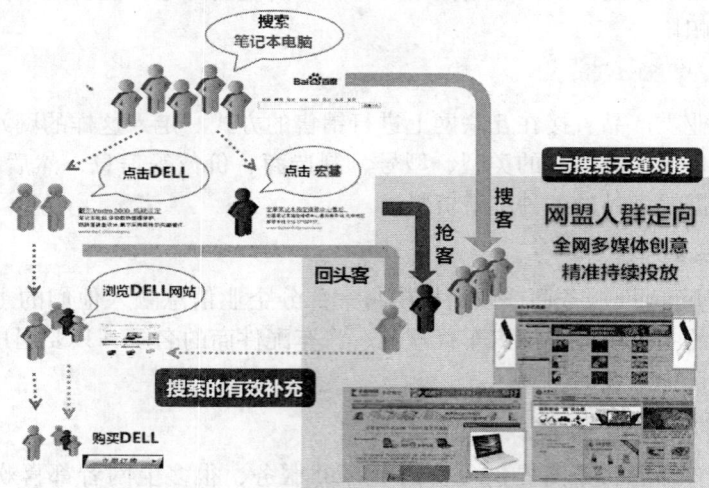

图 2－24　百度网盟推广示意图

二、网络广告营销实施步骤

第一步调查上网用户的需求。信息与娱乐，利用用户需求创造传播点。利用网络广告时候，应该先向上网的用户提供具有价值的信息或娱乐，吸引目标消费者的注意力，使他们主动的做出一些行动去了解更多更详细的情况。对比只是宣传产品的一种方法，通过这样的途径获取企业产品的信息，从而对企业和产品有更深刻的印象。

第二步选择大流量并且访客覆盖企业目标市场的网站。大流量的网站就等于繁华的商业街。人气很旺，企业的广告自然就会更受到关注。同时，网站访客应最大程度的覆盖企业的目标市场。

第三步分析并且选择网站中最具有广告效果的广告形式。

第四步根据产品的特点，确定合适的最希望反应和广告活动的主题，广告投放的最期望反应可以是建立与目标消费者之间的一些联系。如果要通过信件、电话或推销员等传统的途径建立联系，将会花费大量的成本。但通过网络，建立与消费者联系的成本将大幅度减少。确定了最希望反应之后，就可以根据这个配合企业的营销计划来设计广告活动的主题。

第五步设计广告文案与配图。广告设计是最受受众注意的关键。广告必须传递最具有吸引受众的、单一的并且有易于理解的利益点，从而促使受众产生进一步了解的兴趣。标题是广告中最为重要组成部分。如果标题不能够吸引受众，那么广告的其他部分的作用将会大大削弱。

第六步收集访客电子邮箱的地址。根据国际互联网网络消费者行为的统计数据，访客平均需要重复性的访问网站7次才会转化为该网站的顾客。此统计结果与人们的消费行为是切合的。购买过程包括以下五步：需求到认识到寻找到评价到决定被吸引，并访问企业网站的消费者，还必须经过认识自己的需求、寻找对比有用信息、评价同类产品这三个阶段才会做出最后的决定。这个阶段或短或长，但总是存在的。所以，通过广告吸引目标消费者访问的网站之后，首要的任务会是设法与他们保持一定的联系，提高他们重复访问的次数，主动地帮助目标消费者完成购买行动。与访客保持联系、提高重复访问次数的方法如下：（1）提供经过组织者的、具有高价值的内容；（2）收集访客的电子邮箱地址，适当的发送跟进信。

第七步设计和广告是紧密联系的、提供高质量信息或者娱乐的指向页面。点击广告的用户已经表明了他们对企业的产品有了一定兴趣，并希望进一步的了解更多信息。指向页面必须向这些受众传递足够多的信息，以让他们做出最期望反应。文字在传递信息以及说服过程中起着一定的作用，图片只是更形象的描述。但是在很多承担信息传递功能的网页中，往往图片成了主角。因此，经过组织的、具有很高价值的文字内容，结合必要的图片，才是把受众的注意力转化成行动的最有用的武器。指向页面是这些文字内容和图片的载体。感兴趣的用户将通过登录页面完成广告主所设定的最期望反应。为了保持和客户的联系及促使访客做出购买行为，广告主应该及时的收集访客的邮件地址和引导他们阅读销售信。

第八步用正确的销售信息促进访客做出有利行动。

通过以上所述的几个步骤，企业已经利用互联网网络过滤了受众，从中识别并吸引了大量的对企业产品有需求的消费者，并可以认定他们将会对企业的产品有很高的兴趣，而且已经大大缓和了他们对销售的抵触心理。剩下的工作就是企业怎样说服这些消费者做出有利行动。进而，企业需要通过互联网及时地向这些经过识别性的消费者传递有关销售信息。对不同的产品来说，传递销售信息的方法不同。

三、网络广告交换

合作网站之间自行协商交换广告方案没有一定的规律，但在与第三方广告交换网进行交换广告时有一些值得注意的地方。

（一）选择广告交换网站的标准

专业的广告交换网站很多，但是通常只能和一个网站建立这种交换联系，因此在决定和哪个广告交换网站确立合作关系之前，应该进行认真选择。因为交换广告涉及双方的利益，因此，存在着双方互相选择的问题。广告网希望你的网站有一定的访问量，或者网站内容具有吸引访问者的潜力。网站在选择自己希望的交换广告信息网时，要考虑的主要因素包括：交换比例、网站影响力和稳定性等。

交换比例直接影响到自己的广告在其他网站的显示次数，一般来说，比较著名的广告网，交换比例往往比较低。例如，网盟采取 2∶1 的交换比例，即在你的网站显示 2 次广告，才可以获得 1 次广告显示机会。

交换比例并不是唯一的选择标准。往往由于许多新兴的广告网站规模比较小，发展前途很难预测，即使承诺可以提供较高的交换比例，也不一定适合你的网站，尤其当你的网站是比较正规，或者更换交换对象不太方便时，一定要考察网站的影响力和稳定性等因素。

（二）广告交换的一般方法

当选定合适的广告交换机构之后，就需要加入广告信息网以获得互换广告的资格。加入的方法各网站会略有不同，一般都会详细说明。通常需要注册为会员，然后可以获得一段代码，将这段代码置入自己网页的适当位置，就可以完成设置，当你的网站更新之后，就可以显示广告交换网为你提供的广告了。

在注册为会员之后，你还根据广告交换网对广告的格式、规格、字节数等的要求设计好自己的广告条，在规定的时间内上传到网站指定的位置。这样，当你的网站上显示了其他网站广告的同时，也获得在其他网站显示自己广告条的机会。

（三）免费广告交换的主要问题

由于网络广告的行业平均点击率在 0.5% 以下，网络广告的效果也受到很大的质疑，而且由于在广告交换网的广告投放不是自己可以控制的，一般由提供这种交换服务的网站决定将你的广告投放在哪些网站，虽然网站在投放广告时也会根据一定规则寻找一些相关度的网站，但是，那些网站的访问者是不是你的潜在用户无法事先预知，因而定位程度可能更差一些，使得交换广告的有效性降低。

四、增进广告效果的措施

（一）重视网络广告策略调研

从制订网络广告计划，到网络广告设计制作、选择网络广告资源并投放网络广告，每个环节都需要进行充分的调研，网络广告调研的主要内容包括：竞争者的网络广告策略、网络广告的可能效果、网络广告资源及其特点、网络广告的价格、网络广告设计的关键要素等。

（二）设计针对性的网络广告

针对不同阶段产品与品牌的特点，针对用户浏览网络广告的行为特点。

（三）优化网络广告资源组合

网络广告最终要依赖网络广告媒体资源才能被用户浏览，因此网络广告资源的选择对广告效果产生直接的影响。

（四）对网络广告效果进行跟踪控制

在搜索引擎营销中，关键词广告效果跟踪分析的必要性，对基于网页发布的网络广告也是同样道理。

五、网络广告效果的评估

广告主通过对网络广告执行效果的评估，可为日后的广告运作提供依据。

（一）评估的基本内容

评估的基本内容包括两个方面：一是对访问量的评估，比较其在计划与执行上的区别。二是研究广告的衰竭过程，方法是将同一广告每天的点击率在坐标轴上连成线，研究每个广告衰竭的时间，为确定更换广告的时间间隔提供依据。

（二）评估所需数据的获取

1. 通过安装在广告商服务器上的访问统计软件获取

利用这类软件，广告主可及时了解在什么时间、有多少人访问过载有广告的页面，有多少人通过广告直接进入到自己的网站。

由于这些数据是出自各广告服务商网站自己的软件，因此这种监测模式很不合理，弊病颇多。最简单的作弊方式，如网站的经营者，可以不停地刷新放置有广告的页面；比较复杂的方式是利用传销中的转包手段，即网站经营者以较低的价格将广告转包给其他一些乏人问津的小网站，后者尽管访问人次较少，但如果这类网站为数众多，则其流量也是相当可观的，所以广告客户往往对数据的可信度抱有疑虑，如果统计数据出自第三方，其可信度当然会有所提高，因此，现在广告主开始选择由第三方提供技术力量并进行广告监测的评估方式。

2. 通过权威的广告评估机构

传统媒体一般都是由一些权威机构发布的发行量、收听率、收视率等来衡量一家媒体的优劣，但监测网络广告效果还是一个全新的领域。为迎合这种需求，目前在美国已经有 IAB（www.iab.net）和一些 Web 评级机构开始充当权威检测人的角色。我国目前还没有专门的网络广告评估机构，许多广告商和广告客户已经意识到这个问题，正积极寻找第三方充任这一关键角色，如中国互联网络信息中心 CNNIC，其提供的数据具有较高的可信度。

3. 通过客户的反馈量

即通过广告投放之后网站的在线提交量和电子邮件数量增加的幅度来判断广告发布的效果。

（三）选择网络广告监测机构的基本标准

对打算发布网络广告的企业来说，选择一个好的网络广告监测机构是十分重要的，这类机构正在处于雏形发展阶段，民间也相继出现了一些组织或机构，目前对监测机构的基本认同标准如下。

（1）客观、公正、权威。

（2）不能"一家独秀"，要有相应的制约规则的约束。

（3）熟悉商业及市场的运作模式。

（4）熟悉广告行业的运作模式。

（5）已经或能够与媒体提供商建立广泛良好的合作关系

考核指标

考核目标	考核指标	分值（100分）
知识目标（30%）	1. 理解网络广告与传统媒体对比的优劣势	
	2. 理解网络广告的形式	
	3. 掌握网络广告的创意方法	
	4. 掌握网络广告的定位策略	
能力目标（40%）	1. 网络广告的创意思路构成	
	2. 网络广告的制作工具	
	3. 网络广告的发布渠道	
	4. 网络广告预算制定方法	
	5. 网络广告的市场价格及企业网络广告价格定位	
	6. 增进网络广告效果的措施	
素质目标（30%）	1. 团队合作与分工	
	2. 分析、学习、创新的能力	
	3. 网络广告的创意	
	4. 网络广告效果评估	

参考资源

http：//blog. digitalforest. cn/indirectad－cases

http：//banner. alimama. com/

网络营销实践项目

实践项目：网络广告营销		
团队名称：		最佳成员：
小组分工：		
实验日期：		实验地点：
实验要求：结合项目十的学习，针对企业网络营销需要，以教材中提及的网络广告形式（图片或 FLASH），自定主题，设计网络广告。并选网络平台发布制作的网络广告		
	经理签字：＿＿＿＿＿＿	

基于网站的网络营销技能训练项目

当今的互联网还处于搜索时代，因此，用户在获取各类信息的时候，主要还是依靠搜索引擎。因此，SEO 和 SEM 技术，对于网络营销人员来说就显得异常重要。在 SEO 中，需要对搜索引擎的原理进行分析，同时还应掌握 SEO 策略、关键词策略、网站内部优化策略、外链发布策略等 SEO 优化技术。

而在实施 SEM 时，网络营销人员要通过对其原理的挖掘，找到搜索引擎的切入点所在，然后进行大范围的搜索引擎营销，这样才能够取得很好的效果。

项目十一　营销型网站设计

案例分析

2008 年，开心网在这短短 2 个多月的时间里，用户呈几何的增长，一些第三方的数据，例如 ALEXA 排名、百度指数上涨幅度都特别的大。开心网主要依靠病毒式口碑营销传播的手段，在短短时间把用户数做到非常大。

1. 开心网定位清晰

校内用户定位是学生，51 的主要用户是低端网吧用户，360 圈定位 90 后。而开心网是娱乐性质的 SNS。只要有娱乐的需求，都可以去开心网。所以开心网一开始的用户定位就很泛，也看得出开心网的野心很大。就像 IM 里的 QQ 一样，什么样的用户都能在里面兼容，来者不拒。

2. 病毒营销

开心网用户发展这么快，最关键的因素是开心网把 SNS 网站最传统的病毒营销推广模式做到了极致。开心网针对用户不同生活圈里的好友，分别提供了不同的邀请代码。潜意识的告诉用户，不管你身边什么样的人都可以邀请进来。

3. 产品功能和病毒营销体系的互相配合

开心网用户快速发展的关键，更多的是因为病毒传播体系和产品功能的互相配合。开心网里最火的游戏有：买卖、争车位和偷菜，都有邀请好友注册提成的功能。因为很多人在现实生活中满足不了自己，到了网上就有了强烈的虚荣心和好胜心。就会疯狂的去邀请好友赚取提成，让自己有炫耀的资本。

思考

开心农场的"偷菜"的流行，除了病毒式营销作用的发挥，企业网站定位起到至关重要的作用。那么在众多企业网站中，如何找到自己的定位呢？

学习目标

知识目标：让学生认识网站对于企业开展网络营销的作用，理解未来 WAP 中的应用趋势。同时，掌握企业网站建设流程，包括从规划、分析、设计到网站运行的各个环节。

能力目标：要求学生了解目前企业网站所存在的问题，分析为什么企业花了钱做网站推广而效果不佳，并针对性的去解决这些问题，写出企业网站问题分析报告及解决方案。使学生能运用营销思想来进行网站规划，内容包括有：对网站进行目标定位、网站的类型及核心业务定位和网站功能定位，对网站的内容进行规划。

素质目标：要求学生根据企业需要，学习网站内容规划涉及的内容，能针对特定网站参与撰写网站建设规划，并用网络营销思想来指导整个网站规划。

学习关键词

网站、WAP、网站存在问题、网站定位、网站设计、功能、网站建设基本流程、网站建设的准备工作、网站建设的技术

任务一　企业网站基本问题分析

任务案例　Shoplocket 让电商可以变得如此简单

Shoplocket 让出售东西就像分享和嵌入视频那样简单。注册 Shoplocket 并绑定 Paypal 账户后，就能开始发布商品，没有店铺的概念。上传商品图片，填好价格和尺码等信息，再选好你喜欢的商品展示模板，就可以将购买链接分享到你的社交账号中去。

Shoplocket 的创新之处在于它能将整个产品展示柜嵌入你的个人网页，轻博客中，只需拷贝粘贴代码即可。除此之外，Shoplocket 还推出了 Facebook 应用，这就使得产品展示柜能呈现在社交网络好友的信息流中。当潜在买家点击这个展示框上的购买按钮后，就直接进入到付款页面，输入收货地址，使用 Paypal 就可结账，完成购买。Shoplocket 会对每笔成功交易收取 2.5% 的交易费用。

对于 Shoplocket.com 的首页来说，不论是首页还是内容页，都显得那么的简单。这也是目前众多电商难以实现的简单快捷操作。

一、浏览者访问网站的目的

（1）了解企业本身的信息，如企业的资质、发展历程、企业文化、组织机构、企业的领导团队、上市公司、财务状况、联系方式等信息。

（2）了解企业的产品和服务的相关信息，如产品和服务的种类、性能、质量、价格及产品的真伪识别技术等。

（3）作为已经购买了企业产品和服务的消费者，来到网站进行咨询产品使用过程中出现的问题，需要得到网站客服的帮助。

（4）作为网站会员或者是产品和服务的消费者来到企业网站，与其他会员或者消费者就企业产品和服务进行沟通和交流。

（5）来到网站进行线上购买企业产品和服务，实现网上购买。

二、企业网站存在的主要问题

从表现形式来看，每个网站的问题可能都有所不相同，但从实质上来说，其根本原因是相似的，也就是说都具有共同的缺陷特征。从现象来看，这种状况通常被认为是企业网站运营策略失当，如网站推广不力、信息更新不及时等，但从更深入的层次上分析，则是由于缺乏对企业网站功能、企业网站的本质，以及企业网站与网络营销之间关系等基本问题的深入了解所致。现在对于网站建设的技术和实现方法等问题的研究已经非常多了，但仅仅从技术实现的角度来理解企业网站远远不能发挥出企业网站的网络营销价值，需要站在网络营销战略的角度来认识企业网站的功能，以及企业网站与网络营销之间的有机联

系。常见的企业网站问题有以下几方面。

（1）企业网站总体策划目的不明确，缺乏网络营销思想指导。从企业网站规划和栏目设置不合理状况就可以看出网站策划的指导思想不明确。

（2）企业网站栏目规划不合理、导航系统不完善。主要表现在栏目设置有重叠、交叉，或者栏目名称意义不明确，容易造成混淆，使得用户难以发现需要的信息，有些网站则栏目过于繁多和杂乱，网站导航系统又比较混乱。

（3）企业网站信息量小，重要信息不完整。网页信息量小包括两种情况：一种是页面上的内容过少，或者将本来一个网页可以发布的内容分为多个网页，而且各网页之间没有相互链接，需要多次点击才能发现有效的信息，这样便增加了信息传播渠道的长度，在此过程中可能失去潜在用户；另一方面是尽管网页内容总量不少，但有用的信息少，笼统介绍的内容多。网站重要信息不完整体现在：企业介绍、联系方式、产品分类和详细介绍、产品促销等是企业网站最基本的信息，但为数不少的企业网站上这些重要信息不完整，尤其是产品介绍过于简单，有些甚至没有公布任何联系方式。

（4）企业网站营销意识不够明确。促销意识指通过网站向访问者展示产品、对销售提供支持，有多种具体表现方式，如主要页面的产品图片、介绍、通过页面广告较好体现出企业形象或者新产品信息、列出销售机构联系方式、销售网店信息等，具有积累内部网络营销资源和拓展外部网络营销资源的作用，这方面总体状况比较欠缺。调查结果表明，只有37.6%的企业网站具有一定的在线促销功能。

（5）企业网站服务尤其是在线顾客服务比较欠缺。通过网站可以为顾客提供各种在线服务和帮助信息，比如常见问题解答（FAQ）、电子邮件咨询、在线表单、通过即时信息实时回答顾客的咨询等。一个设计水平较高的常见问题解答，应该可以满足80%以上顾客关心的问题，这样不仅为顾客提供了方便，也提高了顾客服务效率、节省了服务成本。但实际上，被调查的大型企业网站中，最常用的顾客服务联系方式分别是：电话（68.4%）、在线咨询表单（31.6%）、FAQ（23.9%）、论坛（11.1%）、在线咨询 E-mail（7.7%）。这些数字表明，企业网站的顾客服务信息的总体状况比较薄弱，尤其在线服务手段没有得到足够的重视，网络营销的在线顾客服务功能远远没有发挥出来。

（6）企业网站对销售和售后服务的支持作用未得到合理发挥。虽然网上销售目前还不是企业开展网络营销的主流，但网络营销可以对网下销售及售后服务提供良好的支持，这需要通过网站的信息、服务等方面来给予支持，如详细的售后服务联系信息、关于产品购买和保养知识、产品价格和销售网络查询等。调查发现很多企业网站对此没有足够重视，因而难以发挥应有的作用。

（7）企业网站在网络营销资源积累方面缺乏基本支持。资源合作是独具特色的网络营销手段，为了获得更好的网上推广效果，需要与供应商、经销商、客户网站，以及其他内容、功能互补或者相关的企业建立资源合作关系，实现资源共享到利益共享的目的。如果没有企业网站，便失去了很多积累网络营销资源的机会，没有资源，合作就无从谈起，但一些网站尽管拥有优越的资源，却没有得到合理利用。

（8）企业网站过于追求美术效果，美观有余而实用不足，甚至影响正常浏览和应用。企业网站最重要的在于为用户提供有价值的产品信息、顾客服务，以及为实现促销和在线销售等只能提供支持，如果过分注重外在的视觉效果，就可能适得其反。现在界面设计简陋的企业网站越来越少，但却向另一个极端发展，主要表现为网站过分注重美术效果，包括：大量采用图片，影响网页下载速度；有些网站连基本信息内容都用图片格式，影响基本信息获取；有的网站文字太小、文字颜色暗淡、采用深色页面背景，影响正常视觉等。

（9）企业网站优化设计的基本思想和内容没有得到起码的体现。网站优化的基本思想是通过对网站功能、结构、布局、内容等关键要素的合理设计，使得网站的功能和表现形式达到最优效果，可以充分表现出网站的网络营销功能，即用户可以方便地浏览网站的信息、使用网站的服务；对于搜索引擎则可以顺利抓取网站的基本信息，当用户通过搜索引擎检索时，可以出现在理想的位置，使得用户能够发现有关信息并引起兴趣；对于网站运营人员则可以对网站方便地进行管理维护、有助于各种网络营销方法的应用。关于此内容下一章将详细介绍。

三、企业网站定位问题

建设网站的目的定位、网站的产品定位、网站的市场定位，这三大网站定位基本上可以完全概况出网站建设的定位。网站设计师，要明白客户的网站定位。企业更要清楚网站的定位，把思想和相关资料传达给网站设计师，让网站和理念更好的结合。

（一）网站的目的定位

在企业角度来看，网站定位主要包括：展示型网站和营销型网站。

展示型网站主要是主要体现在网站的整体设计，例如适当的嵌入 FALSH、放一些高清的产品图片，让整个网站的动态页面看上去更加具有视觉冲击力等。这对一个网站的设计师要求是非常高的，因为只有一个很好的设计师才能达到这种目的，但这样的效果往往不利于网络营销，因为毕竟营销要结合搜索引擎。

营销型网站主要体现在希望通过搜索引擎搜索产品的相关的关键词，继而寻找到企业的网站，这类型的网站主要做的是 SEO，一切以营销为目标去做网站，从网站开始建设就要 SEO，对网站的架构和布局要求非常高，一切布局都得从搜索引擎出发，例如导航关键词的设置、面包屑导航的利用、内链布局等，这类型网站对策划人员要求比较高，对营销型网站而言最终的转化率才是第一要素。

（二）网站的产品定位

任何网站，最终都逃脱不了产品展示这个栏目，展示公司的高端还是中端或者低端产品，这是很重要的，因为产品定位直接决定了网站页面的设计思路，包括图片的处理方式和素材寻找的方向。

（三）网站市场的定位

网站市场的定位和企业本身产品投放的市场是相关联的，不同市场的消费群体，他们的习性爱好等因素，都是一个网站在做市场定位时需要去考虑和分析的，只有这些数据才能告诉你网站真正的市场定位在哪里。

任务二　网站建设的准备与定位

任务案例　大众甲壳虫：在 WAP 上"起舞"

2012 年，大众甲壳虫的网络营销从技术的创新性，营销的新颖性，营销推广的便利性等方面出发，为进口甲壳虫打造了实现基于 HTML5 技术动态展示效果的手机站点，显著的三大特色是：1. 运用 HTML5 技术，实现了进口甲壳虫的跨平台的动态画面展示，视觉效果更炫，展示内容更丰富；2. 新颖的用户体验，利用 HTML5 的技术特点，实现手机网站上的"360 度观车"，并结合 LBS 技术实现通过手机网站查找到"离我最近的经销商"的客户服务功能；3. 通过 L－PUSH 平台，以新一代的"桌面通知广告"与消费者之间建立起了一种更为高效、更为精准的沟通方式，扩大 WAP 站点影响力，多维度的互动营销保障了整体营销效果。配合大众甲壳虫华东区的推广活动，采用 HTML5 技术，为大众甲壳虫定制了动态展示效果的 WAP 站。这令大众甲壳虫"乐，不宜迟"的营销"爆点"影响力和展现力进一步扩大。

一、网站建设的准备工作

（一）网站目标群体

细分自己的目标群体，不同的网站定位不同，目标群体也是不同的。举个例子，ICP 服务商，有的是提供低端的服务，有的则是提供高端的服务，虽然他们的网站建设是相同的，但是目标群体不同，依旧能够取得赢利的结果。所以建站之前要详细的分析自己的目标群体，然后制定一个详细的实施方案，这样对你的发展很多帮助，建站之后可以少走很多的弯路。

（二）网站赢利点

网站设计之前一定要考虑四个问题，第一你通过什么样的方法让别人把赚来的钱给你，第二你能不能带给别人有价值的东西，第三别人给你钱的原因是什么，是来买你的服务吗？第四如果买你单的客户是第一次，他以后还会来吗？为什么？如果以上四个问题你都清楚了，那么你可以建站了，如果还不清楚，还是把这些问题搞懂了，你成功的把握才大一些。

（三）建设网站的原因

有的站长抱着玩玩的心态建站，有的站长抱着试试看的心态建站，他们都没有充足的信心去搞好自己的网站，所以这样的站长想要成功是很难的。如果你真的决定去建一个网站，那么你就要踏实的去做好每一步，不要带着怀疑的心态，那只是浪费你的时间。

（四）网站特色

现在随便在百度上搜索一个关键词就有成千上万的信息出现，如果你的网站没有任何的特色，别人就不会点击你的网站了，这样你想要成功就变得十分的困难。所以有自己的特色，有自己的优势十分的重要，也不要一味的去跟风、去模仿，这样的网站很难成功。

（五）网站定位

网站的定位决定了网站以后的发展空间，所以在建站之前一定要考虑好做一个什么样的网站，要清楚的考虑到自己有没有能力达到这个目标，有没有资金去支持，国家的政策是否支持，这个网站的潜力到底大不大，竞争激不激烈，长期的付出是否值得，如果自己努力了成功的可能性到底有多大，这些问题在建站之前都要考虑清楚，全部都搞明白了，你在网站建立的时候就会少了很多迷茫，走的路也会比较顺畅。

网站建设并不是一项简单的工程，所以我们需要做好详细的准备工作，只有详细的规划才能让我们以后在优化的时候更加容易，我们的企业也更加容易提高企业知名度。

二、网站建设的技术选择

互联网早期，建设网站只需要一种语言：HTML。但随着 Web 的发展与完善，新的技术层出不穷。虽然只使用 HTML 也可以建立最简单的网页，但为了使网站更加具有吸引力，更加高效，还必须了解一些常用网站设计的技术。

（一）搭建网站的结构：HTML 与 XHTML

XHTML 是三种 HTML4 文件根据 XML1.0 标准重组而成的。而 W3C 亦继续建议使用 HTML4.01 和积极地研究 HTML5 及 XHTML 的计划。于 2002 年 8 月发表的 XHTML1.0 的建议中，W3C 指出 XHTML 家族将会是 Internet 的新阶段。而转换使用 XHTML 可以令开发人员接触 XML 和其好处，并可以确保以 XHTML 开发的网页于未来的相容性。

HTML 语法要求比较松散，这样对网页编写者来说，比较方便，但对于机器来说，语言的语法越松散，处理起来就越困难，对于传统的电脑来说，还有能力兼容松散语法，但对于许多其他设备，比如手机，难度就比较大。因此产生了由 DTD 定义规则，语法要求更加严格的 XHTML。

（二）客户端脚本语言：JavaScript

Javascript 是一种由 Netscape 的 LiveScript 发展而来的原型化继承的面向对象的动态类型的区分大小写的客户端脚本语言，主要目的是为了解决服务器端语言，比如 Perl，遗留的速度问题，为客户提供更流畅的浏览效果。

通过目前最流行的脚本语言 JavaScript，可以在客户端实现一些动态的效果、控制浏览器、数据的检测与验证，比如用户的输入验证，漂浮的文字，选项卡效果等。目前最流行的 Ajax 技术，就使用了 JavaScript。

（三）服务器端脚本语言：ASP、PHP、JSP 等

通过编程在服务器端实现对内容的分析与操作，比如用户登录系统，购物车系统，数据的查询等。

ASP 全名 Active Server Pages，是一个 Web 服务器端的开发环境，利用它可以产生和运行动态的、交互的、高性能的 WEB 服务应用程序。ASP 采用脚本语言 VBScript（Javascript）作为自己的开发语言。

PHP 是一种跨平台的服务器端的嵌入式脚本语言。它大量地借用 C，Java 和 Perl 语言的语法，并耦合 PHP 自己的特性，使 WEB 开发者能够快速地写出动态生成页面。它支持目前绝大多数数据库。PHP 是完全免费的，不用花钱，你可以从 PHP 官方站点自由下载。而且你可以不受限制地获得源码，甚至可以从中加进你自己需要的特色。

JSP 是 Sun 公司推出的新一代站点开发语言，他完全解决了目前 ASP、PHP 的脚本级执行文体。Sun 公司借助自己在 Java 上的不凡造诣，将 Java 从 Java 应用程序和 Java Applet 之外，又有新的硕果，就是 JSP——Java Server Page。JSP 可以在 Serverlet 和 JavaBean 的支持下，完成功能强大的站点程序。

（四）数据库与 SQL 语句：Access、MySQL、SQLServer、Oracle 等

数据库用于存储数据，保留用户与网站信息等。

　　Access 是由微软发布的关联式数据库管理系统。它结合了 Microsoft Jet Database Engine 和图形用户界面两项特点，是 Microsoft Office 的系统程式之一。Access 的用途体现在两个方面：第一，用来进行数据分析 Access 有强大的数据处理、统计分析能力，利用 Access 的查询功能，可以方便地进行各类汇总、平均等统计。并可灵活设置统计的条件。第二，用来开发软件。Access 用来开发软件，比如生产管理、销售管理、库存管理等各类企业管理软件，其最大的优点是易学。

　　MySQL 是一个关系型数据库管理系统，由瑞典 MySQLAB 公司开发，目前属于 Oracle 公司。MySQL 是一种关联数据库管理系统，关联数据库将数据保存在不同的表中，而不是将所有数据放在一个大仓库内，这样就增加了速度并提高了灵活性。MySQL 所使用的 SQL 语言是用于访问数据库的最常用标准化语言。MySQL 软件采用了双授权政策，它分为社区版和商业版，由于其体积小、速度快、总体拥有成本低，尤其是开放源代码这一特点，一般中小型网站的开发都选择 MySQL 作为网站数据库。由于其社区版的性能卓越，搭配 PHP 和 Apache 可组成良好的开发环境。

　　SQL Server 是由 Microsoft 开发和推广的关系数据库管理系统（DBMS），它最初是由 Microsoft、Sybase 和 Ashton – Tate 三家公司共同开发的，并于 1988 年推出了第一个 OS/2 版本。Microsoft SQL Server 近年来不断更新版本，1996 年，Microsoft 推出了 SQL Server 6.5 版本；1998 年，SQL Server 7.0 版本和用户见面；SQL Server 2000 是 Microsoft 公司于 2000 年推出；2012 年 3 月份推出了 SQL SERVER 2012。

　　Oracle 公司是全球最大的信息管理软件和服务提供商。公司所应用的产品有财务、供应链、项目管理等很多模块。Oracle 已经出现了第七种版本了，也是最新的版本。Oracle 的特点表现有：最新版本引入了共享 SQL 和多线索服务器体系结构，从而减少了本身资源的占用，并增强了 Oracle 的能力；支持大量多媒体数据，如二进制图形、声音、动画及多维数据结构等；实现了与第三代高级语言的接口软件 PRO * 系列，能在 C，C + + 等主语言中嵌入 SQL 语句及过程化语句，方便对数据进行操纵；同时还提供了新的分布式数据库的能力等。

三、WEB 设计工具选择

（一）Macromedia Dreamweaver

　　Adobe Dreamweaver，简称"DW"，是美国 MACROMEDIA 公司开发的集网页制作和管理网站于一身的所见即所得网页编辑器，它是第一套针对专业网页设计师特别发展的视觉化网页开发工具，利用它可以轻而易举地制作出跨越平台限制和跨越浏览器限制的充满动感的网页。Adobe Dreamweaver 使用所见即所得的接口，亦有 HTML（标准通用标记语言下的一个应用）编辑的功能。

（二）Adobe Photoshop

　　Adobe Photoshop，简称"PS"，是一个由 Adobe Systems 开发和发行的图像处理软件。Photoshop 主要处理以像素所构成的数字图像。使用其众多的编修与绘图工具，可以更有效的进行图片编辑工作。

（三）Macromedia Flash

　　属于计算机软件领域，是美国 Macromedia 公司开发的专门用于制作二维动画的软件，导出的是 SWF 文件，适合在网络上流传，无论是专业还是业余人士都很喜欢。

四、WEP 设计工具选择

下面介绍几款 WAP 网页制作工具。

（一）WAPtor

WAPtor 是一款非常简单易于使用的 WML 编辑器，虽然它没有摆脱代码格式的束缚，但比过去的 HTML 代码简单的多。即使你不记得 WML 语言的标签和属性，也能利用 WAPtor 制作出非常出色的 WML 网页，WAPtor 能让你随时预览 WML 页面的效果，十分方便。WAPtor 适合初学 WML 网页的人使用。

（二）WAPPage

WAPPage 是 WAPmine 推出的一款 WAP 编辑器，支持预览、代码阅读、卡片浏览等功能，其用户图形界面很好，并且对于事件和定时等的处理都不错。

（三）Ericsson Wap IDE SDK

Ericsson 公司自己开发的 WAP 开发环境。其中包含了 R320s 仿真器，并且自带了一个 Xitami V2. 4d3 的 Web 服务器。目前该工具最高版本为 2. 1。这个工具很精致，而且界面比较有特点，您用起来一定会觉得耳目一新。工具的安装分两步，首先安装 WapIDE 3pp v2. 0，接着安装 WapIDE SDK v2. 1。所以需要下载 2 个文件。

（四）Nokia WAP Toolkit

Nokia 公司自己开发的 WAP 工具包。这款工具自然会使用户用得得心应手。其中包含了 7110 手机仿真器。目前该工具包的最高版本为 2. 0。下载这个工具包可以去 Nokia 开发者网站，但是需要先注册。

（五）Dotwap

Dotwap 是 inetis 网站提供的 WAP 编辑工具。软件包比较小，只有 600 多 KB。界面很普通，没有什么特点，但是很简单易学，所以，如果你是初学者，用它最合适不过了。目前该软件的最高版本为 2. 0。

任务三　营销型网站的设计

任务案例　淘宝的 FAQ

FAQ 是英文 Frequently Asked Questions 的缩写，中文意思就是"经常问到的问题"，或者更通俗地叫做"常见问题解答"。在很多网站上都可以看到 FAQ，列出了一些用户常见的问题，是一种在线帮助形式。在利用一些网站的功能或者服务时往往会遇到一些看似很简单，但不经过说明可能很难搞清楚的问题，有时甚至会因为这些细节问题的影响而失去用户，其实在很多情况下，只要经过简单的解释就可以解决这些问题，这就是 FAQ 的价值。

在网络营销中，FAQ 被认为是一种常用的在线顾客服务手段，一个好的 FAQ 系统，应该至少可以回答用户 80% 的一般问题，以及常见问题。这样不仅方便了用户，也大大减轻了网站工作人员的压力，节省了大量的顾客服务成本，并且增加了顾客的满意度。因此，一个优秀的网站，应该重视 FAQ 的设计。

如图 3 - 1 所示，对于电子商务巨头淘宝网来说，FAQ 做得非常的全面，不管是买家还是卖家，不管是交易问题还是促销活动，不管是淘宝网的问题还是相关产品介绍，基本能解决淘宝使用者遇到的所有常见问题。

图 3 - 1　淘宝网"FAQ"界面图

一、建设企业网站所遵循的一般原则

系统性原则。同时提供设计方案。设计实施单位应充分了解企业文化和企业机构及管理信息等基本情况，对营销目标、行业竞争状况、产品特征、用户需求行为、网站推广运营等基本问题等要素融入网站建设方案中。

完整性原则。企业网站是企业在互联网上的经营场所，应该为用户提供完整的信息和服务：网站的基本要素合理、完整；网站的内容全面、有效；网站的服务和功能适用、方便；网站建设与网站运营维护衔接并提供支持。

友好性原则。网站的友好性包括三个方面：对用户友好——满足用户需求、获得用户信任；对网络环境友好——适合搜索引擎检索、便于积累网络营销资源；对经营者友好——网站便于管理维护、提高工作效率。

简单性原则。在保证网站基本要素完整的前提下，尽可能减少不相关的内容、图片和多媒体文件等，使得用户以尽可能少的点击次数和尽可能短的时间获得需要的信息和服务。

适应性原则。企业网站的功能、内容、服务和表现形式等需要适应不断变化的网络营销环境，网站应具有连续性和可扩展性。

二、网站建设规范

任何一个网站在开发之前都需要定制一个开发约定和规则，这样有利于项目的整体风格统一、代码维护和发展。由于网站项目开发的分散性、独立性、整合的交互性，因此定制一套完整的约定和规则尤为重要。这些规则和约定需要与开发人员、设计人员和维护人员共同讨论定制，将来网站严格按规则或约定进行开发。

（一）开发团队规范

在确定网站项目后的第一件事就是组建开发团队，根据项目的大小，团队可以有几十人，也可以是只有几个人的小团队，在团队划分中必须含有 6 个角色，这 6 个角色分别是项目经理、策划、美工、程序员、代码整合员和测试员。具体分工分别为：

项目经理负责项目的总体设计、开发进度的定制和监控，相应的开发规范的定制和各个环节的评审工作及协调各个成员小组之间的开发。

策划提供详细的策划方案和需求分析，还负责后期网站推广方面的策划。

美工根据策划和需求设计网站 VI、界面、Logo 等。

程序员根据项目总体设计来完成数据库和功能模块的实现。

代码整合员负责将程序员的代码和界面融合到一起，还可以制作网站的相关页面。

测试员负责测试程序。

（二）开发工具规范

网站开发工具主要分为两部分，第一部分是网站前台开发工具，第二部分是网站后台开发工具。网站前台开发主要是指网站页面的设计，包括网站整体框架建立、常用图像和 Flash 动画的设计等，主要使用的软件是 Photoshop、Dreamweaver 和 Flash 等。网站后台开发工具主要负责开发网站后台管理系统，网站后台管理系统主要是用于对网站前台的信息管理，如文字、图片、影音、和其他日常使用文件的发布、更新、删除等操作，同时也包括会员信息、订单信息、访客信息的统计和管理。简单来说就是对网站数据库和文件的快速操作，以使得前台内容能够得到及时更新和调整。

（三）文件夹和文件夹命名规范

文件夹命名一般采用英文，长度一般不超过 20 个字符，命名采用小写字母。文件名称统一用小写的英文字母、数字和下划线的组合。命名原则的指导思想一是使得工作组的每一个成员能够方便地理解每一个文件的意义，二是当在文件夹中使用"按名称排列"命令时，同一种大类的文件能够排列在一起，以便进行查找、修改和替换等操作。

（四）代码设计规范

一个良好的程序编码风格有利于系统的维护，代码也易于阅读查错。在编写代码时应注意以下规范。

（1）大小写规范。

（2）字体和格式规范。

（3）注释规范。

三、网站建设的基本流程

创建网站是一个系统工程，有一定的工作流程，只有遵循这个步骤，按部就班，才能设计出满意的网站。因此在制作网站前，先要了解网站建设的基本流程，这样才能制作出更好、更合理的网站。

（一）网站的需求分析

网站的设计是展现企业形象、介绍产品和服务、体现企业发展战略的重要途径，因此必须明确设计网站的目的和用户需求，从而做出切实可行的设计计划。要根据消费者的需求、市场的状况、企业自身的情况等进行综合分析，牢记以"消费者"为中心，而不是以"美术"为中心进行设计规划。在设计规划之初要考虑以下内容：建设网站的目的是什么？为谁提供服务和产品？企业能提供什么样的产品和服务？企业产品和服务适合什么样的表现方式？

（二）网站整体规划

规划一个网站，可以用树状结构先把每个页面的内容大纲列出来。尤其当要制作一个大型网站的时候，更需要把整体架构规划好，同时要考虑到以后的扩充性，避免以后要对整个网站的结构进行更改。网站规划包含的内容很多，如网站的结构、栏目的设置、网站的风格、颜色的搭配、版面布局、文字图片的运用等，只有在制作网页之前把这些方面都考虑到了，才能在制作时胸有成竹。也只有如此，制作出来的网页才能有个性、有特色、具有吸引力。

（三）确定网站整体风格

网站风格设计包括网站的整体色彩、网页的结构、文本的字体和大小、背景的使用等，这些没有一定的规则，需要设计者通过各种分析决定。网页设计一般要与企业整体形象一致，要符合企业 CI 规范。注意网页色彩、图片的应用及版面策划，保持网页的整体一致性。一般来说，适合于网页标准色的颜色有 3 大系：蓝色、黄/橙色、黑/灰/白色。不同的色彩搭配会产生不同的效果，并可能影响访问者的情绪。在站点整体色彩上，要结合站点目标来确定。如果是政府网站，就要在大方、庄重、美观、严谨上多下功夫，切不可花哨；如果是个人网站，可以采用较鲜明的颜色，设计要简单而有个性。

（四）收集资源

网站的主题内容是文本、图像和多媒体等，它们构成了网站的灵魂，否则再好的结构设计都不能达到网站设计的初衷，也不能吸引浏览者。在对网站进行结构设计之后，需要对每个网页的内容进行一个大致的构思，如哪些网页需要使用模板，哪些网页需要使用特殊设计的图像，哪些网页需要使用较多的动态效果，如何设计菜单，采用什么样式的链接，网页采用什么颜色和风格，等等，这些都对资源收集具有指导性作用。主要资源收集应注意以下几点。

重要的文本：如企业简介文本，不能临时书写，要得体、简明，一般使用企业内部的宣传文字。

重要的图像：如企业的标志、网页的背景图像等，这些图像对于浏览者的视觉影响很大，不能草率处理。

库文件：对于一些常用和重要的网页对象，需要使用库文件来进行管理和使用，在设计网页之前，可以先编辑这些库文件备用。

Flash 等多媒体元素：许多网站都越来越多地使用 Flash 等多媒体元素，这些多媒体元素在设计网页之前就需要收集妥当或者制作完成。

（五）设计网页图像

在确定好网站的风格和搜集完资料后就需要设计网页图像了，网页图像设计包括网站 Logo、网站字体、网站导航栏和网站首页等的设计。可以使用 Photoshop 或 Fireworks 软件来具体设计网站的图像。有经验的网页设计者通常会在使用网页制作工具制作网页之前就设计好网页的整体布局，这样在具体设计过程中将会胸有成竹，大大节省工作时间。

设计网络标志。标志可以是汉字、英文字母，也可以是符号、图案等。标志的设计创意应当来自网站的名称和内容。如网站内有代表性人物、动物、植物，可以用它们作为设计的标本，加以卡通化或艺术化；专业网站可围绕本专业有代表的物品作为标志。最常用和最简单的方式是用自己网站的英文名称作标志，采用不同的字体、字母的变形、字母的组合可以很容易地制作出自己网站的英文名称作标志。

设计导航栏。在站点中导航栏也是一个重要的组成部分。在设计站点时，应考虑到如何使浏览者能轻松地从网站的一个页面跳转到另一个页面。

设计网站字体。标准字体是指用于标志和导航栏的特有字体。一般网页默认的字体是宋体。为了体现站点的与众不同和特有风格，可以根据需要选择一些特别字体。

设计首页。首页设计包括版面、色彩、图像、动态效果、图标等风格设计。

（六）编辑制作网页

网页设计是一个复杂而细致的过程，一定要按照先大后小，先简单后复杂的顺序制作。所谓先大后小，就是在制作网页时，先把大的结构设计好，然后再逐步完善小的结构设计。所谓先简单后复杂，就是先设计出简单的内容，然后再设计复杂的内容，以便出现问题时好修改。根据站点目标和用户对象去设计网页的版式和安排网页内容。在制作网页时要灵活运用模板和库，这样可以大大提高制作效率。如果很多网页都使用相同的版面设计，就应为这个版面设计一个模板，然后就以这些模板为基础创建网页。

（七）服务器选择

对于服务器空间的选择主要从服务器健康状况、稳定性、访问速度、功能支持这四个方面来考虑。分别如下。

服务器健康状况。主要是从同服务器共 IP 网段的其他网站来考虑的，同一个服务器同一个 IP 网段的一些网站因为使用黑帽作弊导致网站被降权，如果这个时候你的网站同样也在这个服务器之上，就算你没有使用过任何的作弊手段没有任何的不良记录，可能也会受到牵连被同时降权。

稳定性。对于服务器的稳定性也是非常重要的，如果你的服务器空间经常隔三差五的打不开，对于网站必然是巨大的打击，当搜索引擎蜘蛛正在爬行你的网站的时候经常出现突然无法爬行的情况，这样肯定会让你的网站不被搜索引擎信任，这样会大大减少搜索引擎蜘蛛的爬行与抓取，这样对于网站页面的收录肯定是会受到影响的。

访问速度。很多劣质的服务器空间打开的速度非常慢，这个就严重影响到了网站的用户体验，大大的增加的网站的跳出率。所以我们在选择服务器空间的时候一定要选择访问速度快的优质空间。

功能支持。服务器的功能支持包含了很多方面，如：是否支持 url 静态化、是否支持 301 跳转，是否有 404 页面。有些主机直接可以在主机后台设置，使用起来非常方便，同时还发现有些主机是不支持服务器日志的，这个对于我们了解网站情况是不太好的，最好是选择能够支持的，这样我们就可以通过查看服务器日志了解到网站准确的状况。

（八）网站程序上传

LeapFTP 与 FlashFXP、CuteFTP 堪称 FTP 三剑客，通常被用来上传企业网站程序和代码。FlashFXP 传输速度比较快，但有时对一些教育网 FTP 站点却无法连接；LeapFTP 传输速度稳定，能够连接绝大多数 FTP 站点；CuteFTP 虽然相对来说比较庞大，但其自带了许多免费的 FTP 站点，资源丰富。图 3 – 2 是 LeapFTP 的操作界面。

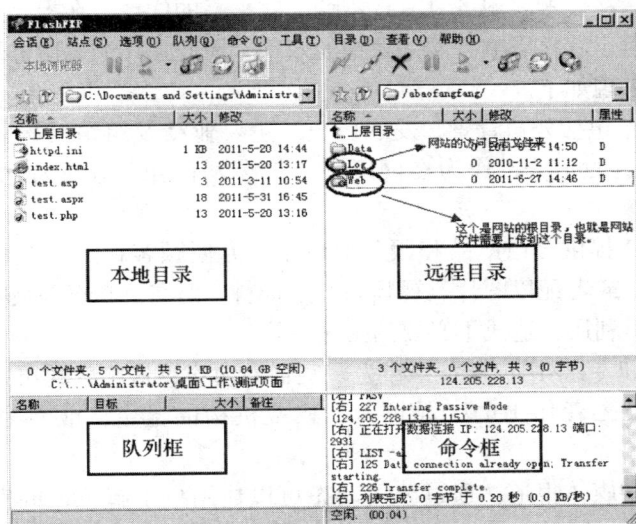

图 3 – 2　LeapFTP 操作界面图

　　图中左上框为本地目录，在本地目录处的下拉菜单选择您要上传文件的目录，选择后该目录下的所有文件都会显示在这个框里。选择您要上传的文件，并点鼠标"右链" – >"上传"，这时在队列栏里会显示正在上传及未上传的文件，当您的文件上传成功完成后，在命令栏里会出现"传送完成"的提示，此时在过程目录栏里就可以看到您上传的文件了。

　　（九）网站维护

　　一个好的网站，仅仅一次是不可能制作完美的，由于市场环境在不断地变化，网站的内容也需要随之调整，给人常新的感觉，网站才会更加吸引访问者，这就要求对网站进行长期不间断的维护和更新。网站维护一般包含以下内容：内容的更新、网站风格的更新、网站重要页面的设计与制作（如重大事件页面、突发事件及相关周年庆祝等活动页面的设计与制作）、网站系统维护服务（如 E-mail 账号维护服务、域名维护续费服务、网站空间维护、与 IDC 进行联系、DNS 设置、域名解析服务等）。

　　（十）网站推广

　　网页做好之后，还要不断地进行宣传，这样才能让更多的朋友认识它，提高网站的访问率和知名度。网站推广的方法有很多，如到搜索引擎上注册、网站交换链接、添加广告链接等。此内容将在下一章进行详细介绍。

　　四、网站前台功能设计

　　企业网站的基本功能主要包括：信息发布和信息收集。网络营销的基本思想就是通过各种互联网手段，将企业营销信息以高效的手段向目标用户、合作伙伴、公众等群体传递，因此信息发布就成为网络营销的基本职能之一。互联网为企业发布信息创造了优越的条件，不仅可以将信息发布在企业网站上，还可以利用各种网络营销工具和网络服务商的信息发布渠道向更大的范围传播信息。同时，互联网提供了更加方便的在线顾客服务手段，从形式最简单的 FAQ（常见问题解答），到电子邮件、邮件列表，以及在线论坛和各种即时信息服务等，在线顾客服务具有成本低、效率高的优点，在提高顾客服务水平方面具有重要作用，同时也直接影响到网络营销的效果，因此在线顾客服务成为网络营销的基本组成内容。具体表现如下。

（1）公司概况：包括公司背景、发展历史、主要业绩及组织结构等，让访问者对公司的情况有一个概括的了解，作为在网络上推广公司的第一步，亦可能是非常重要的一步。

（2）产品目录：提供公司产品和服务的目录，方便顾客在网上查看。并根据需要决定资料的详简程度，或者配以图片、视频和音频资料。但在公布有关技术资料时应注意保密，避免为竞争对手利用，造成不必要的损失。

（3）荣誉证书和专家/用户推荐：作为一些辅助内容，这些资料可以增强用户对公司产品的信心，其中第三者作出的产品评价、权威机构的鉴定，或专家的意见，更有说服力。

（4）公司动态和媒体报道：通过公司动态可以让用户了解公司的发展动向，加深对公司的印象，从而达到展示企业实力和形象的目的。因此，如果有媒体对公司进行了报道，别忘记及时转载到网站上。

（5）产品搜索：如果公司产品比较多，无法在简单的目录中全部列出，那么，为了让用户能够方便地找到所需要的产品，除了设计详细的分级目录之外，增加一个搜索功能不失为有效的措施。

（6）产品价格表：用户浏览网站的部分目的是希望了解产品的价格信息，对于一些通用产品及可以定价的产品，应该留下产品价格，对于一些不方便报价或对价格波动较大的产品，也应尽可能为用户了解相关信息提供方便。

（7）网上订购：即使没有像 DELL 那样方便的网上直销功能和配套服务，针对相关产品为用户设计一个简单的网上订购程序仍然是必要的，因为很多用户喜欢提交表单而不是发电子邮件。

（8）销售网络：实践证明，用户直接在网站订货的并不一定多，但网上看货网下购买的现象比较普遍，尤其是价格比较贵重或销售渠道比较少的商品，用户通常喜欢通过网络获取足够信息后在本地的实体商场购买。应充分发挥企业网站这种作用，因此，尽可能详尽地告诉用户在什么地方可以买到他所需要的产品。

（9）售后服务：有关质量保证条款、售后服务措施，以及各地售后服务的联系方式等都是用户比较关心的信息，而且，是否可以在本地获得售后服务往往是影响用户购买决策的重要因素，应该尽可能详细。

（10）联系信息：网站上应该提供足够详尽的联系信息，除了公司的地址、电话、传真、邮政编码、网管 E-mail 地址等基本信息之外，最好能详细地列出客户或者业务伙伴可能需要联系的具体部门的联系方式。

（11）流量统计：可按 IP 地址统计来访者，可按年、月、日报表，准确的分析网站的访问情况，是管理网站的有力工具；还可对来访搜索引擎及所使用的关键词进行分析统计，为企业在网站推广方面提供参考依据。

（12）客户管理：客户管理即为一个简单的客户名片系统，系统实现对客户、潜在客户、联系人、竞争对手的全面管理，统一用户的客户资源。其中，管理客户信息尤为重要，并可按客户负责人、区域、成功概率等条件进行统计、查询。可以组织一个灵活的资料库，将典型问题、解决方案、各种流程、手册、FAQ、白皮书等都放入内，系统提供给使用者附件连接的功能，以便使用者用最短的时间为客户查询到所需资料。另外，潜在客户管理也不能忽视，根据一定的规则制定自动的客户追踪流程，如客户购买了一定的产品，则自动将列入高端客户名单，并作为下次推广活动的重点。

（13）在线调查：对于公司产品研发、价格定位、服务考察，都能起到一定的作用。利用互联网进行调查的确具有很多优点，比如快速、方便、费用低、不受时间和地理区域限制等。另外，由于不需要和用户进行面对面的交流，也避免了当面访谈可能造成的主持人倾向误导，或者被访问者顾及对方面子而不好意思选择不利于企业的问题。

（14）辅助信息：有时由于一个企业产品品种比较少，网页内容显得有些单调，可以通过增加一些辅助信息来弥补这种不足。辅助信息的内容比较广泛，可以是本公司、合作伙伴、经销商或用户的一些相关新闻、趣事，或者产品保养/维修常识，产品发展趋势等。最后，如果一定要采用一个漂亮网页作为首页时，不妨通过一些多媒体手段，在展示企业品牌形象方面下点功夫，尽量不要放置和企业毫无关系的内容。

五、网站后台功能设计

企业自身的信息发布、产品信息发布模块、新闻发布模块、会员注册模块、用户留言模块、在线交流模块、邮件订阅模块、在线销售管理模块、在线客服管理、版权信息管理、网站流量统计工具。

（一）产品（信息）发布系统

产品（信息）发布系统是一套基于数据库的即时产品信息发布系统，可支持最多三级分类产品的实时发布，产品更新及分类更改完全由企业自助完成。前台用户可通过页面浏览查询，后台管理可以管理产品价格、简介、样图等多类信息。访问者可对产品进行分类及关键词搜索。具有高效、准确、方便快捷的特点。支持产品点击数统计、产品评论功能。具体包括：产品分类管理、产品品牌管理、产品资料管理。

（二）新闻发布系统

新闻发布系统是针对企业发布时效性较强的多类型新闻信息而开发，此系统可发布多类新闻信息，如企业新闻、行业新闻等，且可支持最多达两级分类。系统还具有发表评论、点击次数统计、相关信息、关键字查询功能。具体包括：新闻分类管理、新闻信息管理。

（三）广告发布系统

广告发布系统可以随时通过后台发布各种广告，包括文字广告、图片广告和 FLASH 广告等。具体包括：弹出窗口管理、浮动广告管理、页面广告管理。

（四）网上调查系统

网上调查系统能方便的统计调查企业关心的问题，能较好的收集潜在客户的意见。支持多问题、多选项（选项在 6 个以内）。支持单选和多选。客户调查是企业实施市场策略的重要手段之一。通过开展行业问卷调查，可以迅速了解社会不同层次、不同行业的人员需求，客观地收集需求信息，调整修正产品营销策略，满足不同的需求，促进公司产品销售，同时也吸引了更多的长期用户群。该系统运行稳定、操作简单、调查的问题不受限制。可以在一个网站上同时进行两个以上的调查。基于 Web 界面的调查问卷生成系统，操作方便，并可以根据企业需求设计调查问卷的风格。

（五）会员注册系统

会员注册系统可使用户自行管理网站的注册会员，自行定义最多达十个会员级别，自行定义会员注册是否需要通过审核。不同级别会员可享有不同的权限。后台可生成所有会员的邮件列表。

（六）用户留言系统

用户留言系统是一种电子便签管理系统，客户可以将他的意见和要求通过电子表单进行提交，有助于用户收集网站的反馈信息，是用户通过网络收信息的有力工具。

（七）在线交流系统

用户在线交流的最要工具，具备 BBS 论坛的主要功能。

（八）邮件订阅系统

邮件订阅系统是为了满足上网用户定期获取企业信息，同时也是网站获得用户信息的最佳手段。特别注意：本系统不包括邮件群发功能。

（九）销售网络管理

用户可通过后台对全国各地的销售商信息进行管理，并在前台页面提供地图查询。

（十）单页图文管理

用户可通过后台对公司简介、联系我们等单页信息进行管理和修改。

（十一）友情链接管理

用户可通过后台管理文字和图片方式的链接信息。

（十二）版权信息管理

用户可通过后台对网站的版权信息进行管理和修改。

（十三）网站计数器

可对网站访问流量进行统计，多种风格、样式计数器供选择。如：可统计当日，当周，当月，访问量；可根据 IP 识别来访用户所在城市或地区；可统计各地区的总体访问人数及比例；以 IP 为访问单位，杜绝无效访问量；自动生成综合访问报表。

（十四）信息检索系统

在 Web 中，提供方便、高效的查询服务，查询可以按照分类，关键词等进行，也可以基于全文内容的全文检索。支持对任意字段的复杂组合检索；支持中英文混合检索；支持智能化模糊检索。为了满足不同的信息网站的需求，我们可以提供基于网页内容的门户搜索引擎及基于自身网站内容的站点搜索引擎。

（十五）在线招聘系统

后台可以使客户在其网站上增加在线招聘的功能，通过后台管理界面将企业招聘信息加入数据库，再通过可定制的网页模板将招聘信息发布，管理员可以对招聘信息进行管理、统计、检索、分析等。网站动态提供企业招聘信息，管理员可进行更新维护，应聘者将简历提交后存入简历数据库，并可依据职位、时间、学历等进行检索。

考核指标

考核目标	考核指标	分值（100分）
知识目标（30%）	1. 理解网站建设的必要性	
	2. 掌握网站问题分析的方法	
	3. 理解网络用户的访问网站的目的	
	4. 理解营销型网站建设的思想	
能力目标（40%）	1. 网站问题分析	
	2. 网络用户访问网站目的分析	
	3. 营销思想的网站应用	
	4. 营销型网站规划	
	5. 营销型网站设计	
	6. 网页设计工具的使用	
素质目标（30%）	1. 团队合作与分工	
	2. 学习网站建设基本工具的能力	
	3. 网站整体赏析能力	
	4. 营销思想的网络应用能力	

参考资源

http：//www. sj63. com/　设计路上

http：//www. whst. com. cn/　SEO 优化协会

http：//www. xianmk. cn/　马克优化

网络营销实践项目

实践项目：营销型网站设计		
团队名称：		最佳成员：
小组分工：		
实验日期：		实验地点：
实验要求：结合项目十一的学习，针对企业网络营销需要，分析企业网站或同类网站存在的问题，并以营销思想为导向，对企业将建立的网站进行规划，提出设计思路		

经理签字：＿＿＿＿＿＿＿

项目十二　网站优化与推广

案例分析

手机之家网站（www. imobile. com. cn）开通于 2002 年初，由知名网络人物高春辉创建。高春辉的个人主页曾入选 1998 年 CNNIC 优秀中文网站排名，是当时最著名的个人网站。2005 年 2 月，手机之家的 ALEXA 全球网站排名为 880。手机之家网站刚开通时只是一个手机号码归属地查询框，输入一个手机号码（前 7 位即可），如果数据库中已经有该手机号码区段归属地的资料，则可以显示出手机号码的有关信息，如果暂时没有相关资料，用户则可以自己输入有关信息。

手机之家网站在建立一年后即达到每天超过 40 万的访问量，之所以取得如此显著的网站推广成效，并没有靠任何广告推广，其重要原因之一就在于"手机号码归属地"查询功能。最早提供这项查询功能的网站不是手机之家，但它是较早提供该项功能的网站之一，这项功能看起来并不复杂，并且用途也非常有限，但仍然受到大量网络用户的喜欢，比如错过接听一个陌生手机号码打来的电话，在决定是否回拨该号码之前，先查询一下该号码所在地区，说不定已经可以猜测到是来自何人的电话。

思考

手机之家的功能推广，都是利用用户之间的传播来实现推广的目的。与网站内容推广策略需要借助于搜索引擎推广不同，网站功能推广策略利用的是用户的口碑传播的原理，也就是是采用了病毒性营销的推广思想。同时，高质量的免费资源能极大的吸引用户使用。那么，普通网站如何学会推广高质量资源，并做到病毒性传播呢？

学习目标

知识目标：使学生能通过了解网站推广的重要性，并让学生理解网站不同的推广阶段有不同的策略，掌握搜索引擎一般的推广工具及其原理，理解何为网站优化和 SEO 作弊。

能力目标：掌握常规的网站线上推广方法，并根据企业自身的人力资源、财务和时效性等因素，选择适合企业的线上推广方式。并能熟练操作搜索引擎相关的推广工具。

素质目标：能通过团队的努力劝说企业对自己的网站进行推广，使其能在互联网的搜索中，能快速被用户发现。能通过不同的推广手段，能针对企业网站所处的不同阶段实施针对性的推广策略。同时，能辨别网站优化与搜索引擎优化的区别，并形成企业网站优化的思想和内容。

学习关键词

网站推广、搜索引擎推广、SEO、推广效果监测、网站优化

任务一 网站推广的阶段

任务案例 百度知道推广

任何平台都有他的使命和游戏规则，那么我们要想在百度知道这个平台上获得生存，那就必须遵守游戏规则。百度知道他的使命就是为用户提供一个知识聚集的平台来解决用户遇到的疑难杂症。那么它必然就要维护平台的答案真实性；制定有效的广告过滤机制。百度知道开始越来越重视账号的质量度了，账号质量度高的，回答、被推荐、排名都有很大的优势。等级及回答问题的质量如果可以，尽可能的申请成为知道之星、认证用户、知道专家、知道管理等特殊账号。

人人影视每天的检索量是3万左右，多的时候达到4万多，如图3－3是百度搜索人人影视的结果。

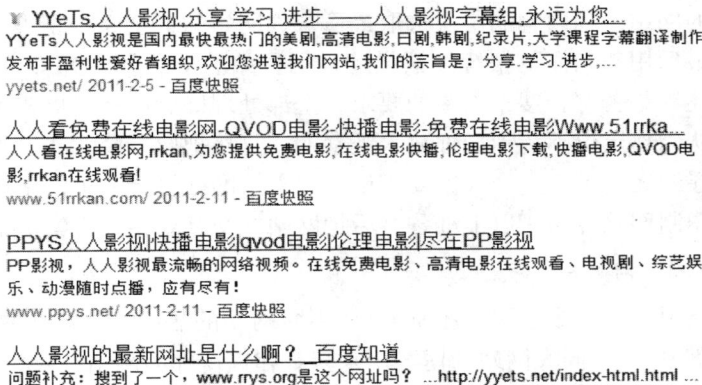

图3－3 百度搜索"人人影视"结果

第四名就是百度知道的一个页面，这个页面有一个链接连接到 rrys. org 网站，图就是当天从百度知道来的流量，将近4000，其效果如图3－4所示。

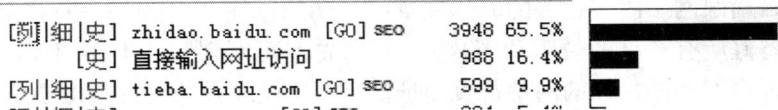

图3－4 流量来源示意图

利用第三方平台，做百度排名的都知道首页有很多的百度的产品页，如百度贴吧，百度知道，百度百科。SEO 这个关键词，不管你怎么做，你都无法逾越第一名百度百科，就算是也只能位居第二名，这种例子很多，所以对百度旗下的平台一定要非常重视。百度知道做流量应该注意的问题如下。

一、回答问题要精准，要围绕作者问题的有针对性的问答，对提问者有实际的帮助，这样你的回答被采纳的概率才高。不要为了加个链接胡编乱凑。

二、每个知道账号每天回答问题加的网址链接不要超过两个，以免问题被删除甚至被百度封号。

三、一定要严格按照百度知道的规则回答问题。回答问题的字数一定要超过 30 个字，这样这个问题转入投票程序时你的回答才有被投票的权利。

一、策划准备阶段

（一）定位好网站

不要在网站定位时把网站的定位及内容的更新面涉及很广，比如您的网站是做手机数码的，不要做所有的手机，否则会因为精力有限或竞争力不强而做不下去。建议你选择手机里面有口碑的国产品牌，比如天语手机啊之类的。这种被我们忽视的内容反而会有更多人去搜索。

（二）取好网站名，定好关键词

取一个好记且容易传播的网站名字，要么就取一个跟你网站内容相关性高的网站名字。比如叫"××信息网"看见这个名字第一眼让大家会想到这是一个地方信息发布网站。然后根据你的网站主题内容的定位选取最适合你网站的 1 至 3 个精准关键词和 2 至 3 个长尾关键词。最后用一句简单精练的话描述你的网站。最后利用 SEO 工具检查网站标题，关键词，描述等是否符合搜索引擎的要求。全部处理好后就不要更改了。因为收录后更改搜索引擎会认为你定位不清晰把你放入观察期，直接把收录降为 1。那样要想网站排名和收录上去就遥遥无期了。这个大家要谨记。接着给网站设计一个网站地图。不会的可以到网上寻找地图制作软件做。以上准备好后把网站提交登录各大搜索引擎，等收录吧。

（三）注册不同平台账户

注册 2 个邮箱用来注册账号用；注册 10 个不同网站的热门网络收藏夹用来收藏你的网站内容用；注册 10 个不同大网站的博客用来转载和宣传你的网站；收集 10 个热门的兼职网站或者分类信息用来发布信息吸引搜索引擎蜘蛛到你的网站上；收集 10 至 15 个友情链接 QQ 群（最好是新站群）用来快速交换友情链接用；收集注册 10 个与你网站内容相关的热门论坛和贴吧用来发一些宣传你网站内容的帖子。

（四）准备好软文

准备上百篇跟网站内容相关的原创文章或者伪原创文章（如果是有产品展示的网站，之前也要准备好所有产品的说明和图片）。文章先不要发到网站上，用 Word 编辑，把文章内的关键词全部超链接你的网站首页地址。因为网站刚刚建设好百度蜘蛛还没来网站抓取。另外精心准备一篇可读性强的原创文章，为后续的软文推广做准备。

（五）此阶段需要注意的问题

主要问题有：一、消除网站推广意识不明确带来的后果。二、网站推广效果需要后期验证，这种滞后效应容易导致忽视网站建设对网站推广影响因素的考虑，因此，要积极动员组织内部人员参与到网站推广当中来。

二、网站发布初期

（一）必做工作

登录各大搜索引擎，可以说是网站对外发布的标志，目前在国内运营的各大搜索引擎，包括 Google、百度等，如果搜索引擎不接受，那就一天三遍、天天提交，直到被接受为止。且由于搜索引擎收录新网站有一定的工作周期，一般为 1 周至 2 月不等，故此项工作要早动手越好。

登录网站目录系统，在处于互联网高速发展期的中国，大量新网民涌现，网络应用程度偏低，很多人根本无法区分搜索引擎和网站目录系统二者的区别，很多人更愿意使用网站目录系统，毕竟目录系统能够更直截了当的帮助网络化进程偏低的网民找到目标网站。

（二）日常工作

每天定好一个固定时间段在网站上发表 5 至 10 篇之前准备好的原创或者伪原创文章（如果有产品展示的，每天适量的更新发布产品图片和说明到你的网站上）。每天用十个不同的网络收藏夹分别收藏你网站的 1 至 2 篇文章或者产品；每天用十个不同大网站的博客分别转载 1 至 2 篇文章或者产品，同时在文章里关键词加上你网站的超链接，文章结尾部分加上转载于你的网址；每天发布一些跟你网站相关的信息到之前收集的 10 个热门的兼职网站或者分类信息网站上，比如招聘，产品合作等；每天在收集来的 10 至 15 个友情链接群至少交换 2 至 3 个跟你网站主题相近的网站友情链接；每天到注册的 10 个与你网站内容相关的热门论坛和贴吧里发一遍你的文章或者产品，文章结尾部分加上转载于你的网址；把自己的内容页尽可能多的提交到开放的网摘系统中，必要时要利用网摘系统的自动提交软件。坚持一个月你的网站不管是流量排名，关键词排名，搜索引擎收录都会上升一个档次。

（三）此阶段需要注意的问题

主要问题有：①有营销预算和人员热情的优势，要注意利用这种热情，搞好推广实施。②网站推广具有一定的盲目性，需要经过后期的逐步验证，可尝试多种常规网站推广方法，并在推广过程当中进行调整。③提升访问量是主要推广目标，并制定可量化的指标进行评估。

三、网站增长阶段

（一）坚持常规工作

经过一定时间的洗礼，网站已经成为新站中的佼佼者。这时每天的日常工作仍然要坚持做。额外增加一项软文推广。一篇软文只要在大的网站上发表了，后续被其他网站转载，就会源源不断的给网站带来大量的流量。一个星期坚持 1~2 篇软文。收集有可能成为你网站目标浏览者的 QQ 号、QQ 群、邮箱、博客等，进行针对性群发宣传。坚持一个月到两个月。收集你的同行或者相关行业的网站负责人的联系方式，并努力把他们变成你的朋友，为后面的网站合作做准备。

（二）强化手段

当网站排名很难上升时，就需要利用积累的人脉关系，跟你的相关行业的网站进行活动合作，广告合作，流量合作等。通过活动可以提升网站的品牌形象，增加流量。如果网站的内容全部原创而且很有自己的特色，还可以去和门户网站谈，与门户网站合作建一个频道，你的网站专门给他们提供内容。

（三）活动宣传

通过举行一系列活动，让更多的用户参与到活动中，在与用户互动的过程中，逐步达到网站推广的目的，这种推广方法的最显著特点是可以达到网站认知度高。要做好活动宣传推广，一个重要的前提是有一个好的策划。活动宣传推广常见的形式有举办大赛、注册送积分、大优惠、购买赢取大奖等。目前，活动宣传推广大型的网站都在做。

（四）事件营销炒作

新站上线要想通过炒作的方式也是不容易的，但是要是网站上线的时候能具备这样的条件，利用事件进行炒作营销也是很好的推广方法。热门事件的营销可以让关键词瞬间在百度搜索量大增，这样可借着热门的形势，进行产品的推广和宣传。

（五）此阶段需要注意的问题

主要问题有：一、对网站推广方法的有效性有一定认识，因而可采用更适用的推广方法。二、常规方法已经不能完全满足网站推广目标的要求，要积极探索其他方法。三、网站推广的目的除了访问量的提升，还应考虑与实际收益的结合。四、需要重视网站推广效果的管理。

四、网站稳定阶段

后期的推广过程主要的是维护网站的稳定性，网站客户群体的稳定性，网站盈利程度的稳定性，网站本身空间的稳定性。用户通过前期和中期的推广来到网站，站长们接下来的任务就是要掌握好网站的用户，通过完善的网站服务，给用户打造完美的体验，通过稳定的网站内容更新，稳定的网站访问速度，稳定的外链来源，稳定的网站独立 IP，这些都是网站推广后期所要维护的。建立 QQ 群，公布在你的网站上。引导你的网站浏览者加入你创建的 QQ 群内。花时间维护好已经加入群里的顾客。让你的网站自然形成良好的口碑。每天检查网站健康，检查友情链接。关注网站流量来路，防止出现黑客入侵网站。后期的推广方法，关键是在于站长要提高网站的用户体验度，用户喜欢的网站，搜索蜘蛛才会喜欢，搜索蜘蛛喜欢了，这样网站的推广工作才是合理而有效的。

此阶段需要注意的问题：一、注重访问量带来的实际收益而不仅仅是访问量指标。二、积极思考如何让网站进入新的增长期，推动网站进入更高层次。

思考

对于基于搜索引擎的营销，你觉得更应该保护哪一方？

任务二　搜索引擎营销

任务案例　真假"皇宫"

2012 年，在百度搜索引擎输入"武汉皇宫"，点开页面是武汉青禾蒙娜丽莎婚纱摄影公司（以下简称"武汉青禾"）官网。武汉本土知名的皇宫婚纱摄影公司（以下简称"武汉皇宫"）认为竞争对手武汉青禾侵犯商标权、企业名称字号权并涉嫌不正当竞争。

"皇宫"进一步调查发现，武汉青禾通过购买百度竞价排名服务，擅自设计了"武汉皇宫"的关键词及与武汉皇宫影楼相关的网页摘要。"皇宫是武汉最早涉足婚纱摄影的品牌，而青禾才经营一年多，明显是借皇宫品牌误导消费者。"皇宫认为武汉青禾侵犯了它的商标权、企业名称字号权，是一种不正当竞争行为。

武汉青禾对曾通过百度竞价排名设置"武汉皇宫"关键词和链接的事实未予否认，但称去年8月得知被起诉后百度已将这一链接断开。武汉青禾认为，"皇宫"这个品牌不止武汉皇宫婚纱摄影公司，不能由此认定对原告构成侵权。

而百度公司以及武汉百捷网络服务公司的代理律师表示，竞价排名服务搜索没有超出搜索引擎定义，也不直接发布第三方网站的内容，所以竞价排名绝不是广告，只是一种技术服务，并不构成原告商标权的侵权。"青禾摄影"将可能会造成误会的关键词"皇宫婚纱摄影"提供给百度，百度公司难道从不审查？对此，百度公司的代理律师解释，他们对驰名商标的审查较严格，但面对大量像"皇宫摄影"这种地方性的且仅限于婚纱摄影的品牌，无法提供审查服务，不属于"明知或应知"的范畴，不应承担责任。

搜索引擎营销，是英文 Search Engine Marketing 的翻译，简称为 SEM。就是根据用户使用搜索引擎的方式，利用用户检索信息的机会尽可能将营销信息传递给目标用户。简单来说，搜索引擎营销就是基于搜索引擎平台的网络营销，利用人们对搜索引擎的依赖和使用习惯，在人们检索信息的时候尽可能将营销信息传递给目标客户。

一、搜索引擎提交登录

大家把一个新站做好之后，上线的第一步估计就是去各大搜索引擎去提交自己的网站，也使自己的网站快速收录。我们提交搜索引擎网站登录入口就是将网站的首页提交给搜索引擎和收录网站的平台，而让网站被各大搜索引擎及网站收录平台收录，这样既能给网站增加广泛的外链，能够提高网站在搜索引擎的权重，也能为网站带来一些额外的流量，对于网站推广而言是很有帮助的。根据提交的手段分为：手工提交和软件自动提交两种。根据收费方式分为：收费提交和免费提交。

（一）手工提交搜索引擎和软件自动提交搜索引擎

登录搜索引擎的方法相当简单，一般是根据搜索引擎上的提示一步一步填写即可。一般来说，搜索引擎要求的内容有：网站名称、网址、关键词、网站描述、联系人信息等内容。如果搜索引擎收录网站是需要人工审核的，当搜索引擎的管理人员收到用户提交后一般会对有关信息进行审核，通过对网站的访问，判断用户所提交的内容是否属实及用户所选择的类别是否合理，以决定是否添加收录该网站。新收录的网站一般可以在几天到几个星期之后，搜索引擎数据库更新时间即可显示出来。如果网站因为在提交时尚未建设完成，或者质量不高等原因被拒绝登录，那么需要经过改进后一段时间在此提交。尤其在向雅虎这样要求比较苛刻的搜索引擎，一些小型网站通常比较受"歧视"，很可能多次提交都没有结果，除了继续努力之外，对此毫无办法。

如果要在多个搜索引擎注册，就需要在各个搜索引擎重复输入相应的资料。当网站被搜索引擎/分类目录收录之后，搜索引擎营销的任务并没有结束，如果你的网站有较大的改变（如网址、网站主题的变化），应该重新注册，而不是被动地等待搜索引擎的定期回访。另外，需要不定期到你所登录的搜索引擎查看网站排名的变化情况，如果你的位置不断地靠后，而且靠前的都是你的竞争者的时候，就需要分析一下原因，如果是网站自身的原因，那么就需要重新优化网页并再次向搜索引擎提交你的网站。

软件自动提交搜索引擎则一次性提交到多个搜索引擎，或者将多个网页同时提交到一个搜索引擎，但由于缺乏针对性，这种方式的效果并不理想，而且受到绝大多数搜索引擎的拒绝。目前来说利用软件自动提交不太可能。

（二）收费提交搜索引擎和免费提交搜索引擎

由于目前搜索行业的竞争非常激烈，面向国内市场的搜索引擎基本都采用免费提交搜索引擎，因此收费提交搜索引擎我们在这里也不做介绍了。对于免费提交搜索引擎这类服务有 Add Me 和 Submit It 等，首先选好门户搜索引擎，然后登录其免费入口的地址，再输入相关信息并递交选好的搜索引擎，一切工作在随后就可自动运行。每个搜索引擎的要求不一，需要按照选好的搜索引擎的要求来提交。表 3 - 1 给出一些免费搜索引擎登录要求。

表 3 - 1　部分免费搜索引擎登录要求

搜索引擎	免费登录要求
Google	登录网址： http：//www. google. com/intl/zh - CN/add_ url. html 例如：http：//www. google. cn/。还可以添加评论或关键字，对提交网页的内容进行描述
Baidu百度	登录网址： http：//www. baidu. com/search/url_ submit. html 只需提交一页（首页），百度搜索引擎会自动收录网页。符合相关标准您提交的网址，会在 1 个月内按百度搜索引擎收录标准被处理
Sogou搜狗	登录网址： http：//www. sogou. com/feedback/urlfeedback. php 一个网站只需提交一次；只需要提交网站的首页地址，无须提交详细的内容页面；符合相关标准的网站，会在您提交的一周内按照搜狗搜索引擎的收录标准被处理
YAHOO! 中国雅虎	登录网址： http：//search. help. cn. yahoo. com/h4_ 4. html 例如：http：//www. yahoo. com；只需输入网站的首页地址，搜索引擎将从首页进入，抓取提交网站的其他页面，并且定期更新
bing	登录网址： http：//cn. bing. com/docs/submit. aspx 只需输入网站的首页地址，填写对应字符，搜索引擎将从首页进入，抓取提交网站的其他页面，并且定期更新
有道 youdao	登录网址： http：//tellbot. yodao. com/report？ keyFrom = help 在登录网站时只需提交最上层的网页，有道会自行查找其他页面

二、竞价排名

（一）自然排名与竞价排名

自然排名：是根据搜索引擎算法而获得排列结果。当我们搜索某个关键词时，搜索引擎根据对与该关键词相关的网页分析的结果进行排列，然后把按算法认为某页面最符合（或说最匹配）对该关键词的解释的页面展示在最前的位置。

竞价排名：基本特点是按点击付费，推广信息出现在搜索结果中（一般是靠前的位置），如果没有被用户点击，则不收取推广费。它具有见效快、关键词数量无限制、关键词不分难易程度等优点。网站付费后才能出现在搜索结果页面，付费越高者排名越靠前。如果没有被用户点击，则不收取推广费。

（二）竞价排名操作技巧

对于做竞价排名的企业来说，简单的将资金存进百度账户往往起不到较好的效果，还需要注意以下几方面：

（1）设置每日最低消费和推广区域，选择你所需竞价排名推广的区域，推广区域是根据需求来设置的，可以是某一个省或是某几个省、也可以是全国，根据自己的需求来设置。接下来就是每日预算了，如果是刚开通账户开始推广的话，一定要设置每日预算，账户都是自动计费的，比如说每日预算设置了100元，你的关键字点击价格是1元，你的关键字被点击100次你的100元就花完了，你的广告也就自动停止了。建议刚开始推广的话，要把每日预算稍微的设置低一点。再根据关键字投放效果，调整和优化推广策略，然后再加大力度开始推广。

（2）推广关键字链接指向相关的产品页，提高用户体验。直白点就是说人家要买手机呢，结果网站一打开看到的是MP3，往往使网民非常反感；还有一些企业网站首页爱做成漂亮的flash页，打开速度慢，很多客户可能还没有等你的网站打开，就没耐心的走了，钱也花了，客户白白的就流失了。

（3）广告描述里面能把400电话加上就加上，如果广告描述的比较贴切、又有吸引力，可能客户直接就打电话过来咨询了，点击费用都省了，现在很多企业都开始用了。另外，不要盲目的追求高流量和点击率，而是应该追求高的投资回报率，有些网站也可以把你所提供的产品和价格明确的写在描述里面，这样子一些追求免费的人就不会点击你的广告了，就能达到一个提前过滤的效果。尽量把标题和描述写的能够吸引你的目标客户去点击、还能有效防止垃圾点击。

（4）不是排在第一就是效果最好的，但是肯定排在第一位是花钱最多的，很多企业就喜欢把排名做到第一位，其实排在第二名、第三名的效果也不一定差。

（5）选好竞价关键词。热门关键词的点击价格往往都是很高的，与其跟其他网站去竞争几个热门关键词，不如你多花些工夫去找一些不太热门的长尾关键字，如果能找到几十个上百个、甚至上千个这样的不太热门的长尾关键词，那么给你网站带来的流量不会比热门关键字带来的少，而且这些不太热门的关键字的价格都比较便宜，你所付出的广告费用也比热门关键字便宜得多，但是效果不一定就比热门关键字差。

（6）专人管理百度竞价排名。有些企业开通了竞价排名账号之后，会依赖百度竞价排名的客服人员操作账户，建议专人操作账户，尤其是那些每天在竞价排名花钱比较多的企业。

（7）对所有投放的关键字的价格、点击率和转化率应该做完整的跟踪和分析，了解哪些关键字的点击率高、哪些关键字的转化率高，根据投放效果不断地调整和优化推广关键字，追求以最低的成本创造最大的效益。

三、百度网盟

（一）百度网盟简介

百度网盟以 60 万家优质联盟网站为推广平台，通过分析网民的自然属性（地域、性别）、长期兴趣爱好和短期特定行为（搜索和浏览行为），借助百度特有的受众定向技术帮助企业主锁定目标人群，当目标受众浏览百度联盟站点时，以固定、贴片、悬浮等形式呈现企业的推广信息。

百度网盟是百度搜索引擎营销的延伸和补充，突破了仅在网民搜索行为中实施影响的限制，在网民搜索行为后和浏览行为中全面实施影响。百度网盟推广与搜索推广一脉相承，当网民使用百度时，搜索推广将企业的推广信息展示在搜索结果页面，而当网民进入到互联网海量的网站时，网盟推广可以将企业的推广信息展现在网民浏览的网页上，覆盖了网民更多的上网时间，对网民的影响更加深入持久，有效帮助企业提升销售额和品牌知名度。网盟推广和搜索推广相结合，能够形成对潜在目标客户的全程、全方位深度影响，帮助企业收获更好的营销效果。

（二）百度网盟特点

（1）精准定位目标客户。主要包括："兴趣定向，投其所好"，进行有针对性的推广信息展示；关键词定向，基于用户搜索行为和浏览行为推广信息；到访定向，基于受众的访问行为识别短时明确需求；地域定向，基于受众的地域特征锁定目标人群活动地区。

（2）丰富的广告创意。多元展示推广信息、强力吸引顾客眼球。形式主要以固定、悬浮及贴片三大展现形式为主，能将企业的推广信息以图片、动画、文字、图文混排等创意形式展现在目标人群浏览的网页中。兼容搜索推广创意风格的文字和多达 19 个尺寸的图片/动画创意都能生动诠释企业推广信息。

（3）有效的成本控制，按推广效果付费，免费获得海量展现。和传统媒体按照版面大小、投放频率等付费方式相比较，百度网盟推广为客户提供了一种最经济的 CPC（Cost – per – click）计费。只有当推广信息被感兴趣的潜在客户点击后才付费，没有点击不付费，在联盟网站上获得的海量展现是免费的。能帮助企业低成本获取免费海量展现，提升品牌知名度，提升咨询量，促进销售。

四、百度火爆地带

（一）百度火爆地带简介

百度竞价是把企业的产品、服务等通过以关键词的形式在百度搜索引擎平台上作推广，它是一种按效果付费的新型而成熟的搜索引擎广告。用少量的投入就可以给企业带来大量潜在客户，有效提升企业销售额。具体如图 3 – 5 所示。

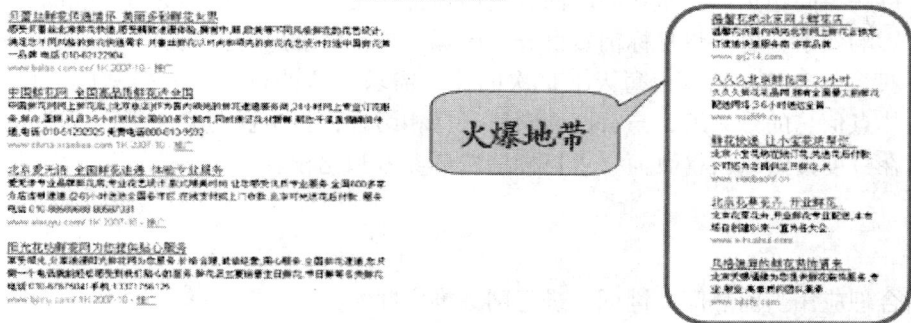

图 3 - 5　百度火爆地带界面图

（二）百度火爆地带与百度竞价的区别

百度竞价：①完全按照给企业带来的潜在用户访问数量计费，没有客户访问不计费，企业可以灵活控制推广力和资金投入，使投资回报率最高。②可以设置你想要的关键词，每次按点击的收费起步价每个关键词不同，如果多家网站同时竞买一个关键字，则搜索结果按照每次点击竞价的高低来排序。

百度火爆地带：①以年为购买和发布单位。②实行先付先得的原则，如果两个企业都订购了同一个关键词的同一位置，先付款的企业可得到该位置。③代理商必须是百度竞价排名的核心代理，并需要付一定金额预付金和保证金。

五、其他推广资源

借助搜索引擎庞大的搜索数据平台，实现客户对企业品牌的全面认知，扩大品牌知名度；同时提升企业的页面流量，提高广告转化率。除了以上推广渠道，还有很多，以下以百度搜索平台为例进行介绍。

（1）百度开放平台。百度开放平台是基于网页搜索开发的数据分享平台，其最大的优势是可将搜索结果以最直接的个性化方式展现出来，减少重复搜索的过程环节，缩短消费决策时间。

（2）百度地图，实用性提升用户体验与品牌好感。度百度地图是一项功能性极强的搜索服务，覆盖国内近百余城市，可任意查询街道、商场及楼盘的地理位置。百度为企业在地图频道专门定制个性化的搜索页面，按分类进行地图搜索，每个分类下设置不同选择条件，以保证搜索结果的精准性。这种推广方式不仅实用且功能性极强，可大大提升企业品牌好。

（3）百度百科，专业 Web 2.0 编辑。百度百科可谓一个互联网大智囊，充分调动网民的力量，汇聚上亿用户智慧，进行分享交流。通过专业机构或知名商业品牌对词条进行专业认证的方式，能够保证词条内容的权威和真实性，给用户提供高质量的专业解释。

（4）图片推广，提高转化率。除了网页、知道、百科等搜索及关注度比较高的频道外，提及企业真实的图片实景更能让人信服，因此百度图片频道也是目标人群的又一聚集地。在百度图片频道，投放与企业相关的高关注度关键词，可直将用户导入企业页面，为搜索用户带来极大的操作便利，用户评价非常高。

（5）知道关联，问答中体验品牌专业性。当用户在百度知道中提出有关企业问题时，无论是在待解决问题页面还是在问题回答页面，都将集中呈现，这样既可达到品牌广告如影随形的影响效果，更能将目标消费群分类区隔，进行精准广告投放。

（6）搜索风云榜。百度以每天上亿次的搜索需求打造的权威中文搜索风云榜是每日网民关注热点信息的聚集地，与百度搜索风云榜相结合，将企业的关注排行以展示广告的形式展现在百度搜索风云榜页面，供目标消费群参考和比较。

思考

如何合理应用当前热门关键词，进行网站推广呢？

任务三　网站优化

任务案例　宝马德国 BMW. De 网站惨遭 Google 封杀

2006 年 2 月初，宝马德国网站曝出网络"作弊"丑闻，遭到封杀。事情的起因是，为提升在搜索中的排名，吸引更多用户进入自家网页，宝马使用"搜索引擎优化"技术，设立了"门径网页"。在其代码中嵌入有多个"newcars"（新汽车）、"usedcars"（二手汽车）等流行搜索关键字的引用，人为地使它显示在搜索结果的前几位，但用户在浏览器中看不到这些关键字。这些"门径网页"只面对 Google 之类的搜索网站开放。

实际上，就算是现在，这种行为在企业网站、门户网站也还比较普遍，很多网站会尽可能多地罗列一大堆关键词。甚至很多新网站会去故意罗列那些热点关键词，像"芙蓉姐姐""奶茶妹妹"等，以增加流量。Google 网站管理员指南/质量指南/具体指南明确忠告：请不要使用隐藏文本或隐藏链接。

一、网站优化

（一）网站信息优化

1. 文章的原创性

众所周知，搜索引擎是很喜欢原创文章的，最好花一点时间去撰写原创的文章，一篇原创抵得上十篇转载和伪原创，也可以锻炼自己的写作能力，如果实在懒得原创最好伪原创，只是一味的转载并不能达到很好的效果，可能适得其反。

2. 使用关键词

更新文章的时候一定要对这篇文章的核心关键词进行规划，并填写在 keywords 上告诉搜索引擎这篇文章的核心关键词是什么。

3. 关键词第一次出现时加粗

文章中第一次出现关键词的时候要加粗显示，并且最好是在文章开头的一段，H 这个字号大家可以常用。

4. 循序渐进的增加

文章不能今天几篇明天几十篇后天懒就不更新了，优化是一个长期的工作，按照自己的能力，每天一篇或者每天三篇都可以，每天更新可以让搜索引擎了解你的习惯，逐渐对你的站点有信任度，久而久之，权重就提升了。

5. 内容有相关性

内容一定要和主站相关并且适当扩展，比如 SEO 的网站可以扩展到网络推广，电子商务，网站建设，css 样式设计等相关内容。

6. 尽量在写文章的时候，四处一词

四处一词已经被大家提到很多次了，文章标题，关键词，文章内容，英文的最好 url 里面也加上，可以达到最好的效果。

7. 多样性

这个多样性可以理解为文章内容的多样性和外链的多样性，内容和主题相关可以适当的拓展，例如外链标题是《网站文章更新的八个优化要点》，也可以在做锚文本链接为《八个更新文章的问题》等。这个多样性不光适合于主页几个关键词的多样性也适合于文章。

8. 链向权威性的站点

网站文章中一些提到的站点或者人物可以连接到他们的网站，搜索引擎会对你的网站有很好的认知度。

（二）网站图片优化

百度图片搜索认为有较高价值的图片新闻的依据是：title、alt、keywords。其中，alt 在图片搜索中发挥了非常重要的作用，因此网站图片优化应该注意优化处理。

1. ALT 标签

这是优化网站图片的最重要的一点，即 alt 部分的处理。使用 alt 属性是为了给那些不能看到你文档中图片的浏览者提供文字说明。除此之外你还可以添加一些特殊的标注像是图片说明、评论、设计群体、位置和主题。搜索引擎在抓取内容时也会看图片周围的文字来决定图片的相关性。标注旁边的文字和锚文本旁边的文字对图片搜索排名有一定的影响。

2. 图片文件名

取一个和文档相匹配的图片名称很重要。图片名称将会出现在图表图片的搜索结果中，当搜索用户在浏览一些他们喜欢的图表图片中，这可以和用户形成沟通。不要以为那些图片编辑器会对你的默认图片名称进行优化。默认的名字对搜索引擎没有任何的沟通作用，因此应该事先设定一套命名结构体系。

3. 图片标题

这点和网页优化中的 Title 标题一样，是个什么内容的图片，就给这张图片取个相符的标题。如果你用 Google 搜索图片会不难发现每张图片下都会有一段描述性文字，其中关键字用粗体显示。这段描述行文字一般都是位于原文章图片周围。

4. 图片文字介绍

排在前面的图片，基本都是关于这张图片的一个专栏介绍，以告诉搜索引擎这个图片的重要性。

5. 外部链接

网站优化需要外部链接，同样，图片的优化也是需要外部链接，链接始终是网络的最根本基础，最优秀的图片才会在网络上蔓延，搜索引擎也就是分析这张图片的外部链接，从而来判断这张图片是不是受欢迎。

6. 图片的存储

在网站图片实用过程中，应谨记使用自己的而不是其他网站的图片。因为自己最了解网站的速度及相关路径和文件设置，如果是引用外部连接打开图片的话，很可能因为外部网站的服务器问题而导致图片无法打开。

7. 图片的尺寸

例如你链接的是一张网站优化工具的图片截图，那么图片的大小就应当符合规范。而不会因为设置不规范而导致图片变形导致无法查看。

（三）网站友情链接优化

友情链接对于企业排名和收录都有很大的帮助，在选择友情链接的时候，应注意以下问题。

（1）网站的导出链接数量和质量：首先介绍导出链接的数量，所谓的数量就是他和别人交换友情链接的个数有多少，如果一个优质的友情链接导出链接是一百个，那么它分给我们的可能是百分之一都不到，因此这个链接没有必要去交换，一般网站不要超过三十个导出链接，除非他的网站流量很大，权重很高，可以进一步考虑。再者就是网站友情链接的质量，他们网站所交换的友情链接的质量也很重要，有些网站长期不检测，很多垃圾友情链接网站都被搜索引擎完全删除网站索引了，或者已经打不开，降权了等，这种情况下对自己的网站造成的影响很大。所以在交换友情链接的时候这个关口一定要把控到位。

（2）网站的流量：交换对方网站一定要有流量，我们不仅要的是对方网站给我们传递的权重，更多的是能够给我们带来流量，这才是我们交换友情链接最大的目的。只要网站有流量，有人气，留得住用户，就说明它是一个对用户有用的网站，所以这个时候可以降低一点标准，和他交换友情链接。

（3）网站的相关性：网站的相关性，无论是对搜索引擎还是对用户都会得到很好的价值。所谓的相关性，不仅体现到首页，内页也是一样，但是我们多数到首页友情链接。但是无论针对首页还是内页，友情链接网站的行业选择性，友情链接不要换一些不相关的行业，因为它会造成用户对网站的厌恶和搜索引擎的错误判断。

（4）网站的权重：网站的权重，很多人在交换友情链接的时候都会看对方的权重，当作一个标准来交换友情链接。如果交换和别人低的链接，自己的内心会不平衡，交换链接的时候权重只是一个链接交换的指标，不要刻意去关注。

（5）网站的收录：网站的收录对网站的排名来说起到了很大的作用，所以说网站的收录多少也起到了一些作用，看对方网站的当天的收录和总收录的数量，一般工具的查询只能当作参考，真正的收录数据通过统计数据我们才能给出一个可靠的数据，所以网站收录的多少也是我们交换链接参考的标准之一。

（6）网站的快照：网站的快照不必要刻意去追求对方网站的快照问题，因为我们可以去参考一些用户体验做得好的网站，所以快照只是对方网站更新网站内容，搜索引擎索引，收录放出的快照的时间，快照也是看出搜索引擎蜘蛛对这个网站抓取的活跃度，索引百度快照也只是交换链接的一项标准。

（7）网站的内容：要看对方网站每天更新的内容，有没有经过优化，文章是或收录，是或采集，文章的排版，网站的打开速度等。对方网站更新内容的质量也是我们交换友情链接的一个标准。

（8）网站 PR 值：PR 值全称为 PageRank（网页级别），用来表现网页等级的一个标准，级别分别是 0 到 10，是 Google 用于评测一个网页"重要性"的一种方法。友情链接 PR 值越高，企业网站也越容易获得高的权重。

（四）网站关键词优化

网站关键词优化的三大步骤：关键词的选择、关键词的密度、关键词的锚文本。

1. 关键词的选择

品牌关键词主要是定位于网站的名称。或许你的网站名字和你所做的网站内容毫不相关，但这并不重要，当你的网站内容被用户所熟悉后，更多的用户会对你的品牌关键字进行搜索，而不是对相关词关键字进行搜索。

相关关键词就是与用户搜索的关键词有关系的其他关键词。

长尾关键词是非网站目标关键词，但是却能够给网站搜索流量的关键词。长尾关键词往往较长，像是短语，有时候亦是一个句子。长尾关键词主要存在内容页中，不仅存在内容标题，还有存在内容中。在一些有大量长尾关键词的大中型网站，长尾关键词能给网站带来大量的流量。

2. 关键词的密度

网页中的关键词出现的频率越高，搜索引擎会认为该网页的内容和该关键词的相关性很高，使得网页将更容易在搜索该关键词时排名更加靠前。而关键词的密度一般在2% ~8%。

3. 关键词的锚文本

关键词加上超链接，就是一个锚文本。当互联网上各个网站出现大量的关键词锚文本指向你的网站的时候，相当于搜索引擎发起了一个投票，这个关键词谁获得的票最多谁的网站就能排名在前面；大家都投了一票给你的关键词，这样你的网站就能够在用户搜索该关键词的时候，你的网站能够更加靠前。通俗一点来说，就是给网站做好内链外链的优化。为了更好的做好关键词的锚文本，建议大家做网站的时候都给网站首页、栏目页、内容页做好关键词的锚文本记录，这样有利于自己做网站内外链的时候知道该链接到哪个网址。

（五）网站的功能、色彩和布局优化

1. 网站功能优化

一个网站的功能应尽量人性化，这样能够向访客传达一个信息，即网站是在用心为每一位访客服务，我们会尽一切力量保证访客最方便、最快捷地得到自己感兴趣的信息和服务。现在很多网站在注册模块的设计上通常使用了 ajax 技术，使访客在注册会员的过程中，能够实时地得到信息提示，比如会员在输入用户名时，如果这个用户名已经被注册过，那么就会在旁边及时向他提示这个用户名已经注册过，而不是等到用户填完所有注册表单点击提交之后，才返回信息说用户名已被注册，这种设计就是非常人性化的，因为它减少了访客在时间上的浪费，保证访客在最短的时间内得到其想要的服务。其次，网站的功能并不是越多越好。一些大家通常用不上的功能不仅对于塑造网站良好形象没有意义，反而会影响网站的设计和布局，甚至给服务器造成不必要的压力，减缓网站的访问速度，从而给网站形象带来一定的损害。

2. 网站布局优化

访客在浏览某个网站时首先对这个网站的整体布局产生某种印象，这种印象的好坏将决定访客是否能成为网站忠实的支持者。如果一个网站在整体布局上杂乱无章，访客需要耗费较多的时间和眼力甚至脑力才能找到自己需要的信息，那么就会给访客带来极差的印象。他下次很可能就不会再来你的网站了。因此，网站整体布局都必须遵循这样一个原则，就是尽量使网站看起来比较清晰和有条理，要保证每一个访客能够快速而方便地在网站庞大的信息库中找到自己需要的信息。在保证这一原则的基础上，再根据自己网站的不同类型做出相应的调整。比如企业网站可以将产品介绍作为网站布局的重心，使访客进入网站的第一眼，看到的就是企业最新颖或者最有卖点的产品。

3. 网站色彩优化

优秀的色彩搭配能够让网站的访客产生眼前一亮的感觉，从而对网站留下比较好的印象。网站色彩搭配比较忌讳的是各种颜色糅合在一起，这样容易给访客造成杂乱的感觉。好的色彩搭配应该是看起来比较协调而美观的。然后根据不同的网站类型，突出不同的色调。比如专业性较强的网站通常会突出蓝色，而女性网站通常会突出红色或粉红色。当然，这是优秀的网页设计师所要研究的工作了。

二、SEO 常见作弊行为

（一）关键字堆砌

为了增加关键字的呈现频次，可以在网页代码中，如在 META、title、注释、图像 ALT 及 URL 地址等地方重复书写某关键字。

（二）虚伪关键字

经过在 META 中设置与网站内容无关的关键字，如在 Title 中设置抢手关键字，以达到误导用户进入网站的意图。一样的状况也包括链接关键字与实践内容不符的状况。

（三）隐形文本/链接

为了增加关键字的呈现频次，在网页中放一段与布景色彩一样的、包括密布关键字的文本。访客看不到，搜索引擎却能找到。相似办法还包括超小号文字、文字躲藏层等手法。隐形链接是在隐形文本的基础上在其他页面增加指向方针优化页的行动。

（四）重定向（Re - Direct）

运用改写符号（Meta Refresh）、CGI 程序、Java、Javascript 或其他技能，当用户进入该页时，敏捷主动跳转到另一个网页。重定向使搜索引擎与用户访问到不一样的网页。

（五）掉包网页

也称"钓饵行动（Bait - & - Switch）"，是在一个网页成功注册并取得较好排名后，用另一个内容无关的网页来交流它的行动。

（六）仿制站点或内容

经过仿制整个网站或有些网页的内容并分配以不一样的域名和服务器，使搜索引擎对同一站点或同一页面进行屡次索引的行动。镜像站点（Mirror Sites）是此中典型。

（七）桥页/门页（Bridge/Doorway/Portal/Entry）

对准某一关键字专门制造一个优化的页面，链接指向或重定向到方针页面。有时候为动态页面树立静态进口，或为不一样的关键字树立不一样内页也会用到相似办法，但与桥页不一样的是，前者是网站实践内容所需而树立的，是访问者所需求的，而桥页自身无实践内容，只对准搜索引擎作了一堆充满了关键字的链接罢了。

（八）隐形页面（**Cloaked Page**）

指同一个网址下对不一样的访问者选择性回来不一样的页面内：搜索引擎得到了高度优化的网页内容，而用户则看到不一样的内容。

（九）重复注册

打破时刻距离约束，将一个网页在短时间内重复提交给同一个搜索引擎以取得录入的做法。

（十）废物链接

参加"链接工厂"（亦称"很多链接机制"）指由很多网页穿插链接而构成的一个网络体系。一个站点参加"链接工厂"后，它可得到来自该体系中所有网页的链接。籍此办法来晋升链接得分。

（十一）包括指向作弊网页的链接

这种状况，有的是无辜被作弊网页牵连，有的则是故意为之。

任务四　网站推广优化的效果监测

任务案例　网站流量分析

某网站第一流量来源是搜搜，其次才是百度与360搜搜，如图3-6所示。

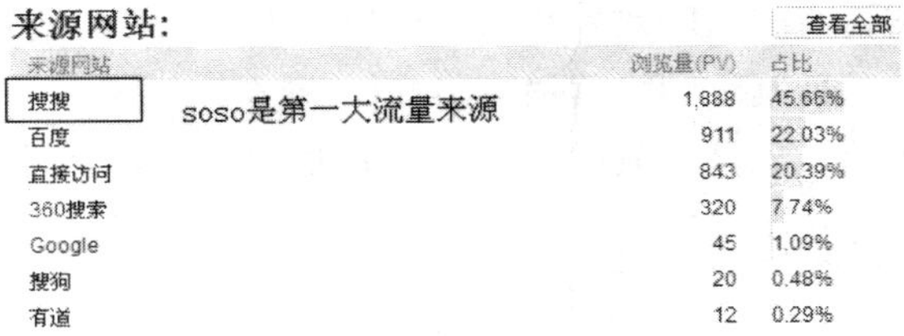

来源网站	浏览量(PV)	占比
搜搜	1,888	45.66%
百度	911	22.03%
直接访问	843	20.39%
360搜索	320	7.74%
Google	45	1.09%
搜狗	20	0.48%
有道	12	0.29%

图3-6　某网站流量来源图

每天来访问的独立ip虽然有80多个，但大多是搜索"车位锁价格"，"××价格"这类价格词，与车位锁，遥控车位锁这类主关键词。搜索这类词的消费者，很有可能是一些个人买家，只想了解这款产品的大概价位，当他打开笔者商城看到各产品的价格后，部分消费者觉得价格比淘宝贵，就选择淘宝；部分消费者了解价格后，就选择浏览下一家厂家，或者离开；极少数消费者会来询盘砍价。

其次，汽车地锁产品相对其他产品来说，是有地域性的。因为该产品需要安装，维护，偶尔更换零配件等。一个北京的消费者虽然进入该网站，看到其产品质量，价格都优于当地的厂家，但他绝对会选本地厂家。因为他没安装工具，请人安装嫌麻烦。

因此，从流量来源的搜索词来看，此网站价格类搜索词占多数，通常价格类搜索词的都是个人类消费者，流量价值没有"××厂家"与"地区+产品"的搜索词高。该网站需要调整优化的关键词。

访问者地域分布图如图 3 - 7 所示，从地域上来看，网站所在地湖南的周边省份，来访 IP 不多。事实上华南与西南地区以外的客户，都不会考虑长沙的厂家。所以，该网站应尽量来提升精准关键词，精准地域的来访 IP。

▨	湖南	751	18.6%
■	广东	531	13.15%
▨	山东	246	6.09%
▨	河北	220	5.45%
■	浙江	217	5.38%
■	江苏	202	5%
▨	河南	183	4.53%

图 3 - 7　访问者地域分布图

一、网站推广效果监测

通常说的网站流量（Traffic）是指网站的访问量，是用来描述访问一个网站的用户数量及用户所浏览的网页数量的指标，常用的统计指标包括网站的独立用户数量、总用户数量（含重复访问者）、网页浏览数量、每个用户的页面浏览数量、用户在网站的平均停留时间等。

网站流量统计分析，是指在获得网站访问量基本数据的情况下，对有关数据进行统计、分析，以了解网站当前的访问效果和访问用户行为并发现当前网络营销活动中存在的问题，为进一步修正或重新制定网络营销策略提供依据。

网站访问统计分析的基础是获取网站流量的基本数据，这些数据大致可以分为三类，每类包含若干数量的统计指标。

二、网站流量指标

网站流量统计指标常用来对网站效果进行评价，主要指标如下。

（一）独立访问者数量（Unique Visitors）

独立访问者数量，有时也称为独立用户数量，是网站流量统计分析中另一个重要的数据，并且与网页浏览数分析之间有密切关系。

独立访问者数量描述了网站访问者的总体状况，指在一定统计周期内访问网站的数量（例如每天、每月），每一个固定的访问者只代表一个唯一的用户，无论他访问这个网站多少次。独立访问者越多，说明网站推广越有成效，也意味着网络营销的效果越有效果，因此是最有说服力的评价指标之一。

（二）重复访问者数量（Repeat Visitors）

重复访问者数量反映了站点用户的忠诚度，站点用户的忠诚度越高，重复访问者数量越高。

（三）页面浏览数（Page Views）

在一定统计周期内所有访问者浏览的页面数量。如果一个访问者浏览同一网页三次，那么网页浏览数就计算为三个。页面浏览数常作为网站流量统计的主要指标。

不过，页面浏览数本身也有很多疑问，因为一个页面所包含的信息可能有很大差别，一个简单的页面也许只有几行文字，或者仅仅是一个用户登录框，而一个复杂的页面可能包含几十幅图片和几十屏的文字。另外，即使是同样的内容，在不同的网站往往页面数不同，这取决于设计人员的偏好等因素。

而且 Page Views 作弊也非常容易，因而很多针对 Alexa 排名的作弊手段之一就是采用各种办法刷 PV 值。

（四）每个访问者的页面浏览数（Page Views Per User）

每个访问者的页面浏览数是一个平均数，即在一定时间内全部页面浏览数与所有访问者相除的结果，即一个用户浏览的网页数量。这一指标表明了访问者对网站内容或者产品信息感兴趣的程度，也就是常说的网站"黏性"。

某些具体文件或页面的统计指标，如页面显示次数、文件下载次数等，主要是针对具体的每个文件的浏览和下载量。在流量统计中，受访页面统计数据可以反映具体页面的来访情况。通过这些具体的页面统计指标的分析，可以迅速看出最近用户的访问热点，也可以看出被访问站点的那些页面及其对应的关键词在搜索中的表现较好。

三、用户行为指标

用户行为指标主要反映用户如何来到网站、在网站上停留了多长时间、访问了哪些页面等，主要的统计指标如下。

（一）用户在网站的停留时间

一个用户在网站上停留时间（在线时间）的长短，反映出一个网站的黏度和吸引用户的能力。一般情况下，用户在某个网站停留时间越长，反映该站点的内容越吸引人，用户黏度越高。

但这样的说法也不是绝对正确地，比如 Google 曾经有一个追求目标就是让用户在 Google 停留的时间尽可能短。因为用户每次在 Google 搜索上停留越短，说明客户通过 Google 找到答案越迅速，Google 的搜索质量越高。

（二）用户来源网站

通过用户来源网站（也叫"引导网站"）统计，可以了解用户来自哪个网站的推荐、哪个网页的链接，可以看出部分常用网站推广措施所带来的访问量，如网站链接、分类目录、搜索引擎自然检索、投放于网站上的在线显示类网络广告等。

一般后台能反应用户来源的几项统计数据有搜索引擎来源统计，搜索关键词统计，来路统计。

（三）用户所使用的搜索引擎及其关键词

从流量分析软件中可以很清楚的看到，用户是通过搜索哪些关键词来到你的网站的，这可以辅助你对关键词实际优化情况有个大致了解。

另外一个很重要的方面是，从这些关键词中你可以扩展出很多可以增加的内容。有很多用户会搜索一些你很难想到的关键词，可能你的文章里偶尔提到过，恰恰是这些你想不到的，也许还比较冷门的关键词，能给你带来很多流量。发现这些关键词就可以适当的把自己内容方面的策略做一些调整。

（四）用户浏览网站的方式

用户浏览网站方式的相关统计指标主要包括：用户上网设备类型，用户浏览器的名称和版本，访问者电脑分辨率显示模式，用户所使用的操作系统名称和版本，用户所在地理区域分布状况等。

四、常用网站流量检测分析工具

目前国内有很多免费的流量统计工具，下面介绍几种用的比较广泛的流量统计工具。

站长统计（http：//www.cnzz.com/），这是目前国内站长使用最多的网站流量系统，为个人站长提供安全，可靠，公正的第三方网站访问免费统计。

51 啦统计（http：//www.51.la/），成熟、完善、人性化的功能设计，符合并引导着中文站长使用习惯，赢得了众多站长的青睐。

百度统计（http：//tongji.baidu.com/），百度统计是百度推出的一款免费的专业网站流量分析工具。因为是百度公司出品的，所以在很多方面衔接了搜索引擎的查询功能（如收录查询、百度指数等）。

谷歌分析（http：//www.google.com/intl/zh – CN/analytics/），Google Analytics（分析）是企业级的网站分析解决方案。此工具不但可让您进一步了解网站流量和营销效果，现在还提供了富有灵活性又易于使用的强大功能，让您可以通过全新的方式查看并分析流量数据。有了 Google Analytics（分析），您可以胸有成竹地撰写定位准确的广告，强化营销计划并提高网站的转化率。

站长工具（http：//tool.chinaz.com/），目前国内 SEO 网站信息查询最全、功能最强大的网站。站长需要的网站分析数据都可以在这里查询。

考核指标

考核目标	考核指标	分值（100 分）
知识目标（30%）	1. 理解网站推广的必要性	
	2. 掌握网站推广的四个阶段组成	
	3. 掌握常见的线上推广方法和费用组成	
	4. 掌握常见的网站优化方法	

续 表

考核目标	考核指标	分值（100 分）
能力目标（40%）	1. 调查一般推广方法的费用组成	
	2. 调查企业所在领域常用的推广方法	
	3. 选择适合企业的线上推广方法	
	4. 选择适合企业的 SEO 方法对网站优化	
	5. 分析企业网站，排除类似 SEO 作弊的问题	
	6. 对网站实施效果进行评估	
素质目标（30%）	1. 团队合作与分工	
	2. 分析、学习、解决问题的能力	
	3. 成本意识	
	4. 语言沟通、文字表达与报告撰写能力	

参考资源

http：//www.tui18.com/　推一把

http：//e.baidu.com/　百度推广

http：//www.zzbaike.com/　站长百科

网络营销实践项目

实践项目：网站优化与推广		
团队名称：		最佳成员：
小组分工：		
实验日期：		实验地点：

实验要求：结合项目十二的学习，针对企业网络营销需要，分析企业网站的问题（或对比分析同类网站的问题）。鉴定企业网站所处阶段，运用搜索引擎和网站优化手段对网站实施优化，并结合企业网站目标制定网站优化指标

经理签字：＿＿＿＿＿＿

网络营销策划技能训练项目

　　互联网的出现，并没有改变营销的本质，而是将营销推向一个更高的阶段。网络营销的基础依旧是4P，并产生具有互联网特点的4C、4I等。网络营销人员要对新鲜的理念有敏锐的嗅觉和学习能力，能应对突发情况。同时，网络营销应具备较强组织、协调和策划能力，并将网络营销方案付诸实施。

项目十三 网络危机公关

案例分析 LG "翻新门" 事件

LG 翻新事件起源于 2006 年, 在 2007 年上半年愈演愈烈。2007 年 1 月, 在地下翻新工厂遭曝光后, LG 声称背后有人敲诈。2 月份又有媒体曝光工商局封存 5 台 LG 疑似翻新空调, 随后 LG 承认更换部分产品包装。3 月, 湖南省消费者张洪峰披露了湖南省质量检验协会的鉴定结果, 确认 "其购买的五台 LG 空调都是翻新机器", 5 月份张洪峰通过博客再次披露了 LG 空调的质量问题。LG 翻新事件随着全国媒体的不断报道, 从 LG 冰箱翻新、LG 空调翻新到 LG 彩电翻新, 小作坊做出大品牌, 这类报道如同星星之火, 很快发展成了燎原之势, LG 旗下的各类产品在中国的销售也迅速下滑。LG 品牌似乎一下子从高空跌入了谷底。"LG 翻新" 事件在 Google 上的搜索结果界面图如图 4-1 所示。

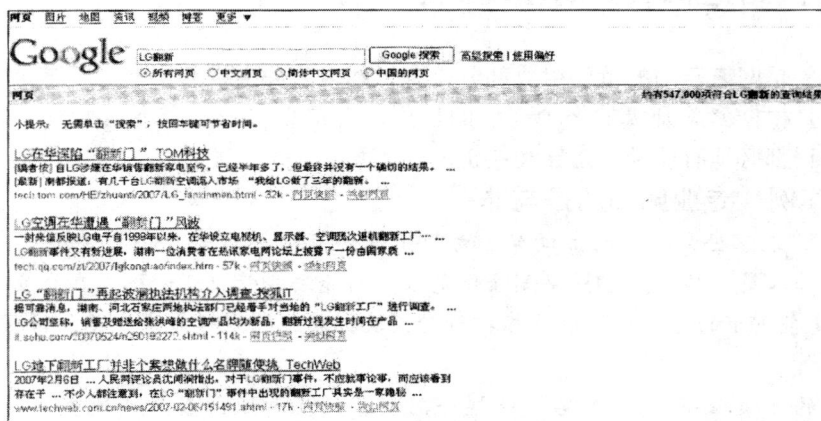

图 4-1 "LG 翻新" Google 搜索结果界面图

追踪这次事件的源头, 却是 BBS 上一个声讨 LG 在华有翻新工厂的小帖子。LG 虽然第一时间知道此篇帖子的出现, 但是对其可能带来的危机影响却大大忽视了。也许对 LG 而言, 只有正规的媒体、正式的新闻报道式的批评才算是对企业有影响的危机事件, 像网络 BBS 上这种可能是恶意攻击的帖子, LG 方面可以置之不理。正是基于此, LG 迟迟未启动危机公关应对策略, 最终导致危机一发不可收拾。

思考

如果 LG 能在第一时间出面解决此问题, 并公开道歉, LG 还会不会遭受如此的损失? 现代企业能不能忽视网络事件给企业带来的负面影响。

学习目标

知识目标: 理解网络危机, 增强网络危机意识, 认识到网络危机公关的重要性; 认识和掌握危机管理的原理和方法；掌握企业网络危机发生的原因与影响；掌握好网络公关关系的概念、特点、策略和一般实施流程；危机处理的基本原则、流程与操作技巧；要求学生理解舆情监控的概念和作用，明确舆情监控系统在企业网络公关中的意义。

能力目标：要求学生掌握管理企业网络公关关系，策划网络公关关系的一般方法；培养网络公关的应变和处理及预防能力；掌握公关危机管理方案撰写技巧和危机技能；能管理好企业的网络资源，掌握各种宣传技巧和外交艺术。

素质目标：培养对于突发危机事件，具备临危不惧的心理综合素质和应变能力；提高与新媒体打交道的能力；能根据企业具体情况，协助网络危机公关团队，进行网络危机处理。

学习关键词

危机公关、舆论监督、网络危机公关策划、舆情监控系统的使用

任务一　　网络危机公关的基本概念

网络公关是网络营销的重要组成部分，少了网络公关网络营销就成了蹩足。网络公关的思路应该是根据公关升级的一个连续的过程，而且必须是一个不断准备不断完善的过程，每个过程都必须有监控的指导和纠正。

任务案例　专业删帖的是与非

2013 年，北京警方破获北京口碑互动营销策划有限公司等 6 个公关公司勾结部分中介和网站工作人员，从事有偿提供删除信息服务的非法经营犯罪网络。在公安部统一指挥下，全国 10 个省市的公安机关展开抓捕行动，共抓获犯罪嫌疑人数十名，涉案金额 1 000 余万元。

在眼下的互联网领域，"删帖"这样一门灰色的生意正蓬勃兴盛地生存并壮大起来。他们以四五千元删一贴的价格，替大大小小的企业、单位甚至政府找到网站内部的工作人员，帮助"清除"互联网上那些关已的负面消息和帖子，并美其名曰"网络危机公关"。删帖有正常途径，各个网站都有客服人员专门负责受理投诉，为何不走正规渠道？应对公关危机的方式很有多，为何这些部门就只想到通过删帖来解决？

对于新闻媒体来说，信息的爆炸程度决定了网站的点击率，而点击率又直接与网站收益挂钩，利益当前，并不是所有网站都会因为帖子与事实不相符而心甘情愿删帖。于是这些公关公司便利用了"客户"这种怕曝光怕面对真相及网站想赚钱的心态，做起了中间人，坐收渔翁之利。在这个所谓的"生意场"背后，我们看到的是：公关公司、网站内部人员相互勾结，肆意删帖；"客户"和媒体为了既得利益又为这种违法行为提供了生存的沃土。

《国语·周语上》说："防民之口，甚于防川，川壅而溃，伤人必多，民亦如之。"因此，在对待负面新闻和网络舆情这件事情上，有关企业没有必有太过畏惧。敢于正视，不要想着去堵或者"忽悠"顾客，将事实真相说清道明。如果有的帖子属于诽谤造谣，就直接正面抨击，再通过正规渠道删帖；如果是事实，也应该摆正态度，细心解释，给网民一个交代。

在赤裸裸的经济利益面前，不少企业选择了最快捷的方式来解决危机。那么，最快捷的删帖，是否是企业解决危机的最好办法呢？

一、网络公关的概念

企业公关关系是指企业在生产和商业行为中所需要面对和处理的公共关系。随着社会的迅速发展和商业贸易的不断深入，经济全球化的发展趋势逐渐的将本土的公共关系变成了世界经济体间的公共关系。公共关系的价值也意义逐渐被企业所认可和重视。公共关系是现代管理理论的组成部分，它利用传播技能和研究方法作为主要工具，帮助一个组织建立并保持其与公众之间的相互交流、理解、认可与合作；它参与处理各种问题和事件；帮助管理部门了解民意并对之做出反应；明确和强调企业为公共利益服务的责任；它作为社会驱动的监督者，帮助企业与社会变动保持同步。

互联网和电子商务的发展，网络传播方式较之传统传播方式有了较大发展和创新。世界营销大师科特勒说："过去，企业提高竞争力靠的是高科技、高质量，而现在则要强调高服务和高关系。"信息化的高速发展使产品的科技含量日益趋同，生产管理的规范化和程序化则导致同类产品在质量上难分高下。"高服务、高关系"主要指的是公共关系，是社会组织建设和公关的主要方向，企业的竞争已由有形资产的竞争转变为品牌、形象、商誉等无形资产的竞争。企业必须重视21世纪新环境下的网络公共关系。

网络公共关系刚刚兴起，目前业界还没有一个统一的定义。目前，大多学者认为网络公关指企业借助联机网络、电脑通信和数字交互式媒体的威力来实现公关目标的行为。主要有下面几种有代表性的定义。

（1）网络公关（PR online）又叫线上公关或e公关，它利用互联网的高科技表达手段营造企业形象，为现代公共关系提供了新的思维方式、策划思路和传播媒介。

（2）网络公关也就是指企业在网络空间的公众关系。网络的空间存在着形形色色的"大众群体"，企业通过其网络上的各种存在形式，以及通过采取各种方式与网络公众增进了解，进而维持与公众的良好关系与互动，以此来加强品牌的影响力，促进品牌的推广。"

（3）网络公关是由于计算机网络的迅猛发展而给传统公关带来的一种创新形式，它以因特网作为信息传播的手段来开展公关活动，为企业改善自身形象、提升市场知名度、创造更多商机。

第一和第三个定义指出了网络公关的手段是互联网，公关的目的是营造企业形象，但没有涉及网络公关对象。第二个定义公关的三个基本要素主体、客体和手段都有所描述，尤其是对客体阐述比较详细。

综合以上三种定义，网络公共关系就是企业以互联网为手段针对网络公众进行的主体是企业，传播媒体主要是互联网，客体是网络公众，网络公关的目的是维护和改善企业形象，提升品牌知名度，以获得更多商机的行为。综上所述，网络公关的定义根据网络媒介的三种不同类型，分为狭义和广义两种定义：广义上的网络公关是指网络化组织以电信网络、有线电视网络及计算机网络为传播媒介，来实现营造和维护组织形象等公关目标的行为。狭义上，网络公关是指组织以计算机网络即互联网为传播媒介，来实现公关目标的行为。我们主要使用的是狭义上的网络公关概念。

二、网络危机公关的概念

在 Web 2.0 时代网络已经成为企业危机公关的触发器与放大器：在网络的作用下，精英媒体时代转向草根媒体时代，来自网络的企业危机一触即发；随着地球村时代的来临，每个人都是演员，人人都有选择的权利，墙倒众人推，使危机事件不断被扩大。企业必须与专业危机公关机构合作，加强网络媒体监控，以加强自身网络危机公关能力。

互联网的兴起，改变了媒介与受众之间的传播关系，同时也改变了整个传播的话语环境。人们开始注意到，很多新闻事件，都是从网上开始被人炒得很热了，传统媒体才开始介入，而传统媒体的介入，又引起了新一轮的讨论。如此循环，议程设置的掌握者，不再是传统媒体的专利。

危机公关这一话题永远都是互联网人员与各企业老板之间长久辩论的一个热门话题，大家都在关注着这一话题。近几年，这一话题更加是升级到了一个新的高度。同时，由于企业的管理不善、同行竞争甚至遭遇恶意破坏或者是外界特殊事件的影响，而给企业或品牌带来危机，企业针对危机所采取的一系列自救行动，包括消除影响、恢复形象，就是危机公关。

三、网络危机公关的特点

意外性：危机爆发的具体时间、实际规模、具体态势和影响深度，是始料未及的。

聚焦性：进入信息时代后，危机的信息传播比危机本身发展要快得多。媒体对危机来说，就像大火借了东风一样。

破坏性：由于危机常具有"出其不意，攻其不备"的特点，不论什么性质和规模的危机，都必然不同程度地给企业造成破坏，造成混乱和恐慌，而且由于决策的时间及信息有限，往往会导致决策失误，从而带来无可估量的损失。

紧迫性：对企业来说，危机一旦爆发，其破坏性的能量就会被迅速释放，并呈快速蔓延之势，如果不能及时控制，危机会急剧恶化，使企业遭受更大损失。

网络公关，它利用互联网的高科技表达手段营造企业形象，为现代公共关系提供了新的思维方式、策划思路和传播媒介。目前，"e 公关"概念虽然在美国刚刚兴起；但中国公关业不甘人后，企业自身的公关网络更是如雨后春笋般生长起来。

任务二　网络危机公关的策略与原则

任务案例　搜索引擎压制负面新闻

某全球知名的瑜伽练习机构，在世界各地拥有大批学员。但是近期在国外的搜索引擎上爆发了大规模负面新闻，所以客户希望能在国内的两大搜索引擎上做好防御工作，以防国外负面消息报道传入中国，影响该品牌的声誉。

要求 SEO 团队完成目标为：确保百度和谷歌中国这两大搜索引擎的前几页没有任何负面信息，维护品牌声誉。并监测品牌相关词下的网页，降低威胁网页的排名。

市场挑战：行业新闻动态少，负面消息易优先出现：该行业的关键词线上竞争力较弱，使得这类词的自然排名提升相对比较容易，负面消息的发布很快就能窜至搜索引擎首页。

　　时间限制：客户的情况属于突发性事件，因此我们需要制定时效性强、效果显著的策略。

　　项目开始前的情况如图4-2所示。

搜索引擎	关键词	在第一页的结果页面									
		1	2	3	4	5	6	7	8	9	10
Google	K1	■	★	★	★	●	●	★	●	★	●
	K2	■	★	★	★	★	★	★	■	★	★
	K3	●	★	●	★	★	★	●	★	★	★
	K4	●	■	●	●	★	●	★	●	●	★
	K5	●	●	●	●	●	●	●	★	●	★
Baidu	K1	★	★	★	★	★	●	★	★	●	■
	K2	★	■	★	★	★	●	★	●	★	●
	K3	●	★	★	●	★	★	●	●	●	●
	K4	●	★	■	●	●	●	★	●	●	●
	K5	●	●	★	●	●	■	●	●	●	★

图4-2　项目开始前的情况

　　其中：■表示属于客户的网站；●表示论坛/博客（内容不稳定的网站）；★表示视频和电子商务网站。

　　项目实施一个月后的情况如图4-3所示。

搜索引擎	关键词	在第一页的结果页面									
		1	2	3	4	5	6	7	8	9	10
Google	K1	■	★	●	■	★	★	★	★	★	★
	K2	■	★	★	★	★	■	★	★	★	★
	K3	★	★	●	★	★	●	★	★	●	★
	K4	■	■	■	★	●	★	★	●	★	■
	K5	■	■	■	■	■	★	★	★	★	★
Baidu	K1	★	★	■	★	★	★	★	●	●	●
	K2	■	■	★	■	★	★	★	★	★	★
	K3	★	★	●	★	★	★	★	★	●	●
	K4	■	★	★	★	■	★	■	●	●	★
	K5	■	★	★	★	★	●	★	●	■	■

图4-3　项目开始后的情况

　　其中：■表示属于客户的网站；●表示论坛/博客（内容不稳定的网站）；★表示视频和电子商务网站。

一、危机公关策略

企业网络危机公关是一项系统工程，它包含对危机事前、事中、事后所有方面的管理，目的在于预防、摆脱、转化危机，避免或减少企业损失，维护企业的正常运营和良好的企业形象。企业危机公关的核心是沟通，其中，信息的传递在沟通中尤为重要，对化解危机起着极为关键的作用。

企业网络危机公关是一项系统工程，它包含对危机事前、事中、事后所有方面的管理，目的在于预防、摆脱、转化危机，避免或减少企业损失，维护企业的正常运营和良好的企业形象。企业危机公关的核心是沟通，其中，信息的传递在沟通中尤为重要，对化解危机起着极为关键的作用。

企业应该如何面对危机公关，制定什么样的危机公关策略呢？每一个企业的危机公关案例都是存在差别的，在制定危机公关策略时，一定要考虑以下因素。企业面临公关危机时应该果断采取应对行动，以便化解危机或把危机带来的负面效应控制到最低。以下六项应对公关危机的策略可以有效化解危机甚至起到积极的效果。

（一）把危机公关上升到一个战略的高度

现在很多企业危机公关失利的主要原因就是没有把看起来并不大的事件当回事，但"千里之堤，溃于蚁穴"，这样的态度将导致事件影响与危害不断蔓延，直至不可收拾，完全失控的地步。正确的做法是当企业发生公关危机时不论事件大小都要高度重视，站在战略的高度，来谨慎对待，具体处理方式要具有整体性、系统性、全面性和连续性，只有这样才能把危机事件快速解决并把危害控制到最小。危机发生后企业要由上至下全员参与其中，尤其是最高领导要非常重视，所有决策都要由最高领导亲自颁布或带头执行，以确保执行的有效性。

（二）发现问题的本质与根源

很多企业危机公关处理不利的原因多是只看到了表面现象，哪儿出了问题就抓哪，而本质性的根源问题却没有解决，导致只治标不治本，按下葫芦起了瓢，无法快速彻底解决危机，甚至事态不断扩大。当企业发生危机时应该先客观全面地了解整个事件，而后冷静的观察问题的核心关键问题及根源，研读相关法规与规定，把问题完全参透，或聘请专业公司把脉支招，切不可急着拿一支扫帚就去救火，哪儿着火哪儿拍一下。

（三）比救火的速度更快些

企业发生公关危机时反应速度要比救火的速度更快些，因为这比大火烧毁企业的厂房更危险，危机在吞噬的是企业、品牌的信誉。速度是危机公关中的第一原则。堤坝出现一条裂缝，马上修补很简单，如果速度迟缓，几十分钟就可以发生溃坝，企业发生危机时就像堤坝上的一条裂缝一样，马上修补可以避免很多损失，但却因为看似很小的问题，没有引起重视或缺乏危机处理经验等，而错过了最佳处理时机，导致事件不断扩大与蔓延。

（四）所有问题一肩挑起

事件发生后第一时间把所有质疑的声音与责任都承接下来，不能含糊其辞，不能态度暧昧，不能速度迟缓，而后拿出最负责任的态度与事实行动迅速对事件做出处理。其实很多危机事件发生后媒体与消费者甚至是受害者并不十分关心事件本身，更在意的是责任人的态度。冷漠、傲慢、推诿等态度会增加公众的愤怒，把事件本身的严重性放大，甚至转移到这家企业的道德层面。

（五）沟通，沟通，还是沟通

矛盾的80%来自于缺乏沟通，很多事只要能恰当的沟通都会顺利解决。当企业发生公关危急时沟通就是最必要的工作之一。首先要与企业全体员工进行沟通，让大家了解事件细节，以便配合进行危机公关活动，例如保持一致的口径，一致的行为等。而后要马上与受害者进行沟通，主动联系受害者，以平息其不满的情绪，例如开通专线电话接听相关投诉，负责人亲自慰问与会见受害人等。接下来就是与媒体进行沟通，必须第一时间向媒体提供真实的事件情况及随时提供事件发展情况，如果不主动公布消息，媒体和公众就会去猜测，而猜测推断出的结论往往是负面的。这个时候消费者很敏感，信心也很脆弱，看到负面的消息后很容易相信，甚至是放大这个消息的危害程度。所以，这个时候必须及时坦诚的通过媒体向大众公布信息与事件处理进展，这样可以有效填补此时舆论的"真空期"，因为这个"真空期"你不去填补它，小道消息、猜测，甚至是竞争对手恶意散步的消息会填满它。而后就是与政府及相关部门进行沟通，得到政府的支持或谅解，甚至是帮助，对控制事态发展有很大的帮助。同时也要对企业的合作伙伴如供应商、经销商等进行沟通，以免引起误解及不必要的恐慌。

（六）让别人为自己说话

企业发生危机时若自身没有问题，通常都会急于跳出来反驳，与媒体、消费者，甚至政府打口水仗，这样的结果往往是即使是弄清楚了事实的真相也失去了公众对其的好感，更容易导致事件的扩大，拓展到企业诚信问题，社会责任问题等方面，导致有理的事反倒没了理。这时应该以一个积极的态度配合调查，对媒体及共公众的质问不做过多的言辞，而后马上请第三方权威部门介入，让权威部门为自己说话，有了证据之后在主动联系媒体，让媒体为自己说话，必要的时候在让消费者为自己说话，但尽量自己不要在事件还未明朗，大众存在误解的时候去说话。如果自己确实有责任与过失，那就更不要自己出来说过多的话，只说一句："对不起，我们承担全部责任"而后用事实来证明，在稳定了公众情绪后借助媒体与相关部门进行危机公关，比如发布企业的改正进程，不会对消费者造成太大危害等，消除消费者的不满情绪，博取同情，而后尽快让事件过去。

二、危机公关的八项基本原则

危机公关属于非常态的信息传递行为，需要遵循一些基本原则。这些原则制定的标准是根据在危机中受众所表现出的不同寻常的心理特征。依据这些原则进行危机公关可以在很大限度上减轻受众所表现出的紧张和恐惧心理，从而使危机公关在处理危机的过程中发挥积极的作用。

（一）保证信息及时性

危机很容易使人产生害怕或恐惧心理，因此保证信息及时性，让受众第一时间了解事件的情况，对危机公关至关重要。

（二）保证受众的知情权

随着社会的不断发展，公众对话语权的诉求越来越强烈。当危机发生时，所有危机受众都有权利参与到与之切身利益相关的决策活动。危机公关的目的不应该是转移受众的视线，而是应该告诉受众真相，使他们能够参与到危机管理的工作中来，表现出积极合作的态度。

（三）重视受众的想法

危机发生时，受众所关注的并不仅仅是危机所造成的破坏或是所得到的补偿，他们更关心的是当事方是否在意他们的想法，并给予足够的重视。如果他们发现当事方不能做到这些，就很难给当事方以信任，化解危机也就变得更加困难。

（四）保持坦诚

始终保持坦诚的态度，面对危机不逃避，敢于承担责任，就容易取得受众的信任和谅解。危机公关的首要目的也就在于此，保持坦诚是保证危机公关得以有效实施的基本条件。

（五）保证信源的一致性

危机公关中最忌讳的就是所传递的信息存在不同，这样很容易误导公众和破坏危机中所建立起来的信任。如果当事方不能保证信息的一致性，那么危机管理将无从谈起。

（六）保证与媒体的有效沟通

媒体在危机公关中扮演了非常重要的角色，它既是信息的传递着，也是危机事件发展的监督者，所以保证与媒体的有效沟通直接影响了危机公关的走向和结果。

（七）信息要言简意赅

在危机公关过程中，受众和媒体没有兴趣去听长篇大论，他们需要的是言简意赅的核心内容，实时掌握事件的最新发展，内容还要通俗易懂，有利于传播。

（八）整体策划

危机公关虽然是因某个事件而发起的，具有不确定性，但制定危机公关方案时，需要站在整体的角度进行全面缜密的策划，才能保证危机公关的有效性。

任务三　网络危机公关的实施

任务案例　网络广告的危机解决

2005 年 5 月，刚刚处于襁褓中但处于空前发展的游戏学院因为虚假广告，用词过于夸张，像"游戏人才面临 60 万的缺口""挑战 10 万年薪"等，游戏学院在师资、广告、教学、就业等多个方面遭到大量媒体的质疑，最终导致众多学生卷入退学风波，导致游戏学院陷入进退两难的窘境。为此，一场游戏学院危机公关与品牌重建战役就这样打响了。

第一步，2005 年 8 月 5 日，在北京×××度假村召开媒体记者见面沟通会，邀请了中国经营报、北京晚报、北京青年报等在内的 50 余家权威媒体，通过媒体公开道歉，并向媒体公布事实真相，承认在广告宣传和教学发展中的不足，将危机的影响转移到整个游戏产业，尤其是在日韩游戏方面。当时，中国经营报就发布了一篇《国产游戏面临日韩文化"围剿"》长达 3 000 多字的"檄文"，让社会各界对中国游戏产业及其培训行业现状有一个准确而完全的了解。

第二步，在 2005 年 9 月 1 日，在中国游戏行业协会的支持下，在北京召开"首届中国游戏培训产业研讨会"，邀请游戏企业（盛大、金山等）、游戏培训机构、各大媒体记者共聚一堂，齐商游戏产业发展大计，并发布游戏培训行业《自律公约》，与其他游戏培训机构携手共同筑起中国游戏产业的智力长城。

第三步，2005 年 8～9 月，经过两个多月的努力，游戏学院与中国游戏行业协会达成一致，共同展开"中国民族游戏人才培养万人工程"，即在三年内为中国培养 10 000 名游戏人才，游戏学院成为"万人工程"的主要培训机构之一，也为游戏学院的正常招生找到了"师出有名"的理由。

第四步，从 2005 年 9～12 月，游戏学院以实际行动，在全国各地各游戏培训中心，开展"中国民族游戏知识教育"，宣传"中国民族游戏人才培养万人工程"精神。

第五步，在大连等多个城市成立游戏就业实训基地，切实满足游戏人才的就业问题。

通过以上几步，再加上彻底的执行，游戏学院得以彻底摆脱了因为虚假广告而引发的危机，重新赢得了社会大众的支持，重新恢复了其在游戏培训领域的地位。

一、网络公关载体形式

新闻门户：以门户、行业、地方等各种以给受众提供权威、有价值的咨讯信息为特色的网络媒体平台。延续了传统新闻的公关软文方式，提供包含品牌商业信息和传播诉求点公关软文进行知识普及。网民的搬用功能，即可以将新闻方便的搬运到论坛或者博客媒体，形成二次传播和多次传播。网络新闻的存在时间比传统新闻长，可以反复阅读，体现长尾效应。最重要的一点：新闻的权威性，相比网民自发制造的内容，让受众更容易信任。

社区营销：又称 BBS 营销，论坛营销。以 Web 2.0 为基础的，基于受众能够自发制造和传播内容的平台，而产生软性营销帖进行传播的营销方式。发布者通常都以第一人称的身份，进行经验分享、意见表达，更由于平台的开放性，最容易吸引大量人群参与讨论，同时也容易酿造出热点高楼帖，从而引发发规模的网友讨论和主动传播。

博客营销：博客营销的最大卖点在舆论领袖的榜样作用，因为博客的个人特性，具体了广告者的身份是可信任的，如果这个广告人恰恰是自己的偶像，那么对粉丝有莫大的模仿和带动作用。首先是传统领域的名人的网络博客。包括娱乐明星、各行各业的专家、杰出人物。此外，这些年还诞生了很多网络草根明星。有各个网站自己的草根明星，也有在某一个网站出名最后成为整个互联网的网络红人。尤其近两年来，随着网络购物人群的增加，又出现了若干引领网络时尚的网购达人，她们经常在博客里面秀出自己的穿衣打扮各个方面的东西，这些物品被若干粉丝模仿跟风购买。

问答营销：问答营销是在网络信息繁多，网民使用搜索引擎工具很难在一时找到准确答案，网站服务商针对这一现象，单独提供问答搜索服务或者问答网站的基础上产生的。

往往网友在这些平台提出自己想了解的问题，会有若干了解此问题或者有过解决经验的热心网友自发进行回答。由于运用了口碑营销的原理，使得这些答案非常具有参考性。

视频营销：一般情况下说来，企业硬性广告很难引发受众的主动点击。而讲究有故事情节或者有趣味性有关注点的视频内容，新奇巧妙的做广告植入，更容易起到宣传效果。从网络拍客，视频爱好者的角度进行创作。由于这个大媒体的网络时代，几乎所有的网民都可以自己拍摄视频短片发布到网络上，这部分人有的出于艺术创作，而有的仅仅是晒客，喜欢把自己日常生活的记录和发布下来。而对被传统大片禁锢了眼球的网民来说，有的时候这类拍客拍摄的短片反而由于真实性和亲民性，而大受欢迎。

SEM 营销：基于搜索引擎营销和问答营销基础上的，公关软文关键词营销。

IM 营销：即时通讯工具上的小道消息口口相诵，更是信息爆炸年代的完美营销。

SNS 营销：以个体人际关系和交际圈为辐射中心的另外营销。

微博营销：微博营销为 SNS 营销的一种变体，在中国的微博营销一般指新浪微博和腾讯微博营销。

二、网络公关处理方式

网络负面信息在互联网用户的推动下，呈快速蔓延之势，如果不能及时控制，危机会急剧恶化，使企业遭受更大损失。负面信息处理方式主要有以下四种。

（一）利用搜索引擎压制负面消息

一般负面消息的发布通道，负面消息平台无非包括负面关键词在搜索引擎出现，使得客户搜索时影响客户的判断，在分类信息上看到负面消息；在各个论坛上发布。

利用网站优化和网站推广体式格局，维护企业信誉和增加企业的名誉，是最节约成本的方法。主要实现方法为：首先通过优化的体式格局，包括将正面关键词压制负面的关键词在首页出现，这个需要将网站优化好，使得一些关键词包括长尾关键词能够达到搜索引擎前位，使得客户有先入为主的印象。其次，使用反向优化手段，将负面关键词被搜索引擎排定作弊。这个需要一定的时间，但是成效却是比较显著。最后，通过百度自身平台，如：百度知道，百度文库，百度贴吧等，百度对其自身品牌的权重很高，而且百度的平台受关注度也很高。

（二）利用公关删除负面消息来源

在搜索引擎中搜索信息内容的时候，搜索页面的下方有一个相关搜索的栏目。如果相关搜索的栏目中出现了负面信息的词。影响了企业的形象，搜脉团队可以帮您去掉百度、Google、雅虎搜索中的相关搜索的关键词。

一般来说，常见的负面信息删除工作包括了论坛负面信息删除、贴吧负面信息删除、门户负面信息删除等。

论坛负面信息的删除。天涯、猫扑、红网等都是网友常驻 BBS，人数众多，信息传播速度快，该类负面信息容易引起网友共鸣，并且在搜索引擎内搜索相关关键词，所以进行论坛负面信息删除，并不只需要删除帖子就可以了，还要需要专业写手及相关推广进行正确的舆论导向。

贴吧负面信息删除。贴吧作为百度产品，通过外交强制性删除的成本大。在同类型的新闻、帖子里面，贴吧的排名并不会始终靠前，专业推广及新闻源的叠加作用可帮助企业在网民心中树立良好形象。

门户负面信息。并不是所有门户网站上的负面信息都可以强制性删除，腾讯、凤凰、网易等这样的网站尤其如此。门户负面信息删除难度系数最高，往往需要多管齐下才能彻底解决。如：针对凤凰网这类无法强制性删除信息的网站，通过网络推广将正面信息大范围传播，并且配合新闻源的投放，让正面信息的搜索排名靠前，负面信息沉下去。

负面信息如果不及时进行删除，会犹如附骨之疽一般，对企业产生长年影响，及时删除负面信息，对企业百利无一害。

（三）企业应该勇于承担责任，公正还原事件真相

娃哈哈年销售额超过100亿的主打产品"营养快线"陷入凝胶风波，有网友做了一个实验，将娃哈哈生产的饮料营养快线倒入一个瓷盘，经一夜时间阴干，饮料变成了白色的胶状物，甚至可以当避孕套用。实验结果如此触目惊心，网友纷纷感叹再也不敢喝这些杂七杂八的饮料了。

对于"营养快线实验"一事，娃哈哈集团有限公司发声明称，液态乳制品或含乳饮料等以牛奶为主要原料的产品，含有丰富的蛋白质，而牛奶中的蛋白质与其他蛋白质一样具有凝胶性和成膜性的物理、化学性能。而利用蛋白质的这种凝胶性能制造的产品在日常生活中也随处可见，如豆腐皮、酸奶、鱼冻、肉冻、熟鸡蛋等。公司专业研发人员通过实验对比及机理研究，市场上各类液态乳制品，如牛奶、酸奶、乳饮料等含牛奶产品在脱水后都会出现凝胶现象。由于营养快线产品牛奶蛋白含量较高，因此其脱水后成胶是一种正常的蛋白质凝胶现象。

这一次娃哈哈的做法，果断回应、主动回应。新闻稿非常到位，解释了绝大多数质疑。心态平和。"对广大消费者和媒体对我司产品一直以来的关注，我们深表谢意。"当然，娃哈哈回应的对不对，是不是事实，不是我评论的目的；是不是真相也有待于相关部门调查，但就沟通技巧，回应方式而言，很多企业要向娃哈哈学习。唯有及时、透明、公开发布消息，知错能改，方能取得民众谅解，才是化解危机的王道。

综上所述，危机的传播在网络环境中传播工具，途径，速度，范围等因素都发生了一定的变化。面对网络环境下的危机必须对网络媒介内部外部环境同时作用，在加强网络监管传统媒体网站品牌建设及提高公民媒介素养培养的同时，企业应建立完善的应对网络环境下的危机管理系统，及时的调整应对危机变化的方式方法，关注网络、手机等新媒体的发展。

三、网络公关实施步骤

从安徽阜阳劣质奶粉事件，到肯德基苏丹红事件，再到三鹿三聚氰胺事件。每一次危机就像全球金融海啸一样冲刺着大家的神经：政府震怒了、媒体叫嚣了、企业不知所措

了。其实，透视每一次危机的背后，受伤害最深的不是那些犯了错的企业，而是消费者那颗饱受伤害后难以愈合的心，如何实施网络公关至关重要。主要步骤如下。

（一）树立正确的危机意识

"居安思危"是企业应对危机的第一部。企业的全体员工都必须认清每个部门、每个环节和每个人的行为都与企业形象密切相关，危机的预防有赖于全体员工的共同努力。全员的危机意识能提高企业抵御危机的能力，有效的防止危机产生。即使产生了危机，也会把损失降到最低程度。

同样，早在"三鹿奶粉事件"爆发五年前，安徽阜阳劣质奶粉事件就已经为奶粉企业敲响了警钟，但是婴幼儿奶粉安全问题仍然没有引起各奶粉企业的高度重视，等东窗事发后，后悔肯定莫及，以至于三鹿奶粉全部下架，就连伊利和蒙牛这样的"中国奶霸"也不得不花重金启动"放心奶大行动""放心奶工程"弥补他们与消费者之间的伤痕。

预防危机要从企业创办之日起就着手进行，伴随着企业的经营和发展长期坚持不懈。那种出现危机才想到危机管理，把危机管理当作一种临时性措施和权宜之计的做法是不可取的。此外，经营者在企业生产经营中，要时刻把与公众沟通放在首位，与社会各界经常联系，保持良好关系，企业内部双向沟通顺畅，消除危机隐患。

（二）建立预防危机的信息监测系统

现代企业是一个与外界环境有密切联系的开放系统，不是孤立的封闭体，其兴衰存亡取决于在市场之中的地位和形象。所以，绿色思想认为，预防危机必须成立专业的危机预防小组，建立高度灵敏、准确的信息监测系统，随时搜集各方面的信息，及时加以分析和处理，把隐患消灭在萌芽状态。

（三）成立危机管理小组

危机处理是一项浩大的工程，它不是一个人能完成的任务，所以成立危机管理小组是顺利处理危机、协调各方面关系的组织保障。危机小组必须由企业的领导人、公关部（市场部）、安全、生产、后勤、人事、销售和专业公关公司成员组成，并应该以专业公关公司为主导。企业在面对危机事件的时候，首先应该在第一时间，联合专业公关公司对危机事件进行分析和预估，先判定这是不是一场危机，会不会对企业的品牌、市场等造成伤害，实际上善意的负面报道不是危机。

（四）制订危机管理计划

企业应根据可能发生的不同类型的危机制定一整套危机管理计划，明确怎样防止危机爆发，一旦危机爆发应如何立即做出针对性反应等。事先拟定的危机管理计划应包括：任命危机控制和检查专案小组；确定可能受到影响的公众；为最大限度减少危机对企业声誉的破坏，建立有效传播的渠道；在制订危机应急计划时，可倾听外部专家的意见；把有关计划落实成文字；对有关计划进行不断演习；为确保处理危机有一群专业人员，平时应对人员进行特殊训练等。

（五）做好危机传播方案与执行

危机中传播失误所造成的真空，会很快被颠倒黑白、胡说八道的流言所占据，"无可奉告"的答复尤其会产生此类问题。过时的消息会引起人们猜疑，并导致不正确的报道，使公众怀疑企业对某些信息采取了掩盖手段。因此，有效的传播管理是有效危机管理的基础。危机传播方案包括：时刻准备在危机发生时，将公众利益置于首位；掌握对外报道的主动权，以组织单位第一消息发布源；确定信息传播所需要的媒介；确定信息传播所需针对的其他重要的外部公众；准备好组织的背景材料，并不断根据最新情况予以充实；建立新闻办公室，作为新闻发布会和媒介索取最新材料的场所；在危机期间为新闻记者准备好通讯所需设备；确保危机期间组织的电话总机人员能知道谁可能会打来电话，应接通至何部门；确保组织有足够的训练有素的人员来应付媒介及其他外部公众打来的电话；准备一份应急新闻稿，留出空白，以便危机发生时可直接充实并发出等。

任务四　网络舆情检测

一、舆情监控

舆情监控，整合互联网信息采集技术及信息智能处理技术通过对互联网海量信息自动抓取、自动分类聚类、主题检测、专题聚焦，实现用户的网络舆情监测和新闻专题追踪等信息需求，形成简报、报告、图表等分析结果，为企业全面掌握顾客思想动态，做出正确舆论引导，提供分析依据。

二、舆情监测系统与互联网搜索引擎的区别

舆情监测系统的数据是经过过滤、分析和挖掘的，具有丰富的统计数据，舆情监测系统的主要功能并不是提供舆情信息的搜索，而是具有自动发现，趋势分析，专题追踪，自动预警，自动分类等功能，而互联网搜索引擎只能提供相关的搜索服务，同时搜索结果出于商业利益的驱动，掺杂很多的不合理的因素。

（一）采集范围

舆情监测系统所采集的信息范围是定向的，是用户关注的特定区域、特定领域的网站，针对这些网站可以做到全面采集和准确精确。也可以全网监测。但是 baidu/google 等互联网搜索虽然采集范围广泛，但是针对具体的舆情载体，采集深度不够，采集不全面。

（二）更新速度

舆情监测系统用户可以自己设置采集的更新频率，对于舆情高发的载体网站可以做到分钟级的更新，这一点互联网搜索引擎是无法达到的。互联网搜索引擎的采集周期一般都是数天或者数周，甚至会出现漏采，无法采集的情况。

（三）采集的网站种类

舆情监测系统可以做到对新闻，论坛，博客，贴吧等舆情载体的全面采集，尤其是针对论坛，博客这些"草根"媒体（这些媒体往往是舆情高发区域），实现全面、迅速的舆情采集的同时，可以采集信息的点击数，回复数，转载数等。而互联网搜索引擎大多是采集新闻网站，而对于论坛，博客等等往往无能为力，更无法提供舆情分析需要的统计数据。

（四）采集数据的有效性

互联网搜索引擎所采集的数据，往往是没有经过过滤的，甚至充斥着大量的广告等垃圾信息。这些信息往往可以作为舆情的并不多。而舆情监测系统所采集的数据全部都是有效的，和用户相关的，真正称之为舆情的数据。

（五）舆情信息储存和利用

舆情监测系统的信息是储存在用户本地的，可以进行归档，分析利用以及作为应用系统的数据来源，但是针对互联网搜索引擎中的数据，用户没有任何干预的手段，只能通过其固定的检索服务进行访问。

（六）相关信息的数量

百度和谷歌等互联网搜索引擎虽然拥有绝对多的数据量，但是对于和用户相关的舆情信息，由于其没有定向采集全面，深度等优势，其收录数量就会大大低于舆情监测系统。另外，舆情监测系统集成了互联网搜索引擎的元搜索功能。

总之，互联网搜索引擎采集的信息数量虽然绝对值很大，但和用户相关的少，用户真正关注的舆情信息又没有包括进去，无法提供对于舆情信息的分析、挖掘以及研判等功能，无法对用户提供主动的服务，无法和舆情工作的实际业务结合起来，不能提供舆情工作的效率和质量，也不能自动生成简报等成果，无法为领导提供辅助决策功能。而舆情监测系统的优势就是弥补了互联网搜索的这些不足。

三、网络舆情监控实施步骤

网络舆情正在成为企业决策的重要依据。在新形势下，在每次突发性事件发生后，企业相关职能部门如何以最快速度收集网上相关舆情信息，跟踪事态发展，及时向有关部门通报，快速应对处理等，是一个亟须解决问题。

所谓网络舆情监控，是指利用搜索引擎技术和网络信息挖掘技术，对网络各类信息进行汇集、分类、整合、筛选，以形成对网络热点、网民意见等的实时舆情报表，为决策层全面掌握舆情动态，做出正确舆论引导，提供分析依据。主要步骤如下。

（1）通过人际交互建立舆情监控的数据分析库，以指导之后的智能分析的过程。

（2）对热点问题和重点信息领域，如：微博、博客、论坛、BBS 等，进行 24 小时跟踪监控和更新下载。

（3）对下载的信息进行数据格式的转换及元数据的标引，并进行初步的过滤和预处理。

（4）在基于传统基于向量空间的特征分析技术上完成信息的二次过滤，对抓取的内容做分类、聚类、摘要等分析。

（5）基于舆情监控数据分析库指导，对再组织的舆情信息进行针对性的内容语义分析，使管理者看到的民情民意更有效，更符合现实。

（6）将监控分析结果及数据分析报告，推送至相关职能部门，以供制定对策使用。

四、网络舆情管理方法

网络舆情正在成为企业决策的重要依据，加强网络舆情监测具体应做到：

（1）加强日常网络舆情监测，并上升到制度层面。

（2）锁定网络舆论监测的主要渠道。

（3）细分内容，对舆情内容进行分类。

（4）企业网络舆情的监测周期。

（5）企业舆情阅评工作。

（6）敏感问题重点督办。

（7）设置企业网络发言人、组建网络舆情评论员队伍。

（8）寻找意见领袖或者是专业的第三方。

（9）加大与网民的沟通。

考核指标

考核目标	考核指标	分值（100 分）
知识目标（30%）	1. 理解企业网络危机公关的含义及价值	
	2. 掌握企业网络危机公关的方法	
	3. 掌握企业舆情监控的一般概念	
能力目标（40%）	1. 企业网络危机公关的操作和技巧	
	2. 企业网络危机公关与传统公关的关系	
	3. 舆情监控与搜索引擎的区别	
	4. 企业网络危机公关的实施步骤	
	5. 企业舆情监控的实施步骤	
素质目标（30%）	1. 团队合作与分工	
	2. 新知识领域自学的能力	
	3. 工具的识别和选择能力	
	4. 形成危机处理意识	

参考资源

http：//www. huaso. net/ 舆情监控

http：//www. bj－jsy. com/ 网络公关

网络营销实践项目

实践项目：网络危机公关			
团队名称：		最佳成员：	
小组分工：			
实验日期：		实验地点：	

实验要求：结合项目十三的学习，针对企业网络营销需要，分析企业网络的危机问题、给出企业危机处理方法，并为企业制定危机预案

经理签字：＿＿＿＿＿＿＿

项目十四　网络营销的策略组合

案例分析

网站与自媒体的全方位互动

如果你现在已经拿到《史蒂夫·乔布斯传》，当你打开封底时，你会发现它有些不同。其中写道：本书官网"steve – jobs. qq. com"，本书提及视频"steve – jobs. youku. com"，本书提及音乐"steve – jobs. top100. cn"。是的，全部都是知名网站的二级域名。

"这本书里大量提及了苹果的广告、音乐、乔布斯演讲等多媒体形态的事物。比如很多章节的名字其实就是某首歌曲的名字。"阎向东提起，"我们的译者和编辑在操作过程中都要从网上再去搜索这些视频。所以我们想，我们的读者一定也是这样。"考虑至此，中信出版社决定与视频网站和音乐网站合作，寻求专业网站的支持。

"在乔布斯离职后，优酷等网站也做过乔布斯专题，但是并不系统和持久。有我们专业的内容提供，会带动网站流量。"谈判过程一拍即合。在操作过程中，不论是优酷还是巨鲸，双方都不涉及更多前期的商业元素。"大家都是以读者阅读体验为核心，提供增值服务，然后实现后期的商业价值。"

"这对于合作网站的访问量支持很大。"一位合作网站相关人士告诉记者，这种二级域名以往在图书的合作中从未有过。"我们开始也在想是把域名放在斜线后面还是怎么放？到

后来决定还是直接做成二级域名。这样能让读者无论是五年、十年后，都可以直接看到。"

除了视频、音乐网站的合作，这本书还在腾讯开设官网网站，并与东西网和译言网合作，招募译者。在国内用户量最大的微博新浪微博上，特别申请了企业版"乔布斯官方传记"账号，拥有了 steve – jobs. weibo. com 的域名。

另一方面，媒体意见领袖如陈彤、王冉（博客）、古永锵等作为国内第一批阅读到此书的读者，在书籍发布之前即开始通过网络媒体、微博等方式与读者分享阅读感受。几大互联网站也开始陆续摘取图书的片段和幕后故事。10 月 24 日发布当天，李开复在新浪微博贴出书中乔布斯写给太太情书中英文对照版开始，又引起了新浪微博网友关于此段翻译是否太过直白的讨论。于是如阳狮集团中国首席策略开发官李亦非等名人和众多网友自发重新翻译此段。在一个名为"网友自行翻译乔布斯情书"的专题中，相关微博数量已高达 1 783 万余条，分别被称为最穿越版、最浪漫版、最质朴版、最隐晦版等。

非出版机构和电商借势营销

除多媒体合作与网络全方位立体互动外，带给中信出版社的第二个收获就是一个图书项目可以有多个行业和企业参与进来。电子商务网站、团购网站纷纷借势营销。

2011 年 10 月 12 日，快书包联手淘宝聚划算开始预购《史蒂夫·乔布斯传》，随之从国内知名网上书店卓越亚马逊、当当网，再到电子商务网站京东商城、凡客诚品都开始介入，开始预订此书。

这里面，非出版行业大量介入成为《史蒂夫·乔布斯传》渠道拓展的亮点。本书出版之际，正是苏宁易购图书上线之时，苏宁电器利用其旗下 1 440 家门店在宣传上大力配合。中信银行信用卡部在北京、深圳等城市机场高速的广告投放，第一时间将此书作为回馈的增值业务。京东商城在北京地铁投放广告，甚至传统零售书店也自费广告投放，制作赠品。

此次最大手笔投入营销的当属非图书销售商凡客诚品。在北京的多个公交站点，人们都可以看到凡客诚品以"乔布斯"为主题的户外广告。该网站首页关键位置设置乔布斯传记专区，并表示购买官方传记的会员将会免费获得珍藏版乔布斯纪念品：纪念 T 恤和徽章。在记者采访中，对于是否有意介入图书销售领域，及广告投放费用，和是否为上市做准备，凡客诚品并未给予回复。资深媒体人罗振宇评价，利用热门书可以将乔布斯影响力嫁接凡客品牌美誉度。

通过出版社、网站与自媒体的全方位互动传播，加上如凡客诚品、苏宁易购、中信银行等多渠道销售，截至 2011 年 10 月 26 日，三天内，《史蒂夫·乔布斯传》在中国实际销量就已接近 40 万册。

思考

不管这个方案是乔布斯在生前就想好的，还是在死后有策划组想出来的。请问，《史蒂夫·乔布斯传》都用到了哪些网络营销策略？

学习目标

知识目标：站在网络营销学习角度，分析传统营销的 4P 策略，并结合随着互联网出现而产生的 4C 策略，深入的理解网络营销中的 4C 策略与传统营销 4P 策略的不同。

能力目标：要求学生在学习了传统营销中的产品策略后，根据企业提供的产品和服务，制定网上服务策略，产品或服务开发策略，以及实施网络营销品牌策略，树立品牌意识；要求学生根据网络营销定价特征及一般定价策略（差价定价策略、免费价格策略、顾客主导定价策略、低价策略、个性化定价策略、定制生产定价策略、动态定价策略、使用定价策略、折扣定价策略、拍卖竞价策略），选择适合企业的网络定价策略；要求学生熟悉网络分销过程，在分析、研究不同网络分销渠道的特点和功能之后，选择合理的网络渠道，加强渠道建设；要求学生常见网络促销方法的使用（网络广告、网络营销站点推广、网络销售促进和网络公共关系），并制定相应的网络促销方案，选择适合企业的促销方案。

　　素质目标：要求学生明确网络营销策略的对于整个网络营销分析、策划、推广及应用的指导意义，能区分 4P 策略和 4C 策略在实际应用中的不同，同时又能发挥 4P 和 4C 的优势，充分发挥其作用，树立现代营销观念。

学习关键词

　　4P 策略、4C 策略、产品策略、定价策略、渠道策略、促销策略、顾客策略、成本策略、便利策略、沟通策略

任务一　网络营销的产品策略与顾客策略

任务案例　七格格的快速成长

　　曾经在淘宝江湖疯传一条消息：杭州一家网店，像练了葵花宝典，眨眼间爬上了江湖最顶尖的位置。这家网店就是七格格，全称是"七格格 TOP 潮店"，它诡异之极的发展速度，以及代表未来的竞争模式，让淘江湖的人为之目瞪口呆。七格格芳名曹青，这个 80 后的女孩，从 2006 年用 4 000 元资金注册网店。像大多数网店一样，在此之后的两三年里，她一直处于玩票状态，七格格 TOP 潮店也没有太大的起色。这种状态一直维持到 2009 年 1 月，七格格 TOP 潮店升上皇冠为止。到这个时候，七格格 TOP 潮店的全职员工才 3 个人，而到 2009 年底，全职员工的数量超过 100 人，并拥有了 2 个服装品牌，年销售额达 3 000 万。2010 年 5 月，七格格排名迅速上升至淘宝商城 B2C 排名前 20 位，2010 年的销售额也将达到 1.5 亿元，七格格已然成为淘宝的一大品牌。有很多商家在模仿她，也许"七格格"飞速成长的发展轨迹不可复制，但却可以成为大家学习的样板。

一、网络营销产品的层次

　　在传统中国的商业世界，品牌的概念就类似于"金字招牌"；但在现代西方的营销领域，品牌是一种企业资产，由产品品质、商标、企业标志、广告口号、公共关系等混合交织形成。

　　根据市场研究公司 Opinion Research International 在 1998 年针对五千万名美国民众所作的调查，AOL，Yahoo，Netscape，Amazon. com，Priceline. com，Infoseek，Excite 称得上是网上七大超级品牌。而另外一家市场研究公司 Intelliquest 则以随机抽样的方式，请一万名美国网友就下列几项产品进行品牌的自由联想，结果有一半的受访人士一看到书籍，脑中就首先浮现出 Amazon. com 的品牌，三分之一的人看到电脑软件，立刻想到微软，五分

之一的网友看到电脑硬件就想到戴尔电脑。

（一）核心利益层次

是指产品能够提供给消费者的基本效用或益处，是消费者真正想要购买的基本效用或益处。如消费者购买电脑是为了学习电脑、利用电脑作为上网工具；购买软件是为了压缩磁盘空间、播放 MP3 格式的音乐或上网冲浪等。由于网络营销是一种以顾客为中心的营销策略，企业在设计和开发产品核心利益时要从顾客的角度出发，要根据上次营销效果来制定本次产品设计开发。要注意的是网络营销的全球性，企业在提供核心利益和服务时要针对全球性市场提供，如医疗服务可以借助网络实现远程医疗。

（二）有形产品层次

是产品在市场上出现时的具体物质形态。对于物质产品来说，首先产品的品质必须保障；其次，必须注重产品的品牌；再次，注意产品的包装；最后，在式样和特征方面要根据不同地区的亚文化来进行针对性加工。

（三）期望产品层次

在网络营销中，顾客处于主导地位，消费呈现出个性化的特征，不同的消费者可能对产品的要求不一样，因此产品的设计和开发必须满足顾客这种个性化的消费需求。这种顾客在购买产品前对所购产品的质量、使用方便程度、特点等方面的期望值，就是期望产品。为满足这种需求，对于物质类产品，要求企业的设计、生产和供应等环节必须实行柔性化的生产和管理。对于无形产品如服务、软件等，要求企业能根据顾客的需要来提供服务。

（四）延伸产品层次

是指由产品的生产者或经营者提供的购买者有需求，主要是帮助用户更好地使用核心利益的服务。在网络营销中，对于物质产品来说，延伸产品层次要注意提供满意的售后服务、送货、质量保证等。

（五）潜在产品层次

是在延伸产品层次之外，由企业提供能满足顾客潜在需求的产品层次，它主要是产品的一种增值服务，它与延伸产品的主要区别是顾客没有潜在产品层次仍然可以很好地使用顾客需要的产品的核心利益和服务。在高新技术发展日益迅猛时代，有许多潜在需求和利益还没有被顾客认识到，这需要企业通过引导和支持更好满足顾客的潜在需求。

二、网络营销产品特点

（一）产品性质

由于网上用户在初期对技术有一定要求，因此用户上网大多与网络等技术相关，因此网上销售的产品最好是与高技术或与电脑、网络有关。一些信息类产品如图书、音乐等也比较适合网上销售。还有一些无形产品如服务也可以借助网络的作用实现远程销售，如远程医疗。

（二）产品质量

网络的虚拟性使得顾客可以突破时间和空间的限制，实现远程购物和在网上直接订购，这使得网络购买者在购买前无法尝试或只能通过网络来尝试产品。

（三）产品式样

通过互联网对全世界国家和地区进行营销的产品要符合该国家或地区的风俗习惯、宗教信仰和教育水平。同时，由于网上消费者的个性化需求，网络营销产品的式样还必须满足购买者的个性化需求。

（四）产品品牌

在网络营销中，生产商与经营商的品牌同样重要，一方面要在网络中浩如烟海的信息中获得浏览者的注意，必须拥有明确、醒目的品牌；另外，由于网上购买者可以面对很多选择，同时网上的销售无法进行购物体验，因此，购买者对品牌比较关注。

（五）产品包装

作为通过互联网经营的针对全球市场的产品，其包装必须适合网络营销的要求。

（六）目标市场

网上市场是以网络用户为主要目标的市场，在网上销售的产品要适合覆盖广大的地理范围。如果产品的目标市场比较狭窄，可以采用传统营销策略。

（七）产品价格

互联网作为信息传递工具，在发展初期是采用共享和免费策略发展而来的，网上用户比较认同网上产品低廉特性；另外，由于通过互联网络进行销售的成本低于其他渠道的产品，在网上销售产品一般采用低价位定价。

三、网络营销产品分类

（一）一般企业产品的分类

随着网络技术发展和其他科学技术的进步，将有越来越多的产品在网上销售。在网络上销售的产品，按照产品性质的不同，可以分为两大类：即实体产品和虚体产品。

1. 实体产品

实体产品是指具体物理形状的物质产品。在网络上销售实体产品的过程与传统的购物方式有所不同。在这里已没有传统的面对面的买卖方式，网络上的交互式交流成为买卖双方交流的主要形式。消费者或客户通过卖方的主页考察其产品，通过填写表格表达自己对品种、质量、价格、数量的选择；而卖方则将面对面的交货改为邮寄产品或送货上门，这一点与邮购产品颇为相似。因此，网络销售也是直销方式的一种。

2. 虚体产品

虚体产品与实体产品的本质区别是虚体产品一般是无形的，即使表现出一定形态也是通过其载体体现出来，但产品本身的性质和性能必须通过其他方式才能表现出来。在网络上销售的虚体产品可以分为两大类：软件和服务。软件包括计算机系统软件和应用软件。网上软件销售商常常可以提供一段时间的试用期，允许用户尝试使用并提出意见。服务强以分为普通服务和信息咨询服务两大类，普通服务包括远程医疗、法律救助、航空火车订票、入场券预定、饭店旅游服务预约、医院预约挂号、网络交友、电脑游戏等，而信息咨询服务包括法律咨询、医药咨询、股市行情分析、金融咨询、资料库检索、电子新闻、电子报刊等。

（二）网络营销企业产品分类

对于正在进行网络营销的企业来说，每天都会接触到形形种种的网络营销产品，如：网络营销、网络推广、网站优化、搜索引擎优化 seo、企业网站建设等。在这些网络营销产品的提供者当中有个人 SEOer、也有从事网站建设的企业、也有百度谷歌等搜索引擎的广告代理商，更有众多的综合性、行业性的 B2B 平台网站。

1. 搜索引擎排名

互联网的搜索引擎都提供该项产品，当访问者用某一关键词搜索时，百度谷歌的搜索结果上方就会出现客户所购买的关键词，依托其巨大的流量，可以为客户带来可观的流量，且效果稳定，可控。但该服务价格高，很多企业难以承受。

2. 行业 B2B 网站提供的网络营销产品

阿里巴巴、慧聪网、中国化工网等都提供此类网络营销产品或服务，由于访问此类网站的多为业内人士，专业化程度高，且在业界有较高的知名度，因而本身就会为企业带来大量的潜在客户。同时，由于该类网站权重较高，企业在其平台上发布的产品也会在各大搜索引擎上有不错的表现。缺点：该类网站鱼龙混杂，中小企业往往难以区分其好坏；B2B 网站的网络营销产品往往采用流水线式的生产方式，使用固定的几款模板进行嵌套，产品重合度高，也无法提供中小企业个性化的网络营销产品需求。

3. 网站建设企业和个人 SEOer 提供的网络营销产品

很多从事网站建设和 SEO 的企业与个人都可以提供此类网络营销产品，其提供的产品灵活度较高，更加侧重技术方面的基础性优化，收费也较合理。缺点是这一类网络营销产品的进入门槛极低，产品质量有时难以保证，甚至有些企业会使用作弊手段获取好的关键词排名，导致客户的网站被搜索引擎处罚。

网络热销产品排行如下。

（1）化妆品及化妆用品。化妆品市场的前景极其开阔。越是有钱的女人越是要想留住青春年华，在化妆品方面的消费舍得下本钱。另外，化妆品是天天要用的东西，所以会常常买。一旦用上你店里的哪一款觉得好用，一定会继续在你店里买的。就销量来说化妆品都是当之无愧的排在第一位。

（2）女装女鞋。女装女鞋运输起来极其轻便，不存在过期的问题。其劣势在于有尺码和型号的限制，款式方面较讲究，这些问题导致女装女鞋没有化妆品能留住顾客。女装女鞋的款式繁多，你的店再大也没办法包括所有的款式和样子，顾客浏览一下没有发现特别中意的就去别家看看去了。

（3）电子类产品。电子产品在淘宝上的价格远低于市面上的价格，并且电子产品的消费群体也很大。现在几乎人手一部电脑，可见电子市场的广阔。劣势是涉及售后服务及维修的问题，这个比较麻烦，让买家出来回的邮费可能他不太愿意。电子产品的售后确实让人头痛。

（4）女士箱包。每个女孩子至少有两三个包包，上课的大包包，逛街的斜挎包包，约会的精致小包包等。女孩子的包包再多都不嫌多的，看上了就想要。只要款式合口味就好。箱包运输方便，不会过期，优势差不多和服装一样。而且箱包作为礼物赠送给亲友同学的也很多。

（5）手机充值卡、虚拟产品。即使卖家人不在，都可以自动发货。没有什么纠纷，也不存在运输问题，不存在退款，退货的问题，实在是省时省心。就是进货渠道不是很好掌握，如果有很好的进货渠道，做这个真的不错。

（6）流行饰品。流行饰品的市场非常大，女孩子的饰物真的是数不胜数。送礼物人们也往往是先想到送饰品。但打算做饰品的，一定要紧跟时尚的步伐，不可脱离最新，最流行的字眼。只要你的商品款式够新颖，够时尚，买家一般只要看上就会念念不忘的。小的运输起来很方便，大的，或者是玻璃制品运输起来可能就不那么方便了。

（7）家居日用。家具产品的面特别广，每个家庭都少不了要用的家庭用品，市场比较大。但是一定要做出特色，并且有一定的价格优势，否则主妇们都去超市了。

（8）地方特色产品。这个跟地域有很大的关系，如果你所在的地方有一些特色产品，特色商品，很有名气，你可以考虑经营这方面。

（9）各类书籍。很多的调查数据都表明，书籍是非常适合网购的一个行业。

（10）男士精品。在网上，打火机、烟具烟嘴、瑞士军刀、皮带、皮夹、手表等，这些显示男士独特品位的男士精品也比较畅销。只要有特色，以事业为重的男士们也会大方的掏出腰包一展洒钱风范。

四、网络营销顾客策略意义

网络营销的发展离不开传统营销，但与传统营销有着共同的趋势，即将营销重点从产品向顾客偏移，而顾客满意更是网络营销的核心。哈佛商业评论这样写到：一个满意的客户会引起八笔潜在的交易，期中至少一笔成交；一个不满意的客户会影响 25 个人的购买意向；争取一个新客户的成本是保持一个老客户的五倍。

顾客满意对企业营销有着直接的影响，它表现在：顾客会对企业产品进行重复购买；顾客会自觉不自觉地产生排他行为，不再对其他厂家的产品感兴趣；顾客会愿意购买企业的其他产品；最重要的是顾客满意会使顾客对企业产生认同感，这种认同感会导致口碑效应的产生。口碑效应是任何营销者都梦寐以求的，其促销作用的效果是任何其他促销手段所不能及的。这类例子比比皆是，如 NOKIA 手机、LG 电器、宝马轿车等。

相反，导致顾客不满意则会应验"好事不出门，丑事传千里"之谚。有研究表明：顾客不满意的抱怨未必会直接向企业提出，但它会沿着其他种种渠道蔓延开来，无形中将给企业形象造成极大的损失。

所以，顾客满意是企业战胜竞争对手的最好手段，是企业取得长期成功的必要条件。可以说，没有什么其他的方法能像令顾客满意一样在激烈的竞争中取得长期的、起决定性作用的优势。

五、网络营销顾客策略

亚马逊网上书店总裁贝索斯说："在网络上，如果顾客觉得受到了冷遇，那他告诉的不是 5 个人，而会是 5 000 个人。"由此可见，顾客在网络营销中，能更加直接、迅速、广泛地影响着企业在社会中的形象、信誉度，甚至企业所拥有的顾客群人数，从而影响企业的成长和决定企业的成败。网络营销顾客策略具体包含有如下内容。

（一）加强企业内部员工忠诚度的培养

企业为顾客提供的产品和服务都是由内部员工完成的，他们的行为及行为结果是顾客评价服务质量的直接来源。一个忠诚的员工会主动关心顾客，热心为顾客提供服务，并为顾客问题得到解决感到高兴。因此，企业在培养顾客忠诚的过程中，除了做好外部市场营销工作外，还要重视内部员工的管理，努力提高员工的满意度和忠诚度。

（二）提供超过顾客期望的产品和服务

顾客的期望是指顾客希望企业提供的产品和服务能满足其需要的水平，达到了这一期望，顾客会感到满意，否则，顾客就会不满。所谓超越顾客期望，是指企业不仅能够达到顾客的期望，而且还能提供更完美、更关心顾客的产品和服务，超过顾客预期的要求，使之得到意想不到的、甚至感到惊喜的服务和好处，获得更高层次上的满足，从而对企业产生一种情感上的满意，发展成稳定的忠诚顾客群。所以企业应该研究分析顾客的期望，进而研究开发相应的不但能满足而且超越顾客期望的产品，增加顾客对企业的忠诚度。

（三）正确对待网络顾客投诉

网络消费者比普通消费者更注重受尊重的需要，希望自己被重视，如果企业对网络消费者的投诉不能有效的处理，则有可能失去一个忠诚的顾客。同时，由于网络是一个开放的平台，不满的网络消费者可能在各种媒体上发布自己的不满，给企业造成更大的损失。所以，要与顾客建立长期的相互信任的伙伴关系，就要善于处理顾客抱怨。

（四）建立顾客数据库

数据库营销能使企业更加充分地了解顾客的需要、为顾客提供更好的服务。顾客数据库中的资料是个性化营销和顾客关系管理的重要基础。分析顾客需求行为，根据顾客的历史资料不仅可以预测需求趋势，还可以评估需求倾向的改变。市场调查和预测，数据库为市场调查提供了丰富的资料，根据顾客的资料可以分析潜在的目标市场。

（五）利用电子邮件营销增强顾客忠诚度

在征求顾客同意的前提下，利用电子邮件进行顾客的售后服务，建立和增强顾客忠诚度。顾客忠诚度提高所带来的重复购买行为，不仅为企业的利润率上升和服务成本下降做出重大贡献，同时也大大降低了顾客的寻购风险。

（六）利用网络体验营销培育顾客忠诚

体验营销的核心理念是：以顾客需求为出发点，以顾客忠诚为最终目的。即企业从消费者的真正需求出发，通过创造需求并满足需求，增强了企业的主动性和积极性，按消费者所接受的方式，所需要的产品和服务来进行各方面的沟通。

（七）恪守信用

取信于顾客网络营销环境下消费者面临更大的购买风险，如果某个企业能够在整个经营过程中诚实守信，向顾客传递真实信息，那就较易赢得顾客的信任，只有企业忠实于顾客，顾客才有可能忠诚于企业。

（八）网络社区营销

网络社区是网上特有的一种虚拟社会，社区主要通过把具有共同兴趣的访问者组织到一个虚拟空间，达到成员相互沟通的目的。在对顾客进行忠诚培育到忠诚增强后，运用网络社区可以让每一个成员有一种归属感和亲近感，凝聚人心，增加忠诚度。企业为顾客提供大量的信息，使消费者的个性和需求得到最大的尊重和满足，同时赢得他们对网络企业的忠诚。

（九）提高安全保障、简化购物流程

网络营销模式下顾客的购物风险和支付风险都比较大，企业应该采取各种技术手段保障顾客的购物安全和支付安全。同时，企业应该提高购物便利性，优化购物流程和系统操作。随着现代人民生活水平提高、消费能力增强、服务意识兴起的潮流，消费者越来越注重商品的服务品质和便利的感受。网络企业要根据顾客这一需求，在商品供应链的快速响应及购物便利性方面加强提高。

任务二　网络营销定价策略与成本策略

任务案例　iPhone 4 的秒杀活动

"秒杀"一词现阶段可谓是非常流行，尤其是在一些 C2C 的网站，秒杀活动屡见不鲜。消费者爱好"秒杀"是因为可以以最低的价格买到商品，而作为卖家，秒杀可能是你网店突破销售困境的重要转折，可能是你积累客户的关键一步。例如：苹果曾经推出的 iPhone 4 的秒杀，就引来了不少的关注和销售（见图 4 - 4）。

图 4 - 4　iPhone 4 "秒杀"界面

在工业经济时代，需求方特别是消费者，由于信息不对称，并受市场空间和时间的隔离，不得不处于一种被动地位，从属于供应方来进行。买方由于对价格信息所知甚少，所以在讨价还价中总是处于不利地位。互联网的出现不但使得收集信息的成本大大降低，而且还能得到很多的免费信息。网络技术发展使得市场资源配置朝着最优方向发展。

一、网络营销定价目的

企业的定价目标一般有：生存定价、获取当前最高利润定价、获取当前最高收入定价、销售额增长最大量定价、最大市场占有率定价和最优异产品质量定价。企业的定价目标一般与企业的战略目标、市场定位和产品特性相关。企业在制定价格时，主要是依据产品的生产成本，这是从企业局部来考虑的。企业价格的制定更主要是从市场整体来考虑的，它取决于需求方的需求强弱程度和价值接受程度，此外还有来自替代性产品（也可以是同类的）的竞争压力程度；需求方接受价格的依据则是商品的使用价值和商品的稀缺程度，以及可替代品的机会成本。

从企业内部说，企业产品的生产成本总的是呈下降趋势，而且成本下降趋势越来越快。在网络营销战略中，可以从降低营销及相关业务管理成本费用和降低销售成本费用两个方面分析网络营销对企业成本的控制和节约。下面将全面分析一下，互联网应用将对企业其他职能部门业务带来哪些成本费用节约。

（一）降低采购成本费用

采购过程中之所以经常出现问题，是由于过多的人为因素和信息闭塞造成的，通过互联网可以减少人为因素和信息不畅通的问题，在最大限度上降低采购成本。

首先，利用互联网可以将采购信息进行整合和处理，统一从供应商订货，以求获得最大的批量折扣。其次，通过互联网实现库存、订购管理的自动化和科学化，可最大限度减少人为因素的干预，同时能以较高效率进行采购，可以节省大量人力和避免人为因素造成不必要损失。最后，通过互联网可以与供应商进行信息共享，可以帮助供应商按照企业生产的需要进行供应，同时又不影响生产和不增加库存产品。

（二）降低库存

利用互联网将生产信息、库存信息和采购系统连接在一起，可以实现实时订购，企业可以根据需要订购，最大限度降低库存，实现"零库存"管理，这样的好处是，一方面减少资金占用和减少仓储成本，另一方面可以避免价格波动对产品的影响。正确管理存货能为客户提供更好的服务并为公司降低经营成本，加快库存核查频率会减少与存货相关的利息支出和存储成本。减少库存量意味着现有的加工能力可更有效地得到发挥，更高效率的生产可以减少或消除企业和设备的额外投资。

（三）生产成本控制

利用互联网可以节省大量生产成本，首先利用互联网可以实现远程虚拟生产，在全球范围寻求最适宜生产厂家生产产品；另一方面，利用互联网可以大大节省生产周期，提高生产效率。使用互联网与供货商和客户建立联系使公司能够比从前大大缩短用于收发定单、发票和运输通知单的时间。有些部门通过增值网（VAN）共享产品规格和图纸，以提高产品设计和开发的速度。互联网发展和应用将进一步减少产品生产时间，其途径是通过扩大企业电子联系的范围，或是通过与不同研究小组和公司进行的项目合作来实现。

二、网络营销定价策略

企业营销策略有很多种，但无论是传统营销还是网络营销，价格策略是最富有灵活性和艺术性的策略，是企业营销组合策略中的重要组成。网络营销价格是指企业在网络营销过程中买卖双方成交的价格。网络营销价格的形成是极其复杂的，它受到多种因素的影响和制约。企业在进行网络营销决策时必须对各种因素进行综合考虑，从而采用相应的定价策略。很多传统营销的定价策略在网络营销中得到应用同时也得到了创新。根据影响营销价格因素的不同，网络定价策略分可为如下几种。

（一）竞争定价策略

通过顾客跟踪系统（CustomerTracking）经常关注顾客的需求，时刻注意潜在顾客的需求变化，才能保持网站向顾客需要的方向发展。在大多网上购物网站上，经常会将网站的服务体系和价格等信息公开申明，这就为了解竞争对手的价格策略提供方便。随时掌握竞争者的价格变动，调整自己的竞争策略，时刻保持同类产品的相对价格优势。

（二）个性化定价策略

消费者往往对产品外观、颜色、样式等方面有具体的内在个性化需求，个性化定价策略就是利用网络互动性和消费者的需求特征，来确定商品价格的一种策略。网络的互动性能即时获得消费者的需求，使个性化营销成为可能，也将使个性化定价策略有可能成为网络营销的一个重要策略。这种个性化服务是网络产生后营销方式的一种创新。

（三）自动调价、议价策略

根据季节变动、市场供求状况、竞争状况及其他因素，在计算收益的基础上，设立自动调价系统，自动进行价格调整。同时，建立与消费者直接在网上协商价格的集体议价系统，使价格具有灵活性和多样性，从而形成创新的价格。这种集体议价策略已在现在的一些中外网站中采用。

（四）特有产品特殊价格策略

这种价格策略需要根据产品在网上的需求来确定产品的价格。当某种产品有它很特殊的需求时，不用更多的考虑其他竞争者，只要去制定自己最满意的价格就可以。这种策略往往分为两种类型，一种是创意独特的新产品（"炒新"），它是利用网络沟通的广泛性、便利性，满足了那些品味独特、需求特殊的顾客的"先睹为快"的心理。另一种是纪念物等有特殊收藏价值的商品（"炒旧"）如古董、纪念物或是其他有收藏价值的商品，在网络上，世界各地的人都能有幸在网上一睹其"芳容"，这无形中增加了许多商机。

（五）捆绑销售的策略

捆绑销售这一概念在很早以前就已经出现，但是引起人们关注的原因是由于 1980 年代美国快餐业的广泛应用。麦当劳通过这种销售形式促进了食品的购买量。这种传统策略已经被许多精明的网上企业所应用。网上购物完全可以通过 ShoppingCart 或者其他形式巧妙运用捆绑手段，使顾客对所购买的产品价格感觉更满意。采用这种方式，企业会突破网上产品的最低价格限制，利用合理、有效的手段，去减小顾客对价格的敏感程度。

（六）折扣定价策略

在实际营销过程中，网上商品可采用传统的折扣价格策略，主要有如下几种形式：数量折扣策略、现金折扣策略。其中，数量折扣策略，企业在网上确定商品价格时，可根据消费者购买商品所达到的数量标准，给予不同的折扣。购买量越多，折扣可越多。在实际应用中，其折扣可采取累积和非累积数量折扣策略。而现金折扣策略，在 B2B 方式的电子商务中，由于目前网上支付的缺欠，为了鼓励买主用现金购买或提前付款，常常在定价时给予一定的现金折扣。例如，某项商品的成交价为 360 元，交易条款注明：如果在成交后 20 天内付款可享受 3% 的现金折扣，但最后应在 30 日内付清全部货款。随着，网上支付体系和安全体系的健全，这种定价策略将逐步消失。

此外，还包括同业折扣、季节折扣等技巧。如为了鼓励中间商淡季进货，或激励消费者淡季购买，也可采取季节折扣策略。

（七）企业声誉定价策略

企业的形象、声誉成为网络营销发展初期影响价格的重要因素。消费者对网上购物和订货往往会存在着许多疑虑，比如在网上所订购的商品，质量能否得到保证，货物能否及时送到等。如果网上商店的店号在消费者心中享有声望，则它出售的网络商品价格可比一般商店高些。反之，价格则低一些。

（八）品牌定价策略

产品的品牌和质量会成为影响价格的主要因素，它能够对顾客产生很大的影响。如果产品具有良好的品牌形象，那么产品的价格将会产生很大的品牌增值效应。名牌商品采用"优质高价"策略，既增加了盈利，又让消费者在心理上感到满足。对于这种本身具有很大的品牌效应的产品，由于得到人们的认可，在网站产品的定价中，完全可以对品牌效应进行扩展和延伸，利用网络宣传与传统销售的结合，产生整合效应。

（九）撇脂定价和渗透定价

在产品刚介入市场时，采用高价位策略，以便在短期内尽快收回投资，这种方法称为撇脂定价。相反，价格定于较低水平，以求迅速开拓市场，抑制竞争者的渗入，称为渗透定价。在网络营销中，往往为了宣传网站，占领市场，采用低价销售策略。另外，不同类别的产品应采取不同的定价策略。如日常生活用品，对于这种购买率高、周转快的产品，适合采用薄利多销、宣传网站、占领市场的定价策略。而对于周转慢、销售与储运成本较高的特殊商品、耐用品，网络价格可定高些，以保证盈利。

（十）产品生命周期定价策略

这种网上定价是沿袭了传统的营销理论：每一产品在某一市场上通常会经历介绍、成长、成熟和衰退四个阶段，产品的价格在各个阶段通常要有相应反映。网上进行销售的产品也可以参照经济学关于产品价格的基本规律。并且由于对于产品价格的统一管理，能够对产品的循环周期进行及时的反映，可以更好伴随循环周期进行变动。根据阶段的不同，寻求投资回收、利润、市场占有的平衡。

三、网络营销成本策略

国外一份权威调查显示：企业在获得同等收益的情况下，对网络营销工具的投入是传统营销工具投入的1/10，而信息到达速度却是传统营销工具的5到8倍，而使用网络获取信息的用户中，商业用户的比例高于接触传统营销工具的用户。可见，网络营销是网络经济时代对接国际市场最有效、也是最经济的营销手段。传统企业是否能利用互联网创造商业机会，降低成本，提高竞争力，是未来能否在全球经济一体化的状况下制胜的关键因素。

（一）美女营销

网络时代滋生的不仅仅是网络营销积极地一面，伴随而来的还有它消极的一面。值得关注的是这些涉及"美女营销"的案例，却不被避讳而转为网络宣传营销的攻势手段。对于"美女营销"来说，逐步成熟的经纪公司以及网络推手成就了这一营销的渠道。拥有较为简单而有效的操作模式是美女营销的重要特点，在这样中国这片土地上，实施起来也颇为简单易行，这也让那些最需要营销、最看中结果的企业公司为此乐此不疲了。从效果上看，通过美女进行推广和炒作是一种低成本营销的典型手段，如果操作的当，一个品牌可以通过极其低廉的成本，在极短的时间内获得巨大推广，吸引了大量眼球，让成千上万的人知道了这个品牌的名称。

（二）事件营销

事件营销分借势和造势，借势是借助已有的社会热点策划话题，造势是自己找个话题炒热，话题和我们营销的企业和产品息息相关，可以找到直接或间接的联系，在话题中融入企业的产品或品牌信息，持续传播，从而把企业的品牌或某种产品推广出去，这种方式适合人物、食品等，跟人的生活息息相关的产品，尤其适合明星。总体花费可能也不少，但是一种性价比比较高的方式。

（三）病毒式营销

病毒式营销是策划一个病毒源，要有意思，能引起大家的兴趣的，然后引起网友的互相传播，因为传播过程像病毒一样扩散，所以叫它病毒式营销，病毒源可以是一个视频，一个图片，一个动画，一个短文，一个笑话，一本电子书等。只要以这种扩散的形式传播，都叫病毒式营销。这种方式，成本主要在病毒的策划，其余有部分推波助澜的推广就可以了。

（四）软文营销

软文营销，就是指通过特定的概念书写、以摆事实讲道理的方式吸引消费者和我们的目标用户，例如：新闻，第三方评论，访谈，采访，口碑。软文营销是基于特定产品的概念诉求与问题分析，对消费者进行针对性心理引导的一种文字模式。相对上面几种成本更低，效果不会像上面几种有爆发力，但是企业打造品牌和口碑，更需要软文营销。从本质上来说，它是企业软性渗透的商业策略在广告形式上的实现，通常借助文字表达与舆论传播使消费者认同某种概念、观点和分析思路，从而达到企业品牌宣传、产品销售、活动推广、服务推广等的目的。

低成本的网络营销就不一一列举，其应用已经渗透到网络的每个角落。企业要想开拓自己的蓝海，进行低成本营销的必经之路。在新的经济形势下，谁能把握网络营销的脉搏，谁就能取得制胜先机。

任务三　网络营销渠道策略与便利策略

任务案例　徐静蕾的开啦饰品网

徐静蕾的开啦饰品网做电子商务，销售额 100% 来源于分销渠道，他们只做线上渠道，自己不直接销售，没有自己的官网 B2C 商城，自己也不在淘宝开店，每天几百个线上订单 100% 是外部线上渠道带来的。

从 2009 年 11 月，开啦正式上线凡客，接着入驻卓越、当当，并成功获得卓越网免费首页及频道内推广资源，成为手表饰品频道的重要品牌商。后又进入了时尚类的垂直 B2C 走秀网、逛街网、三十到五十商城等。开啦凭借徐静蕾的人脉与影响力，半年之内几乎进入了中国绝大多数排名靠前的 B2C 网站渠道销售，是线上分销的成功案例。成功的电子商务企业，网上分销渠道销量一般不会少于自己的官网平台，线上互联网世界与线下实体世界一样，未来仍是渠道为王。有远见的 B2C 企业如红孩子、走秀网等都成立专门的线上渠道部来负责线上渠道建设。

传统企业进入网上零售最好采用这样的运营节奏：第一步，建立商品供应链与运营体系；第二步，全方位地建立线上渠道；第三步，进行渠道推广。而现在90%以上的企业还未建立线上渠道，就开始大规模推广，这就是为什么很多网络推广投入产出比不理想的原因。

一、网络营销渠道涵义

（一）网络营销渠道的概念

网络营销渠道是指借助互联网技术提供产品或服务信息以供消费者信息沟通、资金转移和产品转移的一整套相互依存的中间环节。它的主要任务是为产品从生产者向消费者转移提供方便。网络营销渠道使信息沟通由单向变为双向，从而增强了生产者与消费者的直接联系。一方面，企业可以在互联网上发布有关产品的价格、性能、使用方法等信息；另一方面，消费者也可以通过互联网直接了解产品信息，做出合理的购买决策。同时，生产者还可以迅速获得消费者的反馈信息。

（二）网络营销渠道的特点

1. 虚拟性

网络空间是一个虚拟的世界，在互联网上从事销售活动，企业看不到消费者，消费者也看不到企业员工；没有传统意义上的店铺建筑，有的只是屏幕上眼花缭乱的商品和不时飞动的广告条；消费者看不到实物，只能通过网站上的图片了解产品的价格、规格、特性和以前消费者留下的对产品的评论；整个购物过程也是人与网站的对话，不知不觉中，一次鼠标的轻轻按动，就使商品的所有权发生了转移。

2. 经济性

网上分销通过网上商店来实现，网上商店实现的技术已经很成熟，与传统店铺比起来，可谓成本低廉、简单易行。网上商店一经建立，经营上的时空限制就被彻底打破。完全可以做到面向全国、全世界一周七天，一天24小时的经营，这一点是传统市场中间商无法做到的。因网上分销更多的是一种面向最终用户的直销方式，流通环节的成本被节省，库存也被大大减少，接到定单后的实时生产成为可能。

3. 消费者购物的益处

网上分销使消费者有了新的选择，与传统购物比较起来，更能节省时间与精力。制造商因网上分销，对传统中间商的依赖有所减少，流通费用降低，使消费者享受更多的折扣成为可能。网上分销为消费者提供了充分的信息支持，消费者通过浏览网站的说明能明白网络购物流程，按自己的偏好选择付款方式、收货方式，并可享受优厚的会员服务及售后服务。

二、网络营销渠道的功能

营销渠道涉及信息沟通、紫荆转移和产品转移等。一个完善的网络营销渠道应具有三大功能：订货功能、结算功能和配货功能。

（一）订货功能

订货功能为消费者提供信息，同时方便厂家获取消费者的需求信息，达到供求平衡。

一个完善的订货系统，可以最大限度的减少库存，减少消费费用。订货功能通常有购物车完成，消费者在结算后，生成订单，订单数据进入企业的相关数据库，为产品生产、配送提供依据。

设计订货系统时，要简单明了，不要让消费者填写太多信息，而应该采用现在流行的"购物车"方式模拟超市，让消费者一边看物品比较选择，一边进行选购。在购物结束后，一次性进行结算。另外，订货系统还应该提供商品搜索和分类查找功能，以便于消费者在最短时间内找到需要的商品，同时还应对商品提供消费者想了解的信息，如性能、外形、品牌等重要信息。

（二）结算功能

消费者在购买产品后，可以用多种方式方便的付款，因此厂家（商家）应有多种结算方式。目前国外流行的方式有信用卡、电子货币，网上划款等；而国内的付款结算方式主要有邮局付款、货到付款、信用卡等。

在选择结算方式时，应考虑到目前实际发展的状况，应尽量提供多种方式方便消费者选择，同时还要考虑网上结算的安全性，对于不安全的直接结算方式，应换成间接的安全方式。

（三）配送功能

对于无形的产品，如服务、软件、音乐等则可以直接进行网上配送，而对于有形产品的配送，由于涉及运输和仓储问题，所以大多采用邮寄和送货上门两种方式，配送时间一般在 1~5 个工作日内，并实行有条件的免费配送。

消费者只有看到购买的商品到家后，才真正感到踏实，因此建设快速有效的配送服务系统是非常重要的。在现阶段我国配送体系还不成熟的时候，在进行网上销售时要考虑到该产品是否适合于目前的配送体系，正因如此，目前网上销售的商品大多是价值较少的不易损坏的商品。

此外，在选择网络销售渠道时还要注意产品的特性，有些产品易于数字化，可以直接通过互联网传输；而对大多数有形产品，还必须依靠传统配送渠道来实现货物的空间移动，对于部分产品依赖的渠道，可以通过对互联网进行改造以最大限度提高渠道的效率，减少渠道运营中的人为失误和时间耽误造成的损失。

三、常见的网络营销渠道

电子商务与传统商业生意并无二致，不重视线上渠道、分销体系建立的电子商务推广效果会大打折扣。线下做销售，有了产品，知道要进入沃尔玛、家乐福，要找地区经销商，知道要做渠道，但进入线上互联网世界，就不知道要做网络分销渠道了，仅仅漫无目的地利用网络媒体推广自己的官网，而不结合渠道来促销商品，效果往往大打折扣。因此，推广一定要结合线上渠道来推广。目前来说，主要的网络渠道包括以下几种。

（一）C2C 渠道

主要代表有：淘宝（C2C 及淘宝商城）、拍拍（C2C 及 B2C 渠道）、有啊商城等。

目前对很多传统企业来说，做电子商务就是在淘宝开店，销量也绝大部分来源于淘宝。但对于传统大型企业来说，从长远看，淘宝只能作为一个销售渠道，不能作为唯一的渠道，必须发展全方位渠道，争取未来的主动权。

（二）B2C 商城渠道

主要代表有：当当网、卓越网等。

这些平台在线上渠道的地位相当于线下的沃尔玛、家乐福。2009 年，中国前十名的 B2C 商城大多开始转入百货商城，大多数商品品类都卖，正在建立其他品类商品供应链，这就给传统企业进入 B2C 渠道提供了机会。一旦能成为这些大的 B2C 平台的主推供应商，一个大的平台每天可以带来几十个订单。更何况其他小有价值的 B2C 平台还有成百上千，累计起来每天订单也不少。

（三）CPS 渠道：

主要代表有：yiqifa、linktech、唯一、成果网等的第三方 CPS 平台及自营 CPS 平台。

目前电子商务比较主流且固定的渠道推广就是 CPS 模式，通过推广产生有效的订单后进行比例分成。这是一种零风险的实效营销方式，如果网站主不能为给你的网站带来销售额，广告主不用支付任何广告费用。通过制定超越竞争对手的联盟分成政策，增强竞争力，还需要有专人结算与维护。通常来说，一般 B2C 平台，CPS 销售会占到 20%，不做这个渠道意味着损失 20% 的销量。当然，有实力的企业也可以建立自己的 CPS 联盟，一旦发展起来，和第三方 CPS 平台形成补充，带来的销量比例更大。

（四）银行商城渠道

主要代表有：招行、工行、交行、建行等网上商城。

中国大部分银行商城及信用卡商城都建设有 B2C 平台，银行网上商城这个渠道价值非常大，银行拥有大量网银支付的用户。和银行谈判他们最在乎的是自己网上支付的流水账。如果能与这些国内这些银行进行深层次合作，一次合作带来上百万销售额也是可能的。

（五）网上支付渠道

主要代表有：腾讯财付通商城渠道、支付宝商城渠道、第三方支付渠道如快钱、环迅等。

这些第三方支付平台拥有庞大的用户量，这些已经开通网上支付手段的用户，基本都有网购经验，是精准的网购人群。这些平台也希望企业使用其支付手段做大资金流。抓住他们的需求，展示你的实力与未来注册用户的庞大，他们也愿意利用自己的资源推广你的网站平台。

（六）门户商城渠道

主要代表有：腾讯 QQ 会员商城、新浪商城、搜狐商城、网易购物返现商城等。

中国的主流门户都有自己的 B2C 商城，虽然它们都没有发力。门户商城的交易量也还暂时不大，但门户的影响力及庞大用户量不可小觑。门户也欢迎直接与厂商合作，如果和这些门户有广告投放合作，结合推广进入商城，会更容易一些。如果你在这些门户商城占据较好的渠道位置，并争取门户的推广资源支持，并策划一些在门户的促销活动，有专门的人维护商品与专人的客服，也可取得每天几十单的销售。至于其他大流量的网站如天涯、迅雷等，都已经进军电子商务，也可作为补充渠道。

（七）积分商城渠道

主要代表有：平安万里通商城、网易邮箱积分商城、携程特约商户等。

现在很多有庞大用户量的机构，建有自己的积分体系，并将这个积分和电子商务结合。在积分体系商城中，平安万里通是做得最极致的，将自己的 4 000 万用户的积分变成一个商城，用平安万里通的入口可以直接购买其他 B2C 平台的商品如 1 号店及红孩子等商品。由于这个渠道是给他们积分用户带来优惠，所以对商品价格的优惠力度要求较高，而且要求合作伙伴能和他们对接网上同步订单操作，对技术接口要求也高。1 号店的总销售额中 60% 来源于平安万里通这个渠道，超过其他渠道及官网销售额的总和，其效果可见一斑。网易邮箱及携程用户也是海量级别的，将他们的部分用户转为你的购买用户，将对商务拓展及公关工作带来极大挑战，但一旦变成销售渠道，其战略意义是很大的。

（八）运营商渠道

主要代表有：中国移动商城、中国联通积分商城、中国电信商城。

随着移动互联网兴起及移动支付的普及，这个渠道的战略意义会越来越大，属于提前占位的策略。与中国移动商城的合作，就是用户通过手机支付来购买商品。

（九）购物搜索渠道

主要代表有：聪明点、返利网、易购网、特价王、askyaya。

由于这些购物搜索用户都是购买用户，其价值大于一般娱乐性信息网站，成为成熟网购人群的入口之一。如能让这些购物搜索全部收录一些你的网站商品，而且在首页推荐，每天都能带来一些订单。

（十）网站导航渠道

主要代表有：hao123/265/114la 购物频道。

如果能进入这些导航站的首页的购物频道，每天可以带来上百订单左右，但审核较严，需要你的品牌商城关键词在百度每天有 5000 左右搜索量才行。如果达不到这个标准，需要以做广告付费的形式进入。

总之，由于传统企业缺乏互联网经验，更不用说建立线上渠道的经验，相信不久就会出现专业的全渠道方案解决服务商，不仅协助这些企业省人力物力、最快时间地进入这些有价值的线上渠道。服务商还需要策划一些渠道促销，购物卡渠道促销方案、团购与节庆、渠道促销方案、永不落幕的网上特卖会渠道促销方案等。此外，企业还有将网络推广与以上渠道结合的需求，如进入了新浪商城，在新浪做广告促销，进入了迅雷商城，利用迅雷的推广资源进行渠道促销，形成整合的推广效果，这种进入渠道再进行渠道推广方式，比现在单纯打网络广告的方式，ROI 可以提高好几倍，从而达到替传统企业树线上品牌、建线上渠道、促渠道销售全面整合的效果。

四、网络营销便利策略

便利策略指的是，忘掉固定的分销渠道，而重视消费者购买商品和享受服务的方便性。简单地说，就是消费者怎么方便怎么来，一切以消费者的方便与否为中心展开网络营销工作。便利策略是网络企业竞争力的又一关键点，是网络营销传播在品牌忠诚力经济下诠释消费者就是企业上帝的又一基本表现。

过去数十年以来，传统企业的营销人员一直被灌输的重要观念之一，就是强调分销渠道乃是企业的生命线，是企业借以发动营销进攻的有效平台。然而，这一"整体分销"的思想如今已被重新定义、被再次修订。在网络经济时代，一个真正优秀的网络营销人员，必须具有由外而内的消费者导向思维以及由此引发的通过千方百计方便消费者接受信息、服务而建立新型互动消费者关系的新方法。

（一）快捷支付

快捷支付是指用户通过电话或者网站等方式订购商品时，不需开通网银，直接通过输入卡面信息，即可便捷、快速地完成支付。如果用户选择保存该信息，支付宝会保存用户的卡信息，再次支付时，只需输入对应的支付密码，即可完成支付（见图4-5）。

图4-5　支付宝快捷支付界面图

（二）快递扩容

当个人网购市场兴起后，物流主体从企业转向个人，这意味着将产生数十倍乃至上百倍的需求放大。比如，一个便利店每天至少有1 000人次购买，支持这一天的店面销售，只需一次配送就足够了，但如果以配送到消费者家中的网购方式，需要上千次配送。为了适应电子商务带来的这种需求变化，物流快递企业也开始不断调整自己的业务模式。各大快递企业，包括"四通一达"（申通、圆通、中通、汇通、韵达），以及顺丰、EMS、宅急送、优速、天天等，快递的终端网点不断扩容。

（三）APP软件开发

在互联网时代，电商们总是能找到新的营销推广手段，在智能手机不断普及的今天，基于手机APP的移动营销，已经揭开了新一轮的竞争。

通常企业实施APP营销的时候总是期望通过开发一个使用人群极为广泛的APP，快速实现企业信息传递直至品牌建立、销售达成。在这种一蹴而就营销野心的推动下，不少企业要求营销代理公司、开发公司提供一款媲美疯狂的小鸟、捕鱼达人之类的APP，在极短的时间内完成百万量级的用户触及，而且希望用户高频次的重复使用。其结果就是一个潜在消费人群特征极为明确的企业也开发了一款功能复杂的APP，APP类型集中于游戏，也有少数野心爆棚的涉足功能齐全的SNS APP。

流行的APP非常纯粹，娱乐就完全的娱乐，工具就是趁手的工具。但企业以营销为目的开发的APP不同，每个企业APP都承载了企业某种目的，有目的的APP就不再纯粹。这恰恰是企业实施APP营销时最应该考虑的一点。每个企业营销APP都应该有一个非常清晰的实现目标，用户在使用APP的过程中获得某种价值，快感、便捷、优惠、乐趣等，同时企业达成某种目标，销售、理念传递、品牌维护、信息告知、用户维护等。

任务四　网络营销促销策略

任务案例　淘宝网的光棍节

2013 年 11 月，阿里巴巴集团"双 11"促销的支付宝总销售额 350.18 亿元。而 2012 年，天猫与淘宝的"双 11"交易总额为 191 亿元，支付宝总销售额 191 亿，其中天猫 132 亿，淘宝 59 亿。其中交易峰值出现在 1 分 27 秒，同时 1 秒钟有 13637 人交易成功，成交额 554 万。

2013 年的"双 11"，40 分钟内，服装类目就突破 10 亿元。1 分钟有 9.8 万个包裹，与去年相比，包裹数同比增长 1.7 倍。处在销售额榜中有 7 位的全部为服装企业，领先的为优衣库、杰克琼斯、GXG、欧时力等品牌。家纺板块，国内家纺上市公司目前销售靠前的为罗莱家纺。

2013 年的"双 11"购物狂欢节参与商家规模增至 2 万家，是 2012 年的两倍，涵盖电器、服装、家装家饰、箱包、汽车、洗护美妆、母婴、食品、图书等多个行业，3 万多个品牌。

2013 年双 11 期间，天猫在 C2B 预售的基础上进一步升级，推出了先预付再定期配送的周期购业务，消费者动动手指就能等着牛奶、啤酒等商品按月送上门。数据显示，目前已经有 3 万多少"懒人"购买了 1000 多万元周期购商品。

作为天猫 2009 年以来力推的促销品牌，"双 11"已然成为一种行业集体行为和商业现象。2013 年的"双 11"，各大电商平台均提前或者同时开始促销，以期在这一波购物高峰中分得一杯羹。

一、网络营销促销涵义

网络促销是指利用现代化的网络技术向虚拟市场传递有关产品和服务的信息，以启发需求，引起消费者的购买欲望和购买行为的各种活动。

（一）网络营销促销特点

首先，网络促销是通过网络技术传递产品和服务的存在、性能、功效及特征等信息的。是建立在现代计算机与通信技术基础之上的，并且随着计算机和网络技术的不断改进而改进。其次，网络促销是在虚拟市场上进行的，这个虚拟市场就是互联网。互联网是一个媒体，是一个连接世界各国的大网络，它在虚拟的网络社会中聚集了广泛的人口，融合了多种文化。最后，互联网虚拟市场的出现，将所有的企业，不论是大企业还是中小企业，都推向了一个世界统一的市场。传统的区域性市场的小圈子正在被一步步打破。

（二）网络营销促销作用

（1）告知功能。网络促销能够把企业的产品、服务、价格等信息传递给目标公众，引起他们的注意。

（2）说服功能。网络促销的目的在于通过各种有效的方式，解除目标公众对产品或服务的疑虑，说服目标公众坚定购买决心。例如，在同类产品中，许多产品往往只有细致的差别，用户难以察觉。企业通过网络促销活动，宣传自己产品的特点，使用户认识到本企业的产品可能给他们带来的特殊效用和利益，进而乐于购买本企业的产品。

（3）反馈功能。网络促销能够通过电子邮件及时地收集和汇总顾客的需求和意见，迅速反馈给企业管理层。由于网络促销所获得的信息基本上都是文字资料，信息准确，可靠性强，对企业经营决策具有较大的参考价值。

（4）创造需求。运作良好的网络促销活动，不仅可以诱导需求，而且可以创造需求，发掘潜在的顾客，扩大销售量。

（5）稳定销售。由于某种原因，一个企业的产品销售量可能时高时低，波动很大。这是产品市场地位不稳的反映。企业通过适当的网络促销活动，树立良好的产品形象和企业形象，往往有可能改变用户对本企业产品的认识，使更多的用户形成对本企业产品的偏爱，达到稳定销售的目的。

（三）网络营销促销与传统促销的区别

虽然传统的促销和网络促销都是让消费者认识产品，引导消费者的注意和兴趣，激发他们的购买欲望，并最终实现购买行为，但由于互联网强大的通讯能力和覆盖面积，网络促销在时间和空间观念上，在信息传播模式上以及在顾客参与程度上都与传统的促销活动发生了较大的变化。

首先，时空观念的变化。以产品流通为例，传统的产品销售和消费者群体都有一个地理半径的限制，网络营销大大地突破了这个原有的半径，使之成为全球范围的竞争；传统的产品订货都有一个时间的限制，而在网络上，订货和购买可能在任何时间进行。这就是现代最新的电子时空观（CyberSpace）。时间和空间观念的变化要求网络营销者随之调整自己的促销策略和具体实施方案。

其次，信息沟通方式的变化。多媒体信息处理技术提供了近似于现实交易过程中的产品表现形式；双向的、快捷的、互不见面的信息传播模式，将买卖双方的意愿表达得淋漓尽致，也留给对方充分思考的时间。在这种环境下，传统的促销方法显得软弱无力。

再次，消费群体和消费行为的变化。在网络环境下，消费者的概念和客户的消费行为都发生了很大的变化。上网购物者是一个特殊的消费群体，具有不同于消费大众的消费需求。这些消费者直接参与生产和商业流通的循环，他们普遍大范围地选择和理性地购买。这些变化对传统的促销理论和模式产生了重要的影响。

最后，对网络促销的新理解。网络促销虽然与传统促销在促销观念和手段上有较大差别，但由于它们推销产品的目的是相同的，因此，整个促销过程的设计具有很多相似之处。所以，对于网络促销的理解，一方面应当站在全新的角度去认识这一新型的促销方式，理解这种依赖现代网络技术、与顾客不见面、完全通过电子邮件交流思想和意愿的产品推销形式；另一方面则应当通过与传统促销的比较去体会两者之间的差别，吸收传统促销方式的整体设计思想和行之有效的促销技巧，打开网络促销的新局面。

二、网络营销促销形式

传统营销的促销形式主要有四种：广告、销售促进、宣传推广和人员推销。网络营销是在网上市场开展的促销活动，相应形式也有四种，分别是网络广告、销售促进、站点推广和关系营销。其中网络广告和站点促销是网络营销促销的主要形式。

网络广告类型很多，根据形式不同可以分为旗帜广告、电子邮件广告、电子杂志广告、新闻组广告、公告栏广告等。网络营销站点推广就是利用网络营销策略扩大站点的知名度，吸引网上流量访问网站，起到宣传和推广企业以及企业产品的效果。站点推广主要有两类方法，一类是通过改进网站内容和服务，吸引用户访问，起到推广效果；另一类通过网络广告宣传推广站点。前一类方法，费用较低，而且容易稳定顾客访问，但推广速度比较慢；后一类方法，可以在短时间内扩大站点知名度，但费用不菲。

以上两种方式，在课程项目十和项目十二有重点阐述，这里就不重复了，以下重点讲解网络销售促进和网络关系营销。销售促进就是企业利用可以直接销售的网络营销站点，采用一些销售促进方法如价格折扣、有奖销售、拍卖销售等方式，宣传和推广产品。关系营销是通过借助互联网的交互功能吸引用户与企业保持密切关系，培养顾客忠诚度，提高顾客的收益率。

销售促进主要是用来进行短期性的刺激销售。互联网作为新兴的网上市场，网上的交易额不断上涨。网上销售促进就是在网上市场利用销售促进工具刺激顾客对产品的购买和消费使用。一般，网上销售促进主要有下面形式。

（一）网上折价促销

折价亦称打折、折扣，是目前网上最常用的一种促销方式。因为目前网民在网上购物的热情远低于商场超市等传统购物场所，因此网上商品的价格一般都要比传统方式销售时要低，以吸引人们购买。由于网上销售商品不能给人全面、直观的印象、也不可试用、触摸等原因，再加上配送成本和付款方式的复杂性，造成网上购物和订货的积极性下降。而幅度比较大的折扣可以促使消费者进行网上购物的尝试并做出购买决定。目前大部分网上销售商品都有不同程度的价格折扣。

（二）网上赠品促销

赠品促销目前在网上的应用不算太多，一般情况下，在新产品推出试用、产品更新、对抗竞争品牌、开辟新市场情况下利用赠品促销可以达到比较好的促销效果。赠品促销的优点：可以提升品牌和网站的知名度；鼓励人们经常访问网站以获得更多的优惠信息；能根据消费者索取增品的热情程度而总结分析营销效果和产品本身的反应情况等。

（三）网上抽奖促销

抽奖促销是网上应用较广泛的促销形式之一，是大部分网站乐意采用的促销方式。抽奖促销是以一个人或数人获得超出参加活动成本的奖品为手段进行商品或服务的促销，网上抽奖活动主要附加于调查、产品销售、扩大用户群、庆典、推广某项活动等。消费者或访问者通过填写问卷、注册、购买产品或参加网上活动等方式获得抽奖机会。

（四）积分促销

积分促销在网络上的应用比起传统营销方式要简单和易操作。网上积分活动很容易通过编程和数据库等来实现，并且结果可信度很高，操作起来相对较为简便。积分促销一般设置价值较高的奖品，消费者通过多次购买或多次参加某项活动来增加积分以获得奖品。积分促销可以增加上网者访问网站和参加某项活动的次数；可以增加上网者对网站的忠诚度；可以提高活动的知名度等。

（五）免费资源促销

所谓免费资源促销就是通过为访问者无偿提供访问者感兴趣的各类资源，吸引访问者访问，提高站点流量，并从中获取收益。目前利用提供免费资源获取收益比较成功的站点很多，有提供某一类信息服务的。

利用免费资源促销要注意的问题：① 首先要考虑提供免费资源的目的是什么，有的是为形成媒体作用，有的是为扩大访问量形成品牌效应；② 其次要考虑提供什么样的免费资源，目前网上免费资源非常丰富，只有提供有特色的服务才可能成功，否则成为追随者，则永远不可能吸引访问者，因为网上的信息是开放的，要访问肯定是访问最好的，这就是网上赢家通吃原则；③ 最后要考虑的你的收益是什么，世上没有免费的午餐，只要在允许的范围之内，访问者是愿意付出一点的，当然不能是金钱，因此你的收益可能是通过访问者访问从广告主获取收益，或者通过访问者访问扩大你的品牌知名度，或者通过访问者访问扩大了你的电子商务收入。当然利益有短期和长期的，有现金和无形的，这都是需要综合考虑的，毕竟免费资源对站点来说不是免费的。

三、网络营销沟通含义

网络企业将商品、服务和品牌信息传递给消费者，然后像朋友一样，消费者也乐于将其感受及意见反馈回来。这种形成企业、商品、服务、品牌与消费者之间的联系，就是沟通。

长期的良好沟通，将在企业、商品、服务、品牌与消费者之间建立起一种牢固而稳定的友谊。这种友谊的最高级别为"一对一"的关系。将消费者都发展成企业、商品、服务和品牌的个人化的朋友，令消费者因情感归属，甚或是荣誉感，而发生购买行为，这就是关系营销。正是这种关系营销构成网络营销的关键，而只有通过整合营销传播，这种关系才得以建立。如果网络公司和消费者没有达成双向的沟通，双方的关系一旦破裂，消费者就会拂袖而去；一旦关系成立，双方当事者之间的持续沟通（循环）便水到渠成，源源不断。然而，要想和消费者建立关系，而不单单只是交换信息，网络公司还必须注重各种形态的传播，形成一致的诉求，才能建立起与消费者的良好、有序的关系。

网络营销沟通，必须了解消费者脑中所拥有的信息形态和信息内容，再通过互联网的各种平台和工具展开沟通，消费者让企业知道他究竟需要何种信息，最后通过网络对消费者的需要给予回应。这就是真正的沟通营销，它意味着买方与卖方仍存在着一种信息交换与分享共同价值的关系，使得网络公司与消费者能够达到互利互惠的境界。

四、网络营销沟通技巧

网络营销中的信息沟通与传统营销存在很大不同，一些在传统营销中使用的沟通技巧在网络营销中不一定适用。因此，网络营销过程中的沟通技巧值得探认。网络营销中沟通技巧可从以下几方面进行把握。

（一）商品名称

站点搜索工具在搜索商品时，往往根据商品名称和消费者所提交的关键词相匹配情况来得到搜索结果，所以在确定商品名称描述信息时，尽可能将买家会使用的、与本商品密切相关的关键字都写到标题中这样可以大大增加被消费者搜到的机会。在 B2B、C2C 等网络中介发布商品信息时这种做法显得更为重要。例如卖笔记本电池的商家将他的产品取名为"联想 lenovo 昭阳 E660/E280 笔记本电池全新原装"这样消费者在用

"联想""lenovo""昭阳""E660""E280""笔记本电池"等多个关键词都可以搜索到该产品。

（二）商品介绍

商品介绍信息对于用户了解商品、有效激起消费者的购买欲望具有非常重要的作用。首先，商品信息介绍要保证其真实、明确，让消费者看后能够明白商品的主要指标、性能，不产生歧义。其次，从市场营销的角度来说，网站提供的有效信息越详细，用户的满意程度越高，越容易激起消费者的购买欲望。所以在描述商品信息时，要尽量提供详尽的、和商品有关的各种信息。例如，有家卖面包的网上商店在介绍它的面包时，能够介绍从小麦产地的土壤、气候开始，直至面包的加工、烘烤、包装为止的整个过程，让人看后觉得自己已经是个面包专家，自然就对产品有了兴趣。值得注意的是，商品信息的详尽并不等于烦琐，信息介绍时要把握重点，突出商品特点。最后，应对商品的特点和利益进行形象描述。对商品的介绍，如果仅仅局限于产品的各种物理性能，是难以使顾客动心的。要使顾客产生购买欲望，需要在介绍产品的性能、特点的基础上，勾画出一幅美好的图景，以增强吸引力。正如一句推销名言所说："如果你想勾起对方吃牛排的欲望，将牛排放到他的面前固然有效，但最令人无法抗拒的是煎牛排的'滋滋'声，他会想到牛排正躺在铁板上，香味四溢，不由得咽下口水。"

（三）价格描述与磋商

在价格的描述上，一定要给消费者充分的吸引力，让他感觉到和传统购物相比，在网上购物确实得到了实惠。很多网上商店中都将商品价格分为市场价、普通会员价、VIP会员价。这样的价格描述让消费者意识到，与商店的关系越密切，得到的价格实惠就越多，而这种密切关系是通过经常购物和交流来实现的，所以有利于顾客忠诚度的提高。

在顾客下订单之前，尤其是C2C交易中，顾客与店主之间的价格磋商是在所难免的。在价格磋商中，当顾客压价时，店主需要注意一些必要的技巧：①动之以情、晓之以理地说明你的商品价格在同类商品中已经偏低了，同时再次强调商品的质量。②自己掌握主动权。在买家问价格是否可以优惠时，马上反问：您要几件？把问题又抛给他。别小看这一句话，作用是巨大的。因为你知道对方只要一件，但是你这样问了，对方的回答在他们看来是不令你满意的，这样不自觉地就理亏，好像没有什么理由让你便宜。气势上先输给你，卖家自然更胜一筹。③薄利多销。在一定程度上的让利有时是避免不了的，但是可以从通过诱导他购买第二件商品等方面弥补回来。④此时无声胜有声。此招一般用在你看到买家是必买这件商品，只是在价格上想便宜些的情况。这时候你最好什么都不说，这也是一个暗中较量的过程，谁先按捺不住说话，谁就算败了下来。

（四）信息宣传、促销过程中的交流

在这个过程中的交流，主要是希望扩大企业、品牌或商品的知名度，让消费者在一定程度上接受所宣传的商品。在这个过程中消费者所得到的有关商品的描述信息，会与购买后的实际商品的性能、功效等进行对照，如果差别较大，则会有一种上当受骗的感觉，消费者心目中企业的形象就会受到影响。所以，在信息宣传、促销过程中，首先要保证诚信，不宣传虚假信息，不夸大产品功效。对于不同的客户，既要有个性化的表达沟通，迎

合顾客的口味，又必须掌握许多共性表达方式与技巧，以体现企业的整体形象。沟通过程中要保持积极向上的态度，用语应当尽量选择体现正面意思的词。

在信息宣传过程中，与顾客沟通的渠道和方式是多种多样的，不同的方式，其沟通的技巧会有所不同。主要包括：通过网页传递信息、通过电子邮件传递信息、通过 BBS、新闻组传递信息。

（五）售前、售中、售后服务中的交流

售前、售中、售后服务中交流的一般都是购买过企业产品，或即将购买企业产品的消费者，在交流过程中除了要注意一般事项外，尤其要尽量选择正面的词句，给消费一个明确的意思表达，不要模棱两可，以免消费者产生歧义，引起不必要的麻烦。

售前服务是营销和销售之间的纽带，其作用至关重要。营销人员应当尽量提高素质和思维严谨度，详细落实核心问题，以免在交易过程中出现一些不必要的麻烦。企业可根据日常售前服务中的一些常见问题，形成一套就特定业务和客户沟通时必须要沟通清楚的问题的一套程序化文案，从而保证和客户在事先沟通中就相关可能产生纠纷的问题沟通清楚，以杜绝在执行中产生纠纷和影响。

售中服务是指在产品销售过程中为顾客提供的服务。营销人员需要热情地为顾客介绍、展示产品，详细说明产品使用方法，耐心地帮助顾客挑选商品，解答顾客提出的问题等。售中服务与顾客的实际购买行动相伴随，是促进商品成交的核心环节。

在售后服务中，对客户的问题要抱有良好的心态，必须心怀对客户的感激之情，认真倾听客户意见和要求，以诚恳的态度为客户解决问题，站在客户的角度为客户的利益多考虑，在快速处理问题并答复的同时，做好各项后续服务。企业要把售后服务看作与顾客沟通的过程，在售后服务中把握一定的技巧，有利于提高客户的满意度和增强企业的服务水平。首先要注重感情联络，售后服务的大部分过程就是和客户感情联络，一旦成为企业的客户，就是企业的朋友，就有必要进行定期的感情交流，如定期发信，或节假日有促销活动时主动与客户联系，还可以在适当时候给客户送小礼品或提供其他附加服务等；其次，还要做好信息的收集，通过为客户提供售后服务，发掘有价值的客户，了解客户的心态和需求，为挖掘潜在客户和留住老客户做资料上的准备。

（六）注重网络礼仪

网络礼仪是指在网上交往活动中形成的被赞同的礼节和仪式，是人们在互联网上交往所需要遵循的礼节。网络上的信息传播比传统途径更加迅速、范围更广、影响面更大，在网络营销中的信息交流要十分注重网络礼仪，以免引起消费者的反感，造成不必要的损失。

在网络营销中，一般要注意以下问题：①记住别人的存在，千万记住和你打交道的是一个活生生的人，如果你当着面不会说的话在网上也不要说；②网上网下行为一致，网上的道德和法律与现实生活是相同的，如果以为在网络中就可以降低道德标准，那就错了；③入乡随俗，不同的站点、不同的营销对象都有不同的交流规则，所以在不同的场合，交流的方式和语气应该是有区别的；④尊重别人的时间和带宽，不要以自我为中心，充分考虑别人在浏览信息时需要的时间和带宽资源，这也是对消费者的尊重；⑤给自己留个好印象，因为网络的匿名性质，别人无法从你的外观来判断，每一言一语都成为别人对你印象的唯一判断，注意自己的言行将有助于树立良好的网络形象；⑥分享你的知识，这不但可以增强自己在消费者心目中的好感，还有助于提高消费者对所营销商品的兴趣，有效激起消费者的购买欲望；⑦心平气和地争论，在网络交流中争论是正常，要以理服人，不要人身攻击；⑧尊重他人的隐私，企业应该充分尊重消费者的个人隐私，不随意泄露用户个人信息，这不仅是在保障消费者的利益，也是在保持自己的良好形象；⑨不要滥用权力，相对而言，在营销中企业掌握着更多的信息和权利，企业应该充分珍惜这些信息和权利，为消费者服务；⑩宽容，面对消费者所犯的错误，企业应该保持宽容的态度。

（七）开展即时交流

为进一步促进企业与消费者之间的交流，提高企业的客户服务水平，可通过网络开展多种形式的即时交流，如在线咨询和解答系统、QQ 在线服务等。在设立在线即时交流时要注意保持通道的畅通，回答迅速，不要让消费者久等；尽量让用户直接点击代表服务人员的头像就可以咨询，而不需要进行任何别的安装工作。

另外，开辟专门的社区供用户交流，并有专人进行维护和解答；制作专门页面介绍用户感兴趣的重点信息等，都是比较受消费者欢迎的交流方式。

考核指标

考核目标	考核指标	分值（100 分）
知识目标（30%）	1. 理解网络营销的产品策略	
	2. 理解网络营销的定价策略	
	3. 理解网络营销的渠道策略	
	4. 理解网络营销的促销策略	
能力目标（40%）	1. 对自己服务的企业产品定位分类	
	2. 分析影响网络产品的定价因素	
	3. 制定合适的网络营销定价策略	
	4. 选择合适的网络营销渠道策略	
	5. 选择合适的网络营销促销策略	
	6. 分析网络产品和传统产品的区别	
素质目标（30%）	1. 团队合作与分工	
	2. 分析 4C 与 4P 的区别	
	3. 策略选择辨别能力	
	4. 选择适合网络特点的营销策略	

参考资源

http：//book. douban. com/subject/3396111/
《网络营销实战密码：策略、技巧、案例》
http：//www. yingxiao. net/ 探讨中小企业网络营销与传统市场营销结合的问题
http：//www. jingzhengli. cn/ 新竞争力

网络营销实践项目

实践项目：网络营销策略组合	
团队名称：	最佳成员：
小组分工：	
实验日期：	实验地点：
实验要求：结合项目十四的学习，针对企业网络营销需要，以课堂所授网络营销的4P理论和4C理论为指导，分别给出适合企业的网络营销策略	
	经理签字：＿＿＿＿＿

项目十五　网络营销策划方案

案例分析

　　亚马逊网站是一家财富500强公司，总部位于美国华盛顿。它创立于1995年7月，目前已经成为顾客涵盖160多个国家和地区，全球商品品种最多的网上零售商。亚马逊是致力于以顾客为中心的公司，以使人们能在网上找到与发掘任何他们想购买的商品，并力图提供最低价格。

　　亚马逊的发展有两个特点，第一个是扩张速度快而且猛，第二个是资金消耗多而又快。亚马逊书店的商业活动主要表现为营销活动和服务活动。它的工作目标是以顾客体验为主，以顾客为中心，吸引顾客购买它的商品，同时树立企业良好的形象。

　　亚马逊网站根据网络的特点策划了各种网络营销策略。在亚马逊书店的主页上，除了不能直接捧到书外，各种乐趣并不会减少，精美的多媒体图片，明了的内容简介和权威人士的书评，读者的评价都可以使上网者有身临其境的感觉。经过精心设计，亚马逊为读者提供了全方位的服务。

　　（1）提高客户体验

　　主要包括有：①内容丰富的书评。②功能强大的搜索引擎。亚马逊具有高质量的综合书目数据库和方便的图书检索系统。不仅涉及了丰富的检索入口，还在这些入口的位置和层次的设计上也下了很大的功夫，具体做法是：主页空间利用、推荐中心、帮助信息、全文检索。③超级服务 Your Store。亚马逊公司发布了面向回头客的能够定制的在线商店"Your Store"服务。它能在亚马逊公司的 WWW 网站内收集适合顾客喜好的商品，通过以顾客名字命名的标签进行访问。

（2）网络营销组合

网络营销的一大优势，就是利用互联网实现互动，这样既缩短了企业和顾客之间的距离，提高了上网者对网站的兴趣和关注程度，同时又能及时了解市场动态和引导消费市场。亚马逊网站注重与上网者的互动，经常邀请一些作者上网与读者展开面对面交流，大大调动了公众参与的积极性，提高了读者的热情，使得访问的流量大增。亚马逊网站先后建立了互动式小说、BBS 论坛、博客作为网络营销工具。

（3）亚马逊物流提升

免费送货服务是亚马逊最具特色的手段之一。亚马逊网站在物流配送模式上选择了外包。将美国国内的配送业务委托给美国邮政和 UPS，将国际物流委托给国际海运公司等专业物流公司。亚马逊制定的物流促销策略和完善的物流系统是电子商务生存与发展的命脉。

思考

作为电子商务鼻祖，亚马逊经历了十几年的发展，并在企业经营十年之后开始盈利，有着互联网的长远目光。亚马逊的网络营销战略目标如何？亚马逊在开展网络营销时，又是怎样选择营销组合的？各种营销手段又是如何取舍的？

学习目标

知识目标：理解网络营销战略在企业总体战略中的地位，掌握网络营销竞争战略及原则，明确网络营销策划原则、目标和内容。

能力目标：掌握网络营销实施的一般过程、网络营销策划的步骤，掌握网络营销的评估体系，掌握网络营销的实施时机。

素质目标：了解企业网络营销背景的情况、对企业 SWOT 分析、明确企业网络营销目标、确定决策时机后，进行网络营销实施，并控制其实施成本。能对网络营销各种手段和策略进行整合，对网络营销实施做一个全面的评估。

学习关键词

网络营销战略、战略控制、网络营销策划、网络营销目标、网络营销实施、网络营销效果评估

任务一　网络营销战略

一、网络营销战略目标

虽然现在网络营销盛行，但是对于企业来说，网络营销依旧有些陌生，甚至有很多企

业都不知道自己的企业做网站，做推广，做网络营销的目的是什么。那么，网络营销是要有一个系统的规划的。下面，就开始的问题总结一下网络营销的目标。

（一）销售型网络营销目标

销售型网络营销的目标主要是为企业拓宽销售网络，借助网上的交互性，直接性，实时性和全球性为顾客提供较为方便快捷的网上销售点。目前大部分企业在这方面还是做的比较不错的，一般的比较大的企业网站都有在线销售的功能。可以看出，销售是网络营销的第一目标。

（二）服务型网络营销目标

服务型网络营销的目标主要是为顾客提供网上联机服务，顾客通过网上服务人员可以远距离进行咨询和售后服务。目前大部分信息技术型公司在这方面都做的比较好。由于网络本身的实时，互通等特点，很多企业都把服务转向了网络服务，比如网上转账，查询等。又如实体企业来说，惠普，联想等很多日常服务都是通过网络来完成的。通过网络可以为顾客提供各种在线服务和帮助信息，如 FAQ，实时聊天等。

（三）品牌型网络营销目标

品牌型网络营销的目标主要是在网上建立自己的品牌形象，加强与顾客的联系和沟通，建立顾客的品牌忠诚度，为企业的后续发展打下基础，以及配合企业营销目标的实现。目前大部分的企业网站，其目的就是如此，网站的形象就是代表企业的品牌形象，所以专业化与否直接影响企业的网络品牌形象。

（四）提升型网络营销目标

提升型网络营销的目标主要是通过以网络营销代替传统营销手段，全面降低营销费用，改进营销效率，促进营销管理和提高企业竞争力。

（五）混合型网络营销目标

混合型网络营销目标可能想同时达到上面几种目标，如 Amazon. com 公司通过设立网上书店作为其主要销售业务站点，同时创立世界著名的网站品牌，并利用新型营销方式提升企业竞争力。既是销售型，又是品牌型，同时还属于提升型。

二、网络营销竞争战略

网络营销的企业必须加强自身能力，改变企业与其他竞争者之间的竞争对比力量。

（一）巩固公司现有竞争优势

利用网络营销的公司可以对现在的顾客的要求和潜在需求有较深了解，对公司的潜在顾客的需求也有一定了解，制订的营销策略和营销计划具有一定的针对性和科学性，便于实施和控制，顺利完成营销目标。公司在数据库帮助下，营销策略具有很强针对性，在营销费用减少的同时还提高了销售收入。

（二）加强与顾客的沟通

网络营销以顾客为中心，其中数据库中存储了大量现在顾客和潜在顾客的相关数据资料。公司可以根据顾客需求提供特定的产品和服务，具有很强的针对性和时效性，可大大地满足顾客需求。顾客的理性和知识性，要求对产品的设计和生产进行参与，从而最大限度地满足自己需求。通过互联网和大型数据库，公司可以以低廉成本为顾客提供个性化服务。

（三）为入侵者设置障碍

设计和建立一个有效和完善的网络营销系统是一个长期的系统性工程，需要大量人力、物力和财力。一旦某个公司已经实现有效的网络营销，竞争者就很难进入该公司的目标市场。因为竞争者要用相当多的成本建立一个类似的数据库，而且几乎是不可能的。

（四）提高新产品开发和服务能力

公司开展网络营销，可以从与顾客的交互过程中了解顾客需求，甚至由顾客直接提出需求，因此很容易确定顾客需求的特征、功能、应用、特点和收益。通过网络数据库营销更容易直接与顾客进行交互式沟通，更容易产生新的产品概念。对于现有产品，通过网络营销容易取得顾客对产品的评价和意见，从而准确决定产品所需要的改进方面和换代产品的主要特征。

（五）稳定与供应商的关系

供应商是向公司及其竞争者提供产品和服务的公司和个人。公司在选择供应商时，一方面考虑生产的需要，另一方面考虑时间上的需要，即计划供应量要根据市场需求，将满足要求的供应品在恰当时机送到指定地点进行生产，以最大限度地节约成本和控制质量。公司如果实行网络营销，就可以对市场销售进行预测，确定合理的计划供应量，保证满足公司的目标市场需求；另一方面，公司可以了解竞争者的供应量，制订合理的采购计划，在供应紧缺时能预先订购，确保竞争优势。

三、网络营销竞争原则

在网络营销中，企业必须顺应环境的变化，采用新的竞争原则，才能在激烈的竞争中取胜。

（一）个人市场原则

在网络营销中，可以借助于计算机和网络，适应个人的需要，有针对地提供低成本、高质量的产品或服务。

（二）适应性原则

由于互联性的存在，市场竞争在全球范围内进行，市场呈现出瞬息万变之势。公司产品能适应消费者不断变化的个人需要，公司行为要适应市场的急剧变化，企业组织要富于弹性，能适应市场的变化而伸缩自如。

（三）价值链原则

一种产品的生产经营会有多个环节，每个环节都有可能增值。我们将其整体称作价值链。公司不应只着眼于价值链某个分支的增值，而应着眼于价值链的整合，着眼于整个价值链增值。

（四）特定化原则

首先找出具有代表性的个人习惯、偏好和品位，据此生产出符合个人需要的产品。然后，公司找出同类型的大量潜在客户，把他们视作一个独立的群体，向他们出售产品。

（五）主流化原则

为了赢得市场最大份额而赠送第一代产品的做法被称之为主流化原则。尽管企业最初建立数字产品和基础设施的费用很大，但继续扩张的成本却很小，由此产生了新的规模经济。

四、网络营销战略控制

公司实施网络营销必须考虑公司的目标、公司的规模、顾客的数量和购买频率、产品的类型、产品的周期以及竞争地位等；还要考虑公司是否能支持技术投资，决策时技术发展状况和应用情况等。

网络营销战略的制订要经历三个阶段：一是确定目标优势，分析实施网络营销能否促进本企业的市场增长，通过改进实施策略实现收入增长和降低营销成本；二是分析计算收益时要考虑战略性需求和未来收益；三是综合评价网络营销战略。

公司在决定采取网络营销战略后，要组织战略的规划和执行，网络营销是通过新技术来改造和改进目前的营销渠道和方法，它涉及公司的组织、文化和管理各个方面。如果不进行有效规划和执行，该战略可能只是一种附加的营销方法，不能体现战略的竞争优势。

策略规划分为：目标规划，即在确定使用该战略的同时，识别与之相联系的营销渠道和组织，提出改进的目标和方法；技术规划，即网络营销很重要的一点是要有强大的技术投入和支持，因此资金投入和系统购买安装，以及人员培训都应统筹安排；组织规划，即实现数据库营销后，公司的组织需要进行调整以配合该策略的实施，如增加技术支持部门、数据采集处理部门，同时调整原有的推销部门等；管理规划，即组织变化后必然要求管理的变化，公司的管理必须适应网络营销需要。网络营销在规划执行后：一是应注意控制，以评估是否充分发挥该战略竞争优势，评估是否有改进余地；二是要对执行规划时的问题及时识别和加以改进；三是对技术的评估和采用。

总之，网络营销战略是有别于传统营销的新营销模式，它可以在控制成本费用、市场开拓和与顾客保持关系等方面有很大竞争优势。但网络营销的实施不是某一个技术方面问题、某一个网站建设问题，它还涉及企业整个营销战略方向、营销部门管理和规划方面，以及营销策略制定和实施方。

任务二　网络营销策划

一、网络营销策划的原则

网络营销策划是指企业以现代信息技术为基础，以互联网为媒介和手段，对将来要发生的营销活动及行为进行提前决策。包括以下四点基本原则：

（一）系统性原则

网络营销是以网络为工具的系统性的企业经营活动，它是在网络环境下对市场营销的信息流、商流、制造流、物流、资金流和服务流进行管理的。因此，网络营销方案的策划，是一项复杂的系统工程。策划人员必须以系统论为指导，对企业网络营销活动的各种要素进行整合和优化，使"六流"皆备，相得益彰。

（二）创新性原则

网络为顾客对不同企业的产品和服务所带来的效用和价值进行比较带来了极大的便

利。在个性化消费需求日益明显的网络营销环境中，通过创新，创造和顾客的个性化需求相适应的产品特色和服务特色，是提高效用和价值的关键。特别的奉献才能换来特别的回报。创新带来特色，特色不仅意味着与众不同，而且意味着额外的价值。在网络营销方案的策划过程中，必须在深入了解网络营销环境尤其是顾客需求和竞争者动向的基础上，努力营造旨在增加顾客价值和效用、为顾客所欢迎的产品特色和服务特色。

（三）操作性原则

网络营销策划的第一个结果是形成网络营销方案。网络营销方案必须具有可操作性，否则毫无价值可言。这种可操作性，表现为在网络营销方案中，策划者根据企业网络营销的目标和环境条件，就企业在未来的网络营销活动中做什么、何时做、何地做、何人做、如何做的问题进行了周密的部署、详细的阐述和具体的安排。也就是说，网络营销方案是一系列具体的、明确的、直接的、相互联系的行动计划的指令，一旦付诸实施，企业的每一个部门、每一个员工都能明确自己的目标、任务、责任以及完成任务的途径和方法，并懂得如何与其他部门或员工相互协作。

（四）经济性原则

网络营销策划必须以经济效益为核心。网络营销策划不仅本身消耗一定的资源，而且通过网络营销方案的实施，改变企业经营资源的配置状态和利用效率。网络营销策划的经济效益，是策划所带来的经济收益与策划和方案实施成本之间的比率。成功的网络营销策划，应当是在策划和方案实施成本既定的情况下取得最大的经济收益，或花费最小的策划和方案实施成本取得目标经济收益。

二　制定网络营销的目标

网络交易是电子商务经营中非常重要的一个方面，但是，其他方面同样值得重视，特别是企业仅仅依靠技术来提高内部工作效率（比如，提高与目标市场沟通效率）的时候更是如此。事实上，大部分的网络营销策划旨在完成如下的多个目标。

（一）增加市场占有率

指增加总体市场占有率，包括线上和线下，大部分的时候你只要比你的竞争对手早进入互联网市场，你就可以较轻松地增加市场占有率。

（二）增加销售收入

指增加销售收入或销售量，增加销售收入更看重利润，这对于细分的定制或个性化市场很适合，对于一些普通的市场，那些大公司更侧重于增加销售量。

（三）降低成本

如分销成本和广告成本，一方面网络营销可以有效地减少销售环节，降低分销成本；另一方面，比较线下广告和互联网广告，网络营销可以很大程度上降低广告成本。

（四）完成品牌目标

如增强品牌知名度，互联网上的网民构成和线下的不同，如网民很多并不在意电视，所以在电视上做品牌广告并不能将概念传递到这部分人群，所以，在互联网上可以增加品牌知名度的覆盖范围，而且建立互联网的品牌也是非常重要的。

（五）完善数据库

当营销活动达到竞争非常激烈的程度，各种营销就会越来越精细和准确，这个时候，拥有客户的完善的数据库资源就成为竞争的基础，谁手里有完善的客户信息，谁就有能力展开精准营销。

（六）完成客户关系管理目标

如提高客户满意度，提高购买频率或维系老客户的比例。老客户的回头是网上经营稳定的基石，而提高客户满意度就是老客户回头的动力。

（七）改进供应链管理

如提高渠道成员国的协作能力，增加合作伙伴数量，优化存货水平。

概括起来目标包括以下三个方面。

任务：需要完成什么？可以是更细致的任务，如流量增加一倍、销售量增加二分之一、建立客户数据库、建立电子邮件营销系统等。

可量化的工作指标：工作量是多少？如软件开发的工作量、资料搜集的工作量、广告投放的工作量和费用、SEO 网站优化的关键字工作量等。

时间范围：什么时候完成？为每一个方面定下一个切实可行的时间表，分析清楚先后顺序与之间的相互配合，最后还要留有充足的应变时间，以免在计划出现差错的情况下补救的时间。

三、网络营销策划的内容

企业制订网络营销计划，应包括以下几方面的主要内容。

（一）广泛听取各部门的意见

企业中的每一位员工对网络营销计划的制订积极地发表意见是非常必要的，这也是开展网络营销最基本的一步。同时，让每个与此项目有关的人都感觉到至少他们的意见是被考虑过的。从管理的角度来讲，尽可能多地接纳意见是很重要的。因为好的意见来自不同方面。网络营销活动的开展可以根据各个职能部门的意见进行周密的计划与缜密的安排，并付诸有效地实施，同时尽可能地避免意外事件的发生。

（二）选择网络服务商

随着因特网的发展，专门提供 Web 相关服务的网络服务商（ISP）的业务范围不断拓展，日趋完善，并按照用户的需要调整公司的业务。网络服务商通常都为用户提供以下服务：把 WWW 作为市场营销工具的建议、Web 购物服务、市场调研与分析、编写 HTML 文档、文档格式转换与图像操作、命令文件的创建等。网络服务商可以为用户提供磁盘空间，用户可自行组织准备发布的信息；也可以为用户提供全套的 Web 服务，包括帮助用户定制 Web 文档、进行市场调研等；或向用户提供创建 Web 页面的咨询服务等。

选择网络服务商，既可以听取当前其他客户的反映意见作为参考，也可以亲自访问服务商及其客户的主页，掌握服务商的业务质量和功能等第一手资料。

选择网络服务商应主要考虑：服务商的站点特征、能提供哪些服务、服务商的发展历史及业务背景、设备及其性能、服务费用等因素，据此做出综合的评价与选择。

（三）网络营销预算

网络营销费用的支出应根据企业实力和实际需要进行预算，同时必须说明具体的开支项目与各部门的责任及费用情况。在具体计划之中应当注意把建立一个网站或主页的费用与维护网站的费用计算进去，只有如此才能保证企业网站或主页的正常运行。

（四）改进、提高网页水平

网络营销计划的一个主要内容是如何创建友好的、信息丰富的并能全面反映企业营销活动内容的网站或主页。一个好的网站或主页能够更好地展示商品，即通过图片、数据、文字等将商品的特点、性能、规格、各项技术指标、价格与优惠措施、售后服务及质量承诺等信息传递给消费者，帮助顾客了解商品并积极地购买。网页的设计应营造出一种使消费者身临其境的商业氛围，网页内容的制作应将艺术创意与科学的信息分类、索引相结合，以简便、灵活、快捷、双向互动式信息查询方式服务于网络访问者。通过网页内容和形式的改进、提高以及适时的修改，建立企业与顾客之间的相互信任关系，建立企业及商品的信誉。同时需要注意的是，企业网站或主页应该提供给顾客尽量全面、客观的信息，并对相关的信息进行及时的更新，应该尽可能提高主页速度，并且充分地利用网络互动性的特点，设置不同的访问路径和讨论空间，以利于企业与顾客之间的信息交流与情感沟通。

（五）确定网络营销的目标

网络营销与传统营销一样，首先必须明确其营销目标。只有确定了明确的营销目标，才能有计划、有组织地实施营销活动并对其进行正确的评价。确定网络营销目标，首先应考虑对企业整体利益的影响，因为网络的全球性与针对性，企业无论规模的大小与实力差别，只要能提供符合顾客需要的产品与服务，顾客就会积极主动地与企业进行接触，并通过相关的信息比较，选择那些具有相对优势的企业并形成购买行为和顾客忠诚，从而实现企业价值与企业利益。其次应注意企业形象的树立与完善。正是因为网络的交互性，企业与顾客之间可以更频繁、更方便地进行信息的交流与情感的沟通。企业可以通过网站主页等各种有效途径，与顾客、投资者、新闻界、政府等各方面的公众建立良好的关系，从而树立良好的企业形象并形成品牌忠诚。最后应根据确立的网上竞争优势，积极地开拓市场。网络营销行动的开展，可以通过信息服务等多种方式发现顾客，并通过个性化的服务，确立与顾客的亲密关系，巩固已有的市场并不断开拓新的市场。

（六）信息系统的管理

传统的市场营销活动中对促销效果的调查与评价是一个相当棘手的问题。比如，通常的公共关系活动与广告需要不断地对其传播效果进行评估以确定下一步的公共关系策略，这种评价主要是从促销的覆盖面和接受者的反映来进行的。而在网络营销过程中，只要你的主页加上一个计数器，则有多少人来访问就会一目了然，而这部分访问者基本上可以作为潜在顾客，辅之以诚心的说服工作和手段，目标市场也就更加明了，也就容易促成认知顾客的形成，并积极地向行动顾客转化。

网络双向互动的特点决定了网上企业应设专门的部门或专人对信息进行管理。必须根据企业营销活动的需要大批量收集整理并传播与企业经营活动相关的信息并使之成为有效的信息系统，并且企业的网络营销信息系统应通过相应的部门或机构积极寻求有实力、讲诚信、在网民中具有较高威望与声誉的网络服务商进行合作。

除了上述内容之外，网络营销部门在制定网络营销宏伟蓝图之时还应充分考虑到企业形象的可持续性；网络营销计划与企业整体营销计划的紧密联系；网络营销计划与企业整体目标之间的紧密联系等，同时，还要考虑到在网络营销计划与实施过程中，应对顾客与社会公众的需求进行深入细致的分析研究，不断地满足顾客的需求，积极地实现顾客满足和企业价值。

四、网络营销策划案构成

一般网络营销策划案构成如下。

1. 方案概述

2. 企业网络营销问题分析

2.1　基于无网站网络营销的问题

2.2　基于网站网络营销的问题

3. 网络市场分析

3.1　网络营销现状

3.2　STP 分析

3.3　SWOT 分析

3.4　企业网络营销 4P 与 4C 策略

4. 网络营销行动方案

4.1　前期行动方案

4.2　中期行动方案

4.3　后期行动方案

5. 网络营销预算与评估

5.1　网络营销预算

5.2　网络营销评估

6. 网络营销危机预案

7. 总结

任务三　网络营销实施

一、网络营销实施过程

传统营销实施过程通常包括：通过网络收集各方面的信息、技术、用户需求等，并将这些信息整理分析后反馈给企业；企业根据上述信息开发新技术、新思路、新产品，并通过网络进行宣传，与需求者进行沟通；通过网络收集订单；根据订单完成产品设计、物料调配、人员调动，再到生产制造；通过网络进行产品宣传与发布，与客户进行在线交易；通过网络获得客户的信息反馈，完成客户支持，积累经验，为下一个生产、销售循环做好准备。

根据互联网与企业的融合情况来看，网络营销的内容应包括网上的信息收集、网上商业宣传、网上市场调研、网上广告投放与发布、网上销售、网上客户支持服务等。因此，网络营销实施的运作过程应包括以下基本步骤。

（1）通过确定合理的目标，明确界定网络营销的任务。

（2）根据营销任务，确定营销活动的内容。

（3）申请域名，创建全面反映营销活动内容的网页。

（4）与互联网连接。

（5）发掘信息资源，广泛收集网上信息。

（6）树立网上企业形象。

（7）开展网上市场调研。

（8）在网上推销产品与服务。

（9）与客户沟通，通过网络收集订单。

（10）将上述信息反馈给企业决策和生产部门。

（11）通过网络与分销商联系。

（12）促进在线销售。

（13）使网络营销与企业的管理融为一体，形成网络营销集成。

二、网络营销实施的时机决策

网络营销的实施可以给企业带来很大的竞争优势，但是实施网络营销是一项投资比较大的涉及高新技术的有很大风险的决策。任何一种信息技术，只要在社会上健康存在，就必然会为企业所利用。但因为信息技术的应用必须能够有助于拓展企业的核心业务，因而信息技术的应用就必然受到行业特点的制约。虽然网络营销已经在一些行业中得到了成功的应用，但仍有相当多的行业还未找到有效运用网络营销的途径，企业面临着实施网络营销时机的选择。

（一）网络营销实施面临的风险

（1）市场观念风险：再好的网络营销观念，如果顾客不接受，企业是很难实施的。

（2）技术风险：一般技术越新所面临的风险就越大，因而新技术必须经过多次实践和反复完善才能满足需要。

（3）执行风险：网络营销是一个系统工程，它涉及系统开发、组织结构调整、人员培训和市场培育等诸多方面，一旦某个环节出现问题势必影响整个网络营销的实施。

（4）经济风险：一项有效的商业观念与技术，实际执行的结果及所产生的成本与效益，是否与原先的乐观估计有所出入。

（5）组织风险：一项技术上可行的新方案，可能无法保证公司内部人人都能接受。

（6）政治风险：这指的是一项网络营销的应用方案，因政府政策、法令、社会争议或利益集团的压力而产生问题，而不能实施执行。

（二）网络营销实施决策的原则

究竟是采取领先政策还是跟随政策并无标准答案，但企业可以重点综合考虑三个方面的因素。

（1）行业内竞争手段的饱和程度：即除了网络营销外，是否存在其他值得公司集中精力采用的主要竞争手段，如产品开发等；

（2）网络应用方向的明显程度：是否可以预见到网络的应用能够明显提高企业某些核心竞争能力，如掌握顾客需求、顾客服务；配送等；

（3）本企业在信息技术应用方面的能力：公司在以往信息技术应用方面的成果如何，是否具有较好的基础架构以从事网络营销的一些实验性工作，同时不影响公司的正常运营。

三、网络营销实施的投资决策

网络应用于营销的根本目标是为了更快、更好地获取顾客信息，使企业做出更加高速而有效的反应，但网络本身并不能独立完成这一任务，它仅仅为此提供了通道，通道要发挥作用，势必要求企业具备与之相配套的信息处理及决策系统。因此，这必然涉及一整套信息技术的建立与应用问题，从而企业花在网络营销上的信息技术投资便十分可观了。

此外，网络及其配套信息设备与技术的投资之所以值得企业高度重视，还由于存在着成本的潜在增长性问题。一般而言，在软硬件开发上每1美元的花费，意味着今后每年将造成0.2美元的营运成本以及0.4美元的维修成本，即100万美元的初始投资将造成每年60万美元的额外开销。因此，任何一家企业都不会不考虑，为开展网络营销进行如此高的投资是否值得。

（一）网络营销的投资成本及其管理

对于网络技术投资，企业的主要决策人可能会面临两难选择：竞争上的需要使得企业必须做出更加积极的努力，但未来难以控制的成本及难以预测的收益又会使企业犹豫不前。

网络技术成本管理的第一个任务就是找出系统投资过程中的所有成本，这不仅包括财务报表上列示的各个成本项目，还包括许多隐藏成本在内。

网络技术成本管理中的一个难点是网络技术成本的不好辨别性。在建立起网络之后，几乎有一半的费用都投入到个人电脑、办公室自动化及改进会计业务等配套功能上了。各部门负责编写各处的预算，但许多涉及整体组织调整的衍生成本根本就未进行追踪。因此，为了进行有效的网络技术投资成本管理，有必要彻底了解其基本构成。从系统的整个生命周期看，其成本包括两大部分。

1. 供应者成本

所谓供应者成本是指最终由业务部门所承担的、自信息供应者（信息部门）那里划转或转移而来的成本费用。在转移的供应者成本当中，尤其要注意网络系统的维护费用。因为现有系统若得不到及时的维护，可能会陷入瘫痪。

2. 使用者成本

使用者成本是指直接发生在业务部门的关于使用网络系统方面的成本，或者由信息部门支出但可以直接归算到业务部门的费用，包括配置在业务部门的电脑等硬件购置费及使用、维护费等。

组织过程中的成本，如管理和学习所花的时间以及教育费用等，都是较少或没有列入预算中，而与系统开发费用相比十分可观的费用。

供应者成本可以通过"准利润中心"或"模拟利润中心"的方式得到有效的解决，而无需依赖传统的以成本核算为基础的分配方式。所准"利润中心"方式是指，信息部门成为一个相对独立的部门，负责网络基本线路、基本系统及配套信息技术的投资与开发；并制定价格，根据业务部门各自的使用情况收取费。这样，哪些部门应该负担什么和多少成本费用便很明晰了，而且比硬性摊派成本更有说服力。当然最主要的是能使业务部门意识到网络对本部门的重要性。

需要注意的是，信息部门不能成为真正的利润中心，否则容易导致业务上的矛盾。比如，若信息部门为了扩大本部门的利润而收取高额费用，将会损害业务部门的利益；同时，信息部门将有可能过度追求对外承揽服务，进而影响内部服务服务的贸易。

（二）网络营销投资的原则

人们一方面关注网络技术的投资、成本和风险，但更为看重的是网络建成之后的效益问题。当然要想计算出在营销及内部管理中运用网络空间能够为企业带来多大的经济效益并不是件十分容易的事情。网络的建设本身并非产生效益的唯一来源，近似于铁路建设，网络建设最根本的作用在于促使企业以新的思考方法去重新规划其营销活动，并调整内部组织与管理以适应这一新的营销理念。

综合起来看，包括以下几条原则。

（1）网络技术所创造的效益，与研究和开发十分类似。研究三开方面的投资与效益之间存在时间差，使得两者很难直接联系在一起，网络技术开发同样如此。

（2）同一技术上的投资，可能会产生不同的结果，组织与管理将会起到巨大的作用。

（3）网络零售、服务等手段产生的效益可能无法独立体现在会计报表中。因为它并不能直接使企业的总体成本减少，而且它的目标在于提升服务，增强顾客满意度，这些是企业的无形资产。

为了能够较好地体现出网络技术的应用所带来的效益，企业需要为其单独设计一套"主锚指标"（Anchor Messures）。信息技术所创造的价值往往被计入业务部门身上，而信息技术本身却成了耗费金钱的累赘。主锚指标的建立需要管理者判断出该项信息技术的最终作用点，并设计一项或一套指标来反映其效果。

在建立指标方面，网络技术比其他信息技术更为方便一些。因此网络技术直接运用于营销，因而与市场占有率、销售额等指标能够建立起直接的联系。网络技术的作用可分为对内与对外两部分：对内可以降低通讯成本，提高生产效率，提高信息的处理与传播速度；对外可以提升服务，增强顾客满意度。企业可以根据这些功能制定相应的主锚指标以反映网络技术所产生的效益。

四、网络营销实施效果评估

网络营销效果评估是一个系统工程，需要企业的网络部门和其他部门，特别是领导的参与。网络营销效果评估就是利用各种网络统计分析系统结合网下的统计方式来分析网络营销效果。网络营销效果评估可以使企业领导充分把握企业网络营销推广费用的流向，并能在众多推广平台中选择出最适合企业发展需要的网络营销推广平台。

（一）网络营销效果评估的意义

网络营销与线下营销相比最大的优势之一就是网络营销的投入产出都可以相对精确统计和测量，而大部分线下营销方式很难准确评测营销效果。广告界有一个著名的说法，广告商都知道有50%的广告预算是浪费了，但是却不知道浪费在哪里。进入网络营销领域，广告商可以在很大程度上精确测量投入以及产出。

对于网络营销来说，用户怎样进入网站？什么时候进入网站？在网站上浏览了哪些页面？在页面上停留时间多久？直到最后购买了哪些产品？购买的金额是多少？这些都可以清楚的进行统计。就算用户没有进行购买，他在网站上的活动也都留下了踪迹，可以跟踪分析。同时，网络营销各种手法的效率也有不同。只有网络营销人员进行各种尝试，同时计算出投入产出比，监控效果，找出最有效的方式，并重复这种方式。而无效或者投入产生比过低的，则不再使用。最典型的例子就是竞价排名。每次用户点击，都是实打实的要花出现金。但是如果有足够高的投入产出比，网站就可以放心投入广告预算。这也就是为什么有的网站甚至有竞价排名预算花不出去。因为他们经过监测和计算，知道哪些关键词必然带来效益。但是这些关键词被搜索的次数却是有限的，并不能无限扩张。所以很多做搜索竞价的公司，都要投入时间发现更多的关键词，监控这些关键词的效果，挑出效果好的词，并停止赔本的关键词。

网络营销的意义概括起来主要有以下几点。

1. 抓住网站基本流量来源

任何网站流量统计软件，都会在最显眼的地方勒出基本流量来源数字统计表，通过这个表格我们可以大概了解到网站营销的效果和流量质量的高低，甚至有的软件可以显示网站流量在 24 小时内的分布情况，这样我们可以对网站流量有一个大致的了解：网站在哪些时间的流量是最高的，是在我们上班的时间还是下班时间又或者是在晚上。营销人员可以根据这些流量信息的变化大致了解网站表现及网络营销是否起到了作用。

2. 深入了解网站来源

这一部分也是网络营销人员经常会研究的部分，通过这部分的数据，可以清楚地看到这些流量的来源，以及不同来源的流量质量怎么样，同时，也更加方便了网络营销人员知道哪些营销活动更值得花更多的时间在上面。

3. 寻找网站弱点

每个网站在最初的时候都会出现各种各样的问题，不可能会是面面俱到的。这就需要我们在营销的过程当中不断去改善，这个时候网络营销人员就会通过网站流量了解到，用户是因为网站上存在的哪些问题而离开网站的，从哪些页面离开网站的，然后网络营销人员在根据这些问题进行分析和修改。

4. 关注转化与最终结果

对于绝大多数商业网站而言，都是以最终结果为目的的，不管流量是多少，不管用户在网站上停留多长的时间，如果这些最后都没有转化为目标客户，那这些就没有任何的意义。营销人员可以通过对网站流量的分析判断出哪个流量来源更相关、质量更好是针对特定网站的哪些关键词带来的质量度要高一些。这样更加方便营销人员在后期的网络推广过程当中可以更好地把控。

（二）网络营销评估的一般模式

网络营销评估通常分为四步。

1. 确定营销目标

一个网站必须明确定义网站目标。这个目标是单一的，可以测量的。比如，如果是直接销售产品的电子商务网站，当然网站营销目标就是产生销售额。

但网站的类型多种多样，很多网站并不直接销售产品。网站运营者就需要根据情况，指定出可测量的网站目标。如果网站是吸引用户订阅电子邮件，然后进行后续销售，那么用户留下 E-mail 地址，订阅电子杂志，就是网站的目标。网站目标也可能是吸引用户填写联系表格，或者打电话给网站运营者，可能是以某种形式索要免费样品，也可能是下载白皮书或产品目录。

这些网站目标都应该在网站页面上有一个明确的目标达成标志。也就是说用户一旦达到访问某个页面，说明已经达成网站目标。对电子商务网站来说，目标完成页面就是付款完成后所显示的感谢页面。电子邮件注册系统，目标完成页面就是用户填写姓名及电子邮件，提交表格后所看到的确认页面，或表示感谢的页面。如果是填写在线联系表格，和订阅电子杂志类似，完成目标页面也是提交表格后的确认页面。如果是下载产品目录或白皮书，就是文件每被下载一次，则标志着完成一次目标。

2. 计算网站目标的价值

明确了网站目标后，还要计算出网站目标达成时对网站的价值。如果是电子商务网站，计算非常简单，目标价值也就是销售产品所产生的利润。

其他情况可能需要站长下一番功夫才能确定。如果网站目标是吸引用户订阅电子杂志，那么站长就要根据以往统计数字，计算出电子杂志订阅者有多大比例会成为付费用户？这些用户平均带来的利润是多少？假设每 100 个电子杂志用户中有 5 个会成为用户，平均每个用户会带来 100 快钱利润，那么这 100 个电子杂志用户将产生 500 元利润。也就是说每获得一个电子杂志订阅者的价值是 5 元。

类似的，如果网站目标是促使用户打电话直接联系站长，站长就要记录下，有多少电话会最终转化为销售？平均销售利润又是多少？从而计算出平均每次电话的相应价值。

3. 记录网站目标达成次数

这个部分就是网站流量分析软件发挥功能的地方。延用上面的例子，一个电子商务网站，每当有用户来到付款确认网页，流量分析系统都会记录，网站目标达成一次。有用户访问到电子杂志订阅确认页面或感谢页面，流量系统也会相应记录网站目标达成一次。有用户打电话联系客服人员，客服人员也应该询问用户，是怎样知道电话号码的。如果是来自网站，也应该做相应记录。

网站流量分析系统更重要的是，不仅能记录下网站目标达成的次数，还能记录这些达成网站目标的用户，是怎样来到网站的？是来自于搜索引擎？哪个搜索引擎？搜索的关键词是什么？还是来自于其他网站的链接？来自于哪个网站？或者来自于搜索竞价排名？这些数据都会被网站流量分析系统所记录，并且与产生的相应目标相连接。

4. 计算网站目标达成的成本

计算网站目标达成成本，最容易的是使用竞价排名 PPC 的情况下。这时候每个点击的价格，某一段时间的点击费用总额，点击次数，都在竞价排名后台有显示，成本非常容易计算。

对其他网络营销手段，则需要按经验进行一定的估算。有的时候比较简单，有的时候则相对比较复杂。如果网站流量是来自于搜索引擎优化，那么需要计算出外部 SEO 顾问或服务费用，以及内部配合人员的工资成本。如果是进行论坛营销，则需要计算花费的人力，时间及工资水平，换算出所花费的费用。

有了上面四项数据，就可以比较清楚的计算网络营销的投资回报率 ROI。假设网站竞价排名在一天内花费 100 元，网站目标是直接销售。一天内销售额达到 1 000 元，扣除成本 500 元，毛利为 500 元，那么这个竞价排名推广的投入产生比就是 5。

（三）网络营销效果评估内容

对网络营销效果综合评价实际上仍然是对于网络营销正确认识的问题，现在很多人对于网络营销的认识还比较片面，往往将网络营销等同于网上销售，或者仅仅认为是对网站的推广，对网络营销功能和内涵的片面理解限制了网络营销效果的综合评价，往往会强调建立网站之后可以带来的销售额，或者注重网站的访问量、页面浏览数等流量指标。

网络营销评价一般从两个方面展开，主要有：网络营销综合效果评价和网络营销过程评价。

1. 网络营销综合效果评价

正确评价一个项目的前提是否合理是评价指标的体系，由于网络营销还处于初级阶段，理论和方法体系都在不断的发展之中，建立一种完善的网络营销评价机制并非易事。网络营销可以量化的评价有时并不容易获得，即使对于一些可以量化的指标，也不一定能够直接反映经营业绩。例如，网络营销对于销售额的贡献率是多少？对于品牌形象的提升产生了多大效果？这些都是难以量化的，虽然我们可以检测到从某个搜索引擎每天的访问者数量，或者某个网络广告的点击数量，但这些访问者或者点击数最终产生了多少效益，仍然很难评估。因此，我们提出了综合评价网络营销效果的思想。

对网络营销效果的评价问题，实际上也就是对网络营销各种职能的综合评价，网络营销的总体效果应该是各种效果的总和，即网络营销的根本目的在于企业整体效益的最大化。如在企业品牌提升、顾客关系和顾客服务、对销售的促进等方面，因此，需要用全面的观点看待网络营销的效果，而不仅仅局限于销售额等某些个别指标。

其他有关互联网应用状况的调查也表明，在中国传统企业上网过程中，初次建立网站的企业往往对于获得更多销售抱有较高的期望，但对网站功能往往没有明确的认识，通常强调网页的美观和价格，随着互联网应用的深入，当企业需要对原有网站改版和升级时，企业对网站的要求要相对明确，并且希望在多个方面发挥作用，如销售促进、顾客关系、网上调查等。由此可见，网络营销是一个综合性的经营策略，网上销售只是其中的部分内容。

对网络营销效果综合评价实际上仍然是对于网络营销正确认识的问题，现在很多人对于网络营销的认识还比较片面，往往将网络营销等同于网上销售，或者仅仅认为是对网站的推广，对网络营销功能和内涵的片面理解限制了网络营销效果的综合评价，往往会强调建立网站之后可以带来的销售额，或者注重网站的访问量、页面浏览数等流量指标。

2. 网络营销过程评价

网络营销过程评价也就是对各种网络营销活动进行及时的跟踪控制，以保证各种网络营销方法可以达到预期的效果，同时对网络营销方案的正确性和网络营销人员的工作成效也是一种检验，因此对网络营销过程评价也是非常重要的，这也是不少企业往往容易忽视的地方。一个完整的网络营销方案包括网站规划和建设以及各种网络营销方法的实施，因此，对网络营销过程评价包括网站设计、网站推广、网站流量等方面。

（1）关于网站设计的评价。

网站是网络营销的基本工具和根据地，所以，营销功能是企业网站的第一要素，一个企业网站的功能和基本内容是否完善，是评价网站设计的最重要指标。除了功能、风格和视觉设计等取决于网站本身的特定要求之外，在网站的设计方面，有一些通用的指标，主要有：主页下载时间（在不同接入情形下）、有无死链接、拼写错误、不同浏览器的适应性、对搜索引擎的友好程度（META 标签合理与否）等。

（2）关于网站推广的评价。

网站推广的力度在一定程度上说明了网络营销人员为之付出劳动的多少，而且可以进行量化，这些指标主要如下。

登记搜索引擎的数量和排名：一般来说，登记的搜索引擎越多，对增加访问量越有效果，同时，搜索引擎的排名也很重要，一些虽然在搜索引擎注册了，但排名在第三名之后，或者在几百名之后，同样起不到多大作用。

被其他网站链接的数量：在其他网站链接的数量越多，对搜索结果排名越有利，而且访问者还可以直接从链接的网页进入你的网站。实践证明，在其他网站作链接对网站推广起到重要作用。

用户数量：用户数量是一个网站价值的重要体现，在一定程度上反映了网站的内容为用户提供的价值，而且用户也就是潜在的顾客，因此，用户数量直接反映了一个网站的潜在价值。

（3）网站流量评价指标。

独立访问者数量：指在一定时期内访问网站的人数，每一个固定的访问者只代表一个唯一的用户。访问者越多，说明网站推广越有成效，也意味着网络营销的效果卓有成效，虽然访问量与最终收益之间并没有固定的比例关系。

页面浏览数：即在一定时期内所有访问者浏览的页面数量，页面浏览数量说明了网站受到关注的程度，是评价一个网站受欢迎程度的主要指标之一。

每个访问者的页面浏览数：即在一定时间内全部页面浏览数与所有访问者相除的平均数。这一指标表明了访问者对网站内容或者产品信息感兴趣的程度，如果大多数访问者的页面浏览数仅为一个网页，表明用户对网站内容或者产品显然没有多大兴趣。

用户在每个页面的平均时间：即访问者在网站停留总时间与网站页面总数之比，这个指标的水平说明了网站内容对访问者的有效性。尽管可以监测到网站的流量、反应率等指标，但这些本身并不直接代表网站有多成功或者失败，也不能表明与收益之间有什么直接关系，只能作为相对指标，比如与同一行业的平均指标，或者全部上网者的指标相比较，而且指标本身也很难做到精确。尽管网络营销效果难以准确评价，但这些评价指标可以在一定程度上说明一个企业为之投入的努力以及网络营销的成效。

考核指标

考核目标	考核指标	分值（100 分）
知识目标（30%）	1. 理解网络营销策划的原则、内容要求	
	2. 掌握网站营销的目标	
	3. 掌握网络营销的知识整合	
	4. 掌握网络营销的实施步骤	
能力目标（40%）	1. 网络营销的操作步骤	
	2. 网络营销的内容选取	
	3. 网络营销的目标确定	
	4. 网络营销的各种方法的整合	
	5. 网络营销的策划案撰写	
	6. 网络营销实施效果评估	
素质目标（30%）	1. 团队合作与分工	
	2. 知识整合的能力	
	3. 策划案的撰写能力	
	4. 效果评估及预测能力	

参考资源

http：//www. jingzhengli. cn　/新竞争力网络营销

http：//www. imakecollege. com　/亿玛客网络营销

http：//union. zhubajie. com/weibo/pinpaisheji – zd – zh

网络营销实践项目

实践项目：网络营销策划			
团队名称：		最佳成员：	
小组分工：			
实验日期：		实验地点：	
实验要求：结合项目十五的学习，针对自己服务的网络营销企业，以本章节学习的网络营销策划原则、内容为参考，以企业网站营销战略为中心，遵照网络营销的步骤，对企业实施网络营销方案（其中实施方案包括有前面十四个操作任务、实施效果、相关数据及改进方法），并对方案的效果进行评估。同时，要求遵照策划案的格式进行方案撰写			
		经理签字：_____	

参 考 文 献

[1] 昝辉.SEO 实战密码:60 天网站流量提高 20 倍.2 版.北京:电子工业出版社,2011.

[2] 刘喜敏,马朝阳.网络营销.3 版.大连:大连理工大学出版社,2009.

[3] 孙菲,杨涛.网络营销.北京:中国水利水电出版社,2012.

[4] 百度营销研究院.百度推广:搜索营销新视角.北京:电子工业出版社,2013.

[5] ENGE E,SPENCER S,FISHKIN R,等.SEO 艺术.昝辉,译.北京:电子工业出版社,2012.

[6] STRAUSS J.网络营销.时启亮,孙相云,刘芯愈,译.北京:中国人民大学出版社,2010.

[7] 贺玉德.网络营销.北京:中央广播电视大学出版社,2011.

[8] 程虹.网络营销.北京:北京大学出版社,2013.

[9] 杨路明.网络营销.北京:机械工业出版社,2011.

[10] 郦瞻.网络营销.北京:清华大学出版社,2013.

[11] 陈志浩,刘新燕.网络营销.武汉:华中科技大学出版社,2013.